WERBUNG
2015

Impressum

WERBUNG 2015
Verlag edition ZAW
Berlin 2015

Herausgeber
Zentralverband der deutschen
Werbewirtschaft ZAW e.V.
Am Weidendamm 1A
10117 Berlin
Telefon 030 590099-700
Telefax 030 590099-722
zaw@zaw.de
www.zaw.de

Redaktion
Maik Luckow (verantwortlich)

Gestaltung und Satz
Antje Zimmermann
Werbeagentur junge meister*, Berlin

Druck und Verarbeitung
besscom AG, Berlin

Redaktionsschluss
April 2015

© 2015
Alle Rechte beim Verlag edition ZAW, Berlin
ISBN 978-3-931937-64-5

Inhalt

Werbewirtschaft in Zahlen

- 6 Werbewirtschaft in Deutschland 2014
- 9 Nettoumsatzentwicklung der Werbeträger 2014
- 14 Gastbeitrag: Positive Bilanz für Bruttowerbemarkt in 2014: Fernsehen und Kino weiter im Aufschwung
- 16 Arbeitsmarkt Werbewirtschaft
- 20 Deutsche Werbewirtschaft im internationalen Vergleich

Werbepolitische Entwicklungen in Deutschland und der EU

- 24 Wettbewerbsrecht
- 27 Verbraucherpolitik
- 30 Gastbeitrag: Nudging als politisches Instrument – legitimer Eingriff oder staatlicher Übergriff?
- 32 Kinder
- 35 Datenschutz
- 42 Audiovisuelle Medien
- 47 Energiekennzeichnung
- 51 Lebensmittel
- 55 Alkoholhaltige Getränke
- 61 Tabakprodukte
- 66 Glücksspiel
- 69 Kosmetische Produkte
- 71 Arzneimittel
- 73 Finanzdienstleistungen

Selbstregulierung der Werbewirtschaft

- 80 Deutscher Werberat
- 88 Deutscher Datenschutzrat Online-Werbung (DDOW)
- 92 Internationale Werbeselbstkontrolle

Branchen der Werbewirtschaft

96	Abonnentenwerbung
98	Alkoholfreie Getränke
102	Anzeigenblätter
110	Arzneimittel
114	Auskunfts- und Verzeichnismedien
118	Außenwerbung / Out of Home
126	Gastbeitrag: Außenwerbung 2015: Litfaß 3.0
128	Automobilindustrie
130	Brauwirtschaft
134	Dialogmarketing
138	Digitale Werbewirtschaft
144	Druck- und Medienwirtschaft
146	Einzelhandel
150	Fachzeitschriften
154	Fernsehwerbung
164	Finanzdienstleistungen
166	Glücksspiel
170	Kinowerbung
172	Kommunikationsagenturen
184	Lebensmittelwirtschaft
190	Markenwirtschaft
198	Markt- und Medienforschung
206	Mediaagenturen
210	Publikumszeitschriften
218	Radiowerbung
226	Spielwaren
228	Spirituosen-Industrie
232	Sponsoring
236	Süßwaren
240	Systemgastronomie
244	Tabakprodukte
248	Werbeartikelwirtschaft
250	Werbefilmproduktion
252	Zeitungen

Werbeberufe

262	Art Directors Club für Deutschland (ADC) e. V.
265	DWG Deutsche Werbewissenschaftliche Gesellschaft e.V.

Der Zentralverband der Deutschen Werbewirtschaft ZAW e.V.

268	Aufgaben und Strukturen des ZAW
270	Präsidium des ZAW
272	Mitgliedsorganisationen des ZAW
318	Assoziierte Mitglieder des ZAW
330	Geschäftsstelle
331	Freiheit für die Werbung e.V.

Die Informationsgemeinschaft zur Feststellung der Verbreitung von Werbeträgern e.V. (IVW)

334	Aufgaben und Strukturen der IVW
336	IVW-Verwaltungsrat

Verzeichnisse

342	Diagramm- / Grafik- / Tabellenverzeichnis
349	Personenverzeichnis
352	Stichwortverzeichnis
U3/4	**Wert der Werbung**

Werbewirtschaft in Zahlen

Werbewirtschaft in Zahlen

6 Werbewirtschaft in Deutschland 2014

9 Nettoumsatzentwicklung der Werbeträger 2014

14 Gastbeitrag: Positive Bilanz für Bruttowerbemarkt in 2014:
Fernsehen und Kino weiter im Aufschwung
Dirk Reinbothe, The Nielsen Company (Germany)

16 Arbeitsmarkt Werbewirtschaft

20 Deutsche Werbewirtschaft im internationalen Vergleich

Werbewirtschaft in Deutschland 2014

Die Werbewirtschaft in Deutschland hat sich 2014 leicht positiv entwickelt. Die Investitionen in Werbung erreichten 25,27 Mrd. Euro, eine Steigerung von 0,1 Prozent im Vergleich zum Vorjahr mit 25,25 Mrd. Euro. Die wirtschaftlichen Rahmenbedingungen waren durch vielfältige Faktoren/Ereignisse geprägt: positiv durch die weiter gute wirtschaftliche Entwicklung in Deutschland (hohe Beschäftigungsrate, gutes Konsumklima, die insgesamt positive Stimmung anlässlich der Fußball-Weltmeisterschaft in Brasilien und des Titelgewinns der deutschen Mannschaft). Negative Faktoren waren die Entwicklung im Russland-Ukraine-Konflikt und die damit einhergehende Sorge um den Frieden in Europa sowie die wirtschaftliche Dauerkrise in Griechenland.

International hat die Werbewirtschaft – und auch die deutsche – größtenteils immer noch mit den Folgen der Finanz- und Medienkrise 2009 zu kämpfen. Während es den USA in 2013 gelungen ist, den Wert der Investitionen in Werbung vor dieser Krise wieder zu erreichen (die internationalen Daten liegen mit der Verzögerung von einem Jahr vor),[1] haben dies die führenden europäischen Ländern nicht erreicht: weder Deutschland, noch Großbritannien, Frankreich oder Italien konnten aus unterschiedlichen Gründen bisher an die Ergebnisse des Jahres 2008 anknüpfen.

Die deutsche Werbewirtschaft bewegt ein Triangel von bestehenden und anstehenden Werbebeschränkungen (genaue Ausführungen im Kapitel „Werbepolitik"), der unterschiedlichen Entwicklung der Medien und Werbeträger sowie der Abkopplung der Werbewirtschaft von der allgemeinen wirtschaftlichen Entwicklung in Deutschland. Letztere manifestiert sich daran, dass die Werbeumsätze und das Bruttoinlandsprodukt jahrzehntelang vom Gleichklang geprägt waren, oft sogar der Werbemarkt höhere Steigerungsraten aufwies als das BIP. Dieser Gleichklang endete jedoch 2001 mit der ersten Medienkrise und hat sich seither nicht wieder eingestellt – erst recht nicht nach 2009. Grund dafür ist vor allem auch der Strukturwandel innerhalb der Medien: Deutschland ist im

---

[1] Daten: World Advertising Trends 2014, www.warc.com.

Investitionen in Werbung in Deutschland 2010 bis 2014

	2010	2011	2012	2013	2014
Gesamt Honorare, Werbemittelproduktion, Medienkosten	24,83 3,5%	25,29 1,9%	25,07 -0,9%	25,25 0,7%	25,27 0,1%
davon Nettowerbeeinnahmen der Medien	15,76 3,1%	16,03 1,7%	15,52 -3,2%	15,36 -1,0%	15,33 -0,2%

Angaben nominal, gerundet, in Mrd. Euro.

Quelle: Zentralverband der deutschen Werbewirtschaft ZAW

Bruttoinlandsprodukt und Investitionen in Werbung in Deutschland 2010 bis 2014
Entwicklung der Volkswirtschaft im Vergleich zu Werbeinvestitionen.

Jahr	Bruttoinlands-produkt (BIP) in Mrd. Euro	Werbe-investitionen (WI) in Mrd. Euro	Anteil WI am BIP in Prozent	davon Werbeeinnahmen der Medien in Mrd. Euro	Anteil Werbeeinnahmen der Medien am BIP in Prozent
2010	2.576,22	24,83	0,96	15,76	0,61
2011	2.699,10	25,29	0,94	16,03	0,59
2012	2.749,90	25,07	0,89	15,52	0,56
2013	2.809,48	25,25	0,90	15,36	0,55
2014	2.903,79	25,27	0,87	15,33	0,53

Angegeben ist das Bruttoinlandsprodukt (BIP) in jeweiligen Preisen.

Quelle: Statistisches Bundesamt (Wiesbaden), ZAW

Gegensatz zu anderen Ländern weiterhin ein starkes Printland (der Marktanteil der Print-Werbeträger liegt aktuell bei knapp 60 Prozent), gleichzeitig wächst jedoch die Bedeutung des Digitalen, unabhängig davon ob der Zugriff stationär oder mobil erfolgt. Für die werbenden Unternehmen und vor allem für die vom Mittelstand geprägte deutsche Wirtschaft stellt sich angesichts der Vielfalt an Werbemöglichkeiten die Frage: „Welche oder welches Medium ist das Richtige für mein Produkt/meine Produkte?" Verunsicherung kann jedoch die Bereitschaft ausbremsen, in kommerzielle Kommunikation zu investieren.

Da die Nettowerbeeinnahmen der Medien als Werbeträger traditionell rund zwei Drittel der Investition in Werbung ausmachen, berührt der Medienstrukturwandel die Werbeumsätze fundamental. Dies führt zu Ergebnissen der Investitionen in Werbung gesamt, die sich in Deutschland eher seitwärts entwickeln, wie die Jahresergebnisse der letzten Jahre zeigen – ohne große Ausreißer nach oben oder unten. Dies spiegelt auch das Ergebnis 2014 wider.

Positiv dagegen entwickelt sich die Gesamtkennzahl der Werbewirtschaft: Seit 2013 listet der ZAW zusätzlich Daten zu weiteren Formen kommerzieller Kommunikation, mit dem Ziel, den Markt werblicher Kommunikation noch umfassender abzubilden. Dieser Wert stieg um 3,6 Prozent auf 14,13 Mrd. Euro (2013: 13,64 Mrd. Euro). Rechnet man die Investitionen in Werbung mit den weiteren Formen kommerzieller Kommunikation zusammen ergibt dies einen Wert von 39,4 Mrd. Euro, der immerhin mit 1,36 Prozent zum Bruttoinlandsprodukt 2014 beiträgt.

Stimmung in der Werbebranche in Deutschland 2007 bis 2015
Wie beurteilen Sie die aktuelle Lage der Werbewirtschaft – wirtschaftlich, politisch, gesellschaftlich?

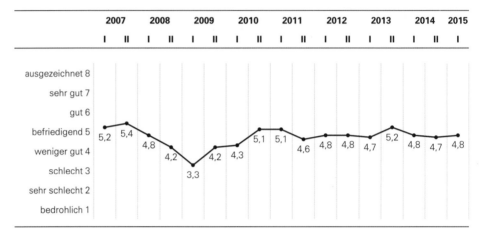

I: Trendbefragung im Frühjahr; **II:** Trendbefragung im Herbst

Quelle: ZAW-Trendbefragung der Mitgliedsverbände

Trendumfrage ZAW-Verbände

Die aktuelle Stimmung innerhalb der 43 ZAW-Verbände der werbenden Wirtschaft, Medien, Agenturen, Werbeberufe und Forschung ermittelt der ZAW in seiner halbjährlichen Trendumfrage. Die Gesamtstimmung der Mitglieder liegt Anfang 2015 im Mittel mit leicht positiver Grundausrichtung von 4,8 (auf einer Skala von 1- bedrohlich bis 8 – ausgezeichnet), genau wie im Vorjahr. 31 Prozent erwarten in den kommenden sechs Monaten steigende, 52 Prozent unveränderte und 14 Prozent leicht sinkende Werbeumsätze. 24 Prozent gehen von Personalzuwachs aus, 55 Prozent erwarten diesbezüglich keine Veränderung und 20 Prozent sehen eher einen Personalabbau. 31 Prozent gehen von einer positiven konjunkturellen Entwicklung für ihre Branche aus, 52 Prozent sehen eine stabile Situation und 17 Prozent prognostizieren eine negative Entwicklung. Von der restriktiven Werbepolitik Brüssels und neuerdings auch aus Berlin sieht sich die große Mehrheit der ZAW-Verbände selbst betroffen. Gleiches gilt für die befürchteten Auswirkungen dieser Entwicklung auf die Werbebranche insgesamt.

| Stand: April 2015

Nettoumsatzentwicklung der Werbeträger 2014

Die Nettowerbeeinnahmen sind 2014 geringfügig um 0,2 Prozent auf 15.322,08 Mio. Euro gesunken. Fernsehen blieb 2014 nicht nur werbestärkstes Medium, sondern zählte erneut zu den Gewinnern innerhalb der 12 Werbeträger, die der ZAW ausweist. Neben dem Fernsehen konnten auch Online, die Außenwerbung sowie das Kino ein Plus verbuchen. Die Printmedien – Zeitungen, Anzeigenblätter, Zeitschriften, Verzeichnismedien und Fachzeitschriften waren 2014 zwar ausnahmslos im Minus-Bereich, die Tageszeitungen aber stabilisieren sich nach verlustreichen Jahren erstmals wieder. Konnten die Fachzeitschriften 2013 noch positive Daten melden, schlossen sie sich in 2014 den übrigen Printmedien an. Daneben wies auch das Radio zum ersten Mal nach vier positiven Jahren wieder ein Minus auf.

Insgesamt 4 Werbeträger lagen im Plus, 7 im Minus, die Supplements blieben beim Vorjahresergebnis. Die Ergebnisse 2014 im Detail: TV wuchs um deutliche 4,0 Prozent auf 4.289,16 Mio. Euro. Sowohl die öffentlich-rechtlichen Sender als auch die Privaten konnten ihre Werbeumsätze steigern: Die ARD verzeichnete ein Plus von 9,5 Prozent auf 171,2 Mio. Euro, das ZDF um 12,2 Prozent auf 155,5 Mio. Euro und die Privaten um 3,5 Prozent auf 3.962,50 Mio. Euro. Die Fernsehwerbung

Nettowerbeeinnahmen erfassbarer Werbeträger in Deutschland 2011 bis 2014

Werbeträger	2011	Prozent	2012	Prozent	2013	Prozent	2014	Prozent
Fernsehen[1]	3.981,17	0,7	4.037,70	1,4	4.125,13	2,2	4.289,16	4,0
Tageszeitungen[2]	3.556,90	-2,2	3.232,60	-9,1	2.917,70	-9,7	2.835,00	-2,8
Anzeigenblätter[3]	2.060,00	2,4	2.001,00	-2,9	1.932,00	-3,4	1.847,00	-4,4
Online und Mobile[4]	990,00	15,0	1.054,15	6,5	1.261,30	–	1.344,22	6,6
Publikumszeitschriften[5]	1.440,05	-0,7	1.281,00	-11,1	1.235,00	-3,6	1.190,00	-3,6
Verzeichnismedien[6]	1.139,10	-1,3	1.095,80	-3,8	1.019,10	-7,0	970,10	-4,8
Außenwerbung[7]	896,90	17,1	867,90	-3,2	891,20	2,7	926,30	3,9
Fachzeitschriften[8]	875,00	2,2	858,00	-1,9	889,00	3,6	868,55	-2,3
Hörfunk[9]	709,15	2,5	719,65	1,5	746,11	3,7	737,66	-1,1
Wochen-/Sonntagszeitungen[2]	213,30	-1,9	199,30	-6,7	181,80	-8,8	154,20	-15,2
Filmtheater[10]	84,74	13,7	88,39	4,3	80,08	-9,4	80,59	0,6
Zeitungssupplements[11]	85,10	-0,8	81,90	-3,8	79,30	-3,2	79,30	–
Gesamt	**16.031,81**	**1,7**	**15.517,39**	**-3,2**	**15.357,72**	**-1,0**	**15.322,08**	**-0,2**

Angaben in Mio. Euro. Netto: nach Abzug von Mengen- und Malrabatten sowie Mittlerprovisionen, sofern nicht anders bezeichnet vor Skonti, ohne Produktionskosten; in Prozent: Veränderung zum Vorjahr

Quellen:
1 ARD-Werbung Sales & Services, ZDF-Werbefernsehen, Verband Privater Rundfunk und Telemedien (VPRT), bereinigter Wert des VPRT für 2012.
2 Bundesverband Deutscher Zeitungsverleger (BDZV)/ vorläufiges Ergebnis.
3 Bundesverband Deutscher Anzeigenblätter (BVDA).
4 Bis 2011 gemeinsame Hochrechnung von BDZV, VDZ und VPRT; Daten: Fremdwerbung in Online-Diensten, ohne Suchwort- und Affiliatevermarktung; ab 2012: gemeinsame Hochrechnung der Verbände BDZV, VDZ, VPRT auf Basis der vom BVDW/OVK erfassten Nettowerbeumsätze für Online- und Mobile-Display (2012: 1.207 Mio. Euro; 2013: 1.484 Mio. Euro; 2014: 1.581 Mio. Euro, Werte gerundet). Basis der gemeinsamen Hochrechnung ist die ZAW-Netto-Definition. Basis der BVDW/OVK-Erfassung ist die international gängige Netto-Definition des IAB (Netto 1). Rückwirkende Anpassung der Hochrechnung der gemeldeten Nettozahlen auf den Gesamtmarkt für 2013 und 2014. Aufgrund der geänderten Methodik sind die Daten mit 2012 nicht vergleichbar.
5 Fachverband Die Publikumszeitschriften im Verband Deutscher Zeitschriftenverleger.
6 [vdav] - Verband Deutscher Auskunfts- und Verzeichnismedien, Erhebung bei Mitgliedern und Hochrechnung, nach Skonti, vor Mehrwertsteuer, inklusive rund 10 Prozent Mehrwertsteuer.
7 Hochrechnung des Fachverbands Aussenwerbung (FAW) und des ZAW, ab 2011 inkl. Medien an Flughäfen.
8 Deutsche Fachpresse.
9 AS&S Radio GmbH, RMS Radio Marketing Service, Verband Privater Rundfunk und Telemedien (VPRT).
10 FDW Werbung im Kino, Erhebung bei Mitgliedern.
11 Bundesverband Deutscher Zeitungsverleger (BDZV), 2014: Trendmeldung, Daten lagen bei Redaktionsschluss nicht vor.

wächst damit das fünfte Jahr in Folge und hat längst die Werbeeinbrüche der jüngsten Medienkrise 2008/2009, im Gegensatz zu anderen Werbeträgern, nicht nur eingeholt, sondern auch überholt.

Der zweitstärkste Werbeträger – die Tageszeitungen – konnten 2014 den Rückgang ihrer Anzeigenwerbung abfangen, die Talsohle scheint erreicht. Die Nettowerbeeinnahmen der Tageszeitungen sanken um -2,8 Prozent auf 2.835 Mio. Euro (Vorjahr 2.917,7 Mio. Euro), ein deutlich moderaterer Wert als noch 2012 und 2013 mit einem Minus von je 9,1 bzw. 9,7 Prozent. Der Wert für 2014 steht im Einklang mit der Anfang 2015 vorgestellten Studie „Trends der Zeitungsbranche 2015" von BDZV und der Unternehmensberatung Schickler: Danach erwarten die Verlage, den Rückgang der letzten Jahre bei Auflage und Werbeeinnahmen in 2015 deutlich zu reduzieren. Die Prognose für die Print-Werbung geht von einem Minus von 1,3 Prozent aus.[1]

Die Anzeigenblätter bleiben auch 2014 unter der 2-Milliarden-Euro-Grenze mit 1,85 Mrd. Euro Nettowerbeumsätzen (-4,4 Prozent im Vergleich zum Vorjahr mit 1,93 Mrd. Euro), nachdem sie von 2010 bis einschließlich 2012 über dieser Marke gelegen hatten. Während sich 2014 das Beilagengeschäft mit plus 0,4 Prozent leicht positiv entwickelte, sanken die Anzeigenerlöse mit minus 6,7 Prozent deutlicher. Letztere machen rund zwei Drittel der Nettowerbeeinahmen aus.

Online und Mobile hingegen haben ein deutliches Plus von 6,6 Prozent auf 1.344,2 Mio. Euro erzielt (Vorjahr: 1.261,3 Mio. Euro) und sind damit zum viertstärksten Werbeträger aufgerückt. Vor allem Mobile hat 2014 hinzugewonnen und wird dies absehbar auch 2015 tun.

Die Publikumszeitschriften mussten 2014 – wie schon 2013 – einen prozentualen Rückgang von 3,6 Prozent hinnehmen auf dann 1.190 Mio. Euro (2013: 1.235 Mio. Euro). Dennoch besteht Optimismus bei den Verlagen wie die anhaltend positive Titelentwicklung zeigt: Ende Februar 2015 erreichte die Anzahl der mindestens quartalsweise erscheinenden Publikumszeitschriften mit 1.595 ein Allzeit-Hoch. Wie die VDZ-Trend-Umfrage ergab, plant die

[1] Vgl. „Trends der Zeitungsbranche 2015", Hrsg. BDZV und Schickler Unternehmensberatung.

Entwicklung der Nettowerbeeinahmen 2010 bis 2014

Werbeträger	2010	2011	2012	2013	2014
Fernsehen	314,13	27,44	56,53	87,43	173,03
Online und Mobile	97,00	129,00	64,15	207,15	82,92
Außenwerbung	28,55	130,84	-29,00	23,30	35,10
Filmtheater	2,91	10,23	3,65	-8,31	0,51
Zeitungssupplements	3,90	-0,70	-3,20	-2,60	0,00
Hörfunk	13,57	17,09	10,50	26,46	-8,45
Fachzeitschriften	4,00	19,00	-17,00	31,00	-20,45
Wochen-/Sonntagszeitungen	9,50	-4,10	-14,40	-17,50	-27,60
Publikumszeitschriften	41,35	-9,95	-159,05	-46,00	-45,00
Verzeichnismedien	-29,40	-15,50	-43,30	-76,70	-49,00
Tageszeitungen	-56,50	-80,90	-324,30	-314,90	-82,70
Anzeigenblätter	45,00	49,00	-59,00	-69,00	-85,00

Angaben in Mio Euro, gerundet.

Quellen: Zentralverband der deutschen Werbewirtschaft ZAW e.V.

Werbeumsätze der Medien 2004 bis 2014: Prozentuale Veränderung zum Vorjahr

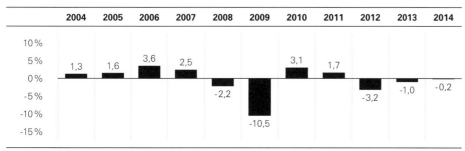

Angaben in Mio Euro, gerundet.

Quellen: Zentralverband der deutschen Werbewirtschaft ZAW e.V.

Mehrheit der Verlagshäuser (51 Prozent) in diesem Jahr Print-Neugründungen.[2]

Die Verzeichnismedien rutschten 2014 erstmals seit über 20 Jahren unter die 1-Milliarde-Euro-Grenze, zuletzt war das 1992 der Fall gewesen. Sie mussten ein Minus von 4,8 Prozent im Vergleich zu 2013 hinnehmen – auf 970,1 Mio. Euro (2013: 1.019,1 Mio. Euro). Nach wie vor nutzen 61,2 Prozent der Deutschen regelmäßig gedruckte Verzeichnisse, also Telefon-, Branchen- oder Adressbücher, dazu kommt die Nutzung digitaler (inkl. mobiler) Angebote und Apps.[3]

Bei den weiteren Werbeträgern unterhalb der 1-Milliarde-Euro-Grenze erzielten die Außenwerbung und die Kinowerbung jeweils ein Plus in 2014, die übrigen ein Minus. Die Außenwerbeumsätze stiegen um +3,9 Prozent auf 926,3 Mio. Euro: Vor allem die Bereiche Riesenposter, Digital Out of Home, Großflächen inkl. Superposter sowie Ganzsäulen sorgten für positive Werbedaten, die dazu führten, dass die Außenwerbung erstmals die 900-Mio.-Euro-Marke überschreiten konnte.

Einen ebenfalls positiven Wert konnte die Kinowerbung für sich verbuchen: Sie stieg um 0,6 Prozent auf 80,59 Mio. Euro (2013: 80,08 Mio. Euro). Trotz rückläufiger Besucherzahlen (-6,1 Prozent) nahm zum ersten Mal seit 10 Jahren die Zahl der Leinwände wieder zu und betrug 4.637.[4]

Konnte die Fachzeitschriftenwerbung 2013 noch dem Trend trotzen und als einzige Printgattung (neben der Außenwerbung) positive Zahlen vermelden, sanken 2014 auch bei ihnen die Werbeumsätze: Die Anzeigenerlöse gingen um 2,3 Prozent auf 868,55 Mio. Euro (Vorjahr: 889 Mio. Euro) zurück.

Leicht rückläufig ebenfalls die Radiowerbung: Diese sank 2014 leicht um 1,1 Prozent auf 737,7 Mio. Euro. Die Nettowerbeentwicklung verlief beim Hörfunk unterschiedlich: RMS verzeichnete ein Minus von 5,2 Prozent auf 409,7 Mio. Euro. Dagegen stiegen die Werbeumsätze der ARD-Werbung Sales & Services um plus 5,1 Prozent

---

2 Vgl. VDZ-Pressemeldung „Zeitschriftenverleger setzen 2015 verstärkt auf Diversifikation, Ausbau der Digitalformate und Investition ins Kerngeschäft", 26.3.2015, abrufbar unter www.vdz.de (letzter Zugriff: 1.4.2015).

3 Vgl. „vdav/vft Studie zur Nutzung von Verzeichnismedien 2014", Pressemeldung vom 10.2.2014, abrufbar unter www.vdav.de (letzter Zugriff: 24.4.2015).

4 Vgl. „Kinojahr 2014: 121,7 Mio. Besucher und 979,7 Mio. Euro Umsatz – zweithöchster Marktanteil aller Zeiten für den deutschen Film", Pressemeldung vom 9.2.2015, abrufbar unter www.ffa.de (letzter Zugriff: 15.4.2015).

auf 244,1 Mio. Euro ebenso wie die der weiteren privaten Sender um 2,7 Prozent auf 83,9 Mio. Euro. Trotz des leichten Rückgangs auf 737,7 Mio. Euro bleibt dieses Ergebnis eines der besten in der Geschichte der Hörfunkwerbung überhaupt: Nur 2007 und 2013 hatte es höhere Nettowerbeeinnahmen gegeben.

Die Wochen- und Sonntagszeitungen verloren deutliche 15,2 Prozent auf 154,2 Mio. Euro (2013: 181,8 Mio. Euro). Sie sind mit dem Minus in dieser Höhe von der Entwicklung der Anzeigenumsätze der Tageszeitungen abgekoppelt. Es ist vor allem die Gruppe der Sonntagszeitungen, die Verluste hinnehmen musste.

Weitere Formen kommerzieller Kommunikation

Wie erstmals 2013 veröffentlicht der ZAW in dieser Publikation auch für 2014 eine Auflistung mit Kennzahlen zu weiteren Formen kommerzieller Kommunikation, mit dem Ziel, den Markt werblicher Kommunikation noch umfassender abzubilden. Diese Tabelle ist nicht abschließend.

Danach erreicht Sponsoring 2014 in Deutschland einen Wert von 4,80 Mrd. Euro[5] und damit ein Plus von 4,3 Prozent im Vergleich zum Vorjahr (4,60 Mrd. Euro). Der GWW Gesamtverband der Werbeartikelwirtschaft vermeldet für 2014 ebenfalls eine Umsatzsteigerung von 1,2 Prozent und gibt den Branchenwert mit 3,48 Mrd. Euro an (2013: 3,44 Mrd. Euro).[6] Die Nettowerbeeinnahmen/ Streukosten im Bereich Direktwerbung über die Post (Print-, digitale, cross-mediale Lösungen) der Deutschen Post AG entwickelten sich 2014 ebenfalls positiv (+ 0,7 Prozent) und lagen 2014 bei 3,06 Mrd. Euro (Vorjahr: 3,04 Mrd. Euro).[7] Die Online-Suchwortvermarktung erzielte von allen die größte Steigerung mit plus 9 Prozent auf 2,79 Mrd. Euro (2013: 2,56 Mrd. Euro).[8]

Weitere Daten: Der Produktionswert werbeabhängiger Printprodukte betrug laut Bundesverband Druck und Medien

---

5 Quelle: Sponsor-Trend 2015, Repucom.
6 Quelle: Werbeartikel-Monitor 2015, durchgeführt von der Dima Marktforschung GmbH, Mannheim, im Auftrag des GWW.
7 Quelle: Deutsche Post AG.
8 Quelle: Bundesverband Digitale Wirtschaft BVDW.

Anteile der Werbeträger am Gesamtnettoumsatz in Deutschland 2010 bis 2014

Werbeträger	2010	2011	2012	2013	2014
Fernsehen	25	25	26	27	28
Tageszeitungen	23	22	21	19	18
Anzeigenblätter	13	13	13	13	12
Online und Mobile	5	6	7	8	9
Publikumszeitschriften	9	9	8	8	8
Verzeichnismedien	7	7	7	7	6
Außenwerbung	5	6	6	6	6
Fachzeitschriften	5	5	6	6	6
Hörfunk	4	4	5	5	5
Wochen-/Sonntagszeitungen	1	1	1	1	1
Filmtheater	<1	1	1	1	1
Zeitungssupplements	1	1	1	1	1

Angaben in Prozent, gerundet.

Quellen: Zentralverband der deutschen Werbewirtschaft ZAW e.V.

Weitere Formen kommerzieller Kommunikation 2013 und 2014

	2014 in Mrd. Euro	zu 2013 in %	2013 in Mrd. Euro
Sponsoring[1]	4,80	+ 4,3	4,60
Werbeartikel[2]	3,48	+ 1,2	3,44
Direktwerbung über die Post[3]	3,06	+ 0,7	3,04
Suchwortvermarktung[4]	2,79	+ 9,0	2,56

Quellen:
1. 2013: Prognose SPONSOR VISIONS 2012, 2014: Repucom Sponsor-Trend 2015;
2. GWW Gesamtverband der Werbeartikel-Wirtschaft;
3. Deutsche Post AG; 3 Bundesverband Digitale Wirtschaft (BVDW)

(bvdm) rund 8,16 Mrd. Euro in 2014. Im Vorjahr kam die Druckindustrie auf einen Wert von 8,13 Mrd. Euro. Dies entspricht einem Produktionsanstieg um 0,4 Prozent, der vor allem auf die Bereiche Außenwerbung und Werbedrucke wie beispielsweise Kataloge und Flyer zurückzuführen ist. Dabei nahm auch der Anteil und damit die Bedeutung werbeabhängiger Produkte für das Druckgewerbe, gemessen an der gesamten Printproduktion, von 61,0 auf 61,3 Prozent zu.[9]

Neue Werbeform Native Advertising

Im Herbst 2014 hat der ZAW einen Round Table zum Thema Native Advertising etabliert. Zusammen mit seinen Mitgliedern will der ZAW die Diskussion um die neue Werbeform strukturieren und versachlichen. Nachfolgende Treffen hierzu gab es im Januar und Juli 2015. Das Ziel: eine Definition, die gattungsübergreifend geteilt wird.

Da es immer wieder Vorbehalte zu Native Advertising gibt, «Native Advertising ist die neueste Sau, die durchs Medien-Dorf getrieben wird. Dabei ist Native Advertising im Kern nichts anderes als die schlechte alte Schleichwerbung», so beispielsweise Stefan Winterbauer, Chefredakteur von meedia,[10] sehen der ZAW und seine Mitglieder Handlungsbedarf.

Dabei gestaltet sich die Rechtslage – wie bei anderen Werbeformen auch – im Grundsatz eindeutig: Unabhängig davon auf welcher Plattform Native Advertising ausgespielt wird, in Deutschland gelten für alle Medien der Trennungsgrundsatz und besondere gesetzliche und selbstregulative Vorgaben:

- Für Print gelten die Landespressegesetze (in den meisten Bundesländer dort §10), die ZAW-Richtlinien redaktionell gestaltete Anzeigen und die einschlägigen Vorgaben des Presserats;

- Für die Online-Werbung: §6 Abs.1 Nr. 1 Telemediengesetz „Kommerzielle Kommunikationen müssen als solche klar erkennbar sein"; und in bestimmten Fällen der Rundfunkstaatsvertrag „Werbung muss als solche klar erkennbar und vom übrigen Inhalt der Angebote eindeutig getrennt sein." §58 Abs.1.

- Für alle Medien: Anhang zu §3 Abs. 3 UWG Nr. 11 („als Information getarnte Werbung"); §4 Nr.3 UWG „Unlauter handelt, wer den Werbecharakter von Wettbewerbshandlungen verschleiert."

Vorbehalte auszuräumen, Sachlichkeit in die oft emotionale Debatte zu bringen, einen strukturellen Rahmen für die neue Werbeform anzubieten, das sind die Ziele der ZAW-Initiative.

| Stand: April 2015

---

9 Quelle: Bundesverband Druck und Medien (bvdm) 2015.

10 Vgl. „Geboren, um zu werben!", absatzwirtschaft 6/2014, S.61.

Dirk Reinbothe, The Nielsen Company (Germany)

Positive Bilanz für Bruttowerbemarkt in 2014: Fernsehen und Kino weiter im Aufschwung

Zum Autor:

Dirk Reinbothe ist seit 2004 für Nielsen tätig und verantwortet nach verschiedenen leitenden Positionen seit 2012 die Werbestatistik für Nielsen Deutschland.

Der deutsche Werbemarkt entwickelt sich für die meisten Mediengruppen weiterhin positiv – das bestätigt die Bilanz von Nielsen für das Jahr 2014. Mit einem Zuwachs von knapp einer Milliarde Euro ist und bleibt Fernsehwerbung der Wachstumstreiber im deutschen Werbemarkt. Im Vergleich der Werbeträger gewann sie sogar erneut Anteile hinzu. Einzig die Printmedien konnten gegenüber dem Vorjahr nicht zulegen.

Zahlreiche Unternehmen griffen im Jahr 2014 für Werbung erneut tiefer in die Taschen als im Vorjahr. Mit 28,2 Mrd. Euro verzeichnete der hiesige Bruttowerbemarkt ein Plus von rund 1,3 Mrd. Euro brutto gegenüber dem Vorjahr und wuchs so um 4,2 Prozent. Dabei investierten die Unternehmen wie bereits im Vorjahr verstärkt im zweiten Quartal in Werbung. Dieses Quartal zeigt mit einer Steigerung von sechs Prozent gegenüber 2013 auch auf Jahressicht das stärkste Wachstum. Ein überdurchschnittliches Wachstum verzeichnete zudem die (Vor-)Weihnachtszeit mit einem Plus von 4,7 Prozent gegenüber dem Vorjahreszeitraum.

Leitmedium Fernsehen beansprucht Hälfte des gesamten Werbekuchens

Das Fernsehen bestätigte auch 2014 den Trend der beiden Vorjahre: Das Leitmedium verbuchte im vergangenen Jahr rund 13 Mrd. Euro (brutto) für die Vermarktung seiner Werbeplätze. Dies entspricht einem Plus von acht Prozent im Vergleich zu 2013 und bestätigt den Trend, dass Fernsehen allmählich die Hälfte des gesamten Werbekuchens für sich beansprucht.

Ein weiterer Werbeträger mit gesunder Dynamik bleibt das Onlinemedium mit einem Werbeaufkommen von 3,2 Mrd. Euro in 2014 und einem Anstieg von 3,6 Prozent gegenüber dem Vorjahresergebnis. Mobile Werbung nimmt einen immer größer werdenden Teil in der Onlinewerbung ein und ist bereits in vielen Kampagnen fester Bestandteil. Fakt ist: Werbung auf mobilen Endgeräten generierte 2014 rund 188 Mio. Euro – und konnte somit ein Plus von 76 Prozent gegenüber dem Vorjahr verbuchen.

Die positive Entwicklung der vorangegangenen Jahre konnte die Radiowerbung auch im Jahr 2014 fortsetzen und verzeichnete mit einem Bruttowerbeaufkommen von 1,6 Mrd. Euro ein Plus von 2,2 Prozent gegenüber dem Vorjahreszeitraum. Für Out-Of-Home-Werbung summierte sich der Gesamtumsatz ebenfalls auf 1,6 Mrd. Euro brutto, sodass das Wachstum mit einem Plus von 5,4 Prozent gegenüber dem Vorjahreszeitraum über dem des Gesamtbruttowerbemarktes lag.

Bruttowerbemarkt in Deutschland 2014

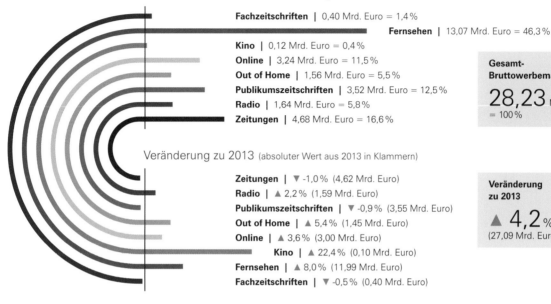

Quelle: Nielsen bereinigter Werbetrend 2014; Datenstand: Monatsabschluss Februar 2015

Kino als Mediengruppe mit stärkster Dynamik

Als Mediengruppe mit der stärksten Dynamik erwies sich das Kino. Die Brutto-Werbeausgaben beliefen sich auf 124 Mio. Euro, was einem Zuwachs von 22,4 Prozent entspricht. Kinowerbung war vor allem in der zweiten Jahreshälfte die beliebteste Werbeinvestition: Die Investitionen stiegen hier im zweiten Halbjahr um fast 36 Prozentpunkte, was für das dritte Quartal ein Plus von rund 26 Mio. Euro und für das vierte Quartal ein Plus von rund 52 Mio. Euro bedeutet.

Nach deutlichen Verlusten in der Printwerbung im Jahr 2013 hat sich dieser Abwärtstrend 2014 abgeschwächt. Hier flossen im Jahr 2014 rund 8,6 Mrd. Euro. Die einzelnen Mediengruppen lagen knapp unter dem Vorjahresniveau: Fachzeitschriften (kumuliert 401 Mio. Euro), Zeitungen (4,7 Mrd. Euro) und Publikumszeitschriften (3,5 Mrd. Euro) verzeichneten Rückgänge zwischen 0,5 und einem Prozent.

Über die Nielsen Werbestatistik: Die von Nielsen erhobenen Bruttowerbedaten geben den Werbedruck wieder, den die Werbetreibenden für ihre Produkte und Services beim Konsumenten entfachen. Aus den Bruttowerbedaten lässt sich detailliert ablesen, welche Mediastrategie die Werbetreibenden verfolgen. Der Bruttowerbemarkt erhebt keinen Anspruch, die individuellen monetären Geldflüsse zwischen den Marktteilnehmern widerzuspiegeln, deren Konditionen naturgemäß von der Marktposition des Werbetreibenden bzw. der Agentur sowie der allgemeinen Nachfrage am Werbemarkt bestimmt wird. Zu Publikationszwecken verwendet Nielsen bei der Ausweisung von Vorjahresvergleichen Werte, die um aktive Titelaufnahmen durch Nielsen bei bestehenden Werbeträgern sowie aktive Einstellungen der werbestatistischen Erfassung bereinigt wurden.

Arbeitsmarkt Werbewirtschaft

Zwei Jahre in Folge wies die Stellenangebotsanalyse des ZAW ein Minus aus, bevor 2014 die Wende zu einem deutlich positiven Ergebnis kam: Die Nachfrage nach Werbeexperten ist um 22 Prozent gestiegen. Vor allem Digitalfachleute wurden 2014 gesucht, aber ebenso klassische Werbeberufe wie Art Director, Kontakter oder Gestalter für visuelles Marketing, so das Fazit der ZAW-Arbeitsmarktanalyse. Auch für 2015 erwartet der Dachverband eine deutliche Nachfrage nach Werbefachleuten.

Die starke Nachfrage im ersten Halbjahr 2014 normalisierte sich im Verlauf des Jahres. Die Jobofferten nahmen im Gesamtjahr um 22 Prozent zu; dieser sehr gute Wert bedeutete einen Anstieg auf insgesamt 3.724 Stellenangebote. Die Entwicklung verlief parallel zur Werbekonjunktur: Dem guten Start und positiven Schwung durch die Fußball-WM folgte eine schwächere zweite Jahreshälfte. Sie war geprägt durch Unsicherheiten infolge des Russland-Ukraine-Konflikts und die nach wie vor wirtschaftlich schwierige Situation einiger europäischer Märkte. Dadurch konnte die Konjunktur und mit ihr der Werbemarkt erst zum Jahresende aufgrund der stabilen Binnennachfrage wieder Fahrt aufnehmen. Daher rechnet der ZAW für 2015 mit weiter steigenden Stellenangeboten für Werbeexperten.

Beschäftigung nahezu konstant

Die Zahl der Arbeitsplätze in der kommerziellen Kommunikation veränderte sich kaum: Während die Mitarbeiterzahl im Agenturbereich und in der Digitalwirtschaft weiter stieg, sank sie in der Druckindustrie. 2014 lag die Gesamtzahl bei 900.500 Arbeitsplätzen in der kommerziellen Kommunikation.

Arbeitsplätze in der kommerziellen Kommunikation 2014

Auftraggeber von Werbung Marketingabteilungen bei werbenden Unternehmen (Hersteller, Handel, Dienstleister)	37.000
Werbegestaltung, -produktion Fachleute in Agenturen, Ateliers etc.	137.000
Werbemittel-Verbreitung Anzeigen-, Mediafachleute etc.	14.500
Markt- und Meinungsforschung	21.000
Digitalwirtschaft*	348.000
Telefonmarketing Call Center-Plätze	197.500
Druckindustrie	145.500
Gesamt	**900.500**

* hier nicht enthalten sind rund 114.000 Mitarbeiter im Bereich Service Access

Quelle: BVDW, bvdm, Statistisches Bundesamt, vorläufige ZAW-Berechnungen

Die Arbeitslosenzahlen sanken leicht analog zur guten Beschäftigungssituation der Branche: Für Dezember 2014 wies die Bundesagentur für Arbeit 24.795 Arbeitslose im Bereich Werbung und Marketing aus im Vergleich zu 25.138 Personen im Vorjahresmonat. Das ist ein Minus von 1,4 Prozent.

Digitalfachkräfte besonders begehrt

Klassische Werbeberufe wie Art Director (+36 Prozent), Kontakter (+27 Prozent), oder Gestalter für visuelles Marketing (+57 Prozent) waren 2014 gefragt. Noch deutlicher nahm die Suche zu nach Digitalexperten für Social Media (+314 Prozent), Suchwortvermarktung (+567 Prozent), aber auch die Nachfrage nach Webentwicklern (+14 Prozent).

Die Werbewirtschaft wird ihre besondere Attraktivität noch deutlicher gegenüber dem Nachwuchs herausstreichen müssen, damit dieser sich für unsere Branche entscheidet. Auch andere Wirtschaftszweige suchen händeringend nach Digitalkräften.

Manfred Parteina
Hauptgeschäftsführer des ZAW

Während die werbenden Unternehmen als einzige der drei vom ZAW ausgewiesenen Anbieter-Gruppen ihre Stellenofferten um 18 Prozent reduzierten, suchten die Medien 19 Prozent und die Agenturen 25 Prozent mehr Werbefachleute. Die Bedeutung der Agenturen als Arbeitsgeber zeigt sich an ihrem Anteil an der Gesamtzahl der Stellenofferten: Er schraubte sich von 82 Prozent in 2013 auf 84 Prozent in 2014 hoch.

GWA: Hoher Frauenanteil in Agenturen

In Agenturen bilden die weiblichen Mitarbeiter die Mehrheit – allerdings nicht in Führungspositionen. Fast zwei Drittel der Agenturmitarbeiter (62 Prozent) sind weiblich. Aber nur 12 Prozent der Frauen arbeiten in Führungspositionen; der Anteil liegt bei den Männern mit rund 27 Prozent mehr als doppelt so hoch, so

Stellenangebote für Werbeberufe 2013 und 2014

Berufsbereich	2013	2014	Veränderung	Werbende Firmen	Medien	Werbeagenturen
Marketing und Werbung	499	559	12 %	34	35	490
Art-Direktoren	286	389	36 %	2	3	384
Mediaexperten	259	302	17 %	23	103	176
Kontakter	186	237	27 %	1	7	229
Texter	242	231	-5 %	7	2	222
Auszubildende/Trainees	121	202	67 %	1	5	196
Grafiker/Mediendesigner	160	189	18 %	17	5	167
Werbeproduktion	123	159	29 %	6	2	151
Anzeigenfachleute	98	121	23 %	9	89	23
Werbefachleute	100	121	21 %	17	41	63
Back Office	12	68	-*	-	3	65
Werbeleiter	30	18	-40 %	7	9	2
Gestalter visuelles Marketing	7	11	57 %	10	-	1
Geschäftsführung	5	6	20 %	-	2	4
Marktforscher	0	1	-	-	1	-
Praktikanten	921	1.110	21 %	6	141	963
Gesamt	**3.049**	**3.724**	**22 %**	**140**	**448**	**3.136**

* bis 2013 nur Sekretariat/Assistenz, ab 2014 auch Systemadministratoren, Sachbearbeiter, Controller, Buchhalter u.a.; mit Vorjahr nicht vergleichbar

Quelle: Zentralverband der deutschen Werbewirtschaft ZAW

die Ergebnisse der Human Resources Management Studie 2014, die der Gesamtverband Kommunikationsagenturen GWA nach 2009 zum zweiten Mal beauftragt hat. 516 Mitarbeiter aus GWA-Agenturen haben sich an der Studie beteiligt; die Teilnehmer sind im Durchschnitt 36 Jahre alt.

Das Klischee, dass in der Branche vor allem Quereinsteiger und Studienabbrecher arbeiten, trifft danach nicht zu: 88 Prozent der Werber und Werberinnen in GWA Agenturen verfügen über einen fachspezifischen Bildungshintergrund. Hoch ist der Akademisierungsgrad: 71 Prozent haben eine akademische Institution (ohne Berufsakademien) besucht und fast 60 Prozent besitzen einen akademischen Abschluss. Dass die Werbebranche ein „People-Business" ist, spiegelt sich in den Bewerbungswegen der Teilnehmer wider. 22,5 Prozent haben ihre aktuelle Position durch persönliche Kontakte gefunden. 16,5 Prozent fanden ihre Stelle durch eine Empfehlung. Der Einstieg in die Werbebranche erfolgte bei 28,8 Prozent der Befragten über eine Berufsausbildung, dicht gefolgt vom Praktikum (27 Prozent).[1]

| Stand: März 2015

---

[1] Die gesamten Ergebnisse der GWA Human Resources Management Studie 2014 sind abrufbar unter: http://bit.ly/GWA-HRM-Studie-2014 (letzter Zugriff: 17.3.2015).

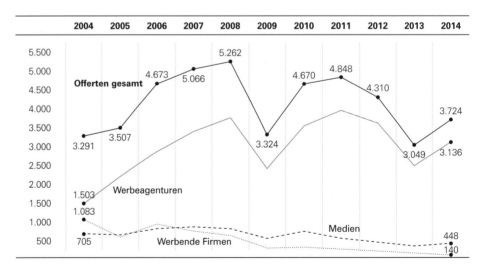

Stellenangebote der Werbebranche 2004 bis 2014

Quelle: Zentralverband der deutschen Werbewirtschaft ZAW

Arbeitslosenzahlen absolut „Werbung und Marketing" 2012 bis 2014

2012 — 23.089 | ▲ 8,9 % (Veränderung zu 2011)
2013 — 25.138 | ▲ 8,9 % (Veränderung zu 2012)
2014 — 24.795 | ▼ -1,4 % (Veränderung zu 2013)

Quelle: Bundesagentur für Arbeit, jeweils Dezember

Stellenanbieter nach Gruppen der Werbewirtschaft 2014

	Inserate	Anteil
Werbeagenturen	3.136	84,2 %
Medien	448	12,0 %
Publikumszeitschriften	119	
Fernsehen	91	
Fachverlage	86	
Zeitungen	65	
Multimedia-Verlage	55	
Buchverlage	12	
Internet	8	
Kino/Film/Theater	6	
Außenwerbung	3	
Hörfunk	3	
Warenhersteller/Dienstleister	140	3,8 %
Handel	28	
Nahrung + Genussmittel	17	
Konsumgüter	8	
Markenartikel	7	
Banken, Sparkassen, Versicherungen	5	
Pharma	5	
Verbände/Vereinigungen	5	
Mode/Textil	3	
Werbemittelhersteller	3	
Aus- und Weiterbildung	2	
Energie	2	
Investitionsgüter	2	
Tourismus	2	
Körperpflege	1	
Telekommunikation	1	
Sonstige	49	
Gesamt	**3.724**	**100,0 %**

Quelle: Zentralverband der deutschen Werbewirtschaft ZAW

Ausbildunsgwege 2009 und 2014

Frage: Welche der folgenden Ausbildungsstätten haben Sie besucht?

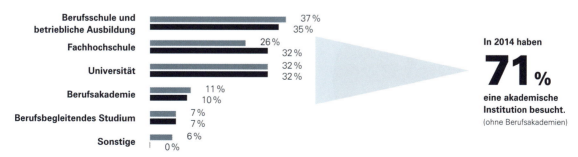

	2009	2014
Berufsschule und betriebliche Ausbildung	37 %	35 %
Fachhochschule	26 %	32 %
Universität	32 %	32 %
Berufsakademie	11 %	10 %
Berufsbegleitendes Studium	7 %	7 %
Sonstige	6 %	0 %

In 2014 haben **71 %** eine akademische Institution besucht. (ohne Berufsakademien)

■ 2009   ■ 2014, Befragungsmethode: Online Interviews; Befragungszeitraum: 8.7. bis 8.8.2014;
Stichprobengröße: HR Abteilungen: N=29, Mitarbeiter von Agenturen N=516

Quelle: Gesamtverband Kommunikationsagenturen GWA, Human Resources Management Studie 2014

Deutsche Werbewirtschaft im internationalen Vergleich

Die Daten werden vom renommierten Fachverlag und Marketinginformationsdienst Warc, London zusammengestellt.

Aufgrund der aufwändigen Recherche liegen die Daten mit einer zeitlichen Verzögerung von mehr als einem Jahr vor. Das Warc existiert seit mehr als 25 Jahren und firmierte bis August 2009 als World Advertising Research Center.

Werbeträger-Umsätze 2013 in ausgewählten Ländern weltweit

	Werbung in Mrd. US-Dollar	Werbeträgeranteile in Prozent						
		Zeitungen	Publikums-zeitschriften	TV	Radio	Kino	Außen-werbung	Internet
USA	158,55	11,4	7,6	40,0	9,6	0,5	3,9	27,0
China	44,82	13,1	1,6	35,3	4,9	-	5,5	39,6
Japan	39,83	14,6	5,9	43,6	2,9	-	14,5	18,5
Deutschland	24,86	28,4*	12,3	24,2	4,4	0,5	5,2	25,0
Großbritannien	24,53	15,5	5,0	28,4	3,4	1,2	6,3	40,1
Brasilien	16,82	9,0	4,9	63,3	3,6	0,3	3,1	15,8
Frankreich	16,69	14,1	12,0	28,6	6,5	0,8	10,2	27,8
Kanada	13,66	22,1	7,2	28,3	12,2	-	4,2	26,0
Australien	12,97	18,8	5,1	32,7	8,4	0,8	4,5	29,7
Russland	11,22	6,0	6,0	48,1	5,1	0,4	12,5	21,9
Italien	9,62	12,4	7,3	48,7	4,9	0,4	2,8	23,5
Korea	9,33	23,5	2,9	37,1	1,9	0,5	5,8	28,5
Indonesien	6,99	32,1	2,3	65,6	-	-	-	-
Mexiko	5,74	6,2	2,8	60,8	9,3	1,4	7,8	11,7
Spanien	5,66	16,4	6,0	39,9	9,5	0,5	6,6	21,1
Hongkong	5,48	31,1	13,0	31,2	3,6	-	13,7	7,4
Niederlande	5,03	21,6	11,0	22,0	6,3	0,1	4,3	34,6
Argentinien	4,91	31,4	4,2	46,9	4,0	1,3	4,3	8,0
Indien	4,88	40,5	2,8	38,5	3,8	0,7	6,2	7,5
Österreich	4,21	39,8	9,7	25,8	5,7	0,4	6,6	11,9

*Tageszeitungen, Wochen-/ Sonntagszeitungen, Supplements, Anzeigenblätter
Inklusive Mittlerprovisionen und Presseeigenwerbung, ohne Rabatte und Produktionskosten

Quelle: World Advertising Trends 2014, World Advertising Research Center Ltd. (www.warc.com) / ZAW

Top 10 der wachstumsstärksten Werbemärkte 2013 weltweit (Warc-Auswahl)

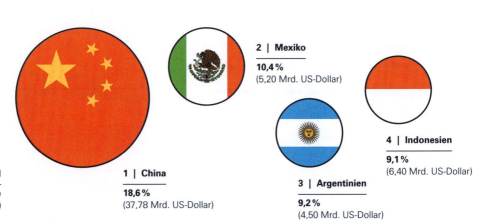

Land
Wachstumsrate
(absoluter Betrag aus 2012)

1 | China
18,6 %
(37,78 Mrd. US-Dollar)

2 | Mexiko
10,4 %
(5,20 Mrd. US-Dollar)

3 | Argentinien
9,2 %
(4,50 Mrd. US-Dollar)

4 | Indonesien
9,1 %
(6,40 Mrd. US-Dollar)

Werbeträger-Umsätze 2013 in ausgewählten Ländern Europas

	Werbung in Mrd. US-Dollar	Werbeträgeranteile in Prozent						
		Zeitungen	Publikums-zeitschriften	TV	Radio	Kino	Außen-werbung	Internet
Deutschland	24,86	28,4*	12,3	24,2	4,4	0,5	5,2	25,0
Großbritannien	24,53	15,5	5,0	28,4	3,4	1,2	6,3	40,1
Frankreich	16,69	14,1	12,0	28,6	6,5	0,8	10,2	27,8
Russland	11,22	6,0	6,0	48,1	5,1	0,4	12,5	21,9
Italien	9,62	12,4	7,3	48,7	4,9	0,4	2,8	23,5
Spanien	5,66	16,4	6,0	39,9	9,5	0,5	6,6	21,1
Niederlande	5,03	21,6	11,0	22,0	6,3	0,1	4,3	34,6
Österreich	4,21	39,8	9,7	25,8	5,7	0,4	6,6	11,9
Schweiz	4,06	27,4	15,5	20,0	4,2	0,7	15,0	17,3
Schweden	3,91	27,1	7,1	25,6	2,6	0,5	4,7	32,4
Belgien	3,49	18,2	7,2	34,5	13,9	1,1	6,9	18,2
Norwegen	3,14	33,7	5,8	22,6	3,5	0,9	3,5	30,0
Türkei	3,11	17,5	1,7	49,1	2,2	1,0	5,9	22,6
Portugal	2,84	11,1	7,1	68,5	6,0	0,7	6,6	0,0
Polen	2,75	3,9	7,1	48,8	6,5	1,4	5,8	26,5
Dänemark	2,16	27,9	8,9	18,2	2,4	0,7	3,4	38,6
Finnland	1,77	39,1	9,4	23,0	4,4	0,2	3,5	20,5
Slowakai	1,42	5,2	4,7	73,2	4,1	0,3	5,8	6,6
Griechenland	1,35	18,6	14,6	50,8	3,3	0,0	0,0	12,7
Irland	1,30	33,2	1,4	27,7	8,0	0,7	8,8	20,2

* Tageszeitungen, Wochen-/ Sonntagszeitungen, Supplements, Anzeigenblätter
Inklusive Mittlerprovisionen und Presseeigenwerbung, ohne Rabatte und Produktionskosten

Quelle: World Advertising Trends 2014, World Advertising Research Center Ltd. (www.warc.com) / ZAW

Advertising Information Group (AIG)

Die AIG ist eine internationale Interessenvertretung in Brüssel, getragen von den werbewirtschaftlichen Dachverbänden Advertising Association/ Großbritannien, WKÖ Wirtschaftskammer Österreich, Fachverband Werbung und Marktkommunikation/ Österreich und ZAW/ Deutschland.

Unterstützt von weiteren Partnern ist die AIG eine zentrale Plattform: intern zum fachlichen Informationsaustausch über internationale Entwicklungen, die nationale Konsequenzen haben können, und extern für die aktive Begleitung der EU-Entscheidungsprozesse, zum Beispiel mit Positionspapieren und diversen Gesprächsforen. Im Expertenkreis AIG Exchange tragen regelmäßig Vertreter von EU-Institutionen und von ständigen Vertretungen in Brüssel vor.

5 | Russland
6,4%
(10,55 Mrd. US-Dollar)

9 | USA
3,5%
(153,13 Mrd. US-Dollar)

6 | Korea
6,0%
(8,80 Mrd. US-Dollar)

7 | Frankreich
5,0%
(15,89 Mrd. US-Dollar)

8 | Hongkong
4,3%
(5,25 Mrd. US-Dollar)

10 | Großbritannien
3,4%
(23,71 Mrd. US-Dollar)

11 | Deutschland
2,3%
(24,30 Mrd. US-Dollar)

Quelle: World Advertising Trends 2014, World Advertising Research Center Ltd. (www.warc.com) / ZAW

Werbepolitische Entwicklungen in Deutschland und der EU

Werbepolitische Entwicklungen in Deutschland und der EU

24 Wettbewerbsrecht

27 Verbraucherpolitik

30 Gastbeitrag: Nudging als politisches Instrument –
legitimer Eingriff oder staatlicher Übergriff?
Holger Lösch, Mitglied der Hauptgeschäftsführung im BDI

32 Kinder

35 Datenschutz

42 Audiovisuelle Medien

47 Energiekennzeichnung

51 Lebensmittel

55 Alkoholhaltige Getränke

61 Tabakprodukte

66 Glücksspiel

69 Kosmetische Produkte

71 Arzneimittel

73 Finanzdienstleistungen

Wettbewerbsrecht

Im September 2014 hat das Bundesministerium der Justiz und für Verbraucherschutz (BMJV) einen Entwurf für ein zweites Änderungsgesetz des Gesetzes gegen den unlauteren Wettbewerb (UWG) vorgelegt. Das „Grundgesetz der Werbung" ist bereits im Jahr 2008 an die EU-Richtlinie zu unerlaubten Geschäftspraktiken (UGP-Richtlinie)[1] angepasst worden. Ziel der erneuten Novellierung ist eine noch wortgenauere Umsetzung der europäischen Vorgaben.

Die Europäische Kommission hatte in der Vergangenheit mehrfach mit der Einleitung eines Vertragsverletzungsverfahrens gegen die Bundesrepublik Deutschland gedroht, weil nach ihrer Ansicht die den Bereich des Lauterkeitsrechts vollharmonisierende europäische Vorgabe nicht umfassend ins deutsche Recht umgesetzt worden sei. Diesem Druck hat das BMJV nachgegeben und versucht, einen Referentenentwurf vorzulegen, der eine reine Anpassung des Gesetzeswortlauts an die UGP-Richtlinie darstellen sollte – allerdings ohne die aktuelle Rechtspraxis zu ändern, da die Rechtsprechung das UWG bereits seit Inkrafttreten der UGP-Richtlinie im Jahr 2007 richtlinienkonform auslegen muss.

Aber der Referentenentwurf ging an mehreren Stellen über die bloße Umsetzung der UGP-Richtlinie hinaus, insbesondere soweit auch geschäftliche Handlungen unter Unternehmen von Neuregelungen betroffen waren. Zudem wurde versäumt, das Gewinnspielkoppelungsverbot aus dem UWG zu streichen, obwohl der Europäische Gerichtshof dessen Europarechtswidrigkeit[2] festgestellt hat. Entsprechend hat der ZAW in seiner Stellungnahme zum Referentenentwurf[3] gefordert, sowohl die überschießenden Regelungen aus dem Entwurf wie auch das im geltenden Recht bestehende Verbot der Gewinnspielkoppelung zu streichen. Zudem hat sich die Werbewirtschaft nachdrücklich dafür eingesetzt, das bestehende Praxisproblem im Bereich der sogenannten „Impressumspflicht" des § 5a Absatz 3 UWG durch eine Klarstellung im Gesetzestext zu lösen.

Regierungsentwurf zur Novellierung des UWG

Nach der Verbändeanhörung zum Referentenentwurf hat die Bundesregierung im Februar 2015 einen überarbeiteten Regierungsentwurf im Kabinett verabschiedet. Dieser berücksichtigt bereits Anmerkungen der Werbewirtschaft: Zum einen wurde das generelle Gewinnspielkoppelungsverbot des § 4 Nr. 6 UWG wie vom ZAW gefordert ersatzlos gestrichen, zum anderen soll der neu eingeführte § 4a UWG-E zu aggressiven Geschäftspraktiken nur noch bei geschäftlichen Handlungen gegenüber Verbrauchern und nicht mehr in Geschäftsbeziehungen zwischen Unternehmern gelten.

Schließlich wurden die Anregungen der Werbewirtschaft, die „Impressumspflicht" nach § 5a Absatz 3 UWG praxistauglicher zu formulieren, aufgegriffen: Der Gesetzestext selbst verweist ausdrücklich darauf, dass auch Informationen, die auf andere Weise als in dem räumlich oder zeitlich beschränkten Werbemedium bereitgestellt werden, in die Beurteilung, ob eine wesentliche Information in der Werbung vorenthalten wurde, und damit ein Wettbewerbsverstoß vorliegt, einbezogen werden müssen. Zudem wird die Möglichkeit, die wesentlichen Informationen nach § 5a Absatz 3 UWG im Internet bereit zu halten

---

1 Richtlinie 2005/29/EG.

2 Ausführlich dazu ZAW-Jahrbuch 2010, S. 156.

3 Abgedruckt in Wettbewerb in Recht und Praxis (wrp) 2015, S. 180 ff.

und darauf in der Werbemaßnahme zu verweisen, ausdrücklich in der Gesetzesbegründung erwähnt.

Im Unterschied zum Referentenentwurf wird im Regierungsentwurf der Begriff der „fachlichen Sorgfalt" einheitlicher Maßstab für die Lauterkeit einer geschäftlichen Handlung, sowohl bei Handlungen gegenüber Verbrauchern wie auch zwischen Unternehmen. Die Fallbeispiele des § 4 UWG, die nach geltendem Recht Unlauterkeitstatbestände sind, wären dann Beispielsfälle, bei deren Vorliegen ein Verstoß gegen die fachliche Sorgfalt vermutet wird.

Empfehlungen des Bundesrates zum UWG-E

Der Bundesrat hat seine Möglichkeit zur Stellungnahme zum Regierungsentwurf genutzt und weite Bereiche des UWG mit teilweise sehr weitgehenden und einseitigen Handlungsempfehlungen versehen. Hierzu gehört die Empfehlung, das in Nr. 28 der schwarzen Liste des UWG normierte Verbot der direkten Kaufansprache von Kindern, ein absoluter Unlauterkeitstatbestand ohne Wertungsmöglichkeit, als Ordnungswidrigkeit hochzustufen und mit einem Bußgeld zu belegen. Bußgeldbehörde soll nach der Empfehlung des Bundesrates die Bundesprüfstelle für jugendgefährdende Medien (BPjM) werden.

Der ZAW lehnt diese unverhältnismäßige und systemwidrige Regulierung ab. Der BPjM die Rolle einer Werbeaufsichtsbehörde für Werbung gegenüber Kindern zu übertragen und damit eine neue staatliche Werbeaufsichtsbehörde zu schaffen, würde einen Paradigmenwechsel hin zu einer staatlichen Werbeaufsicht begründen, der nicht mit dem Grundgedanken des in Deutschland bestehenden Systems eines freiheitlichen Wettbewerbs vereinbar ist. Diese Position der Werbewirtschaft wird der ZAW sowohl gegenüber der Bundesregierung wie auch gegenüber dem Bundestag im weiteren Gesetzgebungsverfahren und in der Öffentlichkeit vertreten.

Weiterhin hat der Bundesrat empfohlen, die Gewinnabschöpfung nach § 10 UWG neu zu regeln und die Beweislast für eine vorsätzliche Verletzung des Lauterkeitsrechts den Unternehmern und nicht den abschöpfungsberechtigten Verbänden aufzuerlegen. Zudem soll nach § 10 UWG abgeschöpfter Gewinn zwar noch an den Bundeshaushalt ausgekehrt werden, nach Empfehlung des Bundesrates soll dies aber zweckgebunden geschehen zur Finanzierung der Verbraucherarbeit der Verbraucherschutzorganisationen. Auch gegen diese nicht erforderliche Verschärfung des Sanktionssystems verwehrt sich die Werbewirtschaft. Die mittelbare Auskehrung der Gelder an klagende Verbraucherschutzverbände erhöhe zusätzlich die Gefahr, Prozesse aus sachfremden Erwägungen anzustrengen. Die Bundesregierung hat bis Mitte April 2015 Zeit, mit einer Gegenäußerung auf die Empfehlungen des Bundesrates zu reagieren, bevor das Gesetzgebungsverfahren dem Bundestag übergeleitet wird.

Ausblick zur UWG-Novellierung

Der ZAW wird sich zunächst bei der Bundesregierung dafür einsetzen, dass die Empfehlungen des Bundesrates, die direkte Kaufansprache an Kinder als Bußgeld bewehrte Ordnungswidrigkeit zu qualifizieren sowie die Regeln zur Gewinnabschöpfung zu novellieren, in der Gegenäußerung vollinhaltlich zurückgewiesen werden. Voraussichtlich ab Mai 2015 wird die UWG-Novelle im Bundestag beraten werden.

Europäische Entwicklungen

Während der bereits vor längerer Zeit angekündigte Entwurf der Europäischen Kommission für eine novellierte Richtlinie zur irreführenden Werbung im B2B-Bereich weiter auf sich warten lässt[4] und nunmehr von der zuständigen Generaldirektion Recht für im Laufe des Jahres 2015 angekündigt wird, arbeitet die Kommission mit Hochdruck an einem zweiten Leitfaden zur Auslegung der UGP-Richtlinie.

Die Leitlinien sollen nach einer Anhörung der interessierten Kreise, noch vor der Sommerpause veröffentlicht werden. Mit ihnen soll den Rechtsanwendern Hilfestellungen für eine möglichst europaweit einheitliche Anwendung des Lauterkeitsrechts an die Hand gegeben werden. Neben Auslegungsfragen, die an die Kommission herangetragen wurden, soll auch das Verhältnis des europäischen Sekundärrechts zueinander erläutert werden, insbesondere im Hinblick auf Richtlinien, die nach Inkrafttreten der UGP-Richtlinie verabschiedet wurden. Besonderes Augenmerk soll auf den Bereichen Onlinewerbung, Finanzdienstleistungen und auf umweltbezogener Werbung liegen; hier ist jeweils ein eigenes Kapitel vorgesehen.

Umweltbezogene Werbeangaben

Zu umweltbezogenen Werbeaussagen (Green Claims) hat die Kommission bereits Vorarbeiten durchgeführt. Ende 2013 hatten ZAW und Deutscher Werberat an einer von der Generaldirektion Gesundheit in Auftrag gegebenen Studie zu Green Claims teilgenommen und dargelegt, dass das bestehende Regelwerk aus dem UWG und den selbstregulativen Vorgaben des Deutschen Werberates ausreichend ist, einen fairen Wettbewerb und einen umfassenden Schutz der Verbraucher zu gewährleisten. Das Ergebnis der Studie soll vor Veröffentlichung der Auslegungsleitlinien bekannt gegeben werden.

Neben der Studie erarbeitet die Kommission in einem „Multistakeholder-Dialog" mit Wirtschaftsverbänden, Verbraucherschutzvereinigungen und Selbstregulierungsinstitutionen einen Vorschlag zu Leitlinien in Bezug auf Green Claims. Der Bereich wird insbesondere von einigen NGOs als sehr sensibel empfunden, da Verbraucher mit Angaben zur Umweltfreundlichkeit im Allgemeinen sehr unterschiedliche Vorstellungen verbänden. Auch hier muss aber gelten, dass die bestehenden Irreführungsregeln und die dazu ergangene Rechtsprechung umfassende Regeln zum Verbraucherschutz bieten, wogegen überbordende Informationspflichten weder im Interesse der Verbraucher noch der Unternehmen sind. Die Kommission hat daraufhin eine Reihe von überschießenden Vorschlägen aus dem Dialog zurückgezogen. Ein finaler Entwurf soll im Frühjahr 2015 zwischen den Beteiligten abschließend diskutiert werden.

| Stand: März 2015

---

4 Vgl. ZAW-Jahrbuch 2014, S. 26.

Verbraucherpolitik

Was im ZAW-Jahrbuch „Werbung 2014"[1] noch hinsichtlich der im Koalitionsvertrag verankerten Ankündigung, künftig ein „differenziertes Verbraucherleitbild zu Grunde zu legen", Anlass zu Befürchtungen gab, ist mittlerweile Gewissheit: Der gegenwärtige Gesetzgeber postuliert ein Ungleichgewicht in der Augenhöhe zwischen Verbraucher und Wirtschaft, dem es mit paternalistischen Mitteln zu begegnen gelte. Am deutlichsten zeigt sich im Gesetzgebungsverfahren zum Kleinanlegerschutzgesetz die Abwendung des Bundesministers der Justiz und für Verbraucherschutz (BMJV) vom Bild des mündigen Verbrauchers. Hier sollen nur noch jene mit Werbung für Produkte des grauen Kapitalmarkts konfrontiert werden, die aufgrund ihres Medienkonsums für intellektuell fähig gehalten werden, die finanziellen Risiken dieser Produkte einschätzen zu können. Verbraucher, die Medien konsumieren, die nicht zumindest gelegentlich über Wirtschaftsthemen berichten, müssen nach Ansicht der Regierungskoalition vor Werbung für Finanzprodukte geschützt werden, die ihre intellektuellen Grenzen überschreiten könnten.[2]

Überhaupt soll die Verbraucherpolitik im 2013 neu zugeschnittenen BMJV auf andere Füße gestellt werden: Im November 2014 wurde ein Sachverständigenrat für Verbraucherfragen eingesetzt, der das Ministerium bei seiner Arbeit unterstützen soll. Das neunköpfige Gremium soll die Bundesregierung bei der Ausgestaltung der künftigen Verbraucherpolitik beraten und die tatsächliche Situation der Verbraucher durch wissenschaftliche und praktische Erhebungen in Erfahrung bringen.

Der mündige Verbraucher ist ein schönes Ideal, hat aber mit der Realität wenig zu tun.[3]

Heiko Maas
Bundesminister der Justiz und für Verbraucherschutz

Mit der Zielsetzung, die tatsächliche Situation der Verbraucher zu untersuchen verbindet der ZAW die Hoffnung, dass eine evidenzbasierte realitätsgetreue Verbraucherpolitik betrieben wird, die den Verbraucher als vollwertigen Teilnehmer im Wirtschaftsleben anerkennt und, noch wichtiger, auch als solchen behandelt. Bedenklich stimmt allerdings, dass nur eine Sachverständige im neuen Beratergremium der Wirtschaft entstammt, während alle anderen den institutionellen Verbraucherschutz und die Verbraucherforschung repräsentieren.[4] Einige Gremiumsmitglieder haben in Veröffentlichungen bereits verdeutlicht, dass sie den Verbraucher nicht als verständigen Akteur des Wirtschaftslebens ansehen.

So haben sich unter anderem drei Mitglieder des Sachverständigenrats bereits vor dessen Gründung 2013 in einem gemeinsamen Plädoyer für eine systematische Evidenzbasierung der Verbraucherpolitik[5] vom Bild des mündigen Verbrauchers verabschiedet. Ihre Ansicht: „Gewohnheiten und strukturelle Machtungleichgewichte zwischen Anbietern und Konsumenten setzen der Mündigkeit von Verbraucherinnen und Verbrauchern klare Grenzen."

---

1 Vgl. ZAW-Jahrbuch 2014, S. 27.

2 Umfassend zum Regierungsentwurf des Kleinanlegerschutzgesetz Abschn. Werbepolitische Entwicklungen, Kap. Finanzdienstleistungen.

3 Namensbeitrag in der Süddeutschen Zeitung vom 10. März 2014

4 Eine vollständige Liste der Sachverständigen findet sich auf der Webseite des BMJV www.bmjv.de/SharedDocs/Kurzmeldungen/DE/2014/20141107_Verbraucherrat.html (letzter Zugriff: am 19.3.2015). Die Geschäftsstelle des Beratergremiums ist der Abteilung VB untergeordnet.

5 WISO direkt, Ausgabe April 2013.

Die Werbewirtschaft wartet gespannt auf die erste offizielle Äußerung des Sachverständigenrates für Verbraucherpolitik.

Erweiterung des Unterlassungsklagengesetzes

Im aktuellen Koalitionsvertrag von CDU/CSU und SPD ist die Erweiterung der kollektiven Rechtsdurchsetzungsmöglichkeiten für den Bereich des Datenschutzes vorgesehen. Das BMJV hat daraufhin im Sommer 2014 einen Referentenentwurf zu einem Gesetz zur Verbesserung der zivilrechtlichen Durchsetzung von verbraucherschützenden Vorschriften des Datenschutzrechts vorgelegt.

Der Referentenentwurf sah vor, sämtliche datenschutzrechtlichen Normen, die für die Erhebung, Verarbeitung und Nutzung von personenbezogenen Daten eines Verbrauchers durch einen Unternehmer gelten, als Verbraucherschutzgesetze im Sinne des § 2 Absatz 1 Unterlassungsklagengesetz (UKlaG) einzustufen, womit Verstöße gegen diese datenschutzrechtlichen Normen von den nach UKlaG klagebefugten Verbänden zivilrechtlich durchgesetzt werden können.

Diese Schaffung eines neuartigen, zivilrechtlichen, parallelen Rechtsdurchsetzungssystems für einen bislang im deutschen Recht nicht existierenden „Verbraucherdatenschutz" wurde vom ZAW in der Verbändeanhörung als system- und europarechtswidrig kritisiert: Die unterschiedlichen Schutzgüter und -ziele des Datenschutzrechts auf der einen und des Verbraucherschutzrechts auf der anderen Seite werden in unzulässiger Weise vermischt. Hieraus resultieren ganz praktische Probleme, die vermeidbar sind, weil die bestehenden datenschutzbezogenen Rechtsschutzmöglichkeiten für Verbraucher bereits angemessen geregelt sind. Die unabhängigen staatlichen Aufsichtsbehörden haben weitreichende Befugnisse, Datenschutzverstöße zu ahnden und effizient zu unterbinden. Sie werden auch auf Hinweise der Verbraucher hin tätig. Allgemeine Geschäftsbedingungen, die gegen das Datenschutzrecht verstoßen, können bereits seit Langem von Verbraucherschutz- wie Wirtschaftsverbänden im Wege der kollektivierten Unterlassungsklage unterbunden werden, wovon insbesondere die Verbraucherschutzorganisationen Gebrauch machen. Darüber hinausgehende rein nationale Regelungen sehen sich zugleich dem Vorwurf der Europarechtswidrigkeit ausgesetzt und konterkarieren die Bestrebungen, auf europäischer Ebene ein einheitliches Datenschutzrecht zu verabschieden.[6]

Im Februar 2015 hat das Kabinett einen Regierungsentwurf zur Erweiterung des UKlaGs verabschiedet, der zwar gegenüber dem Referentenentwurf hinsichtlich des Anwendungsbereichs etwas nachgebessert wurde, der aber die Kritikpunkte keinesfalls ausräumt: Er sieht eine kollektive Rechtsdurchsetzung für klagebefugte Verbraucher- und Wirtschaftsverbände bei Verstößen gegen datenschutzrechtliche Vorschriften vor, die für Unternehmer gelten, wenn sie Daten von Verbrauchern zu Zwecken der Werbung, der Markt- und Meinungsforschung, des Betreibens von Auskunfteien, des Erstellens von Persönlichkeits- und Nutzungsprofilen, des Adresshandels, des sonstigen Datenhandels oder zu vergleichbaren kommerziellen Zwecken erheben, verarbeiten oder nutzen.

Zudem soll den Datenschutzaufsichtsbehörden ein Anhörungsrecht im zivilrechtlichen Verfahren gewährt werden,

---

[6] Vgl. hierzu Kap. Datenschutz..

das die Aufsplitterung des Rechts verhindern soll.

Die europarechtliche Zulässigkeit dieses deutschen Alleingangs im Bereich der datenschutzrechtlichen Rechtsdurchsetzung soll durch eine Öffnungsklausel in der noch im Entwurf befindlichen Datenschutzgrundverordnung sichergestellt werden. Inwieweit die anderen Mitgliedstaaten, das Europäische Parlament und die Kommission bereit sind, diese Zersplitterung mitzutragen, bleibt abzuwarten. Die deutsche Werbewirtschaft setzt sich jedenfalls im Verbund mit ihren Mitgliedern sowohl auf europäischer Ebene als auch im Deutschen Bundestag weiter dafür ein, dass in Deutschland kein paralleles zivilrechtliches Verbraucherdatenschutzrecht geschaffen wird.

Europäische Entwicklungen

Auf europäischer Ebene soll die im Jahr 2011 verabschiedete Verbraucherrechterichtlinie im Jahr 2015 dem sogenannten REFIT-Prozess ausgesetzt werden. Das bedeutet, die Kommission prüft umfänglich, wie die Richtlinien in der Praxis Anwendung finden und ob eine Überarbeitung notwendig ist.

Die deutsche Werbewirtschaft beobachtet dieses Vorhaben besonders im Hinblick auf Vertragsfolgenlösungen im Bereich der telefonischen Werbeansprache sowie im Bereich des Fernabsatzes: Im Bereich der Telefonwerbung hatte man sich bei der Verabschiedung der europäischen Richtlinie in letzter Minute geeinigt, eine Öffnungsklausel aufzunehmen, die den Mitgliedstaaten ermöglicht, Verträge, die nach werblicher telefonischer Ansprache geschlossen wurden, erst mit einer schriftlichen Einwilligung im Nachgang an das Telefonat wirksam werden zu lassen. Deutschland hatte im Zuge des Gesetzgebungsverfahrens zu unseriösen Geschäftspraktiken, das im Jahr 2013 in Kraft getreten ist,[7] davon abgesehen, eine entsprechende Änderung des Bürgerlichen Gesetzbuches oder des Gesetzes gegen den unlauteren Wettbewerb zu verabschieden. Es ist aber denkbar, dass neue Forderungen vom Verbraucherschutz erhoben werden, eine solche Bestätigungslösung europaweit einheitlich einzuführen. Mitgliedstaaten wie Frankreich und Spanien haben von der Öffnungsklausel Gebrauch gemacht und verfügen über eine entsprechende Regulierung.

Für den Sommer 2015 steht auch die Evaluierung der Verbrauchersammelklagen in den einzelnen Mitgliedstaaten durch die Europäische Kommission an. Es soll überprüft werden, inwieweit die Mitgliedstaaten der Empfehlung der Kommission aus dem Jahr 2013[8] nachgekommen sind, kollektive Schadensersatzklagen sowie Unterlassungsklagen ins nationale Recht einzuführen. Bislang hatte sich die Bundesregierung auf den Standpunkt gestellt, die kollektiven Rechtschutzinstrumente in Deutschland seien ausreichend, neue müssten nicht geschaffen werden. Im neu zugeschnittenen BMJV könnte dies anders gesehen werden: Der für den Verbraucherschutz zuständige verbeamtete Staatssekretär Gerd Billen hat in seiner früheren Funktion als Vorstand des Verbraucherzentrale Bundesverbandes die Einführung von Verbrauchersammelklagen gerichtet auf kollektivierten Schadensersatz bereits gefordert.

| Stand: März 2015

---

7   Siehe ZAW-Jahrbuch 2014, S. 24.
8   Siehe ZAW-Jahrbuch 2014, S. 228.

Holger Lösch, Mitglied der Hauptgeschäftsführung im BDI

Nudging als politisches Instrument – legitimer Eingriff oder staatlicher Übergriff?

Zum Autor:

Holger Lösch wurde 2008 Leiter Bereich Kommunikation und Marketing des Bundesverbands der Deutschen Industrie e.V. (BDI), ab 2009 außerdem Mitglied der Geschäftsleitung. Seit Juli 2011 ist Holger Lösch Mitglied der Hauptgeschäftsführung.

Für Verbraucher ein sanfter Schubs in die richtige Richtung, für Hersteller ein regulativer Eingriff in Märkte und Markenrechte mit weitreichenden wirtschaftlichen Folgen

Die Verhaltensökonomie und ihre Instrumente rücken immer stärker in den Fokus der Politik. Nudge („Schubs") – das klingt ganz harmlos. Nudging – auch als liberaler Paternalismus bezeichnet – ist ein Eingriff, der menschliche Entscheidungen zum Vorteil von Bürgern und Konsumenten beeinflussen soll, ohne jedoch deren Optionen tatsächlich einzuschränken.

Kein Wunder, dass die Politik dieses Instrument aus der Verhaltensökonomie für sich entdeckt hat: Nach US-Präsident Obama und dem britischen Premierminister Cameron hat im Herbst vorigen Jahres auch das Bundeskanzleramt unter dem Arbeitstitel „wirksam regieren" eine Expertengruppe eingerichtet.

Dabei steht fest: Niemand lässt sich gerne etwas verbieten, erst recht nicht von der Politik. Wer könnte schon etwas gegen einen sanften Schubs in die richtige Richtung haben – für gesündere Ernährung, gute Altersvorsorge oder die Schonung von Umwelt und Ressourcen?

An die Stelle staatlicher Verbote und Gebote tritt eine höchst effektive Verhaltenssteuerung, die in der Regel kaum Widerstände provoziert. Weil der Mensch nicht so rational handelt, wie es das inzwischen verworfene Bild des „Homo Oeconomicus" zeichnet und wie es gut für ihn wäre, bekommt er jetzt gelegentlich einen Schubs in die richtige Richtung.

Klassisches Beispiel ist die Gesundheitsvorsorge. Sicher weiß jeder, dass Übergewicht der Gesundheit schadet. Nicht jedem gelingt es aber, sich beim Thema Ernährung zu disziplinieren. Liberaler Paternalismus will ungesunde Lebensmittel nicht verbieten, plädiert aber dafür, Verpackungen mit Warnhinweisen zu versehen oder die Produkte in die hintersten Winkel des Supermarktes zu verbannen.

Die Eingriffstiefe beim Verbraucher scheint hier gering. Er bekommt, anders als beispielsweise durch ein Rauchverbot in öffentlichen Gebäuden, weder etwas staatlich vorgeschrieben noch verboten. Er wird lediglich „angestupst", das vermeintlich Richtige zu tun.

Aus politischer Sicht handelt es sich um ein verlockendes Instrument. Aus Wirtschaftssicht sind Kennzeichnungspflichten wie etwa Warnhinweise oder Vorgaben zur Produktpräsentation jedoch ein eklatanter Eingriff in Markenrechte und Märkte: Legale Produkte werden diskriminiert, den Herstellern entstehen erhebliche Nachteile. Das Argument, Nudging sei die sanfte Alternative zu harter gesetzlicher

Regulierung, mag aus Sicht der Verbraucher richtig sein. Die Wirtschaft wird sehr wohl zusätzlich reguliert.

Deshalb sehe ich den staatlichen Einsatz von Nudges skeptisch. Ich plädiere dafür, dass dieser nur wohl überlegt und transparent erfolgen darf. Die wesentliche Frage lautet, wer denn auf welcher Basis bestimmt, in welche Richtung geschubst werden soll. Wissen die Entscheidungsarchitekten tatsächlich, was gesellschaftlich sinnvoll und notwendig ist? Handeln sie dabei objektiv und uneigennützig?

Darüber müssen wir in unserer Gesellschaft offen diskutieren: Wo lässt sich Nudging rechtfertigen – und wo würde es eine nicht gerechtfertigte Bevormundung der Bürger oder einen Eingriff in funktionierende Märkte darstellen? Dies nämlich sollten wir im Interesse einer freien Gesellschaft mündiger Bürger ablehnen, denn schon ein winziger Stups wäre dann einer zu viel.

Der BDI als Spitzenverband der deutschen Industrie und der industrienahen Dienstleister in Deutschland spricht für 36 Branchenverbände. Er repräsentiert die politischen Interessen von über 100.000 Unternehmen mit gut acht Millionen Beschäftigten gegenüber Politik und Öffentlichkeit. Der BDI transportiert die Interessen der deutschen Industrie an die politisch Verantwortlichen. Damit unterstützt er die Unternehmen im globalen Wettbewerb. Er verfügt über ein weit verzweigtes Netzwerk in Deutschland und Europa, auf allen wichtigen Märkten und in internationalen Organisationen. Der BDI sorgt für die politische Flankierung internationaler Markterschließung. Und er bietet Informationen und wirtschaftspolitische Beratung für alle industrierelevanten Themen.

Kinder

> „Wir meinen daher, ein an Kinder gerichtetes Marketing für extrem zucker- und fetthaltige Produkte, wie Süßigkeiten, Softdrinks oder Fastfood, sollte unterbunden werden."
>
> Beschluss auf dem SPD-Themenforum Verbraucherpolitik am 15.3.2015 in Berlin

Forderungen nach Einschränkungen der Werbung gegenüber Kindern werden sowohl auf europäischer als auch nationaler Ebene immer wieder erhoben. Im Fokus steht dabei die Lebensmittelwerbung.[1] In der mitunter sehr emotional geführten Debatte wird häufig nicht ausreichend berücksichtigt, dass Werbung gegenüber Kindern bereits heute zahlreichen rechtlichen Regelungen unterliegt: Nicht nur Wettbewerbs- und Medienrecht setzen enge Grenzen, sondern auch diverse Gesetze und Richtlinien zum Jugendschutz. Dies gilt insbesondere für die Werbung in elektronischen Medien (TV, Radio, Internet).[2] Diese gesetzlichen Regelungen werden ergänzt durch das System der Werbeselbstkontrolle.[3] Neu an der Diskussion ist, dass die geforderten Werbeverbote auch mit dem Schutz von Eltern vor ihren Kindern begründet werden. Diese würden ihre durch die Werbung geweckten Wünsche oft vehement vortragen und die Eltern dürften hier nicht allein gelassen werden.

Mit diesem Argument dringt in Deutschland vor allem die SPD auf entsprechende Werbeverbote. Das Verbraucherforum der Partei hatte im Februar 2014 die Linie vorgegeben: „Kein an Kinder gerichtetes Marketing für problematische Produkte: Werbung für Produkte wie Süßigkeiten, Softdrinks, Fastfood muss sich an Erwachsene richten, das verführt Kinder weniger zu Kauf und Konsum und stärkt die Autorität der Eltern." Die SPD beruft sich dabei auf nicht näher genannte Untersuchungen, nach denen „Kinder pro Jahr an die 20.000 Werbespots" sähen. Und weiter heißt es: „Dabei setzt die Werbung bewusst auf den ‚Quengel-Faktor'. Eltern haben der gezielten Untergrabung ihrer Autorität kaum etwas entgegenzusetzen." Der Antrag des Verbraucherforums wurde im September 2014 vom Parteikonvent der SPD angenommen und ist somit offizielle Parteilinie.[4]

Eltern haben der gezielten Untergrabung ihrer Autorität kaum etwas entgegenzusetzen.

Beschluss des SPD-Parteikonvents am 20.9.2014

Dabei blendet die SPD die Tatsache aus, dass Werbung ein fester Bestandteil des Alltags von Kindern ist. Sozialwissenschaftler und Pädagogen fordern deshalb eine vorurteilsfreie Auseinandersetzung mit Werbung als elementarem Bestandteil der heutigen Medienkultur und einer sozialen Marktwirtschaft. Durch die Digitalisierung und rasante Medienentwicklung sei es für Kinder wichtiger denn je, dass sie möglichst früh lernen, Werbebotschaften und -absichten kritisch zu hinterfragen und mit ihnen umzugehen.

Eltern kann auch nicht pauschal Hilflosigkeit gegenüber ihren Kindern unterstellt werden. Der Bundesgerichtshof hat bereits in seiner „Tony Taler"-Entscheidung festgestellt, dass es „zu den Grundlagen jeder Erziehung [gehört], Kindern verständlich zu machen, dass nicht alle Wünsche erfüllt werden können. Ein vernünftiger Erziehungsberechtigter ist im Allgemeinen in der Lage, Kaufwünschen, die von seinen Kindern an ihn herangetragen werden, auch ablehnend zu begegnen."[5]

---

1 Vgl. Kap. Lebensmittel.

2 Zu den Plänen des Bundesrats, das gesetzliche Verbot der direkten Kaufaufforderung an Kinder als Ordnungswidrigkeit zu qualifizieren und mit einem Bußgeld zu belegen vgl. Kap. Wettbewerbsrecht.

3 Vgl. Abschn. Selbstregulierung der Werbewirtschaft, Kap. Deutscher Werberat.

4 Beschlussbuch des Parteikonvents 2014, S. 15.

5 BGH, Urteil vom 12.7.2007 – I ZR 82/05, WRP 2008, 214, 218.

Wenn die SPD davon ausgeht, dass pro Jahr 20.000 Werbespots auf ein Kind einströmen und es „manipulieren", dann verkennt sie die tatsächlichen Sehgewohnheiten: Kein Kind sieht sämtliche TV-Programme und damit alle gesendeten Fernsehspots auf einmal, und die meisten Eltern belassen ihre Kinder nicht ständig vor dem Bildschirm oder nutzen die Möglichkeit des werbefreien Kinderfernsehens.

Die SPD bricht das Kausalitätsprinzip auf ein simples Reiz-Reaktionsschema herunter: Hier die Werbung, dort die dicken Kinder. Ein solcher Ansatz ignoriert die Komplexität des Alltags und der Lebenswirklichkeit von Kleinkindern, Kindern, Jugendlichen und Erwachsenen. Unberücksichtigt bleibt in diesem Zusammenhang auch: Kinder sind von werbewirtschaftlicher Bedeutung. Aber ihre Eigenschaft als Marktteilnehmer spielt dabei eine untergeordnete Rolle: Unverändert treffen in der Regel die Eltern die Kaufentscheidungen für ihre Kinder.

ZAW-Gespräch mit den Berichterstattern im Bundestag

Den von Sozialwissenschaftlern und Pädagogen empfohlenen Weg, der nicht auf Abschottung der Kinder vor Werbung, sondern auf das Erlernen von unverzichtbaren Alltagskompetenzen setzt, sollte aus Sicht des ZAW auch die Politik verfolgen. Die Wirtschaft beteiligt sich an dieser zentralen Aufgabe der Verbraucherbildung mit vielfältigen Aktionen und engagiert sich in Projekten zur Förderung der Werbekompetenz von Kindern. Im Januar 2015 hatte der ZAW auf Einladung des Bundestagsausschusses für Ernährung und Landwirtschaft die Gelegenheit, mit den Berichterstattern der Fraktionen zum Thema Verbraucherbildung und Werbekompetenz von Kindern zu diskutieren. Dabei konnte der ZAW auch die von der Wirtschaft getragene Bildungsinitiative „Media Smart" vorstellen.

Der deutsche Media Smart e.V. wurde 2004 von werbungtreibenden Unternehmen und Verbänden gegründet. Auch der ZAW ist förderndes Mitglied. Media Smart ist als europäisches Projekt für kompetente und unabhängige Medienerziehung bei der EU-Kommission anerkannt. In Deutschland engagiert sich der Verein erfolgreich in der Förderung von Werbekompetenz, insbesondere bei Schülern der 3. und 4. Grundschulklassen. Für diese Altersstufe stellt die gemeinnützige Initiative seit 2005 das Materialpaket „Augen auf Werbung" zur Verfügung, das mittlerweile jede zweite Grundschule in Deutschland bestellt hat. Für jüngere Kinder gibt es seit März 2014 das europaweit erste kostenlose Lernpaket zur Werbekompetenzförderung für den Vorschulbereich. Die Mitgliedsunternehmen von Media Smart finanzieren die Entwicklung, die Produktion und den Versand der medienpädagogischen Materialien. Sie verzichten auf jede Form des kommerziellen Gewinns und treten bewusst ohne Logo und Markennamen auf, um sich vom Schulsponsoring klar abzugrenzen. Die inhaltliche Arbeit leistet die Media Smart-Fachstelle in Köln, ehrenamtlich unterstützt von einem hochkarätig besetzten unabhängigen Expertenbeirat, dem renommierte Wissenschaftler, Medienpädagogen, Lehrer und Vertreter des Jugendschutzes angehören.

Fokus: Kinder und Onlinewerbung

Wie Jungen und Mädchen mit Werbung im Internet umgehen, beleuchtet eine neue Untersuchung des Bundesministeriums für Familie, Senioren, Frauen und Jugend (BMFSFJ) und der Landesanstalt

www.mediasmart.de
bietet ein vielfältiges Angebot an Informationen für Kinder, Eltern und Lehrer.

für Medien Nordrhein-Westfalen (LfM), die im November 2014 veröffentlicht wurde. Der ZAW arbeitete im Forschungsbeirat der Studie mit, der allerdings mit wenig Mitgestaltungsrechten ausgestaltet war. Vorausgegangen war der bereits Ende 2010 vom BMFSFJ initiierte „Dialog Internet", in den der ZAW ebenfalls eingebunden wurde. Die Wissenschaftler des Hamburger Hans-Bredow-Instituts, die mit der Studie beauftragt waren, kommen zu aufschlussreichen Ergebnissen.[6]

- Es gibt weniger Werbung auf Kinderseiten als auf Seiten, die sich an Erwachsene oder an alle Altersgruppen richten;

- Werbung wird von den Kindern ganz überwiegend als solche erkannt. Im Rahmen der Studie identifizierten 84 Prozent der Kinder mehr als die Hälfte aller werblichen Segmente;

- Werbung auf Kinderseiten wird nahezu ausschließlich mit den leicht verständlichen Begriffen „Werbung" oder „Anzeige" gekennzeichnet;[7]

- Werbung ist ein „regulatorisch sehr umhegter Bereich": Zentrale gesetzliche Vorgaben für werbliche Kommunikation finden sich im Wettbewerbsrecht, im Rundfunk- und Telemedienrecht und im Jugendmedienschutzrecht, bereichsspezifische Vorgaben daneben in vielen weiteren Spezialgesetzen. Unterhalb gesetzlicher Vorgaben haben die Landesmedienanstalten Richtlinien erlassen, die ebenfalls Vorgaben für Werbung enthalten.[8] Werbung allgemein ist zudem ein Bereich, in dem die Werbeselbstkontrolle der Branche über die gesetzlichen Vorgaben hinausgehend eine Vielzahl von Richtlinien und Verhaltensregeln beschlossen hat;

- Aus Perspektive des traditionellen regulatorischen Jugendschutzes sind im Rahmen der Untersuchung problematische Inhalte kaum in Erscheinung getreten (wie z.B. sexistische oder gewaltverherrlichende Werbung);

- Die Besonderheiten von Onlinewerbung finden in (medien-)pädagogischen Kontexten und Ansätzen zur Werbekompetenzförderung noch zu wenig Berücksichtigung; in der Schule wird das Phänomen Onlinewerbung nach wie vor kaum thematisiert;

- Um das breite und vielfältige Angebot an Kinderseiten im Internet zu erhalten und auszubauen, ist Werbung unverzichtbarer Bestandteil.

Um auch in Zukunft der besonderen Schutzbedürftigkeit von Kindern Rechnung zu tragen, wird die Werbewirtschaft die Ergebnisse der Studie intensiv analysieren und die von den Wissenschaftlern gemachten Handlungsoptionen und -empfehlungen erörtern.

| Stand: März 2015

---

6 Dreyer, Stephan, Lampert, Claudia, Schulze, Anne: Kinder und Onlinewerbung. Erscheinungsformen von Werbung im Internet, ihre Wahrnehmung durch Kinder und ihre regulatorischer Kontext. Leipzig 2014. Die Studie ist als Band 75 der Schriftenreihe Medienforschung der Landesanstalt für Medien Nordrhein-Westfalen (LfM) erschienen.

7 Vgl. Ziff. 3 des ZAW-Kriterienkatalogs für die äußere Gestaltung und Platzierung, 2011, abrufbar unter http://zaw.de/zaw/werbepolitik/kinder/ZAW-Kriterienkatalog_Werbung_Kinderseiten.pdf (letzter Zugriff: 31.3.2015).

8 Zentrale Ver- und Gebote sind das Trennungs- bzw. Erkennbarkeitsgebot, das Irreführungs- und Ausnutzungsverbot oder das Verbot direkter Kaufaufforderungen an Kinder.

Datenschutz

Novellierung des EU-Datenschutzrahmens im Zentrum der politischen Diskussionen

Das Ringen um einen einheitlichen Datenschutzrahmen in Europa geht in das vierte Jahr. Die EU-Kommission[1] und das EU-Parlament[2] haben ihre unterschiedlichen Vorstellungen zu einer in allen Mitgliedstaaten unmittelbar geltenden Datenschutz-Grundverordnung präsentiert. Jetzt liegt es an den Mitgliedstaaten, im EU-Ministerrat eine gemeinsame Linie zu einem neuen EU-Datenschutzrahmen zu finden. Die Staats- und Regierungschefs hatten sich im Oktober 2013 im Europäischen Rat darauf verständigt, bis 2015 ein überarbeitetes Regelwerk zu verabschieden. Entsprechend hoch ist der Druck mittlerweile, unter dem die Verhandlungen im Ministerrat geführt werden. Eine vorläufige Einigung soll bis Juni 2015 erzielt werden, um dann die Trilog-Verhandlungen mit der EU-Kommission und dem EU-Parlament zu beginnen.

Der ZAW setzt sich seit Beginn des Reformprozesses intensiv dafür ein, dass die Datenverarbeitung zu Zwecken der adressierten postalischen Werbung gegenüber bestehenden und potentiellen Kunden, die zielgruppenbasierte Planung und Auslieferung von Online-Werbung sowie die anbieterübergreifende neutrale Mediadaten-Forschung weiterhin auf der Grundlage praxistauglicher, wettbewerbsneutraler Regeln durchführbar sind. Dies erfordert unter anderem:

- eine ausbalancierte Gestaltung der Erlaubnistatbestände, insbesondere der Interessenabwägungsklausel, und etwaiger Profiling-Vorgaben,

- ausgewogene Informationsverpflichtungen für die Unternehmen,

- praktikable Widerspruchsrechte der Betroffenen,

- ausreichend Raum für branchenübergreifende Initiativen und Kontrollmechanismen der Selbstregulierung, gerade angesichts der hohen Dynamik der technischen Entwicklung.

Mit dem Anfang 2012 vorgelegten Entwurf für eine europäische Datenschutz-Grundverordnung verfolgt die EU-Kommission das Ziel, die aus dem Jahr 1995 stammenden EU-Datenschutzregeln zu modernisieren, den Schutz der Privatsphäre der Bürger zu verbessern und zugleich die europäische Wirtschaft zu stärken.

Nach Einschätzung der deutschen Werbewirtschaft würde der Verordnungsentwurf der Kommission jedoch zahlreiche bislang in Deutschland legitime und legale werbewirtschaftliche Geschäftsmodelle verbieten oder faktisch unmöglich machen. Dies belegt auch die im Januar 2014 veröffentlichte Studie zu den wirtschaftlichen Auswirkungen der vorgeschlagenen

---

[1] Vorschlag der EU-Kommission vom 25.1.2012 für eine Verordnung „zum Schutz natürlicher Personen bei der Verarbeitung personenbezogener Daten und zum freien Datenverkehr (Datenschutz-Grundverordnung)", KOM(2012) 11, endg.

[2] Legislative Entschließung des EU-Parlaments vom 12.3.2014 zum Vorschlag für eine Verordnung des Europäischen Parlaments und des Rates zum Schutz natürlicher Personen bei der Verarbeitung personenbezogener Daten und zum freien Datenverkehr (allgemeine Datenschutzverordnung) (COM(2012)0011 – C7-0025/2012 – 2012/0011(COD)).

Der Direktmarketingbegriff
der Studie umfasst:
Postalische Werbesendungen, E-Mail-Marketing, Telemarketing und Mobile Marketing.

Datenschutz-Grundverordnung.[3] Das einwilligungszentrierte Konzept der EU-Kommission hätte danach mittelfristig einen Rückgang des europäischen Bruttoinlandsprodukts (BIP) um 173 Mrd. Euro pro Jahr (das entspricht 1,34 Prozent des BIP der EU-27) sowie einen jährlichen EU-weiten Verlust von 2,8 Mio. Arbeitsplätzen zur Folge.

Von den vier untersuchten datenverarbeitenden Wirtschaftssektoren – Direktmarketing, nutzungsbasierte Online-Werbung (Online Behavioural Advertising, OBA[4]), Web Analytics und Kreditinformation – wären die Unternehmen am stärksten betroffen, die ihre Produkte und Dienstleistungen bisher schwerpunktmäßig im Wege des Direktmarketings bewerben. EU-weit würden die Einbußen hier 62 Mrd. Euro betragen. Die Investitionen der werbenden Unternehmen in Direktmarketing würden bei der Umsetzung der Kommissionspläne schätzungsweise um 34 Prozent zurückgehen, bezogen auf das Jahr 2012. Durch diesen Absturz um 18 Mrd. Euro würden die Direktmarketing-Dienstleister massiv in ihrer Existenz bedroht werden. Insgesamt betrachtet würde keine der untersuchten Branchen gestärkt aus dem Gesetzgebungsprozess hervorgehen. Sämtliche Sektoren wären mit ernst zu nehmenden Einbußen konfrontiert[5] – verbunden mit spürbaren negativen Effekten auf volkswirtschaftlicher Ebene.

---

3 Vgl. Final Report „Economic impact assessment of the proposed European General Data Protection Regulation" vom 16.12.2013. Auftraggeber war eine Gruppe europäischer Unternehmen und Organisationen unterschiedlicher Branchen.

4 OBA basiert auf der anonymisierten oder pseudonymisierten Erhebung und Verarbeitung von Daten zur Webnutzung zwecks zielgruppenspezifischer Auslieferung von Online-Werbung, vgl. Abschn. Die Selbstregulierung der Werbewirtschaft, Kap. Deutscher Datenschutzrat Online-Werbung (DDOW).

5 Vgl. Studie a.a.O., S. 3.

Vitale Unternehmensinteressen betroffen

In einer funktionierenden Marktwirtschaft, deren Unternehmen sich im globalen Wettbewerb befinden, ist die qualifizierte Ansprache bestehender wie potentieller Kunden eines der wichtigsten Werbe- und Marketinginstrumente. Der ZAW macht sich daher seit dem Beginn der Verhandlungen zur Datenschutznovelle dafür stark, die existierenden Möglichkeiten der werbewirtschaftlichen Datenverarbeitung unter Opt-out vollumfänglich zu erhalten. Die Zusendung von Mailings an eine Postadresse oder die zielgruppenspezifische Auslieferung von Online-Werbung sind in kommunikativer und sozialer Hinsicht zumutbar für den Verbraucher. Zugleich sind für die Unternehmen die entsprechenden Datenverarbeitungsvorgänge unverzichtbar:

Eine Vielzahl von Unternehmen der Medien- und Kommunikationsbranche, insbesondere Zeitungen, Zeitschriften und Fachmedien, aber auch Pay-TV und digitale Medienmarken setzen für die Verbreitung und Vermarktung ihrer Produkte auf die qualifizierte postalische Ansprache bestehender oder potentieller Kunden.

Online-Werbung, Online-Marketing und E-Commerce sind auf die nutzungsbasierte Gestaltung, Steuerung und zielgruppenrelevante Informationsvermittlung ebenso angewiesen. Die Refinanzierung vielfältiger Dienste, Inhalte und Informationen im Netz – einschließlich journalistisch-redaktioneller Angebote – erfolgt mittels zielgruppenbasierter Online-Werbung und damit datenbasiert.

Die anbieterübergreifend geprüfte Ausweisung valider Mediadaten bildet einen Grundpfeiler für den intra- und intermedialen Medienwettbewerb. Sie ist mitentscheidend für die Preisbildung am Markt und basiert auf dem Umgang mit Daten. Die im Rahmen des geltenden Datenschutzrechts in Abstimmung mit den zuständigen Aufsichtsbehörden etablierte Praxis für die hierfür notwendige Messung des Online-Nutzungsverhaltens sichert ein hohes Datenschutzniveau, ohne die Ermittlung von aussagekräftigen Mediadaten für tausende Online-Angebote im deutschen Markt unverhältnismäßig einzuschränken.

Anforderungen aus der Sicht der Werbewirtschaft: Praktikabilität und Wettbewerbsgleichheit

Die zukünftige Regulierung muss Anreize für Innovationen setzen und die Wettbewerbsfähigkeit europäischer Unternehmen stärken. Einheitliche Regelungen und ein unbürokratisches Level Playing Field – auch im Hinblick auf die Rechtsdurchsetzung – sind hierfür grundlegend. Mit dem Vorschlag einer unmittelbar anwendbaren Verordnung, die zur Folge hätte, dass die divergierenden nationalen Regelungen in ihrem Anwendungsbereich aufzuheben wären, wird ein wichtiger Schritt in diese Richtung unternommen. Über die Auswirkungen einer europäisch harmonisierten Regulierung auf die im globalen Wettbewerb stehenden Unternehmen ist damit aber noch nichts gesagt. Hierfür ist letztlich entscheidend, ob die legitimen und im Vergleich zu den Datenschutzinteressen der Bürger nicht minder schützenswerten Kommunikationsinteressen der Unternehmen geachtet werden und dabei strikt wettbewerbs- und technologieneutral reguliert wird.

Dies bedingt zunächst, dass die werbewirtschaftlich notwendigen Datenverarbeitungsprozesse durch die Erlaubnistatbestände der Datenschutz-Grundverordnung zugelassen werden.

Im Fokus steht hier – neben praktikablen Vorgaben für die datenschutzrechtliche Einwilligung – die angemessene Ausgestaltung der sogenannten Interessenabwägungsklausel[6] und der Bestimmungen zu zweckändernden Datenverarbeitungsvorgängen. Jede Regulierung, die zielgruppenspezifische Datenverarbeitungsvorgänge im Gegensatz zum geltenden Recht faktisch unter einen Einwilligungsvorbehalt stellen würde, wäre nicht praktikabel und hätte prohibitive Auswirkungen auf die europäische datenverarbeitende Wirtschaft.

Hinzu kommt: Im Wettbewerb mit den marktstarken bis marktdominanten Internetdiensten aus dem angloamerikanischen Raum darf die Datenschutzregulierung nicht zu Wettbewerbsverzerrungen führen. Letztere basieren im Consumer-Internet auf umfänglichen Login-Strukturen. Mit jedem Login (zwecks Nutzung, Teilnahme oder Erwerb von Produkten oder Dienstleistungen) werden hier zugleich die erforderlichen Erlaubnisse der Verbraucher und damit Marketing- und Werbeumsätze generiert. Demgegenüber sind deutsche und andere europäische Unternehmen mit ihren Geschäftsmodellen ohne Einwilligungserfordernis strukturell benachteiligt: Die rechtlich erforderliche Einwilligung werden sie nicht, jedenfalls nicht in dem erforderlichen Ausmaß erhalten.

Weiterhin muss sichergestellt sein, dass erlaubte Datenverarbeitungsvorgänge nicht durch ein Verbot von sogenanntem Profiling ausgeschlossen oder durch unangemessene Bedingungen hierfür faktisch unmöglich gemacht werden. Wie bei den Erlaubnistatbeständen gilt

---

6 Vgl. Artikel 7f) der EU-Richtlinie 95/46/EG vom 24.10.1995 zum Schutz natürlicher Personen bei der Verarbeitung personenbezogener Daten und zum freien Datenverkehr, ABl. EU Nr. L 281, vom 23.11.195, S. 31.

es auch hier, die auch aus Betroffenensicht ganz unterschiedlichen Datenverarbeitungsvorgänge differenziert zu regeln. Speziell für die Datenverarbeitung im Online-Bereich sollten dabei bewährte technische Verfahren zur Datenvermeidung und Datensparsamkeit, wie Anonymisierungs- und Pseudonymisierungsmaßnahmen angemessen berücksichtigt werden. Anonymisierung und Pseudonymisierung sind Kernbestandteile des Konzepts „Privacy by Design"[7] und müssen als Instrumente eines modernen Datenschutzrechts gefördert werden – für einen praktikablen Ausgleich zwischen der informationellen Selbstbestimmung der Bürger und den notwendigen Kommunikationsvorgängen im Internet.

Für ein funktionierendes Direkt- und Onlinemarketing in Europa ist es schließlich bedeutsam, die Informations- und Auskunftspflichten des Regelwerks praktikabel und angemessen auszugestalten. Ausufernde Informations- und Begründungspflichten können ganze Geschäftsmodelle auch dann unmöglich machen, wenn die zugrunde liegende Datenverarbeitung an sich zulässig wäre. Transparenz bei der Datenverarbeitung ist für den Verbraucher von großer Bedeutung. Sein Informationsbedürfnis sowie formale bzw. technische Beschränkungen bestimmter Informationsmedien müssen bei der Ausgestaltung der Informationspflichten jedoch gleichermaßen berücksichtigt werden.

Was macht der EU-Ministerrat?

Die Änderungsvorschläge des EU-Parlaments zum Kommissionsvorschlag haben in einigen Punkten wichtige Verbesserungen gebracht. Die strukturellen Unzulänglichkeiten des Behördenvorschlags wurden aber nicht beseitigt. Im Gegenteil, die Vorschläge des Parlaments enthalten eine Reihe von neuen, nicht minder besorgniserregenden Änderungen.[8] Vor diesem Hintergrund ist die Position der EU-Mitgliedstaaten von entscheidender Bedeutung.

Die Verhandlungen im EU-Ministerrat schreiten unter Hochdruck voran. Seit Juni 2014 haben die Justiz- und Innenminister der Mitgliedstaaten zu drei Bereichen des Verordnungsvorschlags sogenannte partielle allgemeine Ausrichtungen verabschiedet. Hierzu zählen u.a. die Regeln zum Datentransfer in Drittstaaten, das sogenannte Marktortprinzip und das Kapitel zu den Pflichten des für die Datenverarbeitung Verantwortlichen und die Vorgaben zur Auftragsdatenverarbeitung.

Im Dezember 2014 haben sich die Minister auch auf bestimmte Voraussetzungen für den Datenumgang im öffentlichen Bereich sowie für spezifische Verarbeitungssituationen, z.B. für die Datenverarbeitung zu journalistischen oder wissenschaftlichen Zwecken, vorläufig geeinigt.[9] Die etappenweise Verhandlung und Einigung zu den unterschiedlichen Kapiteln und Themenbereichen des

---

[7] Das Konzept „Privacy by design" (eingebauter Datenschutz) zielt darauf ab, den Schutz der Privatsphäre und den Datenschutz von Anfang an in die Spezifikationen und die Architektur von Informations- und Kommunikationssystemen und -technologien zu integrieren, um die Einhaltung der Grundsätze des Schutzes der Privatsphäre und des Datenschutzes zu erleichtern, vgl. Glossar unter https://secure.edps.europa.eu/EDPSWEB/edps/site/mySite/lang/de/pid/84 (letzter Zugriff: 31.3.2015).

[8] Vgl. zu den Einzelheiten der Analyse der Vorschläge von EU-Kommission und EU-Parlament ZAW-Jahrbuch 2014, S. 36.

[9] Überblick zum Stand des Verfahrens zum 28.1.2015 im Fact Sheet „Data Protection Day 2015: Concluding the EU Data Protection Reform essential for the Digital Single Market" der EU-Kommission abrufbar unter http://europa.eu/rapid/press-release_MEMO-15-3802_en.htm (letzter Zugriff: 13.3.2015).

komplexen Regelwerks stehen damit unter dem Vorbehalt, dass nichts vereinbart ist, solange nicht alles vereinbart ist und horizontale Fragen des EU-Datenschutzrahmens noch ausgeklammert sind. Die partiellen allgemeinen Ausrichtungen stellen damit auch noch kein Mandat für den Ratsvorsitz dar, den informellen Trilog über den Text mit dem EU-Parlament und der EU-Kommission aufzunehmen.

Die Internettauglichkeit der Datenschutz-Grundverordnung ist von entscheidender Bedeutung. Wir brauchen die richtige Balance zwischen dem Datenschutz für den Einzelnen und einer Lage, die auch europäische Anbieter in den Stand setzt, im Internet der Zukunft eine Rolle zu spielen. Wenn wir das falsch machen, gewinnen nur amerikanische Unternehmen. Aber diese entscheidende Frage wird erst in der Schlusssitzung [des Rates] eine Rolle spielen.[10]

Dr. Thomas de Maizière
Bundesinnenminister

Die Bundesregierung versucht bei den Ratsverhandlungen eine aktiv gestaltende Rolle einzunehmen, unter anderem durch eigene Formulierungsvorschläge und Änderungsanträge. Den Verlautbarungen nach verfolgt sie das Ziel, die deutschen Datenschutzstandards nach Europa zu transportieren und die Internettauglichkeit des Regelwerks zu gewährleisten.

Der Koalitionsvertrag der Regierungsparteien trifft die Aussage, die Refinanzierungsmöglichkeiten für redaktionelle Medien bei der Ausgestaltung der europäischen Datenschutzregeln erhalten zu wollen.[11] Darin sieht die Werbewirtschaft ein klares Bekenntnis der Bundesregierung, auf den Erhalt des hierfür notwendigen Marketing- und Werbeinstrumentariums in seinen vielfältigen Erscheinungsformen zu dringen. Bestätigt wird dies durch die Zusagen der maßgeblich beteiligten Bundesminister, sich bei den Verhandlungen zur Datenschutz-Grundverordnung dafür einzusetzen, die in Deutschland bestehenden Möglichkeiten der werbewirtschaftlichen Datenverarbeitung unter Opt-out vollumfänglich zu erhalten. Nachdem im Koalitionsvertrag ausdrücklich die Unterstützung der selbstregulativen Initiative der Werbewirtschaft im Bereich der Online-Werbung festgeschrieben wurde,[12] kann dies nur durch ein engagiertes Eintreten für den Erhalt ausreichender Handlungsspielräume für Selbstregulierungsinitiativen erfolgen.

Aus Sicht des ZAW droht die Verhandlungsführung der Bundesregierung jedoch, diese Ziele und Zusagen für die EU-Datenschutzpolitik aus den Augen zu verlieren. In vielen Punkten sind Änderungs- und Formulierungsvorschläge der Bundesregierung inhaltlich hinter dem zurückgeblieben, was von ihr zugesagt worden ist – zum Nachteil der datenverarbeitenden Unternehmen.

---

10 Das Zitat des Bundesinnenministers stammt aus einem Interview anlässlich der Sitzung des JI-Rats der Europäischen Union vom 12./13.3.2015, vgl. Pressemeldung des BMI „Bundesinnenminister auf dem JI-Rat der Europäischen Union" vom 13.3.2015, abrufbar unter www.bmi.bund.de/SharedDocs/Kurzmeldungen/DE/2015/03/bundesinnenminister-auf-dem-ji-rat-in-bruessel.html (letzter Zugriff: 13.3.2015).

11 „Deutschlands Zukunft mitgestalten", Koalitionsvertrag zwischen CDU, CSU und SPD, 18. Legislaturperiode, S. 149, abrufbar unter www.bundestag.de/dokumente/textarchiv/2013/48077057_kw48_koalitionsvertrag/koalitionsvertrag.pdf (letzter Zugriff: 31.3.2015).

12 Ebenda, S. 149.

Nach dem **Koalitionsvertrag** der Regierungsparteien soll „die Nutzung von Methoden zur Anonymisierung, Pseudonymisierung und Datensparsamkeit zu verbindlichen Regelwerken werden."

„Deutschlands Zukunft gestalten", Koalitionsvertrag zwischen CDU, CSU und SPD, 18. Legislaturperiode, S. 148.

Dies gilt beispielsweise für die von Deutschland in den Rat eingebrachte Position zu den Voraussetzungen, unter denen eine Datenverarbeitung zu geänderten Zwecken erfolgen darf. Der deutschen Note war eine Expertenanhörung im Dezember 2014 vorausgegangen, die von Innen-, Justiz- und Wirtschaftsministerium veranstaltet worden ist und an der auch der ZAW als Sachverständiger teilgenommen hatte. Diese Anhörung hatte ergeben, dass die Geschäftsmodelle im Bereich des Direktmarketings fast vollständig als zweckändernde Datenverarbeitungen einzustufen sind. Um die Möglichkeiten der Datenverarbeitung nach deutschen Standards zu erhalten, wäre die Einräumung der zweckändernden Weiterverarbeitung unter den gleichen Bedingungen wie die der Datenerhebung erforderlich und angemessen.

Gleichwohl hat die Bundesregierung eine Formulierung vorgeschlagen, die nach Einschätzung des ZAW hinter der deutschen Rechtslage zurückbleibt und die zweckändernde Datenverarbeitung zu Direktmarketingzwecken zumindest einer erheblichen Rechtsunsicherheit aussetzt.

Die entsprechende Formulierung fand eine Mehrheit im EU-Ministerrat. Entgegen den politischen Ankündigungen und auf Betreiben der Bundesregierung hat man sich damit vorläufig auf einen Text verständigt, der gerade nicht mit der für eine EU-Verordnung erforderlichen Klarheit sicherstellt, dass die etablierten legalen und legitimen werbewirtschaftlichen Geschäftsmodelle auch künftig durchführbar sind.

Mit ihren Vorschlägen zu einem Konzept für die praktische Anerkennung von Maßnahmen der Pseudonymisierung konnte die Bundesregierung hingegen nicht durchdringen – diesmal, dem Vernehmen nach, aufgrund grundsätzlicher Bedenken anderer Mitgliedstaaten. Dabei hätten die Vorschläge nach Einschätzung des ZAW erstmals zu einer angemessenen Berücksichtigung der pseudonymisierten Datenverarbeitung im Rahmen des neuen EU-Datenschutzrahmens führen können.

Für weitere zentrale Themen auf der Ratsagenda u.a. die Profiling-Vorgaben, Informationspflichten und das Widerspruchsrecht ist gleichfalls zu befürchten, dass die Vorschläge des Rats hinter einer modernen und ausgewogenen Regulierung zurückbleiben. Damit würden einmal mehr die Zusagen der Bundesregierung, die in Deutschland bestehenden Möglichkeiten der werbewirtschaftlichen Datenverarbeitung unter Opt-out vollumfänglich zu erhalten, nicht ausreichend verwirklicht werden. Eine Ursache hierfür sind die Meinungsverschiedenheiten zwischen den Ressorts: Die erwähnte Expertenanhörung von Innen-, Justiz- und Wirtschaftsministerium im Dezember 2014 hat dies gezeigt.

Die Überlegungen des Bundesministeriums der Justiz und für Verbraucherschutz zum Thema Profiling sind dort als konkrete Bedrohung zentraler werbewirtschaftlicher Geschäftsmodelle auf Opt-out-Basis identifiziert worden – entgegen den Zusagen des zuständigen Ministers und den Einschätzungen der Sachverständigen aus der Wissenschaft und Wirtschaft, darunter auch des ZAW.

Der ZAW wird sich bei den kommenden Ratsverhandlungen weiterhin dafür einsetzen, dass Deutschland eine maßvolle Verhandlungsposition einnimmt und aktiv auf ein modernes, ausgewogenes EU-Datenschutzrecht nach dem Vorbild der nationalen Rechtslage hinwirkt. Im Ministerrat soll eine vorläufige Einigung zum Gesamtregelwerk bis Juni 2015 erzielt werden, um dann die Trilog-Verhandlungen mit der EU-Kommission und dem EU-Parlament zu beginnen. Bei einer Verabschiedung der Verordnung zu Anfang 2016, würden die neuen Regeln ab 2018 Anwendung finden.

Evaluierung des Bundesdatenschutzgesetzes (BDSG)

Parallel zu den Verhandlungen der Datenschutz-Grundverordnung hat die Bundesregierung die Überprüfung der Auswirkungen der Werbevorschriften des BDSG[13] vorgenommen. Hintergrund ist die gesetzliche Verpflichtung, dem Deutschen Bundestag bis Ende 2014 über die Auswirkungen der im Jahr 2009 vorgenommenen Änderungen zu berichten. Die massiv verschärften Voraussetzungen für die Datenverarbeitung zu Werbezwecken in der Neuregelung sollten illegalem Datenhandel legislativ begegnen, der seinerzeit vermehrt auftrat.

Der ZAW hat in seiner Stellungnahme die in der Praxis spürbaren Beeinträchtigungen der qualifizierten werblichen Kundenansprache per Post durch die Novelle des Jahres 2009 dargelegt. Zugleich hat er sich dafür eingesetzt, dass im Zuge der Novellierung des europäischen Datenschutzrechts nicht hinter diesen deutschen Mindeststandards für ein sachgerechtes postalisches Direktmarketing zurückgeblieben werden darf. Die Bundesregierung hat in ihrem Bericht über die Auswirkungen der Änderungen der Werbevorschriften festgestellt, dass die damit verfolgten Ziele grundsätzlich erreicht worden seien, und hat erneut zugesichert, sich für den Erhalt des deutschen Datenschutzniveaus einzusetzen.[14]

Eine Überarbeitung des nationalen Datenschutzrechts während der laufenden Verhandlungen zur EU-Datenschutz-Grundverordnung lehnt die Bundesregierung richtigerweise ab. Im Lichte dieser Aussagen, aber vor allem aus inhaltlichen Gründen sieht der ZAW den legislativen Vorstoß des Bundesministeriums der Justiz und für Verbraucherschutz (BMJV) zur Einführung einer Verbandsklagebefugnis im Datenschutzrecht äußerst kritisch.[15]

| Stand: März 2015

---

13 Vgl. §§ 28, 29 BDSG.

14 Vgl. Bericht der Bundesregierung über die Auswirkungen der Änderungen der §§ 28 und 29 BDSG im Rahmen der zweiten BDSG-Novelle vom 6.1.2015, BT-Drs. 18/3707.

15 Vgl. zum Gesetzentwurf Kap. Verbraucherpolitik.

Audiovisuelle Medien

Die Konvergenz der Medien und die Frage nach der Notwendigkeit einer neuen Medienordnung prägten 2014 wie schon im Vorjahr die politischen Debatten zu audiovisuellen Mediendiensten. Hauptgrund sind die unterschiedlichen rechtlichen Anforderungen an die klassischen Formen des Rundfunks und die Internetdienste.

Evaluierung des europäischen Rechtsrahmens

Die EU-Kommission ist derzeit im Begriff, die Richtlinie über audiovisuelle Mediendienste (AVMD-Richtlinie)[1] in unterschiedlichen Initiativen auf ihre Effektivität und etwaigen Reformbedarf zu überprüfen. Eine offizielle Entscheidung über die Überarbeitung des Regelwerks soll erst nach Abschluss der Evaluierungsmaßnahmen voraussichtlich Ende 2015 getroffen werden. Nach Einschätzung des ZAW zeichnet sie sich jedoch bereits ab. Für diesen Fall könnte die Kommission bereits im ersten Quartal 2016 einen Vorschlag vorlegen.

Bereits 2013 hatte die EU-Kommission mit dem „Grünbuch über die Vorbereitung auf die vollständige Konvergenz der audiovisuellen Welt: Wachstum, Schöpfung und Werte"[2] eine Konsultation zum europäischen Rechtsrahmen durchgeführt. Die EU-Kommission beabsichtigte hiermit ihre Informationsbasis im Hinblick auf die vielschichtigen Fragestellungen, die die Konvergenzdebatte aufwirft, durch Einbeziehung der Branchenvertretungen, unter anderem aus den Bereichen Rundfunk, Presse, Werbewirtschaft, Internetdienste und Verbraucherschutz, zu erweitern. Zu den Themen des Grünbuchs gehören unter anderem die mögliche Plattformregulierung, der Einfluss neuer technischer Entwicklungen und ein verändertes Verbraucherverhalten auf die Finanzierung der Inhalte, der Schutz von Minderjährigen und die Regeln zur kommerziellen Kommunikation in audiovisuellen Mediendiensten. Bereits in ihrem ersten Anwendungsbericht zur AVMD-Richtlinie hatte die EU-Kommission angekündigt, dass sie auf Basis der Konsultationsergebnisse ein Strategiepapier entwickelt, das sowohl den Chancen für die Nutzer als auch den nach ihrer Ansicht bestehenden Herausforderungen Rechnung tragen soll, die mit den technologischen Entwicklungen verbunden sind.[3]

In seinem Beitrag zu der Konsultation hat der ZAW zentral die Notwendigkeit der Refinanzierung von Medienangeboten durch Werbung herausgestellt. Um diese auch zukünftig nicht zu gefährden, müssten vor allem jedwede Erweiterung bestehender und die Einführung neuer Werbebeschränkungen unterbleiben. Innovative Angebote und Formate müssten den notwendigen finanziellen, technischen und rechtlichen Raum für die weitere Entwicklung und Etablierung vorfinden. Neben dem Erhalt des in der Richtlinie verankerten sogenannten Herkunftslandprinzips[4] betonte der Dachverband der Werbewirtschaft die Wichtigkeit eines zukunftstauglichen, flexiblen Rechtsrahmens für die Werbung. Um in dem komplexen und dynamischen Wirtschaftsumfeld des Connected-TV schnell, effektiv und flexibel auf aktuelle Entwicklungen reagieren zu können, sollte die Selbstregulierung

---

1 Richtlinie 2010/13/EU, ABl. EU L 95/1 vom 15.4.2010.
2 KOM(2013) 231 endg.
3 Vgl. Erster Bericht der Kommission an das EU-Parlament, den Rat, den Europäischen Wirtschafts- und Sozialausschuss und den Ausschuss der Regionen über die Anwendung der Richtlinie für audiovisuelle Mediendienste (Richtlinie 2010/13/EU) vom 4.5.2012, KOM(2012) 203 endg.
4 Vgl. Artikel 2 AVMD-Richtlinie: Ein Diensteanbieter muss bei grenzüberschreitenden Angeboten grundsätzlich nur die rechtlichen Anforderungen des Staates erfüllen, in dem er niedergelassen ist.

nach Ansicht des ZAW anerkannt und gestärkt werden. Als Modelle für gut funktionierende Selbstkontrolleinrichtungen hat der ZAW den Deutschen Werberat und den Datenschutzrat Online-Werbung (DDOW) angeführt.[5]

Im Herbst 2014 hat die EU-Kommission eine Zusammenfassung der 236 eingegangenen Stellungnahmen zur Grünbuchkonsultation veröffentlicht.[6] In allen Themenbereichen zeigt sich ein uneinheitliches Meinungsbild; das gilt auch für die Werberegeln. Während sich eine große Zahl der Mitwirkenden für eine unveränderte Beibehaltung der qualitativen Werberegeln ausgesprochen hat, unterstützen viele für den Bereich der quantitativen Vorschriften eine Liberalisierung oder Flexibilisierung. Teilweise wurde die Förderung eines flexiblen Selbstregulierungsrahmens als Lösungsansatz befürwortet. Es gibt jedoch auch Stimmen, die schärfere Werberegeln für nichtlineare Angebote fordern. Ein Teil der Mitwirkenden sieht dagegen keinerlei Änderungsbedarf bei den Werbevorschriften.

Die EU-Kommission hat sich zu den Themenfeldern der Konsultation bisher noch nicht positioniert. Stattdessen hat sie Ende 2014 beschlossen, die AVMD-Richtlinie einer Überprüfung im Rahmen des REFIT-Programms (Regulatory Fitness and Performance Programme)[7] zu unterziehen. Hierbei handelt es sich um Initiativen der Kommission zur Kostenreduzierung, zur Rechtsvereinfachung, zur besseren Erreichung der politischen Ziele und Nutzung der Vorteile der EU-Rechtsetzung. Dazu gehören auch die Aufhebung veralteter Regelungen und die Rücknahme anhängiger Vorschläge. Neben der für 2015 vorgesehenen Richtlinienevaluierung sollen zu zwei speziellen Themenbereichen Studien durchgeführt werden.

In der Ende 2014 in Auftrag gegebenen Studie soll untersucht werden, inwieweit die bestehenden Regeln über die audiovisuelle Kommunikation für alkoholhaltige Getränke dem erforderlichen Schutzniveau für Minderjährige Rechnung tragen. Konkret soll analysiert werden, in welchem Umfang Minderjährige in der EU der Werbung für alkoholhaltige Getränke, so wörtlich, „ausgesetzt" sind, und zwar im Rundfunk und im Internet.[8] Dabei soll die Studie auch solche Onlinedienste berücksichtigen, die nicht in den Anwendungsbereich der AVMD-Richtlinie fallen. Insbesondere im Online-Bereich soll über eine quantitative Erhebung hinaus auch eine qualitative Untersuchung stattfinden.

Die zweite Studie soll analysieren, inwieweit Ko- und Selbstregulierung die wirksame Umsetzung der AVMD-Richtlinie fördern und dabei, wie es heißt, „die Komplexität der Regulierung reduzieren können".[9]

Nach wie vor steht die Werbung für fett-, salz- und zuckerhaltige Lebensmittel (HFSS-Lebensmittel) gegenüber Kindern (auch und gerade) im audiovisuellen Bereich unter Beobachtung. Im

---

5 Vgl. Abschn. Selbstregulierung der Werbewirtschaft, Kap. Deutscher Werberat und Kap. Deutscher Datenschutzrat Online-Werbung (DDOW).

6 Zusammenfassung abrufbar auf https://ec.europa.eu/digital-agenda/en/news/publication-summaries-green-paper-replies (letzter Zugriff: 12.3.2015).

7 Vgl. Anhang zur Mitteilung der Kommission „Arbeitsprogramm der Kommission für 2015 – Ein neuer Start" v. 16.12.2014, abrufbar auf http://ec.europa.eu/atwork/pdf/cwp_2015_refit_actions_de.pdf (letzter Zugriff: 31.3.2015).

8 „Study on the exposure of minors to alcohol advertising on linear and non-linear audiovisual media services and other online services, including a content analysis"; vgl. http://ec.europa.eu/digital-agenda/en/news/exposure-minors-alcohol-advertising (letzter Zugriff: 2.4.2015).

9 Vgl. für 2015 geplante REFIT-Maßnahmen der EU-Kommission, http://ec.europa.eu/atwork/pdf/cwp_2015_refit_actions_de.pdf (letzter Zugriff: 12.3.2015).

November 2014 hat die EU-Kommission einen dritten Workshop zur audiovisuellen Kommunikation für HFSS-Lebensmittel gegenüber Kindern durchgeführt. Unter Vorsitz der für die AVMD-Richtlinie zuständigen Generaldirektion Kommunikationsnetze, Inhalte und Technologien (GD Connect) haben Regierungsvertreter einiger Mitgliedstaaten ihre nationalen Gesetze und teilweise bestehenden koregulativen Modelle in diesem Bereich präsentiert. Vertreter der Werbewirtschaft und Anbieter audiovisueller Mediendienste haben demgegenüber die in den Mitgliedstaaten bestehenden Mechanismen der Werbeselbstregulierung und Verhaltenskodizes für spezielle Lebensmittelwerbung in Kinderformaten vorgestellt und mit weiteren Teilnehmern aus Wirtschaft, Verbraucherschutz und Politik kritisch diskutiert.[10]

Der ZAW hat ebenfalls an dem Workshop teilgenommen. Die Verhaltensregeln des Deutschen Werberats über die kommerzielle Kommunikation für Lebensmittel hatte er bereits in den letzten Jahren anlässlich des zweiten Workshops erörtert. Hintergrund der Treffen ist die in der AVMD-Richtlinie enthaltene Verpflichtung der EU-Kommission und der Mitgliedstaaten, die Erarbeitung von Verhaltenskodizes für diesen Bereich durch die Anbieter von audiovisuellen Mediendiensten zu fördern (Artikel 9 Absatz 2). Sowohl im ersten Anwendungsbericht zur AVMD-Richtlinie[11] als auch im Evaluierungsbericht der EU-Kommission über die Umsetzung der EU-Ernährungsstrategie aus dem Jahr 2007[12] war vorgesehen, die Entwicklung von Verhaltensregeln auf dem Gebiet der audiovisuellen kommerziellen Kommunikation für HFSS-Lebensmittel gegenüber Kindern zu beobachten. Die Erkenntnisse aus dem dritten Workshop sollen zusätzlich in den zweiten Anwendungsbericht zur AVMD-Richtlinie einfließen. Dieser wird von der EU-Kommission derzeit vorbereitet; die Veröffentlichung wird noch in der ersten Jahreshälfte 2015 erwartet.

Während die EU-Kommission die AVMD-Richtlinie in ihren Wirkungen also noch überprüft, wird sie von den EU-Mitgliedstaaten zunehmend aufgefordert, das Regelwerk zu überarbeiten: In seinen Schlussfolgerungen zur audiovisuellen Politik im digitalen Zeitalter vom 25.11.2014[13] fordert der Ministerrat die Kommission auf, die Überprüfung der AVMD-Richtlinie zügig abzuschließen und auf deren Basis einen Vorschlag für die Überarbeitung der AVMD-Richtlinie vorzulegen. Im Rahmen der Evaluierung soll nach Ansicht der Mitgliedstaaten insbesondere geprüft werden, ob es im digitalen Zeitalter noch angemessen ist, regulatorisch zwischen linearen und nicht linearen audiovisuellen Mediendiensten zu unterscheiden und die Funktionsweise der Werberegeln bewertet werden. Auch auf dieser Ebene werden jedoch immer wieder Verbots- und Einschränkungstendenzen sichtbar: Die EU-Mitgliedstaaten haben im Juni 2014 einen EU-Aktionsplan gegen Fettleibigkeit bei

---

10 Präsentationen des Workshops abrufbar unter ec.europa.eu/digital-agenda/en/news/advertising-fatty-food-children-where-are-we (letzter Zugriff: 12.3.2015).

11 1. Anwendungsbericht vom 4.5.2012, COM(2012) 203 final, abrufbar auf eur-lex.europa.eu/legal-content/DE/TXT/PDF/?uri=CELEX:52012DC0203&from=EN (letzter Zugriff: 12.3.2015).

12 Evaluierungsbericht „Evaluation of the implementation of the Strategy for Europe on Nutrition, Overweight and Obesity related health issues" v. 29.4.2013, abrufbar unter ec.europa.eu/health/nutrition_physical_activity/docs/pheiac_nutrition_strategy_evaluation_en.pdf (letzter Zugriff: 12.3.2015).

13 Vgl. „Council conclusions on European Audiovisual Policy in the Digital Era", abrufbar unter www.consilium.europa.eu/uedocs/cms_data/docs/pressdata/en/educ/145950.pdf (letzter Zugriff: 12.3.2015).

Kindern beschlossen, der unter anderem Vorschläge für zusätzliche Beschränkungen der kommerziellen Kommunikation für HFSS-Lebensmittel im Fernsehen und Internet gegenüber Kindern (hier mit dem Fokus auf die unter 12-Jährigen) enthält.[14]

Der ZAW wird sich auch künftig in die öffentliche und politische Debatte zum Thema Medienkonvergenz einbringen und sich hierbei zentral gegen Werbebeschränkungen einsetzen. Dies gilt auch für die nationale Ebene, auf der die Diskussionen zu einer neuen Medienordnung ebenfalls in vollem Gange sind.

Überarbeitung der Medienordnung auf nationaler Ebene geplant

Die Große Koalition hat im Koalitionsvertrag erklärt, sich für eine Revision der AVMD-Richtlinie einzusetzen, die den Entwicklungen einer konvergenten Medienwelt gerecht wird und unter anderem Werberegeln dereguliert.[15] Dieses Vorhaben wurde erneut bekräftigt in der Digitalen Agenda der Bundesregierung, die im August 2014 verabschiedet wurde.[16] Zu diesem Zweck wurde zwischenzeitlich eine Bund-Länder-Kommission eingesetzt, die die erforderliche Kompatibilitätsregeln und damit verbundene Anpassungen erarbeiten soll. Im Frühjahr 2015 haben sich Bund und Länder auf folgende Themenschwerpunkte für die Beratungen verständigt:[17]

- Revision der Audiovisuelle Mediendienste-Richtlinie
- Jugendmedienschutz
- Kartellrecht und Vielfaltssicherung
- Plattformregulierung
- Regulierung von Intermediären (Suchmaschinen)
- sowie gegebenenfalls Netzneutralität

An den Arbeiten der Bund-Länder-Kommission nehmen von Länderseite Rheinland-Pfalz, Baden-Württemberg, Bayern, Berlin, Hamburg, Hessen, Nordrhein-Westfalen und Sachsen teil. Auf Seiten des Bundes sind neben der Beauftragten der Bundesregierung für Kultur und Medien auch die Kernressorts der Digitalen Agenda, das Bundesministerium für Wirtschaft und Energie, das Bundesministerium des Innern und das Bundesministerium für Verkehr und digitale Infrastruktur beteiligt sowie mit Blick auf das Thema Jugendmedienschutz das Bundesministerium für Familie, Senioren, Frauen und Jugend.[18]

In Vorbereitung hierauf wurde im Oktober 2014 ein von der Rundfunkkommission der Länder beauftragtes Gutachten „Konvergenz und regulatorische Folgen" veröffentlicht.[19] Dieses identifiziert und analysiert Probleme an den Schnittstellen des Medienrechts der Länder und des Bundesrechts und versucht erste Lösungsoptionen aufzuzeigen. Eines der adressierten Themen ist Werbeblocker im Internet.[20]

---

14 Siehe Kap. Lebensmittel in diesem Abschnitt.
15 Vgl. „Deutschlands Zukunft mitgestalten" Koalitionsvertrag zwischen CDU, CSU und SPD, 18. Legislaturperiode, S. 135.
16 Vgl. Digitale Agenda 2014 – 2017, S. 29.
17 Vgl. Pressemeldung des BKM „Moderne Medienregulierung – Bund und Länder einigen sich auf Schwerpunktthemen für die Arbeit der Bund-Länder-Kommission zur Medienkonvergenz" vom 26.3.2015, abrufbar unter http://www.bundesregierung.de/Content/DE/Pressemitteilungen/BPA/2015/03/2015-03-26-bkm-medienkonvergenz.html?nn=402566 (letzter Zugriff: 2.4.2015).

18 Vgl. BKM-Pressemeldung, a.a.O.
19 Vgl. Prof. Dr. Winfried Kluth/Prof. Dr. Wolfgang Schulz, „Konvergenz und regulatorische Folgen", Gutachten im Auftrag der Rundfunkkommission der Länder.
20 Ebenda, S.103 ff.

Hierbei handelt es sich um Softwareprogramme, die beim Abrufen einer Webseite das Ausspielen von Werbemaßnahmen unterdrücken. Die Verbreitung solcher Angebote nimmt zu. Die Refinanzierung von Medieninhalten durch Werbung ist hierdurch bereits massiv gefährdet. Einige große Medienunternehmen bzw. ihre Werbevermarkter haben deswegen Klage gegen einen Anbieter von Werbeblockern, u.a. vor den Landgerichten München und Köln, eingereicht. Der Hintergrund: Das beklagte Unternehmen blockiert nicht Werbemaßnahmen schlechthin, sondern nimmt einige Werbemaßnahmen bzw. Internetangebote nach bestimmten, von den Betroffenen als intransparent und zielgerichtet behindernd eingestuften Bedingungen, darunter die Zahlung von Freischaltungsgebühren für Online-Werbung, von der Blockade aus. Dieser Umstand könnte wettbewerbsrechtlich bedenklich sein, ließ die entscheidende Kammer des Landgerichts Köln am ersten Verhandlungstag erkennen.[21] Die Kammer sähe hingegen vorläufig wenige Chancen für ein generelles Verbot des Werbeblockers.

Dies ist nach Auffassung des ZAW erstaunlich, denn der Vertrieb von Werbeblockern erfasst neben wettbewerbs- auch urheber- bzw. datenbankschutzrechtliche Aspekte, wird hier doch in das Gesamtkonzept eines Medienangebotes massiv eingegriffen. Sollte sich deswegen nach bestehender Rechtslage in den laufenden Verfahren keine Lösung abzeichnen, fordert der ZAW ein umfassendes Eingreifen durch die Medien- und Kommunikationspolitik, um die Werberefinanzierung von Medienangeboten weiter zu gewährleisten. Aus ZAW-Sicht führen Adblocker im Ergebnis zu einer Reduzierung der kostenlosen Angebote für den Verbraucher und damit in letzter Konsequenz zu einer Bedrohung der Medien- und Meinungsvielfalt. Das Gutachten im Auftrag der Rundfunkkommission hat hier bereits erste Ansätze für mögliche rechtliche Lösungen aufgezeigt.[22]

In der Debatte: Werbung im öffentlich-rechtlichen Rundfunk

Die Bundesländer hatten sich bei Abschluss des 15. Rundfunkstaatsvertrags darauf verständigt, auf Basis des Anfang 2014 veröffentlichten 19. Berichts der Kommission zur Ermittlung des Finanzbedarfs der Rundfunkanstalten (KEF) eine Entscheidung über die Zukunft der Werbung und des Sponsorings im öffentlich-rechtlichen Rundfunk zu treffen. Diskutiert wird eine weitere Reduzierung des Umfangs von Werbung und Sponsoring in ARD und ZDF. Etwa zeitgleich zum 19. KEF-Bericht veröffentlichte die Kommission ihren Sonderbericht zum „Verzicht auf Werbung und Sponsoring im öffentlich-rechtlichen Rundfunk".[23] Die KEF beziffert darin die notwendige Erhöhung des monatlichen Rundfunkbeitrags infolge eines solchen Verzichts auf 1,25 Euro. Derzeit evaluieren die Bundesländer die möglichen Auswirkungen weiterer Werbebeschränkungen im öffentlich-rechtlichen Rundfunk. Dem Vernehmen nach planen die Ministerpräsidenten im Juni 2015 darüber zu entscheiden, ob und in welchem Ausmaß die Werbung im öffentlich-rechtlichen Rundfunk reduziert werden soll.

| Stand: März 2015

---

21 Vgl. Süddeutsche Zeitung vom 10. März 2015, www.sueddeutsche.de (letzter Zugriff: 12.3.2015).

22 Ebenda, S.103 ff.

23 KEF Sonderbericht „Verzicht auf Werbung und Sponsoring im öffentlich-rechtlichen Rundfunk", Januar 2014, abrufbar unter www.kef-online.de/inhalte/sonderbericht/KEF_Sonderbericht_2014.pdf (letzter Zugriff: 12.3.2015).

Energiekennzeichnung

Für die neue EU-Kommission unter Präsident Jean-Claude Juncker, die im November 2014 ihre Arbeit aufgenommen hat, stehen die Themen Klimaschutz und Nachhaltigkeit weit oben auf ihrer Prioritätenliste. In ihrer Anfang 2015 beschlossenen „Rahmenstrategie für eine krisenfeste Energieunion mit einer zukunftsorientierten Klimaschutzstrategie"[1] spielt die Energieeffizienz von Produkten als Beitrag zur Senkung des Energiebedarfs eine entscheidende Rolle.

Die Mitgliedstaaten haben sich beim Europäischen Rat im Oktober 2014 nach mehrmonatigen Verhandlungen auf einen neuen EU-Klima- und Energierahmen bis 2030 verständigt. Dieser sieht u.a. Energieeinsparungen von mindestens 27 Prozent bis zum Jahr 2030 als indikatives Energieeffizienzziel vor.[2]

Für 2015 plant die EU-Kommission u.a., die EU-Richtlinie „über die Angabe des Verbrauchs an Energie und anderen Ressourcen durch energieverbrauchsrelevante Produkte mittels einheitlicher Etiketten und Produktinformationen"[3] (Energie-Labelling-Richtlinie) zu überarbeiten. Zusammen mit der sogenannten Ökodesign-Richtlinie bildet die Energie-Labelling-Richtlinie einen Grundpfeiler der europäischen Energiepolitik. Neben Vorgaben zur Verwendung eines Energie-Labels für energieverbrauchsrelevante Produkte am Verkaufsort, schreibt die Energie-Labelling-Richtlinie u.a. einen Hinweis auf die Energieklasse in der Werbung vor, wenn für ein bestimmtes Produktmodell unter Angabe von energie- oder preisrelevanten Informationen geworben wird.[4] In produktspezifischen, sogenannten delegierten Rechtsakten, werden detaillierte Kennzeichnungspflichten geregelt. Diese sind in den Mitgliedstaaten unmittelbar anwendbar. Bisher sind Verordnungen für 13 Produktgruppen in Kraft getreten, u.a. für Fernsehgeräte, Staubsauger, Haushaltsgeschirrspüler und Lampen und Leuchten.[5]

Energie-Label im Online-Handel

Seit Januar 2015 gelten für den Online-Handel mit bestimmten energieverbrauchsrelevanten Produkten neue Bestimmungen. Die im Juni 2014 in Kraft getretene delegierte Verordnung im Hinblick auf die Kennzeichnung energieverbrauchsrelevanter Produkte im Internet[6] sieht den Einsatz eines Energie-Labels im Internethandel mit Produkten vor, für die bereits eine produktspezifische Verordnung galt. Der erste Verordnungsentwurf der Kommission aus dem Jahr 2012 sah noch undifferenziert ein Label für jegliche Online-Werbung vor. Da dies nach Einschätzung des ZAW klar gegen die Energie-Labelling-Richtlinie verstoßen hätte, die für die Medienwerbung eine Verwendung eines Etiketts nicht vorschreibt, hatten sich der ZAW und seine Mitgliedsverbände erfolgreich gegen weitere Informationspflichten in der Werbung und für eine richtlinienkonforme Beschränkung des Anwendungsbereichs der Verordnung auf Fälle des Fernabsatzes im Internet eingesetzt.

---

1 „A Framework Strategy for a Resilient Energy Union with a Forward-Looking Climate Change Policy" abrufbar unter ec.europa.eu/priorities/energy-union/docs/energyunion_en.pdf (letzter Zugriff: 28.2.2015).

2 Vgl. Pressemeldung des BMWi „Gabriel: EU-Klima- und Energieziele bis 2030 setzen ein wichtiges Signal" vom 24.10.2014, abrufbar unter www.bmwi.de, Menüpunkt „Pressemitteilungen" (letzter Zugriff 28.2.2015).

3 Richtlinie 2010/30/EU vom 19.5.2010, ABl. EU Nr. L 153/1 vom 18.6.2010.

4 Vgl. Artikel 4 c) Richtlinie 2010/30/EU.

5 Überblick über produktspezifische Verordnungen und Verfahrensstand unter www.ebpg.bam.de/de/produktgruppen/index.htm (letzter Zugriff: 28.2.2015.).

6 Delegierte Verordnung (EU) Nr. 518/2014 vom 5.3.2014, ABl. EU Nr. L 147/1 vom 17.5.2014.

Auch im Zusammenhang mit der anstehenden Überarbeitung der Energie-Labelling-Richtlinie vertritt der ZAW seine grundsätzlich ablehnende Position hinsichtlich Zwangsangaben in der Werbung gegenüber den politischen Entscheidungsträgern auf europäischer und nationaler Ebene. Anlässlich der 2013 im Auftrag der EU-Kommission durchgeführten öffentlichen Konsultation zur Energie-Labelling-Richtlinie und der Ökodesign-Richtlinie hat der ZAW dargelegt, dass Zwangsinformationen in der Medienwerbung untauglich sind, um Verbraucher zu einem umweltbewussten, energieeffizienten Konsum zu erziehen. Die Bewerbung innovativer, umweltverträglicher Produkte ist notwendig, damit sie gekauft und ihr Entwicklungs- und Produktionsaufwand refinanziert werden kann.

Zwangsinformationen in der Werbung beschränken die legitimen Kommunikationsinteressen der werbenden Wirtschaft. Wenn eine Werbemaßnahme nicht mehr ausreichend frei gestaltet und die gewünschte Botschaft daher nicht angemessen transportiert werden kann, sind Kürzungen von Werbeinvestitionen auf Unternehmensseite regelmäßig die Folge. Dies gefährdet unmittelbar die Finanzierung der freien und unabhängigen Medien, die zwingend auf Werbung als Refinanzierungsinstrument angewiesen sind und durch ihre redaktionelle Berichterstattung wesentlich zur Aufklärung und Meinungsbildung der Verbraucher über Klima- und Umweltthemen beitragen. Zwangsangaben in der Werbung sind damit nach Ansicht des ZAW Ausdruck falsch verstandener Energie- und Wirtschaftspolitik.

Die Konsultation zur Energie-Labelling-Richtlinie befasste sich im Schwerpunkt mit Fragen zur Effektivität des grafischen Energie-Labels. So wurden z.B. die produktspezifische Wirksamkeit und die Aussagekraft bzw. Transparenz der Energieklassen, der Skalierung und des Labeldesigns im Übrigen untersucht. Die Werberegeln der Richtlinie standen hingegen nicht im Fokus der Befragung. Dementsprechend befasst sich auch der im Juni 2014 vorgelegte Abschlussbericht[7] in erster Linie mit dem Energie-Label. Der Revision des Etiketts weist der Bericht hohe Priorität zu, um die Effektivität der Richtlinie zu verbessern. Bei dessen Design solle maßgeblich auf das Verständnis der Verbraucher abgestellt werden. Die Wirkung der Energie-Labels – und möglicher Änderungen – auf das Verbraucherverständnis und auf Kaufentscheidungen war Gegenstand einer weiteren, von der EU-Kommission in Auftrag gegebenen Studie, die Anfang 2015 veröffentlicht wurde.[8] Diese kommt z.B. zum Ergebnis, dass nach Buchstaben unterteilte Energieeffizienzskalen vom Verbraucher besser verstanden werden als numerische Skalen. Damit korrespondierend gebe es auch einige Belege dafür, dass sich mehr Verbraucher auf Basis von Etiketten mit einer Einstufung nach Buchstaben für ein energieeffizientes Produkt entscheiden als beim Einsatz von numerischen Skalen. Und obwohl die Verbraucher eine Einteilung der Energieeffizienzskala von A+++ bis D ähnlich gut verstünden wie eine Einstufung von A bis G, würde nach den Erkenntnissen der Studie die Skalierung von A bis G die Entscheidung des Verbrauchers für ein energieeffizientes Produkt stärker befördern.[9]

---

7 Vgl. „Final technical report – Evaluation of the Energy Labelling Directive and specific aspects of the Ecodesign Directive ENER/C3/2012-523", abrufbar unter www.energylabelevaluation.eu, Menüpunkt „Documents" (letzter Zugriff: 2.3.2015).

8 Vgl. „Study on the impact of the energy label – and potential changes to it – on consumer understanding and on purchase decisions", Oktober 2014, abrufbar unter ec.europa.eu/energy/sites/ener/files/documents/Impact%20of%20energy%20labels%20on%20consumer%20behaviour.pdf (letzter Zugriff: 2.3.2015).

9 Vgl. Studie a.a.O, S. 70 ff.

EU Energie-Label

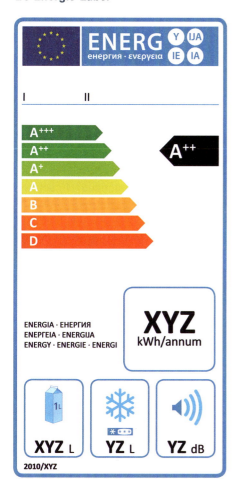

EU Energie-Label für Haushaltskühlgeräte (delegierte Verordnung (EU) Nr. 1060/2010 der EU-KOMMISSION vom 28. September 2010). Symbole und Skalen variieren abhängig von Produktgruppe.

Der Abschlussbericht zur Evaluierung der Energie-Labelling-Richtlinie enthält auch Empfehlungen zu der Möglichkeit der Aufnahme weiterer energetischer Informationen auf dem Label sowie Überlegungen zu einem stärkeren Einsatz digitaler Informations- und Kommunikationskanäle, um dem Verbraucher zusätzliche energieverbrauchsrelevante Informationen zur Verfügung zu stellen. Zu den Werbevorschriften der Richtlinie enthält der Abschlussbericht keine Empfehlungen. Hieraus kann jedoch nicht der Schluss gezogen werden, dass diese nicht Gegenstand der Richtlinienüberarbeitung sein werden. Der ZAW wird daher im weiteren Reformprozess gegenüber den politischen Entscheidungsträgern stets auf eine angemessene Bewertung von Zwangsinformationen in der Werbung hinwirken, um weitere unangemessene Werbebeschränkungen zu verhindern. Mit einem Kommissionsvorschlag zur Revision der Energie-Labelling-Richtlinie wird im dritten Quartal 2015 gerechnet.

Bundesregierung will hohe Standards für Energieeffizienz etablieren

Seine grundsätzlich ablehnende Haltung gegenüber Zwangsangaben in der Werbung vertritt der ZAW auch in den Workshops zur Revision der EU-Energie-Labelling-Richtlinie, die die Deutsche Energie-Agentur GmbH (dena) in Kooperation mit dem Bundesministerium für Wirtschaft und Energie in unregelmäßigen Abständen veranstaltet. Laut dem Nationalen Aktionsplan Energieeffizienz der Bundesregierung von Dezember 2014 will diese sich u.a. dafür einsetzen, dass die Kennzeichnung für die Verbraucher aussagekräftig gestaltet wird.[10]

Die umweltfreundlichste und günstigste Kilowattstunde ist die, die wir gar nicht erst verbrauchen.

Vgl. BMWi zum Nationalen Aktionsplan Energieeffizienz auf www.bmwi.de unter Menüpunkt „Energie"

[10] Vgl. „Ein gutes Stück Arbeit. Mehr aus Energie machen – Nationaler Aktionsplan Energieeffizienz", Dezember 2014, abrufbar unter www.bmwi.de in der Mediathek unter dem Menüpunkt „Publikationen" (letzter Zugriff: 3.3.2015).

In den Workshops lag der thematische Fokus bisher auch auf der Überarbeitung des Energie-Labels. Anders als die EU-Kommission im Rahmen der Richtlinienevaluierung befasst sich das federführende Bundesministerium für Wirtschaft und Energie in Zusammenhang mit dem Label auch mit den Werberegeln des EU-Regelwerks mit bisher nicht absehbarem Ergebnis. Der ZAW wird sich in den weiteren Diskussionen dafür einsetzen, dass diese Vorgaben nicht noch zusätzlich verschärft werden.

Gegen eine unangemessene Ausweitung der Werbevorschriften hat sich der ZAW im Berichtsjahr auch im Zuge der Überarbeitung der nationalen Energiekennzeichnungsverordnung (EnVKV) ausgesprochen. Die nationalen Vorschriften sollten in notwendigem Umfang an die produktspezifischen EU-Verordnungen angepasst werden, die seit dem Inkrafttreten der EnVKV im Jahr 2012 verabschiedet worden sind. Hierbei wurde nach Einschätzung des ZAW bei den produktspezifischen Änderungen der Werberegelungen teilweise der materielle Regelungsrahmen der EU-Richtlinie als Ermächtigungsnorm überschritten. Insoweit bezweifelte der ZAW die Richtlinienkonformität der Vorschläge des Bundesministeriums für Wirtschaft und Energie und sprach sich gegen die Erweiterung der nationalen Werbevorschriften aus. Trotz der geäußerten Kritik der deutschen Werbewirtschaft wurden diese Regelungsvorschläge jedoch im Wesentlichen unverändert in die überarbeitete Verordnung übernommen. Diese ist im November 2014 in Kraft getreten.[11]

Bereits im Mai 2014 ist die novellierte Energieeinsparverordnung (EnEV)[12] in Kraft getreten, mit der u.a. die EU-Richtlinie zur Gesamtenergieeffizienz von Gebäuden (2010/31/EU) umgesetzt werden sollte. Diese verpflichtet zur Angabe energetischer Kennwerte in Immobilienanzeigen in kommerziellen Medien bei Verkauf und Vermietung. Der ZAW hatte sich im Rahmen des nationalen Rechtssetzungsverfahrens gegenüber den politischen Entscheidungsträgern für eine allenfalls punktgenaue Umsetzung der Werberegel der EU-Richtlinie eingesetzt. Schon die in der der Richtlinie statuierten Zwangsinformationen für Immobilienanzeigen sind nach Ansicht des ZAW unangemessen.

Während der Entwurf der vormaligen Bundesregierung tatsächlich eine nahezu punktgenaue Implementierung vorsah, wurden die Pflichtangaben im weiteren Verfahren durch den Bundesrat um zusätzliche Angaben, z.B. die Effizienzklasse und das Baujahr bei Wohngebäuden erweitert. Ungeachtet des ohnehin schon fraglichen Informationswerts von energetischen Angaben in Immobilienanzeigen, muss insbesondere der Mehrwert einer Angabe der Energieeffizienzklasse für Immobilien angesichts deren Vielfalt und Komplexität aus Verbrauchersicht in Zweifel gezogen werden. Trotz der vom ZAW geäußerten Kritik hat die Bundesregierung die Novelle zur Energieeinsparverordnung mit den vom Bundesrat vorgesehenen Änderungen beschlossen.

| Stand: März 2015

---

11 Energieverbrauchskennzeichnungsverordnung vom 30. Oktober 1997 (BGBl. I S. 2616), zuletzt geändert durch Artikel 1 der Verordnung vom 24. Oktober 2014 (BGBl. I S. 1650).

12 Energieeinsparverordnung vom 24. Juli 2007 (BGBl. I S. 1519), zuletzt geändert durch Artikel 1 der Verordnung vom 18. November 2013 (BGBl. I S. 3951).

Lebensmittel

Die seit Jahren weltweit geführte Debatte über Lebensmittelwerbung und ihren vermeintlich schädigenden Einfluss auf das Ernährungsverhalten der Menschen wird vor allem auf internationaler und europäischer Ebene energisch vorangetrieben. Das vorrangige Ziel: Keine Werbung für „ungesunde Lebensmittel" gegenüber Kindern. Die EU-Mitgliedstaaten haben im Juni 2014 einen Aktionsplan gegen Fettleibigkeit bei Kindern beschlossen, mit dem massive Einschränkungen des Marketings und der Werbung gegenüber Kindern vorbereitet werden. Die Koalitionsfraktionen im Deutschen Bundestag planen derzeit allerdings mit Ausnahme der Werbung an Grundschulen und Kindertagesstätten keine weitergehenden Einschränkungen der Lebensmittelwerbung.

Verbot der Lebensmittelwerbung gegenüber Kindern anhand von Nährwertprofilen

Das Regionalbüro Europa der WHO hat im Februar 2015 die bereits angekündigten Nährwertprofile veröffentlicht.[1] Das im Wesentlichen auf den vorhandenen Nährwertprofilen in Norwegen und Dänemark beruhende Modell soll den EU-Mitgliedstaaten Kriterien an die Hand geben, um

- Lebensmittel mit einem bestimmten Fett-, Zucker- oder Salzgehalt gegenüber Kindern zu verbieten oder
- Art und Ausmaß der Lebensmittelwerbung zu beschränken.

Der Begriff „Kinder" ist dabei nicht definiert. Für insgesamt 17 Lebensmittelkategorien werden Kriterien formuliert bezogen auf Gesamtfettgehalt, gesättigte Fettsäuren, Zucker und Salz. Für einige Kategorien sieht die WHO ein generelles Werbeverbot gegenüber Kindern vor, zum Beispiel für Schokoladen- oder Energieriegel, Kuchen, Fruchtsäfte oder Speiseeis. In anderen Kategorien werden Schwellenwerte genannt, beispielsweise für den Energiegehalt.

Der ZAW hat in einem Schreiben an Bundesgesundheitsminister Hermann Gröhe (CDU) und Bundesminister für Ernährung und Landwirtschaft Christian Schmidt (CSU) neben der Untauglichkeit von Nährwertprofilen die völlig intransparente und undemokratische Arbeitsweise der WHO kritisiert. Nährwertprofile begründen letztlich eine Einteilung der Lebensmittel in gute und schlechte Produkte. Eine solche Klassifizierung ist wissenschaftlich jedoch nicht haltbar: Einzelne Lebensmittel können nicht anhand weniger ausgewählter Nährstoffe eingeordnet werden, da sich ihr Wert für die Ernährung erst durch die Kombination vieler verschiedener Lebensmittel ergibt. Werbeverbote nach Maßgabe der WHO-Profilbildung sind deshalb ungeeignet, verbraucherschützende Effekte zu entfalten.

Der ZAW kritisierte das WHO-Dokument auch mit Blick auf das intransparente Verfahren, mit dem es erarbeitet wurde. Bereits in den rechtlichen Hinweisen dazu findet sich die Einschränkung, dass die Sichtweise der Autoren nicht notwendigerweise die Politik der WHO abbildet. Ersichtlich hat es bei der Festlegung des Modells zu Nährwertprofilen auch keine umfassende Beteiligung der EU-Staaten gegeben. In einer Auflistung der aktiv eingebundenen Länder fehlt eine Reihe von Staaten der Gemeinschaft, darunter Deutschland.

---

1 Vgl. Pressemeldung der WHO EURO vom 19.2.2015; abrufbar unter www.euro.who.int/en/media-centre/sections/press-releases/2015/who-launches-tool-to-help-countries-reduce-marketing-of-foods-with-too-much-fat,-sugar-and-salt-to-children (letzter Zugriff: 22.3.2015).

Auf europäischer Ebene wurde den WHO-Vorgaben nur eine vorsichtige Absage erteilt: In einer gemeinsamen Sitzung der „Hochrangigen Gruppe für Ernährung und körperliche Bewegung" sowie der „EU-Plattform für Ernährung, körperliche Bewegung und Gesundheit" im Februar 2015 erklärte die EU-Gesundheitskommissarin, Vytenis Andriukaitis, „kulturelle Unterschiede" und damit einhergehende „politische Widerstände" in den EU-Mitgliedstaaten würden höchstwahrscheinlich verhindern, dass die EU-Kommission das Nährwertmodell der WHO übernehmen werde. Es bleibt abzuwarten, ob diese Position weiter Bestand hat und nicht unter dem Druck der WHO und der teils sehr emotionalen öffentlichen Debatte aufgegeben wird.[2]

WHO will Wirtschaftsvertreter ausgrenzen

Die WHO überarbeitet derzeit die Rahmenbedingungen für ihre Zusammenarbeit mit nichtstaatlichen Akteuren.[3] Ein entsprechender Beschluss soll anlässlich der Weltgesundheitsversammlung Ende Mai 2015 verabschiedet werden. Das Vorhaben der WHO ist zu begrüßen, bei der Zusammenarbeit mit nichtstaatlichen Akteuren[4] mehr Transparenz herzustellen, mögliche Konfliktfelder zu analysieren und Regeln für den Umgang mit diesen Akteuren festzulegen. Doch der vom Exekutivrat zu Beginn des Jahres vorgelegte Entwurf stößt in der deutschen Wirtschaft auf eine Reihe massiver Bedenken. In einem gemeinsamen Verbändeschreiben[5] an den federführenden Bundesgesundheitsminister Hermann Gröhe (CDU) sowie die Staatssekretäre im Auswärtigen Amt, im Bundesernährungs- und im Bundeswirtschaftsministerium wiesen die Organisationen auf folgendes hin:

- Nicht akzeptabel ist die Vorgabe, dass auf die praktischen Erfahrungen bzw. das wissenschaftliche Know-How von Wissenschaftlern und Experten nicht zurückgegriffen werden darf, wenn diese zuvor mit der Privatwirtschaft zusammengearbeitet haben. Damit wird unterstellt, dass diese Wissenschaftler per se parteiisch sind. Außerdem würde sich die WHO damit künftig ganz erheblich in der Auswahl von Wissenschaftlern für die Erforschung zentraler Herausforderungen für die globale Gesundheit beschränken.

- Die geplanten Standards sollten nicht nur für den Privatsektor, sondern für alle nichtstaatlichen Akteure inkl. der NGO gleichermaßen gelten.

- Eine Ausgrenzung einzelner Industriesektoren[6] aus der Zusammenarbeit mit nichtstaatlichen Akteuren könnte dazu führen, dass auch Selbstregulierungsprojekte, die mit Unterstützung der deutschen Politik initiiert worden sind, gegenüber der WHO nicht mehr kommuniziert werden können. Unter demokratischen Gesichtspunkten ist es nicht hinnehmbar, unmittelbar Betroffenen das Recht auf Anhörung abzusprechen.

---

2 Immerhin: Eine deutliche Mehrheit der Abgeordneten des federführenden Umwelt- und Gesundheitsausschusses hat sich im März 2015 dafür ausgesprochen, die Kommission aufzufordern, das Konzept der Nährwertprofile auf Sinnhaftigkeit zu überprüfen und ggf. zu streichen; vgl. Abschn. Branchen der Werbewirtschaft, Kap. Lebensmittel.

3 Framework of engagement with non-state actors; vgl. www.who.int/about/who_reform/non-state-actors/en/ (letzter Zugriff: 22.3.2015).

4 Dazu zählen: Nichtregierungsorganisationen, Privatsektor, philanthropische gemeinnützige Institutionen, Wissenschaft.

5 Das Schreiben wurde unterzeichnet von der Internationalen Handelskammer Deutschland ICC, Deutsche Industrievereinigung Biotechnologie, BLL, HDE, Markenverband und ZAW.

6 Z.B. der Lebensmittel- oder Alkoholbranche.

- Transparenz muss auch für die Arbeitsweise der WHO selbst gelten. Wegweisende Dokumente dürfen nicht ohne angemessene Beteiligung der Mitgliedstaaten erstellt werden.

EU-Aktionsplan und Ratsempfehlungen fordern Werbeverbote

Standards der WHO sind völkerrechtlich nicht verbindlich, aber ein wichtiges politisches Signal. Wie groß der Einfluss der WHO auf die europäische und nationale Gesetzgebung inzwischen ist, belegt der im Juni 2014 von den EU-Mitgliedstaaten beschlossene „Action Plan on Childhood Obesity 2014–2020".[7] Um das Übergewicht bei Kindern zu stoppen, werden acht Aktionsfelder vorgeschlagen, in denen die Mitgliedstaaten Maßnahmen ergreifen sollen. Unter anderem sind massive Einschränkungen des Marketings und der Werbung gegenüber „Kindern" vorgesehen. Als Kinder definiert der Aktionsplan Personen unter 18 Jahren.[8] Begründet wird die Notwendigkeit weiterer Werbeverbote auch mit den Aktionsplänen der WHO. Im Einzelnen haben sich die Mitgliedstaaten gemeinsam mit der EU-Generaldirektion Gesundheit und Verbraucherschutz (SANCO) geeinigt auf:[9]

- „Schutzräume für Kinder" vor Werbung für Lebensmittel mit hohem Fett-, Zucker- oder Salzgehalt (sogenannte HFSS-Lebensmittel[10]) an Vorschulen, Schulen oder anderen Plätzen, an denen sich Kinder aufhalten, zum Beispiel Sportplätze oder Freizeitzentren;

- Entwicklung von Nährwertkriterien, an denen die Werbeverbote ausgerichtet werden sollen;

- weitere Beschränkungen der Marktkommunikation für HFSS-Lebensmittel für „TV, Internet, Sportveranstaltungen etc." – mit dem Fokus auf Kinder unter zwölf Jahren;

- Bestärkung der Anbieter von Mediendiensten entsprechend der EU-Richtlinie über audiovisuelle Mediendienste (AVMD-Richtlinie[11]), strengere Verhaltensregeln der Wirtschaft zu verabschieden sowie sicherzustellen, dass die freiwilligen Regeln der Wirtschaft auch eingehalten werden.

Unter Bezugnahme auf die WHO-Aktionspläne und Empfehlungen sowie den EU-Aktionsplan gegen Fettleibigkeit bei Kindern hat der EU-Ministerrat im Juni 2014 von der EU-Kommission und den Mitgliedstaaten weitere Aktionen gefordert, damit Kinder weniger Werbung für Produkte mit einem zu hohen Anteil an Fett, Zucker und Salz „ausgesetzt sind".[12]

Bundestag berät zum Thema Ernährung

Das Thema Lebensmittelwerbung beschäftigt auch den Deutschen Bundestag.

---

7 EU Action Plan on Childhood Obesity 2014–2020. Das Dokument ist abrufbar unter https://ec.europa.eu/health/nutrition_physical_activity/docs/childhoodobesity_actionplan_2014_2020_en.pdf. (letzter Zugriff: 22.3.2015).

8 Aktionsplan, S. 8.

9 Aktionsplan, S. 38 f.

10 HFSS steht für „high in fat, salt and sugar".

11 Richtlinie 2010/13/EU, ABl. EU L 95/1 vom 15.4.2010. Ausführlich hierzu s. Abschn. Werbepolitische Entwicklungen, Kap. Audiovisuelle Medien.

12 Council conclusions on nutrition and physical activity, 20.6.2014; abrufbar unter www.consilium.europa.eu/uedocs/cms_data/docs/pressdata/en/lsa/143285.pdf (letzter Zugriff: 22.3.2015).

Im Januar 2015 diskutierten die Abgeordneten in einer Kernzeitdebatte die von allen Bundestagsfraktionen zum Thema Ernährung eingereichten Anträge. Einig waren sich alle Abgeordneten, dass eine bessere Ernährungsbildung bei Kindern erforderlich ist. Die CDU/CSU-Fraktion betont dabei, dass der zentrale Ort für die Entwicklung von Ernährungskompetenz in aller Regel die Familie sei. Politik und Staat könnten nicht die Verantwortung für jeden Einzelnen übernehmen. Sie könnten jedoch durch vielfältige Aktionen unterstützend wirken.[13]

Politik und Staat können und wollen den Menschen keinen bestimmten Lebensstil vorgeben.

Aus dem Antrag der Fraktionen der CDU/CSU und SPD „Gesunde Ernährung stärken – Lebensmittel wertschätzen" vom 13.1.2015.

Der ZAW begrüßt das Engagement der Fraktionen, die Ernährungsbildung zu fördern. Gemeinsam mit der Förderung der Bewegung ist Ernährungsbildung der Schlüssel zum Erfolg bei der Übergewichtsprävention. Der ZAW fordert, diesen Ansatz weiter voranzutreiben. Werbeverbote, wie sie gleichfalls auch in der Bundestagsdebatte immer wieder gefordert wurden, führen demgegenüber nicht zu einem gesünderen Lebensstil der Bevölkerung. Abzulehnen sind deshalb auch die Forderungen des Vorsitzenden des Gesundheitsausschusses im Bundestag Edgar Franke (SPD) nach weiteren Restriktionen der Lebensmittelwerbung oder des SPD-Parteikonvents zum Thema Werbung und Kinder.

Die behauptete Verbindung zwischen Werbung und Übergewicht, insbesondere bei Kindern, ist nicht nur durch Erfahrungen aus Ländern mit entsprechenden Werbeverboten widerlegt.

Es gibt darüber hinaus eine Vielzahl von Studien, die sich mit dem Einfluss von Werbung auf das Verhalten von Kindern befassen. Die Untersuchungsergebnisse sind zum Teil unterschiedlich. Es dominieren aber zwei Erkenntnisse: Prägende Faktoren im Rahmen der Sozialisation von Kindern sind der Lebensstil der Familie und des weiteren Umfelds, des Freundeskreises usw. Übergewicht ist vor allem auf mangelnde Bewegung zurückzuführen. Werbung spielt nach Meinung der Wissenschaftler, wenn überhaupt, nur eine untergeordnete Rolle für das Verhalten von Kindern.[14]

Nicht übersehen werden darf in diesem Zusammenhang, dass bereits heute detaillierte gesetzliche Regelungen für die Lebensmittelwerbung gelten. Besonders restriktive Bestimmungen geben den Rahmen für eine an Kinder gerichtete Werbung vor. Sie tragen der Schutzbedürftigkeit dieser Altersgruppe Rechnung. Diese gesetzlichen Vorgaben werden ergänzt durch das System der Werbeselbstkontrolle in Deutschland.[15]

| Stand: April 2015

---

13 BT-Drs. 18/3726 vom 13.1.2015.

14 ZAW-Positionspapier Lebensmittelwerbung, abrufbar unter www.zaw.de/zaw/werbepolitik/lebensmittel/ (letzter Zugriff: 22.3.2015).

15 Vgl. Abschn. Selbstregulierung der Werbewirtschaft, Kap. Deutscher Werberat.

Alkoholhaltige Getränke

Gemeinsam mit den anderen EU-Mitgliedstaaten hat Deutschland im September 2014 einen europäischen Aktionsplan zur Bekämpfung missbräuchlichen Alkoholkonsums bei jungen Menschen verabschiedet. Parallel dazu wird eine neue EU-Alkoholstrategie vorbereitet. Mit beiden Aktionen sollen weitere Eingriffe in die Marktkommunikation der Branche auf den Weg gebracht werden. Auch das Europaparlament hat das Thema nach wie vor oben auf der Agenda. Dabei belegen aktuelle Forschungsergebnisse für Deutschland, dass auch ohne weitere Werbeverbote Kinder und Jugendliche so wenig Alkohol trinken wie nie.

EU-Aktionsplan Alkohol

Im Anschluss an die ausgelaufene EU-Alkohol-Strategie[1] hat der EU-Ausschuss für Nationale Alkoholpolitik und -maßnahmen (CNAPA[2]), der sich aus Vertretern der nationalen Gesundheitsministerien zusammensetzt, im September 2014 einen auf zwei Jahre angelegten Europäischen Aktionsplan Alkohol veröffentlicht.[3] Zu den sechs skizzierten Handlungsfeldern zählt auch der Bereich Marketing und Werbung. Erklärtes Ziel der Mitgliedsländer ist es, „verletzliche Gruppen" (Minderjährige und Erwachsene bis 25 Jahre) vor Alkoholwerbung zu schützen.

Der ZAW bewertet positiv, dass in den Aktionsplan zunächst keine europaweite Rahmengesetzgebung zu Umfang, Inhalt und Platzierung der Alkoholwerbung in allen Medien aufgenommen worden ist. Das hatten Verbraucher- und Gesundheitsorganisationen nach dem Vorbild der EU-Tabakwerberichtlinie gefordert. Einige Kritikpunkte der Wirtschaft wurden zudem im Laufe der Diskussionen auf europäischer und nationaler Ebene aufgegriffen. Zunächst sah der Entwurf des Aktionsplans die Regulierung von Produktplatzierungen und Sponsoring-Aktivitäten der Hersteller alkoholhaltiger Getränke vor. Davon wurde letztlich Abstand genommen. Stattdessen sollen im CNAPA-Ausschuss sogenannte Beste-Praxis-Beispiele in diesen beiden Bereichen sowie zum Thema Werbung in digitalen Medien ausgetauscht und diskutiert werden.

Positiv ist auch zu bewerten, dass die als Beleg in dem Dokument herangezogenen Ergebnisse der Wissenschaftsgruppe im EU-Forum „Alkohol und Gesundheit" nunmehr besser eingeordnet werden. Danach hat Alkoholwerbung zwar einen statistisch messbaren Einfluss. Es wird aber eingeräumt, dass der Einfluss der Werbung auf das Trinkverhalten junger Menschen insgesamt nicht groß ist. Die Selbstkontrolle der Werbewirtschaft – in Deutschland durch den Deutschen Werberat[4] – wird positiv hervorgehoben.

Ob und inwieweit die im Aktionsplan beschlossenen Maßnahmen umgesetzt werden, obliegt den Mitgliedstaaten. Zweifellos wird der Druck steigen, auf nationaler Ebene weitere Werbebeschränkungen einzuführen. Dies gilt insbesondere für Deutschland. Denn anders als in anderen EU-Mitgliedstaaten ist in Deutschland die Werbung für die legalen Produkte alkoholhaltiger Getränke zwar gesetzlich und selbstregulativ durch

---

1 Eine EU-Strategie zur Unterstützung der Mitgliedstaaten bei der Verringerung alkoholbedingter Schäden (2006-2012), 24.10.2006, KOM(2006) 625 endg.

2 Committee on National Alcohol Policy and Action.

3 Action Plan on Youth Drinking and on Heavy Episodic Drinking (Binge Drinking), 16.9.2014; abrufbar unter http://ec.europa.eu/health/alcohol/docs/2014_2016_actionplan_youthdrinking_en.pdf (letzter Zugriff: 31.3.2015).

4 Vgl. Abschn. Selbstregulierung der Werbewirtschaft, Kap. Deutscher Werberat.

die Verhaltensregeln des Deutschen Werberats[5] beschränkt, aber immer noch möglich.

Publikation Verhaltensregeln des Deutschen Werberats über die kommerzielle Kommunikation für alkoholhaltige Getränke, Verlag edition ZAW.

Mitgliedstaaten drängen auf eine neue EU-Alkoholstrategie

Im Februar 2015 hat die EU-Kommission ein Rahmenpapier des CNAPA-Ausschusses veröffentlicht, in dem die Mitgliedstaaten ihre strategische Ausrichtung zur künftigen Alkoholpolitik beschreiben.[6] Darin wird die EU-Kommission aufgefordert, nach dem Auslaufen der letzten EU-Alkoholstrategie Ende 2012 eine neue Alkoholstrategie auf Basis der WHO-Vorgaben[7] auf den Weg zu bringen. Gefordert wird mehr Kohärenz und Abstimmung der Politik der Mitgliedstaaten. Unter der Ratspräsidentschaft Lettlands wird das Dokument auf dem informellen Gesundheitsministerrat in Riga im April 2015 voraussichtlich angenommen werden.

Das 13-seitige Rahmenpapier der CNAPA-Gruppe verweist zu Recht darauf, dass Alkoholpolitik auch weiterhin vor allem Ländersache und Angelegenheit der nationalen Gesundheitsinstitutionen sein soll. Anders als in den ersten Entwürfen findet sich auch kein Hinweis mehr, dass Initiativen von Verbänden und Unternehmen für einen verantwortungsvollen Umgang mit Alkohol nicht Teil einer sinnvollen Alkoholpolitik sein können.[8] Entsprechende Forderungen von Gesundheitsorganisationen und einzelnen EU-Mitgliedstaaten ist vor allem die Bundesregierung im Lauf der Beratungen entschieden entgegengetreten. Die WHO plant gleichwohl, einzelne Industriesektionen auszugrenzen und sich der Zusammenarbeit mit davon betroffenen nichtstaatlichen Akteuren zu verweigern.[9]

Die Reduzierung alkoholbedingter Schäden hat einen Wert an sich: ein besseres und gesünderes Leben.

Rahmenpapier für eine neue EU-Alkoholstrategie, Dezember 2014

Trotz des Hinweises auf das Subsidiaritätsprinzip beansprucht die EU jedoch weitere Regelungskompetenzen, vor allem im Bereich der Online-Werbung für alkoholhaltige Getränke. Dies ist schon

---

5 Verhaltensregeln des Deutschen Werberats über die kommerzielle Kommunikation für alkoholhaltige Getränke, abrufbar unter www.werberat.de/verhaltensregeln (letzter Zugriff: 31.3.2015).

6 Committee for national alcohol policy and action – scoping paper, final, 10.12.2014; S. 8. Das Strategiepapier ist abrufbar unter: http://ec.europa.eu/health/alcohol/docs/eu_scoping_paper_cnapa_en.pdf (letzter Zugriff: 31.3.2015).

7 Globale Alkoholstrategie der WHO (2010); Aktionsplan des WHO-Regionalbüros für Europa zur Verringerung des schädlichen Alkoholkonsums (2012).

8 Wie z.B. die seit 1993 fortlaufende Kampagne der Spitzenverbände der deutschen Alkoholwirtschaft „Don't drink and drive".

9 Vgl. hierzu ausführlich Kap. Lebensmittel.

deshalb widersprüchlich, weil das Papier kurz danach mit Bezug auf den WHO-Aktionsplan zur Verringerung schädlichen Alkoholkonsums (2012) selbst feststellt, dass die Einschränkung von Qualität und Inhalt bei Alkoholmarketing und -werbung nur „wahrscheinlich" zur Bekämpfung des Problems missbräuchlichen Alkoholkonsums führt. Der ZAW hat immer wieder darauf hingewiesen, dass die behauptete Verbindung zwischen Werbung und missbräuchlichem Alkoholkonsum nicht nur durch eine Vielzahl von Studien, sondern auch durch Erfahrungen aus Ländern mit entsprechenden Werbeverboten widerlegt ist. Ziel der Politik muss es daher sein, sich auf die tatsächlichen Ursachen des Alkoholmissbrauchs zu konzentrieren.[10]

Die durch Alkoholmissbrauch entstehenden Probleme können nur von den Mitgliedstaaten selbst gelöst werden.[11]

Dr. Renate Sommer
MdEP

Nach Einschätzung der Europaabgeordneten Renate Sommer (EVP) scheint die EU-Kommission gleichwohl fortlaufend zu versuchen, weitere Befugnisse auch zur Regulierung der Alkoholwerbung an sich zu reißen. Die langjährige Abgeordnete und Expertin im EP-Gesundheitsausschuss bezweifelt, dass eine solche Kompetenzverlagerung angeblich von allen Mitgliedstaaten gewünscht sein soll. Sie plädiert stattdessen dafür, dass die Mitgliedstaaten für eine bessere Einhaltung der bestehenden nationalen Gesetze insbesondere zum Jugendschutz sorgen müssen.[12]

Massive Treiber einer noch rigideren EU-Alkoholpolitik sind neben der WHO vor allem Großbritannien und die skandinavischen Staaten. Wegen der unterschiedlichen Ausgangslage in den insgesamt 28 Mitgliedstaaten wehren sich die betroffenen Branchen der Alkoholwirtschaft und auch die Werbewirtschaft gegen eine EU-Alkoholpolitik, die von Ländern mit teils massiven Alkoholproblemen zunehmend dominiert wird und die die Situation in jenen Ländern zum Maßstab für eine europäische Politik machen will. Immerhin: Das CNAPA-Eckpunktepapier lässt diesen Aspekt nicht vollkommen außer Acht: „So verzeichnen die nord- und osteuropäischen Länder in den letzten zehn Jahren einen Konsumanstieg, während sich der Konsum in West- und Südeuropa im Allgemeinen verringerte", heißt es unter Berufung auf WHO-Daten in dem Rahmenpapier.[13] Der ZAW appelliert deshalb an die EU-Institutionen, die Bekämpfung des Alkoholmissbrauchs den Mitgliedstaaten auf nationaler, regionaler und lokaler Ebene zu überlassen.

Position des Europaparlaments

Auch das EU-Parlament diskutiert regelmäßig über weitere Werbebeschränkungen für alkoholhaltige Getränke. Nachdem vor der Europawahl 2014 über einen Berichtsentwurf des federführenden Ausschusses für Umweltfragen, öffentliche Gesundheit und Lebensmittelsicherheit (ENVI) im Plenum nicht mehr abgestimmt wurde, haben die Abgeordneten das Thema in der neuen Legislaturperiode zügig wieder aufgegriffen. Ende

Eckpunkte EU-Alkoholpolitik

2015	Initiativbericht des EU-Parlaments (in Vorbereitung)
2015	Rahmenpapier der Mitgliedstaaten für eine neue EU-Alkoholstrategie
2014	CNAPA-Aktionsplan „Youth drinking and Heavy Episodic Drinking"
2014	EU-Projekt „Joint Action on Reducing Alcohol related Harm (RARHA)"
2012	Bewertung des Mehrwerts der EU-Alkoholstrategie (Evaluationsbericht)
2009	Erster Fortschrittsbericht über die Umsetzung der EU-Alkoholstrategie
2009	Schlussfolgerungen des Ministerrats „Alkohol und Gesundheit"
2006	EU-Alkoholstrategie

---

10 ZAW-Positionspapier Alkoholwerbung abrufbar unter http://www.zaw.de/zaw/werbepolitik/alkoholhaltige-getraenke/2015-Position-ZAW_Alkoholwerbung.pdf (letzter Zugriff: 31.3.2015).
11 Getränke-Zeitung vom 22.1.2015.
12 Interview in der Getränke-Zeitung, 22.1.2015, S. 6.
13 CNAPA-Rahmenpapier, S. 8.

Januar 2015 wurde erneut ein Berichtsentwurf vorgestellt, der im April 2015 vom Plenum angenommen werden soll. Derzeit lässt sich noch nicht absehen, ob konkrete Werbebeschränkungen von den Abgeordneten gefordert werden. Die Verfasser des Entwurfs jedenfalls haben sich zwar für eine neue EU-Alkoholstrategie ausgesprochen, das Thema Werbung dabei aber nahezu ausgespart. Nicht auszuschließen ist, dass es im Verlauf der Beratungen des Berichts doch noch Eingang in das Schlussdokument findet.

Alkoholwerbung in elektronischen Medien im Fokus

Die EU-Kommission hat Ende 2014 beschlossen, die Richtlinie über audiovisuelle Mediendienste (AVMD-Richtlinie[14]) im Rahmen des sogenannten REFIT-Programms (Regulatory Fitness and Performance Programme[15]) zu überprüfen. In diesem Zusammenhang hat die Behörde Ende letzten Jahres eine Studie in Auftrag gegeben. Sie soll untersuchen, in welchem Umfang Minderjährige in der EU der Werbung für alkoholhaltige Getränke im Rundfunk und im Internet „ausgesetzt" sind. Insbesondere für den Online-Bereich soll über eine quantitative Erhebung hinaus möglichst auch eine qualitative Untersuchung der Werbeinhalte stattfinden.[16]

Die Ergebnisse der Studie werden Ende 2015 erwartet.

Deutlich mehr junge Anti-Alkoholiker

Positive Erkenntnisse zum Trinkverhalten der jungen Bevölkerung liefert die repräsentative Studie „Der Alkoholkonsum von Jugendlichen und jungen Erwachsenen in Deutschland 2012", die von der Bundeszentrale für gesundheitliche Aufklärung (BZgA) im April 2014 veröffentlicht wurde.[17] Auch ohne weitere Werbeverbote trinken danach Kinder und Jugendliche so wenig Alkohol wie nie: Viel mehr Jugendliche als früher im Alter von 12 bis 17 Jahren trinken überhaupt keinen Alkohol. Ihr Anteil stieg auf 30 Prozent. Vor zehn Jahren waren es noch 16 Prozent. Auch die Zahlen für regelmäßigen Alkoholkonsum in der Altersgruppe der 12- bis 15-Jährigen waren im Untersuchungszeitraum so niedrig wie in keinem Jahr zuvor.

Gleichzeitig ist die Zahl der jugendlichen Komatrinker 2013 im Vergleich zum Vorjahr deutlich gesunken, wie das Statistische Bundesamt im Februar 2015 mitteilte. Zwar mussten immer noch rund 23.300 Kinder und Jugendliche zwischen zehn und 19 Jahren wegen Alkoholmissbrauchs stationär in einem Krankenhaus behandelt werden.[18] Gegenüber dem Jahr 2012 war dies allerdings ein Rückgang um 12,8 Prozent. Wenngleich das Problem missbräuchlichen Alkoholkonsums nicht verharmlost werden darf:

---

14 Richtlinie 2010/13/EU, ABI. EU L 95/1 vom 15.4.2010. S. ausführlich Kap. Audiovisuelle Medien.

15 Vgl. Anhang zur Mitteilung der Kommission „Arbeitsprogramm der Kommission für 2015 - Ein neuer Start" vom 16.12.2014, abrufbar auf http://ec.europa.eu/atwork/pdf/cwp_2015_refit_actions_de.pdf (letzter Zugriff: 22.3.2015).

16 Study on the exposure of minors to alcohol advertising on linear and non-linear audiovisual media services and other online services, including a content analysis; vgl. http://ec.europa.eu/digital-agenda/en/news/exposure-minors-alcohol-advertising (letzter Zugriff: 22.3.2015).

17 Für die Untersuchung wurden 5.000 junge Menschen befragt. Die Studie ist abrufbar unter www.bzga.de (Rubrik Forschung; letzter Zugriff: 22.3.2015).

18 Die Meldung dazu ist abrufbar unter www.destatis.de/DE/PresseService/Presse/Pressemitteilungen/2015/02/PD15_040_231.html (letzter Zugriff: 22.3.2015).

Es sind weniger als ein halbes Prozent der in Deutschland lebenden Jugendlichen, die aus diesem Grund in ein Krankenhaus eingeliefert werden mussten. Mit Werbeverboten wäre dieser Alkoholmissbrauch sicher nicht zu verhindern gewesen.

Letztlich bestätigen die gesunkenen Konsumzahlen den Weg dieser und der vorherigen Bundesregierung, der auf eine Überwachung der bestehenden gesetzlichen Regeln zum Jugendschutz und eine zielgruppenspezifische Prävention anstatt auf weitere Werbeverbote setzt.

Ursachen missbräuchlichen Alkoholkonsums von Kindern und Jugendlichen

Eine weitere Untersuchung der BZgA hatte bereits 2011 belegt, dass es vor allem soziale Faktoren sind, die den Alkoholkonsum von Minderjährigen beeinflussen. In ihrer repräsentativen Studie stellte die Behörde im Auftrag des Bundesgesundheitsministeriums fest: Minderjährige trinken, um Spaß zu haben, Hemmungen zu überwinden und um weniger schüchtern zu sein. Zudem beeinflusst vor allem das direkte Umfeld junger Menschen ihren Umgang mit Alkohol.[19] Andernfalls wäre auch nicht zu erklären, warum die Gesamtheit der Verbraucher im Allgemeinen und der Jugendlichen im Besonderen nahezu die gleichen Werbebotschaften wahrnimmt, aber nur ein sehr kleiner Teil von ihnen Alkohol missbräuchlich konsumiert, während der weitaus größere Teil sich verantwortungsbewusst verhält.

Neuer Nationaler Drogen- und Suchtrat

Dies gilt aus Sicht des ZAW auch für die Gruppe der jungen Erwachsenen im Alter von 18 bis 25 Jahren. Sie gerät zunehmend in den Fokus der Politik, nachdem weitere Werberestriktionen angesichts der rückläufigen Zahlen missbräuchlichen Alkoholkonsums durch Minderjährige nicht im Einklang mit einer sachgerechten und evidenzbasierten Politik stünden.

Der im Dezember 2014 neu berufene Drogen- und Suchtrat wird sich in einer Arbeitsgruppe[20] speziell auf die Altersgruppe der jungen Erwachsenen konzentrieren – ganz im Einklang mit der WHO und der EU. Die Arbeitsgruppe soll dem Drogen- und Suchtrat, der die Bundesregierung in der Drogen- und Suchtpolitik berät, bis zum nächsten Treffen des Gremiums im Herbst 2015 konkrete Vorschläge zur Umsetzung des Themenbereichs vorlegen. Wie schon in der Vergangenheit, werden weitere Werbeverbote vermutlich Gegenstand der Handlungsempfehlungen sein.

Unser Land will und kann kein Verbotsstaat sein. Kinder und Jugendliche müssen überzeugt werden – durch Aufklärung und Vorbilder.[21]

Marlene Mortler
Drogenbeauftragte der Bundesregierung

---

19 Bundeszentrale für gesundheitliche Aufklärung. Der Alkoholkonsum Jugendlicher und junger Erwachsener in Deutschland 2010. Köln, 2011.

20 Die zweite Arbeitsgruppe wurde zum Thema „Teilhabe Suchtkranker am Arbeitsleben" eingerichtet. Siehe auch Pressemeldung der Drogenbeauftragten der Bundesregierung vom 2.12.2014.

21 Apotheken-Umschau 01/15, S. 22.

In den Anwendungsbereich der erstmals 1976 aufgestellten **Verhaltensregeln** fallen seit 2005 neben der „klassischen" Werbung in TV, Radio und gedruckten Medien (Presse, Plakat, Flyer etc,) auch sämtliche andere Formen der kommerziellen Kommunikation z.B. Online-Werbung, Werbung in Sozialen Netzwerken, Sponsoring, Veranstaltungen etc.

Werbewirtschaft übernimmt Verantwortung

Der ZAW hat in diesem Zusammenhang betont, dass mit den Real-Daten der BZgA die Bundesregierung die Konsumrealität Jugendlicher abbilde und damit Pauschalurteilen über den Alkoholverbrauch der jungen Generation entgegensteuere. Die Werbebranche sieht zudem ihre Analysen der zurückliegenden Jahre bestätigt. Alkoholwerbung ist ein betriebswirtschaftliches Mittel im Wettbewerb um Marktanteile. Mit den strengen Verhaltensregeln des Deutschen Werberats zusätzlich zu den gesetzlichen Bestimmungen[22] kommt die Werbebranche zudem ihrer Verantwortung für eine verantwortungsvolle Bewerbung alkoholhaltiger Getränke nach: Das seit zehn Jahren für sämtliche Formen der kommerziellen Kommunikation geltende Regelwerk sorgt dafür, dass problematische Inhalte aus der Werbung herausgehalten werden. Die Arbeit des Werberats ist innerhalb der Branche hochakzeptiert. Seine Durchsetzungsquote bei den von Beanstandungen betroffenen Unternehmen beträgt (über alle Beschwerdeinhalte hinweg) im Schnitt der vergangenen vier Jahrzehnte 96 Prozent. Das ist keineswegs selbstverständlich, denn es handelt sich bei den Streitfällen um rechtlich einwandfreie Werbung. Die Firmen sind sich jedoch der besonderen Bedeutung eigenverantwortlichen Handelns und der Funktion des Deutschen Werberats als selbstdisziplinäre Instanz sehr bewusst.

Auch die im Jahr 2009 vom ZAW eingeführte freiwillige Vorkontrolle von Werbemaßnahmen der Alkoholwirtschaft trägt erheblich zur verantwortungsvollen Marktkommunikation bei. Alle Markt prägenden Produzenten nutzen diesen Vorab-Check ihrer Werbung durch Gutachten eines Experten-Teams beim ZAW. Am Dreieck aus freiwilligen Werberegeln, Beschwerdemöglichkeit der Bürger beim Werberat und der Vorkontrolle von Marktkommunikation wird die Branche konsequent festhalten.

Publikation Das System der Vorbewertung von Werbung, Verlag edition ZAW.

| Stand: März 2015

---

22 Die Werbung für alkoholhaltige Getränke ist in Deutschland umfangreich gesetzlich reguliert, z.B. im UWG, § 25 WeinG, Art. 4 Abs. 3 Health-Claims-Verordnung, § 6 Abs. 5 JMStV, § 7 Abs. 10 RStV, § 11 JuSchG.

Tabakprodukte

Kein anderes legales, gegenüber Erwachsenen frei handelbares Produkt ist heute strengeren Werbebeschränkungen unterworfen als Tabakprodukte. Auf die EU-Tabakwerberichtlinie[1] und die Richtlinie über audiovisuelle Mediendienste (AVMD-Richtlinie)[2] geht das Verbot der Bewerbung von Tabakerzeugnissen in Printmedien, im Rundfunk und größtenteils auch im Internet zurück. Ebenfalls untersagt sind Sponsoringmaßnahmen im Rundfunk und bei Veranstaltungen mit grenzüberschreitender Wirkung.

Nach der Verabschiedung der novellierten sogenannten EU-Tabakproduktrichtlinie[3] im April 2014 werden weitere gravierende Beschränkungen der kommerziellen Kommunikation für Tabakprodukte folgen. Mit kombinierten Bild- und Textwarnhinweisen auf den Packungen von Zigaretten, Tabak zum Selbstdrehen und Wasserpfeifentabak müssen die Hersteller selbst künftig vor ihren Produkten warnen. Die Warnungen müssen 65 Prozent der Vorder- und Rückseite der Verpackungen ausmachen. Im Oktober 2014 hat die EU-Kommission im Wege einer delegierten Richtlinie die künftig zu verwendenden Farbfotografien festgelegt.[4] Die Bildwarnhinweise müssen danach u.a. Erkrankungen wie Raucherlungen, Raucherbeine, erblindete Augen oder vom Krebs zersetzte Mundhöhlen zeigen. Zusätzlich müssen zwei allgemeine Texthinweise auf den Packungen aufgedruckt sein, die jeweils 50 Prozent der Seitenflächen der Verpackungen einnehmen. Andere Rauchtabaksorten, wie Pfeifentabak oder Zigarren, können durch die Mitgliedstaaten auf nationaler Ebene von der Verpflichtung zur Verwendung kombinierter Warnhinweise ausgenommen werden. Die Zigarettenpackungen müssen quaderförmig sein und mindestens 20 Zigaretten enthalten. In Packungen für Tabak zum Selbstdrehen dürfen nicht weniger als 30 Gramm Tabak enthalten sein. Sie müssen die Form eines Quaders, Zylinders oder Beutels haben.

Schließlich werden ein spezielles Irreführungsverbot und besondere Gestaltungsvorgaben für Packung und Produkt eingeführt: So darf z.B. auf den Packungen weder auf das Vorhandensein noch auf die Abwesenheit von Zusatzstoffen hingewiesen werden. Zudem darf nicht der Eindruck vermittelt werden, dass ein Tabakprodukt weniger gesundheitsschädlich ist als ein anderes oder einen Nutzen für den Lebensstil der Verbraucher hat (zum Beispiel Sex-Appeal, sozialer Status, Sozialleben oder Vorzüge wie Gewichtsverlust, Weiblichkeit, Männlichkeit oder Eleganz). Als irreführende Elemente einer Packung sollen neben Symbolen, Texten und Bildern auch die Marken der Unternehmen in Betracht gezogen werden.

Nikotinhaltige elektrische Zigaretten (E-Zigaretten) werden ebenfalls von der neuen Richtlinie erfasst: Die Mitgliedstaaten sollen die Werbung für diese Produkte nach dem Vorbild der Regulierungen für Tabakerzeugnisse beschränken oder verbieten.

---

1 Richtlinie 2003/33/EG vom 26.5.2003 zur Angleichung der Rechts- und Verwaltungsvorschriften der Mitgliedstaaten über Werbung und Sponsoring zugunsten von Tabakerzeugnissen, ABl. EU L 152/16 vom 20.6.2003.

2 Richtlinie 2010/13/EU vom 10.3.2010 über die Bereitstellung audiovisueller Mediendienste, ABl. EU L 95/1 vom 15.4.2010.

3 Richtlinie 2014/40/EU vom 3.4.2014 über die Herstellung, die Aufmachung und den Verkauf von Tabakerzeugnissen und verwandten Erzeugnissen und zur Aufhebung der Richtlinie 2001/37/EG; ABl. EU L 127/1 vom 29.4.2014.

4 Delegierte Richtlinie 2014/109/EU der Kommission vom 10.10.2014 zur Änderung von Anhang II der Richtlinie 2014/40/EU zwecks Einrichtung der Bibliothek mit bildlichen Warnhinweisen, die auf Tabakerzeugnissen zu verwenden sind, ABl. EU L 360/22 vom 17.12.2014.

Der ZAW, seine Mitgliedsverbände und die Tabakindustrie hatten während des Gesetzgebungsverfahrens[5] ihre Positionen gegenüber den Entscheidungsträgern auf nationaler und europäischer Ebene vorgetragen. Nach Ansicht des ZAW schreibt das Maßnahmenpaket die Ausschaltung der Marktkommunikation für ein legal hergestelltes und vertriebenes Produkt fest und setzt damit Grundregeln freier Märkte europaweit außer Kraft. Ordnungspolitisch setzt Brüssel damit auch für andere Wirtschaftszweige ein verheerendes Signal. Für Branchen wie Alkohol und Lebensmittel werden Werbebeschränkungen diskutiert, die im Tabakbereich bereits existieren. Die Unternehmen dieser Branchen stellen sich zu Recht die Frage, ob sich für sie in Europa der Aufbau und die Pflege von Marken unter hohem Kapitaleinsatz wirtschaftlich noch lohnt.

Die in der EU-Tabakproduktrichtlinie vorgeschriebenen Zwangsangaben für die Verpackungen greifen massiv in unternehmerische Grundfreiheiten ein. Die von der verfassungsrechtlichen Eigentumsgarantie umfassten Marken der Unternehmen werden hierdurch faktisch entwertet, sind aber für die Unterscheidbarkeit, Individualisierbarkeit und Herkunftszuordnung der Produkte und somit für einen – auch grenzüberschreitend – funktionierenden Markenwettbewerb von elementarer Bedeutung. Warnhinweise, die 65 Prozent der vorderen und hinteren Verpackungsfläche ausmachen müssen, lassen den Unternehmen keinen ausreichenden Raum für die individuelle Gestaltung bzw. die Darstellung der Marken. Überdies müssen die Logos und Namen der Marken künftig unter den übergroßen Warnhinweisen angebracht werden und zugleich noch Raum für weitere Pflichtelemente lassen, wie Steuerbanderole und Sicherheitsmerkmal. Schließlich wird die angemessene Verwendung der Marken durch die unbestimmten Vorgaben für die Aufmachung der Verpackung bedroht. Auch diese Beschränkungen der kommerziellen Kommunikation mit den erwachsenen Zielgruppen behindern die verfassungsrechtlich verbriefte Freiheit der Unternehmen an der Teilnahme am Wettbewerb sowie ihre Freiheit der Meinungsäußerung.

Den gravierenden Grundrechtseingriffen und der Vernichtung von Markenkapital steht kein gesundheitspolitischer oder sonstiger Nutzen der geplanten Maßnahmen gegenüber, der diese auch nur ansatzweise rechtfertigen könnte. Es existieren keinerlei belastbare wissenschaftliche Belege für die gesundheitspolitische Tauglichkeit der gestalterischen Zwangsvorgaben.

Die Vorgaben der EU-Richtlinie müssen gleichwohl bis Mai 2016 durch die Mitgliedstaaten in nationales Recht umgesetzt werden. Hierbei ist Eile geboten, denn die Tabakunternehmen müssen ab diesem Zeitpunkt auch bereits ihre Produkte nach den neuen Bestimmungen herstellen. Um mit den notwendigen Produktionsumstellungen beginnen zu können, benötigen sie jedoch zunächst ausreichende Rechtssicherheit durch nationale Umsetzungsvorschriften.[6] Zumal die EU-Tabakproduktrichtlinie nur Mindeststandards festlegt. Teilweise werden die Mitgliedstaaten ermächtigt, diese noch zu verschärfen. Dies gilt z.B. unter bestimmten Voraussetzungen für die Regeln zur weiteren Standardisierung der Verpackungen.[7] Die Rechtsunsicherheit für die Tabakwirtschaft wird dadurch noch verstärkt, dass die

---

5 Vgl. zum Verlauf des Legislativverfahrens im Einzelnen ZAW-Jahrbuch 2014, S. 63 ff.

6 Vgl. zur Fristenproblematik der EU-Tabakproduktrichtlinie und deren Umsetzung Abschn. Branchen der Werbewirtschaft, Kap. Tabakprodukte.

7 Vgl. Artikel 24 Absatz 2 EU-Tabakproduktrichtlinie.

Richtlinie zahlreiche Ermächtigungen der EU-Kommission zum Erlass von sogenannten delegierten Rechtsakten und Durchführungsvorschriften enthält, die jedoch auch noch ausstehen.

Die Bundesregierung bereitet derzeit durch das federführende Bundesministerium für Ernährung und Landwirtschaft einen Referentenentwurf vor, der die EU-Vorgaben in nationales Recht umsetzen soll. Hinsichtlich der Vorgaben zu Warnhinweisen und Gestaltung für die Verpackungen wurde signalisiert, dass Deutschland derzeit eine punktgenaue Umsetzung der Richtlinienvorgaben erwägt. Das heißt von der durch das EU-Regelwerk eingeräumten Möglichkeit, noch weitergehende Vorgaben für eine Standardisierung der Verpackungen einzuführen, will die Bundesregierung zum jetzigen Zeitpunkt keinen Gebrauch machen.

Anders sieht dies in EU-Mitgliedstaaten wie Irland und Großbritannien aus. Anfang März 2015 hat Irland als erstes Land in Europa Einheitsverpackungen für Tabakwaren gesetzlich vorgeschrieben.[8] Großbritannien will ebenfalls zeitnah standardisierte Einheitsverpackungen („Plain Packaging") für Tabakprodukte einführen.[9] Damit folgen diese Länder Australien, das im Jahr 2012 das Gesetz zu standardisierten Tabakpackungen (Tobacco Plain Packaging Bill 2011) verabschiedet hat. Es schreibt für alle Packungen eine olivgrüne Einheitsfarbe vor und die Verwendung von sogenannten Schockbildern auf drei Viertel der Packungsoberfläche.

Den Hintergrund für sämtliche Gesetzesinitiativen bildet die Tabakrahmenkonvention der Weltgesundheitsorganisation (WHO). Dieses im Jahr 2003 verabschiedete Regelwerk würde bei vollständiger Umsetzung zu einem Totalwerbeverbot für Tabakprodukte führen. Deutschland hat die Konvention im Jahr 2004 zwar ebenfalls ratifiziert, allerdings erst nach Aufnahme eines Vorbehalts, dass Werbeverbote nur in Übereinstimmung mit den jeweiligen verfassungsrechtlichen Grundsätzen erlassen werden. In den Leitlinien zur Durchführung der WHO-Konvention aus dem Jahr 2008 wurden – gegen den Widerstand des ZAW und der Tabakindustrie – bereits Maßnahmen wie neutrale Einheitsverpackungen und ein Verbot der Warenpräsentation am Verkaufsort und an Automaten vorgesehen. Die deutsche Delegation hatte bei den Verhandlungen über die Leitlinien im Namen der Bundesregierung eine Protokollerklärung abgegeben, nach der Deutschland keine Regelung mittrage, die der Tabakindustrie jegliche werbliche Betätigung untersagt. Von solchen Vorbehalten unbeeindruckt, drängt die WHO auf eine vollumfängliche Umsetzung ihrer Tabakrahmenkonvention und damit auf ein Totalwerbeverbot.

Obwohl die Bundesregierung derzeit scheinbar keine Einführung von Einheitspackungen für Tabakprodukte plant, droht den Unternehmen der Tabakbranche auf nationaler Ebene gleichwohl das Aus der wenigen ihnen noch verbliebenen Möglichkeiten der kommerziellen Kommunikation in Form der Außen- und Kinowerbung. War es in der vergangenen Legislaturperiode das Verbraucherschutzministerium, das sich für ein Verbot dieser Werbeformen einsetzte, so will heute die Drogenbeauftragte der

---

8 Vgl. dpa-Meldung „Irland will Einheitsverpackungen für Zigaretten" im Handelsblatt online vom 4.3.2015, abrufbar unter www.handelsblatt.com, Rubrik „Politik"-„International" (letzter Zugriff: 7.3.2015).

9 Vgl. „Mediziner fordern Plain Packaging in Deutschland" vom 12.3.2015, ZEIT ONLINE, abrufbar unter www.zeit.de/wirtschaft/2015-03/plain-packaging-zigaretten-grossbritannien (letzter Zugriff: 12.3.2015).

Bundesregierung, Marlene Mortler, die Plakat- und Kinowerbung ab 18 Uhr für Tabakprodukte verbieten lassen.[10]

Die Raucherquote unter den Jugendlichen zwischen 12 und 17 Jahren ist von 27,5 Prozent in 2001 auf 12 Prozent in 2012 gesunken und hat sich damit mehr als halbiert. Das geht aus einer Studie der Bundeszentrale für gesundheitliche Aufklärung (BZgA) zum Suchtmittelkonsum Jugendlicher und junger Erwachsener hervor (veröffentlicht im Jahr 2013).

Vgl. „Der Tabakkonsum Jugendlicher und junger Erwachsener in Deutschland 2012", abrufbar unter www.bzga.de/forschung/studien-untersuchungen/studien/suchtpraevention/ (letzter Zugriff: 10.3.2015).

Obwohl die Drogenbeauftragte anlässlich der Veröffentlichung des Drogen- und Suchtberichts der Bundesregierung 2014[11] darauf hingewiesen hat, dass der Tabakkonsum bei den 12- bis 17-Jährigen seit 2001 rückläufig sei und sich bis 2012 mehr als halbiert habe,[12] bemüht sie sich innerhalb der Bundesregierung um Unterstützung für ein Außen- und Kinowerbeverbot für Tabak.

10 Vgl. Interview mit Marlene Mortler „Keine Ausnahme für die E-Zigarette" in Stuttgarter Nachrichten online vom 7.2.2015, abrufbar unter www.stuttgarter-nachrichten.de/inhalt.drogen-politik-keine-ausnahmen-fuer-die-e-zigarette.a2c67376-0755-4401-824d-675b286be00e.html (letzter Zugriff: 7.3.2015).

11 Drogen- und Suchtbericht 2014, abrufbar unter www.drogenbeauftragte.de/fileadmin/dateien-dba/Presse/Downloads/Drogen-_und_Suchtbericht_2014_Gesamt_WEB_07.pdf (letzter Zugriff: 7.3.2015).

12 Vgl. Pressemitteilung der Drogenbeauftragten der Bundesregierung vom 7.7.2014, abrufbar unter www.drogenbeauftragte.de/fileadmin/dateien-dba/Presse/Downloads/14-07-07_PM_Drogen-_und_Suchtbericht_2014.pdf (letzter Zugriff: 7.3.2015).

Während sie mit ihrem Vorstoß im Bundeswirtschaftsministerium bisher auf Widerstand stößt, scheint das Bundesministerium für Ernährung und Landwirtschaft geneigt zu sein, ihrem Anliegen nachzukommen: Das für die Umsetzung der EU-Tabakproduktrichtlinie federführende Ressort plant dem Vernehmen nach im Zuge der Implementierung des EU-Regelwerks das geforderte Außen- und Kinowerbeverbot ebenfalls auf nationaler Ebene einzuführen. Der ZAW hat sich daher bereits in diesem frühen Stadium des Legislativverfahrens an die Ministerien gewandt, die an der Ressortabstimmung beteiligt sind und sich entschieden gegen eine Erweiterung der Werbeverbote im Tabakbereich ausgesprochen. Die Umsetzung der Verbotspläne hätte mit Blick auf die bereits existierenden weitreichenden Werbeverbote für Tabakprodukte und die künftige extensive Gestaltungsbeschränkung der Tabakpackungen im Zuge der Umsetzung der EU-Tabakproduktrichtlinie schwerwiegende Folgen für den Wettbewerb der Tabakhersteller sowie den Markt der Außenwerbung. Auch würde die Einführung von Werbeverboten für Tabak im Außenbereich und im Kino den Aussagen einer punktgenauen Umsetzung der verpackungsspezifischen Vorgaben der EU-Richtlinie widersprechen; derartige Maßnahmen sind von der Tabakproduktrichtlinie nicht gedeckt. Der ZAW wird sich auch im weiteren Gesetzgebungsverfahren gegen zusätzliche Werbebeschränkungen für Tabakprodukte einsetzen, um der Branche die wenigen noch verbliebenen Möglichkeiten der kommerziellen Kommunikation zu erhalten.

| Stand: März 2015

Tabakproduktrichtlinie: EU-Regeln für Zigarettenverpackungen ab Mai 2016

Packungsgröße
Zigarettenschachteln müssen quaderförmig sein und mindestens 20 Zigaretten enthalten. Die Richtlinie erlaubt es den einzelnen EU-Mitgliedstaaten auch, unter engen Voraussetzungen Einheitspackungen einzuführen.

Werbebotschaften
Werbebotschaften und „irreführende Merkmale oder Elemente", die eine weniger schädliche Wirkung suggerieren, sind verboten. Dazu gehören etwa Wörter wie „light", „mild" oder „ökologisch". Außerdem Hinweise auf Geschmackseigenschaften, Nichtvorhandensein von Aromastoffen oder Lifestyle-Bezüge. Verboten sind auch Gutscheine, Ermäßigungen, 2-für-1-Angebote etc.

Maßstab 1:1,25 (Standardpackung: 20 Stk.)   Rückseite ▼   ▼ Vorderseite

Branding
Die neuen Bestimmungen legen genau fest, welcher Teil einer Zigarettenschachtel mit Gesundheitswarnungen bedeckt sein muss. Den Rest der Packung, ≈38 % der Gesamtpackungsfläche, kann das Unternehmen fürs Branding nutzen.

Vorderseite
Die Warnhinweise müssen 65 % der Vorderseite der Schachtel einnehmen und oben platziert sein. Es bleibt eine Fläche von 16,5 cm^2, die fürs Branding zur Verfügung steht.

Schmalseiten
50 % der Schmalseiten müssen mit Gesundheitswarnungen bedruckt sein, z.B. „Rauchen ist tödlich – hören Sie jetzt auf".

Rückseite
Die Rückseite muss zu 65 % mit Warnhinweisen bedruckt sein. Auf der Rückseite belegen alle Warnhinweise, das Steuerzeichen und die Fläche daneben insgesamt 41,7 cm^2. Dies entspricht ≈88 % der gesamten Rückseite. Zur Bewerbung verbleiben 5,7 cm^2 ≈ 12 %.

Warnhinweise
Vorgeschrieben sind kombinierte Warnhinweise mit Bild und Text in vorgeschriebener Mindesttextgröße, z.B. „Rauchen schädigt Ihre Lunge".

Quelle: ZAW

Glücksspiel

Auch im Jahr 2014 sind die berechtigten Erwartungen auf eine praktisch spürbare Liberalisierung des Glücksspielwerbemarkts in Deutschland im Zuge der Umsetzung des zum 1. Juli 2012 in Kraft getretenen Glücksspieländerungsstaatsvertrages (GlüStV) enttäuscht worden. Die Lizenzen für Sportwettenanbieter wurden auch in diesem Jahr nicht erteilt. Das 2014 durchgeführte Zwischenevaluierungsverfahren wurde nicht genutzt, um sich kritisch und konstruktiv mit systemischen Schwächen und Fehlentwicklungen der staatsvertraglichen Regulierung auseinanderzusetzen. Zudem beklagen die im Markt tätigen Unternehmen aktuell eine teilweise überschießende Erlaubnis- und Aufsichtspraxis durch die zuständigen Behörden.

Sportwettenanbieter warten weiter auf ihre Lizenzen

Die Erteilung der im GlüStV vorgesehenen 20 Sportwettenlizenzen verzögert sich weiter.[1] Zwar hatte im September 2014 das für die Vergabe der Sportwettenlizenzen zuständige hessische Innenministerium eine Ankündigung veröffentlicht, aus der hervorging, welche 20 Unternehmen von den knapp 100 Bewerbern eine Sportwettenlizenz erhalten sollten. Der hierin angekündigte Termin zur Lizenzvergabe konnte jedoch nicht gehalten werden, da einige der unterlegenen Bewerber Klage erhoben. Sie machten dabei einerseits Verfahrensfehler geltend, richteten sich aber auch insgesamt gegen die fehlende Transparenz des Vergabeverfahrens sowie die im GlüStV willkürlich festgelegte Zahl von 20 Konzessionen. Wie lange die Verfahren dauern werden, d.h. ob und wann letztendlich doch noch Lizenzen vergeben werden, muss derzeit als offen gelten. Die in der begrenzten Freigabe des Sportwettenmarktes für private Anbieter angelegte und damit beabsichtigte Erweiterung des Werbemarkts lässt somit ebenfalls auf sich warten. Auch die Werbepartner der Sportwettenanbieter leiden unter der hieraus resultierenden Rechtsunsicherheit.

Glücksspielaufsicht in der Praxis

Der ZAW hat das durch GlüStV und Werberichtlinie geregelte Werberegime von Anfang an umfassend kritisert. Dessen größte Schwachpunkte sind aus Sicht des ZAW einerseits das für Werbung in TV und Internet vorgeschriebene Erlaubnisverfahren, andererseits die umfassenden Werbebeschränkungen in der Werberichtlinie. Diese Probleme werden verschärft durch eine Aufsichtspraxis, die die verbleibenden Werbemöglichkeiten der Unternehmen im Jahr 2014 in vielen Bereichen noch weiter eingeengt hat.

Nach dem GlüStV ist Werbung in TV und Internet zunächst grundsätzlich verboten; nur für den Fall, dass bei der hierfür zuständigen Behörde in der Düsseldorfer Bezirksregierung ein entsprechender Antrag eingereicht wird, sieht § 14 Werberichtlinie die Möglichkeit einer Ausnahme vor. Hierzu muss entweder jede einzelne Maßnahme oder – als Erleichterung gedacht, praktisch aber nicht bewährt – das geplante Werbekonzept für den Antragszeitraum von bis zu zwei Jahren vorgelegt und von der Behörde geprüft werden. Der Werbeerlaubnis muss zudem auch noch das Glücksspielkollegium zustimmen. Dieses gemeinsame Gremium der Glücksspielreferenten der Länder tagt alle vier bis sechs Wochen. Seine Legitimation ist in rechtlicher Hinsicht umstritten. Durch das vorgesehene Prozedere wird die Erteilung einer

Das Glücksspielerlaubnisverfahren ist ein in Europa einmaliges Beispiel staatlicher Bevormundung der Werbetätigkeit einer ganzen Branche.

---

[1] Vgl. ZAW-Jahrbuch 2014, Abschn. Werbepolitische Entwicklungen, Kap. Glücksspiel, S. 68.

Werbeerlaubnis weiter verzögert und verkompliziert.

Die intransparente Entscheidungspraxis der Aufsichtsbehörden verstärkt die problematische Ausgangslage weiter. Hier ist es zum einen Usus, dass insbesondere bei Werbeerlaubnissen nach § 14 Werberichtlinie mit vagen Formulierungen gearbeitet wird, die im Wesentlichen lediglich die Vorgaben der Werberichtlinie wiedergeben. Ein Unternehmen weiß damit selbst nach Erhalt einer Erlaubnis nicht, welche Werbemaßnahmen nun konkret zulässig sein sollen. Andererseits werden die Vorgaben des § 14 Werberichtlinie von den Aufsichtsbehörden in den einzelnen Bundesländern oft weitgehend restriktiv interpretiert. Das kann beispielsweise dazu führen, dass schon die Abbildung eines „Glücksbringers", wie z.B. eines Schweinchens oder Schornsteinfegers, in einer Werbemaßnahme als problematisch eingeschätzt wird. Diese Praxis hat sich im vergangenen Jahr noch zugespitzt; im Nachgang zu den Entscheidungen des Bundesverwaltungsgerichts im Juli 2013[2] scheinen viele der für die Überwachung zuständigen Behörden zu der Überzeugung gelangt zu sein, dass nunmehr generell strengere Maßstäbe bei der Beurteilung von Werbemaßnahmen, insbesondere mit Blick auf spielanreizende Werbebotschaften, anzusetzen seien. Dies lässt sich aus den Entscheidungen, die die Frage der Monopolrechtfertigung nach altem Glücksspielrecht (GlüStV 2008) betrafen, jedoch so keineswegs entnehmen.

Zwischenevaluierung des Glücksspielstaatsvertrages

Aus Sicht des ZAW wäre es dringend erforderlich gewesen, die europarechtlich vorgesehene Zwischenevaluierung nach zweijährigem Bestehen des GlüStV zu einer gründlichen Bestandsaufnahme des Systems, einschließlich seiner Schwächen, zu nutzen. Die Länder haben jedoch eine förmliche Beteiligung der betroffenen Verbände und Unternehmen an der Zwischenevaluierung nicht vorgesehen. In ihrem Evaluierungsbericht[3] wird nur oberflächlich thematisiert, dass mit dem weiteren Ausbleiben der Sportwettenlizenzen ein wichtiger Aspekt der Liberalisierung des Glücksspielmarktes weiterhin komplett aussteht. Die praktischen Probleme, denen sich werbewillige Unternehmen im tatsächlich praktizierten Werbeerlaubnisverfahren konfrontiert sehen, namentlich dessen erhebliche Dauer, das Ausmaß an Rechtsunsicherheit in Folge unklarer Vorgaben und die mit einer Erlaubnis oftmals verbundenen unzumutbar restriktiven Auflagen und Nebenbestimmungen sind ebenfalls nicht Gegenstand der Evaluierung.

Der ZAW und seine Mitglieder haben ihre Kritikpunkte gegenüber den Ländern sowie gegenüber der Europäischen Kommission – hier auch formell beschwerdeweise – umfassend vorgebracht und dargelegt, dass das in Deutschland bestehende Regelwerk zur Glücksspielwerbung nicht nur umfassenden verfassungs- und europarechtlichen Bedenken ausgesetzt ist, sondern für die agierenden Unternehmen praktische Hürden aufwirft, die ein wirtschaftliches

Die Länder haben die **Chancen der Evaluierung** nicht genutzt – eine kritische Auseinandersetzung mit den rechtlichen und praktischen Schwächen der Glücksspielwerberegulierung ist ausgeblieben.

---

2   BVerwG, Urteile vom 20.06.2013 - 8 C 10.12 et al.; vgl. ZAW-Jahrbuch 2014, Abschn. Werbepolitische Entwicklungen, Kap. Glücksspiel, S.69.

3   Zwischenbericht der Glücksspielaufsichtsbehörden der Länder und der länderoffenen CdS-Arbeitsgruppe „Zukunft des Lotteriemonopols", zur Evaluierung des Glücksspielstaatsvertrages vom 15.11.2011, 02. Oktober 2014.

Handeln massiv erschweren und sie auf lange Sicht in ihrer Existenz gefährden.

EuGH entscheidet zu Schleswig-Holstein und Empfehlung der EU-Kommission zum Online-Glücksspiel

Am 12. Juni 2014 hat der Europäische Gerichtshof (EuGH) eine Vorlagefrage des Bundesgerichtshofs[4] dahingehend entschieden, dass die weitaus liberaleren Glücksspielregelungen Schleswig-Holsteins nicht dazu führen, dass das Verbot der Glücksspielveranstaltung und -vermittlung im Internet gem. § 5 Abs. 3 GlüStV als inkohärent und damit europarechtswidrig zu gelten habe. Der Fortbestand der schleswig-holsteinischen Lizenzen nach dem Beitritt des Landes zum GlüStV wurde in der Entscheidung erstaunlicherweise nicht tiefergehend thematisiert.[5] Im Ergebnis existieren damit für die nächsten Jahre in Deutschland weiterhin zwei unterschiedliche Glücksspielregime nebeneinander. Das liberalere Recht Schleswig-Holsteins kann so gerade auch für den Bereich der Werbung – hier rekurriert § 26 Landesglücksspielgesetz im Wesentlichen auf die Verhaltensregeln des Deutschen Werberates zur Glücksspielwerbung – weiterhin als Vorbild für funktionierende und vernünftige Regelungen dienen.

Im Juli 2014 hat die Europäische Kommission ihre Empfehlung zum Online-Glücksspiel veröffentlicht.[6] Diese macht ein weiteres Mal deutlich, dass der deutsche Weg zur Glücksspielwerberegulierung ein Sonderweg ist. Sie schlägt zwar strenge Vorgaben zum Spieler- und insbesondere Minderjährigenschutz vor. Verfahren, wie das in Deutschland existierende Erlaubnisverfahren nach § 14 Werberichtlinie, sind der Empfehlung jedoch fremd. Bei den inhaltlichen Vorgaben zur kommerziellen Kommunikation[7] handelt es sich im Wesentlichen um Konkretisierungsvorschläge zu den Regelungen, die bereits das Wettbewerbsrecht, d.h. die Richtlinie gegen unlautere Geschäftspraktiken,[8] mit Blick auf irreführende und aggressive bzw. belästigende Werbemaßnahmen trifft.

Dieser Ansatz stützt die Sicht des ZAW, nach der es kein verfahrensrechtlich und inhaltlich eingeschränktes „Sonderwerberecht" für bestimmte Produkte und Dienstleistungen geben soll. Der Verbraucher wird hierdurch nicht zusätzlich geschützt; vielmehr wird sein Recht auf Information und Auswahl und damit auf eine eigenständige Konsumentenentscheidung unangemessen beschnitten. Entsprechend wird der ZAW auch weiterhin in engem Austausch mit den zuständigen politischen Stellen in Deutschland und Brüssel Folgendes deutlich machen: Eine rechtmäßig angebotene Dienstleistung in Deutschland sollte sicherlich nur unter den strengen Vorgaben des Wettbewerbsrechts, insbesondere des Irreführungsverbotes, beworben werden. Darüber hinaus gehende inhaltliche Beschränkungen sind hingegen, ebenso wie die Blockierung bestimmter Werbekanäle oder die Aufrechterhaltung eines Werbeerlaubnisverfahrens, weder praktikabel noch im Sinne des Verbraucherschutzes erforderlich.

| Stand: März 2015

---

4 Siehe ZAW-Jahrbuch 2014, Abschn. Werbepolitische Entwicklungen, Kap. Glücksspiel, S. 68.

5 Vgl. Pressemeldung des ZAW vom 13.06.2014 unter zaw.de.

6 Empfehlung der Kommission mit Grundsätzen für den Schutz von Verbrauchern und Nutzern von Online-Glücksspieldienstleistungen und für den Ausschluss Minderjähriger von Online-Glücksspielen, C (2014) 4620/2.

7 Vgl. Kommissionsempfehlung unter VIII, Ziffer 39-45.

8 Richtlinie 2005/29/EG; in Deutschland umgesetzt durch das Gesetz gegen den unlauteren Wettbewerb, UWG; vgl. hierzu ZAW-Jahrbuch 2015, Abschnitt Werbepolitische Entwicklungen in Deutschland und der EU, Kapitel Wettbewerbsrecht.

Kosmetische Produkte

2014 war das erste komplette Kalenderjahr, in dem der Werbemarkt für kosmetische Produkte in der gesamten Europäischen Union durch die Vorgaben der im Juli 2013 in Kraft getretenen EU-Kosmetikverordnung reguliert wurde.[1] Deren zentrale Vorschrift für die Werbung, das Irreführungsverbot gemäß Art. 20 Abs. 1 der Verordnung, sowie die Auslegung dieses Verbots durch die sogenannten Gemeinsamen Kriterien beschäftigen seitdem Unternehmen und Juristen in den Mitgliedstaaten der Europäischen Union.

Die Gemeinsamen Kriterien

Das bereits im allgemeinen Wettbewerbsrecht[2] statuierte Irreführungsverbot wird durch Art. 20 Abs. 1 Kosmetikverordnung paraphrasiert. Art. 20 Abs. 2 verweist auf eine weitere Verordnung,[3] mit der darüber hinaus die Gemeinsamen Kriterien festgelegt werden, die die „Verwendung einer Werbeaussage rechtfertigen sollen." Zudem enthält die Verordnung bereits die Ankündigung, dass die Kommission bis Juli 2016 einen Bericht über die Verwendung von Werbeaussagen auf Grundlage der Gemeinsamen Kriterien vorlegen wird.

Je nach Ergebnis des Berichts kann die Kommission hieran anschließend weitere Maßnahmen ergreifen, um die Erfüllung der Kriterien zu gewährleisten. Die Branche steht damit weiterhin unter Beobachtung und sollte Strategien entwickeln, um weiteren Einschränkungen, die über die Regeln der Kosmetikverordnung und der Gemeinsamen Kriterien hinausgehen könnten, entgegen treten zu können.

Worin solche weiteren Beschränkungen liegen könnten, lässt die Kommission bislang offen. Jedoch erscheint auch eine Positivliste zulässiger Werbeaussagen, wie sie für gesundheitsbezogene Werbeaussagen bei Lebensmitteln bereits mit der Health-Claims-Verordnung[4] praktiziert wird, nicht ausgeschlossen.[5]

Strategien und Auslegung

Einige Unternehmen praktizieren vor dem Hintergrund der aktuellen rechtlichen Situation und des Beobachtungsauftrages, den die Kommission sich selbst erteilt hat, eine bewusst zurückhaltende Werbung. Diese Zielsetzung ist dort vergleichsweise einfach umzusetzen, wo die Gemeinsamen Kriterien klare Vorgaben machen und wenig Interpretationsspielraum lassen, beispielsweise indem Ziffer 2.1 vorschreibt, dass ein werblich behaupteter Bestandteil des Produkts in diesem Produkt auch vorhanden sein muss.

Anders sieht es beispielsweise bei der Frage aus, inwieweit übertriebene Werbeaussagen vom Verbraucher wörtlich genommen werden und damit eine Irreführung darstellen können. Zwar geben die Gemeinsamen Kriterien auch hier im Rahmen der Vorgaben zur Belegbarkeit von Werbeaussagen zumindest einen Hinweis, indem sie ausführen: „Eindeutig übertriebene Behauptungen, die vom durchschnittlichen Endverbraucher nicht wörtlich genommen (Hyperbel) werden, und Behauptungen abstrakter Natur müssen nicht belegt werden." Ein Blick in die verschiedenen Mitgliedstaaten ergibt hierzu aber sehr unterschiedliche Einschätzungen.

Art. 20 Abs. 2 Kosmetikverordnung: „Gelangt die Kommission in ihrem Bericht zu dem Schluss, dass die Werbeaussagen im Zusammenhang mit kosmetischen Mitteln im Widerspruch zu den gemeinsamen Kriterien stehen, ergreift die Kommission in Zusammenarbeit mit den Mitgliedstaaten angemessene Maßnahmen, um die Erfüllung dieser Kriterien sicherzustellen."

---

1 Verordnung 1223/2009 (EG) vom 30.11.2009; unmittelbare Geltung seit dem 11.07.2013.

2 Richtlinie 2005/29/EG; in Deutschland umgesetzt durch das Gesetz gegen den unlauteren Wettbewerb, UWG.

3 Verordnung 655/2013 (EU) vom 10.07.2013.

4 Verordnung 1924/2006 (EG).

5 Vgl. hierzu ZAW-Jahrbuch „Werbung 2014", Abschn. Werbepolitische Entwicklungen, Kap. Kosmetische Produkte, S.72.

So gehen die deutschen Gerichte im Normalfall davon aus, dass der mündige Durchschnittsverbraucher in der Lage ist, reklamehafte Übertreibungen zu erkennen.[6] Entsprechend wurden bildliche Darstellungen übertrieben makelloser Schönheit in Werbemaßnahmen für kosmetische Produkte nach deutschem Recht bislang nicht als irreführend beanstandet.

In Großbritannien hingegen hat die Advertising Standards Alliance (ASA) bereits 2011 zwei Anzeigen, die mit namhaften Stars, deren Bilder stark retuschiert waren, für Make-Up-Produkte warben, als übertrieben und irreführend eingestuft. Ein drittes Verfahren endete zugunsten des Unternehmens, weil dieses in umfassenden Protokollen belegen konnte, dass die in einer Werbemaßnahme gezeigten Wimpern durch professionelles Styling mit dem beworbenen Mascara-Produkt tatsächlich so erzielt werden konnten. In Österreich stellt der Werberat ein sog. „Retuschebarometer" zur Verfügung, auf dem Verbraucher Werbemaßnahmen selbst auf einer Skala von 1 (unbedenklich) bis 100 (bedenklich) nach dem Grad der von ihnen vermuteten Retusche-Intensität einstufen und dies mit der Einschätzung des Österreichischen Werberates vergleichen können.[7]

Auf europäischer Ebene setzt man vor diesem Hintergrund auf eine einheitliche Selbstregulierung durch die vom europäischen Dachverband Cosmetics Europe aufgestellten Charter and Guiding Principles on Responsible Advertising and Marketing Communication.[8] Die Initiative wurde von der Kosmetikwirtschaft in den jeweiligen Mitgliedstaaten bislang sehr unterschiedlich aufgenommen.

Verbraucherschutz und Produktfälschungen

Ein Aspekt, der bei der strengen Regulierung der legal agierenden Unternehmen und ihrer vielfältigen Verpflichtungen zum Schutze der Verbraucher – gerade auch im Rahmen ihrer Werbemaßnahmen – vielfach vollkommen aus dem Blickwinkel gerät, ist der illegale Markt, auf dem nachgemachte Markenkosmetikprodukte verkauft werden und der sich diesen strengen Regelungen keineswegs unterwirft. Nach einer im März 2015 veröffentlichten Studie des EU Observatory[9] gehen der europäischen Wirtschaft in der Kosmetik- und Körperpflegebranche jährlich fast fünf Mrd. Euro und bis zu 50.000 Arbeitsplätze durch den Verkauf gefälschter Waren verloren.[10] Doch das ist noch nicht alles: Der deutsche Kosmetikverband VKE warnt eindringlich vor den gesundheitlichen Gefahren, die den Konsumenten beim Kauf gefälschter Waren drohen.[11] Auch diese Punkte sollte von einer Politik, die den legal und verantwortungsvoll am Markt agierenden Unternehmen bei der Vermarktung ihrer Waren nur all zu leicht und oftmals unbesehen immer weitere Verpflichtungen auferlegt, nicht außer Acht gelassen werden.

| Stand: März 2015

---

6 Vgl. ausführlich Köhler/Bornkamm, UWG-Kommentar, § 5, Rn2.125ff.

7 Retuschebarometer, abrufbar unter www.retuschebarometer.at, (letzter Zugriff: 13.03.2015).

8 Cosmetics Europe Webseite, abrufbar unter: http://www.cosmeticseurope.eu/responsible-industry-the-european-cosmetic-cosmetics-association/responsible-advertising.html (letzter Zugriff: 13.03.2015) .

9 Europäische Beobachtungsstelle für Verletzungen von Rechten des Geistigen Eigentums in Alicante.

10 Studie „Quantification of IPR Infringements", abrufbar unter: https://oami.europa.eu/ohimportal/en/web/observatory/quantification-of-ipr-infringement (letzter Zugriff: 13.03.2015).

11 Pressemitteilung des VKE vom 12.03.2013, abrufbar unter:http://www.vke.de/index.php?id=200&tx_news_pi1%5Bnews-%5D=648&tx_news_pi1%5Bcontroller%5D=-News&tx_news_pi1%5Baction%5D=detail&cHash=78fba7c3dcd3031eaa7ee130b2588c77

Arzneimittel

Die Liberalisierung von Werberegeln für eine ganze Branche, wie sie die Pharmaindustrie durch die Auswirkungen der 16. Novelle des Arzneimittelgesetzes (AMG) im Oktober 2012 auf das Heilmittelwerbegesetz (HWG) erfahren hat, bleibt eine Seltenheit. Sie war, wie so viele Gesetzesänderungen auf nationaler Ebene, europarechtlichen Vorgaben[1] geschuldet. Die Konkretisierung der neuen HWG-Regelungen durch die deutschen Gerichte schreitet voran.[2]

Gleichzeitig zeigt die aktuelle Gesetzgebung zur sogenannten „Pille danach", dass der Gesetzgeber sich mit den Werberegeln für nichtverschreibungspflichtige Arzneimittel schwer tut bzw. dem Verbraucher eine selbständige Information in diesem Bereich nicht bei jedem Produkt zutraut. Das Produkt soll deshalb zwar rezeptfrei erhältlich sein, jedoch nicht entsprechend beworben werden dürfen.

Mehr Spielraum für die Verwendung von Dachmarken

Gleich mehrere Gerichtsentscheidungen in 2014 haben zusätzliche Klarheit bei der Dachmarkenwerbung gebracht[3] und lassen die Unternehmen auf mehr Spielraum in diesem Bereich hoffen. Noch in der „Fenistil"-Entscheidung des OVG Nordrhein-Westfalen im Jahr 2013 war die Verwendung des etablierten Namens eines Mittels gegen Hautjuckreiz für ein Lippenherpespräparat für irreführend[4] erachtet worden.[5] Doch nach der aktuellen Entscheidung des OLG Saarbrücken geht der Verbraucher auch bei Verwendung einer etablierten Dachmarke nicht unbedingt davon aus, dass ein neues Präparat unter diesem oder einem ähnlichen Namen zwingend demselben Anwendungsgebiet dient oder denselben bzw. ähnliche Wirkstoffe enthält. Dies sei vielmehr jeweils im Einzelfall zu prüfen.[6] Dabei sei auch zu beachten, dass der Verbraucher den Namen eines Präparates nicht immer auf einen bestimmten Wirkstoff zurückführe bzw. nicht immer umfassend informiert sei, ob unter der Dachmarke bereits mehrere unterschiedliche Präparate vertrieben würden; dies legen auch die aktuellen Entscheidungen des VG Köln und des OVG NRW[7] nahe.

Der Wirkstoff Levonorgestrel (Handelsname PiDaNa), besser bekannt als „Pille danach", hat das sogenannte Switch-Verfahren durchlaufen: Auf Empfehlung des Sachverständigenausschusses für Verschreibungspflicht wurde er nicht mehr als verschreibungspflichtig, sondern als ein rezeptfrei erhältliches Arzneimittel eingestuft und ist seit 15. März 2015 ohne Rezept in der Apotheke erhältlich. Ein weiteres Notfallverhütungsprodukt mit dem Wirkstoff Ulipristalacetat (Handelsname ellaOne) wurde bereits im Januar 2015 durch ein vergleichbares Verfahren auf europäischer Ebene aus der Rezeptpflicht entlassen; die neue Einstufung ist zeitgleich ins deutsche Recht umgesetzt worden.[8]

Dies würde im Normalfall bedeuten, dass beide Produkte in Deutschland nach den Vorgaben des HWG als

---

1 Vgl. Gemeinschaftskodex für Humanarzneimittel, Richtlinie 2001/83/EG.

2 Vgl. hierzu auch im Abschn. Branchen der Werbewirtschaft, Kap. Arzneimittel-Hersteller, unter INTEGRITAS.

3 Vgl. OLG Saarland, Urteil vom 15.10.2015, 1 U 24/14; OVG NRW, Urteil vom 12.02.2014, 13 A 1377/13; VG Köln, Urteil vom 16.09.2014, 7 K 4821/12.

4 Vgl. § 8 AMG und § 3 Abs. 2 HWG.

5 OVG NRW, Urteil vom 17.06.2013, 13 A 1113/11; vgl. auch ZAW-Jahrbuch 2014, Abschn. Werbepolitische Entwicklungen, Kap. Arzneimittel, S.73.

6 Vgl. v. Czettritz, GRUR Prax 2014, S.563.

7 vgl. Fn.2.

8 Verordnung zur Änderung der Arzneimittelverschreibungsordnung und Apothekenbetriebsordnung vom 06.03.2015, BGBl. Teil I Nr. 10 vom 13.03.2015.

Definition der Fachkreise gemäß § 2 HWG:

„Fachkreise im Sinne dieses Gesetzes sind Angehörige der Heilberufe oder des Heilgewerbes, Einrichtungen, die der Gesundheit von Mensch oder Tier dienen, oder sonstige Personen, soweit sie mit Arzneimitteln, Medizinprodukten, Verfahren, Behandlungen, Gegenständen oder anderen Mitteln erlaubterweise Handel treiben oder sie in Ausübung ihres Berufes anwenden."

Der neue § 10 Abs. 2 HWG:

„Für Arzneimittel, die psychotrope Wirkstoffe mit der Gefahr der Abhängigkeit enthalten und die dazu bestimmt sind, bei Menschen die Schlaflosigkeit oder psychische Störungen zu beseitigen oder die Stimmungslage zu beeinflussen, darf außerhalb der Fachkreise nicht geworben werden. Dies gilt auch für Arzneimittel, die zur Notfallkontrazeption zugelassen sind."

nichtverschreibungspflichtige Arzneimittel auch außerhalb der medizinischen Fachkreise, d.h. gegenüber der Öffentlichkeit, beworben werden dürften. Genau dies aber verhindert eine im Zusammenhang mit der Umstufung verhandelte Erweiterung von § 10 Abs. 2 HWG. Danach erstreckt sich das Werbeverbot außerhalb der Fachkreise, wie es für Schlafmittel und Psychopharmaka vorgesehen ist, auf Notfallkontrazeptiva.[9]

Der jetzt getroffene Kompromiss zeigt das geringe Vertrauen, dass die regierende Koalition in die Eigenverantwortlichkeit ihrer Bürger – und hier v.a. Bürgerinnen – hat. Das Produkt soll zwar – in Angleichung an das rechtliche Umfeld in der Europäischen Union[10] – nunmehr rezeptfrei in Apotheken erhältlich sein. Hierüber darf die Öffentlichkeit aber nicht werblich informiert werden. Damit wird in Kauf genommen, dass viele Frauen im Ernstfall nicht wissen, dass ihnen der Weg zur Apotheke offensteht. Auch eine sachliche Information und insbesondere ein Vergleich der beiden in Deutschland verfügbaren Präparate im Vorfeld einer akuten Bedarfssituation werden ihnen auf diese Weise verwehrt. Die Argumentation hierfür lautet: die unbedachte Einnahme solle verhindert werden, ebenso eine mögliche Vorratshaltung oder die Nutzung der „Pille danach" als Ersatz für eine konsequente Verhütung.

Diese Einschätzung verkennt, dass die Werbung keinesfalls die Beratung durch einen Apotheker ersetzen würde, sondern vielmehr als eine weitere Informationsquelle vor einer akuten Bedarfssituation hinzukäme. Mit der jetzt in Deutschland gewählten Lösung werden aus Sicht des ZAW Verbraucherinnen für unmündig erklärt: Die Anpassung an das europäische Rechtsumfeld bezüglich der Rezeptfreigabe wird zwar notgedrungen akzeptiert; werbliche Kommunikation soll aber unterbunden werden.[11] Damit wird in Kauf genommen, dass über die Rezeptfreigabe nicht informierte Frauen abwarten, bis sie z.B. nach dem Wochenende den Arzt ihres Vertrauens aufsuchen können, statt sich in eine Notfallambulanz zu begeben. Das kann gesundheitliche Folgen haben, denn die Notfallverhütung wirkt umso besser, je früher sie nach einem ungeschützten Geschlechtsverkehr eingenommen wird. Aber auch Frauen, denen die neue Sachlage bekannt ist, sollen sich jenseits der Beratung durch Apotheken kein eigenes Bild von den Präparaten machen. Dem liegt ein Menschenbild zugrunde, wonach der Verbraucher bzw. die Verbraucherin sich nicht einmal in einer Situation, die seine bzw. ihre persönlichsten Interessen und gesundheitlichen Belange betrifft, gewillt bzw. in der Lage ist, eine überlegte Entscheidung zu treffen. Entsprechend soll er oder sie vor falschen Entscheidungen, vor sich selbst, geschützt werden.[12] Aus Sicht des ZAW wird genau das Gegenteil erreicht: dem Verbraucher wird die Informationsfunktion der Werbung vorenthalten; es wird ihm verwehrt, eigenständig informierte Entscheidungen zu treffen. Dieses Verbot ist unverständlich, da dessen Bewerbung inhaltlich den strengen Regeln des HWG unterliegen und deren Umsetzung insbesondere durch die Selbstkontrolle der Wirtschaft in effizienter Weise garantiert werden würde.[13]

| Stand: März 2015

---

9 Fünftes Gesetz zur Änderung des Vierten Buches Sozialgesetzbuch und anderer Gesetze (5. SGB IV-ÄndG), BT-Drucksache 18/4114, dort Art. 8a.

10 Deutschland war neben Polen einer der letzten EU-Staaten, in denen die „Pille danach" noch verschreibungspflichtig war. In Frankreich beispielsweise ist sie schon seit 1998 rezeptfrei in der Apotheke erhältlich.

11 Ungeklärt bleibt aus Sicht des ZAW allerdings auch, inwieweit das neue Werbeverbot mit den Vorgaben des EU-Humanarzneimittelkodex vereinbar ist, der hierfür keine Entsprechung vorsieht.

12 Vgl. hierzu auch Abschn. Werbepolitische Entwicklungen, Kap. Finanzdienstleistungen.

13 Vgl. Abschn. Branchen der Werbewirtschaft, Kap. Arzneimittel, INTEGRITAS.

Finanzdienstleistungen

Die Große Koalition will die Bürger beim Thema Vermögensanlage künftig stärker vor sich selbst schützen. Mit einem Kleinanlegerschutzgesetz[1] will sie verhindern, dass Finanzprodukte an Anleger vertrieben werden, für die sie sich „objektiv nicht eignen".[2] Mit dem Gesetz verfolgt die Bundesregierung eine völlig neue Qualität der Restriktion von Werbung: Erstmals soll ein Verbot der Werbung gegenüber erwachsenen Bürgern in Abhängigkeit von deren Intellekt und redaktionellem Medienkonsum eingeführt werden.

Kommunikationsverbote bevormunden erwachsene Bürger

Der Gesetzentwurf sieht vor, Werbung für Finanzprodukte des Grauen Kapitalmarkts[3] nur noch in der Presse und darüber hinaus in solchen Medien zu erlauben, bei deren Nutzern der Gesetzgeber Vorkenntnisse über wirtschaftliche Zusammenhänge voraussetzt und in denen Werbung im Zusammenhang mit einem redaktionellen wirtschaftlichen Schwerpunkt platziert wird. Unzulässig wäre sie beispielsweise in elektronischen Medien ohne wirtschaftliche Berichterstattung oder auch im öffentlichen Raum durch Plakate, Flyer, Infostände.[4] Wer sich etwa nur für politische oder kulturelle Beiträge in den von dem Verbot erfassten Medien interessiert, gilt künftig als nicht ausreichend gebildet, um mit Werbung für die betroffenen Finanzprodukte umgehen zu können. Es wird schlicht unterstellt, dass Personen, die beispielsweise in Bussen und Bahnen, im Briefkasten, in Radio- und Fernsehsendungen oder beim Aufrufen von Internetseiten „ohne wirtschaftlichen Schwerpunkt" der Werbung für Vermögensanlagen begegnen, diese nicht einordnen können. Mehr noch: Durch das Verbot der Werbung an diesen Orten bzw. in diesen Medien wird pauschal davon ausgegangen, dass es sich primär um Personen handelt, die keine „Bereitschaft zur Aufnahme entsprechender wirtschaftsbezogener Sachinformationen mitbringen" und von denen daher eher nicht erwartet werden könne, dass sie sich vor dem Erwerb einer Vermögensanlage detailliert mit dem Produkt auseinandersetzten.[5] Belege für diese Annahme werden nicht genannt.

Aus Sicht des ZAW geht der Gesetzentwurf zu Recht davon aus, dass Verbraucher wissen müssen, worauf sie sich einlassen, wenn sie in Vermögensanlagen investieren. Dafür braucht es jedoch weder Werbeverbote noch Werbezwangshinweise.[6] Das geplante Werbeverbot misstraut ersichtlich der Kompetenz der Bürger. Inhaltlich rechtmäßige, also insbesondere nicht irreführende Werbung, die zudem etwaige weitere inhaltliche Vorgaben für die Bewerbung des jeweiligen Produktes einhält, muss selbstverständlich in jedem Werbeträger unabhängig vom redaktionellen Schwerpunkt geschaltet werden können. Dies gilt für sämtliche

---

1 Gesetzentwurf eines Kleinanlegerschutzgesetzes, BT-Drs. 18/3994 vom 11.2.2015.

2 Vgl. Veröffentlichung des BMJV „Der Aktionsplan im Einzelnen – Maßnahmenpaket zur Verbesserung des Schutzes von Kleinanlegern", Mai 2014.

3 z.B. Genussscheine, Nachrangdarlehen oder Namensschuldverschreibungen.

4 § 12 Vermögensanlagengesetz-Entwurf.

5 Vgl. Begründung des Gesetzentwurfs zu Nummer 13 (§ 12).

6 Die ausführliche Position der Werbewirtschaft zu dem geplanten Kleinanlegerschutzgesetz ist abrufbar unter www.zaw.de/werbepolitik/finanzdienstleistungen (letzter Zugriff: 31.3.2015).

legal angebotenen Produkte und Dienstleistungen und eben auch für die Bewerbung von Vermögensanlagen.

Dass es gleichwohl zahlreiche Anleger gibt, die in teils erheblichem Umfang Gelder in risikobehaftete Anlagen investieren und dabei mitunter auch hohe finanzielle Verluste erleiden, liegt nicht an dem fehlenden Bewusstsein um Risiken, sondern wohl eher an der Aussicht auf einen hohen Gewinn. Dies sollte aber kein Anlass für den Staat sein, seinen Bürgern generell mangelndes Wissen oder sogar mangelndes Interesse an wirtschaftlichen Sachverhalten zu unterstellen und ihnen vorzuschreiben, welche Werbung sie wahrnehmen dürfen in Abhängigkeit von ihrer Auswahl redaktioneller Themen. Werbeverbote sind ungeeignet, individuelle Verhaltensweisen in bestimmte Bahnen zu lenken. Stattdessen wird die Bedeutung von Werbung als zentrales Instrument des Wettbewerbs reduziert – auch zum Nachteil des Verbrauchers.

Werbezwangshinweise in der noch erlaubten Werbung

Für die nach dem Gesetzentwurf nur noch in einigen Medien erlaubte Werbung gilt die Verpflichtung, hervorgehobene Warnhinweise in die Werbung aufzunehmen. Zwangswarnungen in der Werbung bedeuten negative Kommunikation für das beworbene Produkt und das Gegenteil von dem, was Werbung bewirken soll: Positive Aufmerksamkeit. Nur mit dieser Zielsetzung wird Werbung geschaltet und nur so erfüllt sie ihre Marktfunktion. Keinesfalls ist es ihre Aufgabe, über alle Umstände zu informieren, die bei einer Kaufentscheidung abzuwägen sind, oder Warnungen vor dem betroffenen legalen Produkt zu transportieren.

Crowdinvestoren setzen ihr Kapital risikobewusst ein

Frage: Waren dir die Risiken der Investition bis hin zu einem kompletten Verlust des eingesetzten Kapitals bewusst?

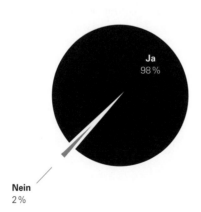

Basis: Online-Umfrage unter Nutzern von Crowdinvesting-Plattformen, 186 Teilnehmer

Quelle: BITKOM-Blitzumfrage „Crowdinvesting in Deutschland", Januar 2015

Der Erwerb einer Vermögensanlage ist mit nicht unerheblichen Risiken verbunden und kann zum vollständigen Verlust des eingesetzten Vermögens führen. Grundsätzlich gilt: Je höher die Rendite oder der Ertrag, desto größer das Risiko eines Verlustes.

Warnhinweis nach § 12 Absatz 3 Entwurf Kleinanlegerschutzgesetz

Neben zahlreichen anderen Einflüssen und Informationsquellen kann Werbung für Vermögensanlagen beim Verbraucher einen ersten Impuls setzen. Sie ersetzt aber nicht die nachhaltige Beschäftigung mit dem beworbenen Produkt.

Es spricht vieles dafür, dass die bereits heute für die Verbraucher bestehenden Möglichkeiten ausreichen, sich durch Prospekte, Medienberichte, Analysen und Bewertungen unabhängiger Einrichtungen wie der Stiftung Warentest, der Verbraucherzentralen etc. hinreichend und ausführlich zu informieren.[7]

Nach dem Gesetzentwurf muss jeder Anleger vor der Anlageentscheidung mit Vor- und Zuname unter Orts- und Datumsangabe ein Vermögensanlagen-Informationsblatt (VIB) unterschreiben, das auf der ersten Seite in hervorgehobener Weise die fragliche Warnung enthält.[8] Diese Vorschriften machen jedenfalls ein vorgelagertes Werbeverbot und einen Werbezwangshinweis überflüssig. Es ist sichergestellt, dass jeder einzelne Verbraucher sich über die Risiken seiner Investition bis hin zu einem möglichen vollständigen Verlust des eingesetzten Vermögens im Klaren sein kann.

Werbeverbote widersprechen der Digitalen Agenda

Die vorgeschlagenen Werbeverbote würden die Finanzierung von Start-ups und innovativen Unternehmen erheblich erschweren oder sogar praktisch unmöglich machen. Die Bundesregierung hat in ihrer Digitalen Agenda[9] ausdrücklich betont, dass die junge digitale Wirtschaft durch „die Verbesserung der Finanzierungsbedingungen für Startups durch international wettbewerbsfähige Rahmenbedingungen für Wagniskapital und Crowd-Investments" unterstützt werden soll. Das weitreichende Verbot der Werbung für Vermögensanlagen in digitalen Medien würde das genaue Gegenteil bedeuten.

Der Gesetzentwurf sieht jedoch einige Maßnahmen vor, die das Geschäftsfeld des Crowdinvesting unverhältnismäßig stark einschränken könnten.

Aus der Stellungnahme des Bundesrates vom 6.2.2015

Die Beteiligung von Investoren und/oder Kleinanlegern an jungen Unternehmen gerade in der Frühphasenfinanzierung (Crowdinvesting) ist ein wichtiger Aspekt zur Erhaltung und zum Ausbau des Wirtschaftsstandorts Deutschland. Die Start-ups sind dabei darauf angewiesen, Bekanntheit zu gewinnen und Unterstützer für ihre Ideen zu finden. Das Crowdfunding bringt diese Interessen zusammen. Der gesamte Beteiligungsprozess findet nahezu ausschließlich digital statt. Wenn aber künftig Online-Werbung (Banner, Pop-up, Streaming Ads, virale Werbung etc.) und die werbliche Kommunikation in sozialen Netzwerken verboten sind, sofern sie nicht im Zusammenhang mit wirtschaftlichen Sachverhalten stehen, bedeutet dies massive Einschränkungen der Finanzierungsbedingungen für Startups. Solche Einschränkungen gehen an der Realität des Crowdfundings vorbei und können nicht im Sinn des Gesetzgebers sein.

---

7 So auch der Plenarantrag des Freistaates Bayern im Zuge der Beratungen des Gesetzentwurfs im Bundesrat, BR-Drs. 638/2/14 vom 4.2.2015.

8 Vgl. § 13 Absatz 6 und § 15 Absatz 3 Vermögensanlagengesetz-Entwurf.

9 „Digitale Agenda 2014 – 2017", beschlossen von der Bundesregierung am 20.8.2014. Vgl. www.digitale-agenda.de (letzter Zugriff: 31.3.2015).

Paradigmenwechsel zu einer neuen Verbotskultur

In den letzten zehn Jahren war Deutschland immer wieder ein wichtiger Verteidiger der Werbefreiheit als einem zentralen Instrument des Wettbewerbs und unverzichtbarem Bestandteil der Finanzierungsmöglichkeiten privater, staatlich unabhängiger Medien. Dies gilt sowohl für die schwarz-gelbe Koalition 2009 – 2013 als auch die letzte Große Koalition in der 16. Legislaturperiode. Das Kleinanlegerschutzgesetz setzt aber jetzt ein bedrohliches, kontraproduktives Signal für künftige Regulierungsvorhaben, insbesondere auf europäischer Ebene. Der ZAW hat deshalb an die Mitglieder des Deutschen Bundestages appelliert, die weitreichenden Folgen der geplanten Werberegulierung zu berücksichtigen und die entsprechenden Regelungen aus dem Gesetzentwurf zu streichen. Dass Brüssel von den meisten Werbebeschränkungen letztlich abgesehen hat, ist insbesondere auch auf die klare Positionierung Deutschlands gegen weitere Werberestriktionen zurückzuführen.

Bundeskanzlerin Angela Merkel sprach sich bereits 2009 gegen weitere Werbebeschränkungen aus: „Wir sind auch aus sehr grundsätzlichen Erwägungen dagegen, dass wir dabei immer mehr Vorgaben machen, und zwar aus grundsätzlichen Erwägungen hinsichtlich des Gesellschaftsverständnisses und der Mündigkeit der Bürgerinnen und Bürger." Und weiter: „Ähnliches gilt auch für die Frage der Werbung. Hier muss unser Ansinnen sein, die Menschen durch gute Bildung fähig zu machen, mit Werbung umzugehen, und nicht durch Verbote den Aktionsradius der Menschen so einzuengen, dass sie zum Schluss in ihrer Entscheidungsfreiheit völlig eingeschränkt sind."[10]

Weitere Werbeverbote für Finanzdienstleistungsprodukte geplant

Die Sorge vor einer Signalwirkung für weitere Werbeverbotsdebatten ist nicht unbegründet. Das zeigt der im Dezember 2014 vom Bundesministerium der Justiz und für Verbraucherschutz (BMJV) vorgelegte Referentenentwurf, mit dem die EU-Richtlinie über Wohnimmobilienkreditverträge in nationales Recht umgesetzt werden soll.[11]

Der Referentenentwurf nimmt die Umsetzung der Richtlinie zum Anlass, nicht nur die Bewerbung von Immobiliendarlehen entsprechend der europäischen Vorgabe zu regeln, sondern eine Verschärfung der ohnehin bereits streng regulierten Werbung für Verbraucherkredite einzuführen. Anders als bisher soll in der Preisangabenverordnung festgelegt werden, dass in der Werbung für sämtliche Verbraucherkredite zukünftig auch dann ein effektiver Jahreszins angegeben werden muss, wenn nicht mit konkreten Zahlen geworben wird. Bei jeglicher Form von Werbung für Verbraucherdarlehen – auch ohne Angaben zu Zinsen und Kosten – soll in eindeutiger und auffallender Weise der Effektivzins angegeben werden. Diese Verpflichtung galt bislang nur für die sogenannte Preiswerbung für Kredite („Finanzierung ab 0,9 % effektivem Jahreszins").[12]

---

10 Bulletin der Bundesregierung Nr. 116-3 vom 17.11.2009.

11 Entwurf des BMJV zur Umsetzung der Wohnimmobilienkreditrichtlinie vom 18.12.2014. Vgl. auch ZAW-Jahrbuch 2014, Kap. Finanzdienstleistungen, S. 76 f.

12 Vgl. § 6a Absatz 2 PAngV-E.

Von der Vorschrift wäre damit auch jede Form von Imagewerbung erfasst, mit der Kreditanbieter sich im Wettbewerb differenzieren und ihr individuelles Profil schärfen möchten. Dies widerspricht nicht nur dem Sinn und Zweck der Vorgaben in der Preisangabenverordnung, die ausschließlich der Preisklarheit und Preiswahrheit dienen.[13] Es wäre auch ersichtlich ohne jeglichen Mehrwert für die Verbraucher. Was soll die Angabe eines fiktiven effektiven Jahreszinses bewirken, der losgelöst von sonstigen Konditionen aufzuführen wäre? Der effektive Jahreszins kann sich immer nur auf konkrete Konditionen beziehen. Wenn die Werbung keine Aussage zu Zinssätzen oder sonstigen kostenbezogenen Zahlen macht, ist die Angabe eines fiktiven Effektivzinses schlicht überflüssig.

Der ZAW fordert daher, die Pflicht zur Aufnahme eines effektiven Jahreszinses in der Werbung für Wohnimmobilienkredite analog zur bestehenden Rechtslage für Verbraucherkredite auf die Fälle zu beschränken, in denen konkrete Zahlen angegeben werden. Nur dann ist die Angabe des effektiven Jahreszinses auch sinnvoll, da sie den Verbrauchern die Gesamtbelastung, die aus der beworbenen Finanzierung resultiert, vor Augen führt. Eine weitergehende Beschränkung der Werbung ist zudem auch nicht durch EU-Recht vorgeschrieben. Artikel 11 der Wohnimmobilienkreditrichtlinie enthält nur eine entsprechende Option für die Mitgliedstaaten.[14] Die Bundesregierung sollte ihre im Verlauf der Beratungen auf europäischer Ebene eingenommene Position gegen weitere überbordende Werberestriktionen nicht zugunsten einer sachwidrigen Verbraucherpolitik aufgeben.

Deshalb wollen wir die wirtschaftlichen Rahmenbedingungen privatwirtschaftlicher Medienproduktion stärken.

„Deutschlands Zukunft gestalten",
Koalitionsvertrag zwischen CDU, CSU und SPD,
18. Legislaturperiode.

Finanzierung privater Medien nicht weiter gefährden

Kommerzielle Kommunikation ist zudem unverzichtbar für die Finanzierung der Medien. CDU/CSU und SPD haben die enormen Herausforderungen für die Finanzierungsmöglichkeiten freier Medien angesichts der Digitalisierung und Transformation der Medienlandschaft erkannt und in der Koalitionsvereinbarung vereinbart, die wirtschaftlichen Rahmenbedingungen privatwirtschaftlicher Medienproduktion zu stärken. Weitere Werbeverbote und Werbezwangshinweise lassen sich damit nicht in Einklang bringen. Sie bedeuten im Gegenteil einen fatalen Rückschritt hinter eine pragmatische Politik, die das Ziel verfolgt, die Medienvielfalt zu sichern.

| Stand: März 2015

---

13 Vgl. § 1 Absatz 6 PAngV.

14 Artikel 11 Unterabsatz 1 der Richtlinie 2014/17/EU über Wohnimmobilienkreditverträge vom 4.2.2014, Abl. EU L 60/34 vom 28.2.2014.

Selbstregulierung der Werbewirtschaft

Selbstregulierung der Werbewirtschaft

- 80 Deutscher Werberat
- 88 Deutscher Datenschutzrat Online-Werbung (DDOW)
- 92 Internationale Werbeselbstkontrolle

Deutscher Werberat

Die Werbewirtschaft ist sich ihrer Verantwortung für ein angemessenes Werbeverhalten sehr bewusst. Nicht alles, was legal ist, ist auch legitim. Aus diesem Grund hat die Branche bereits 1972 einen weiteren Filter für ihre Marktkommunikation zusätzlich zu den zahlreichen gesetzlichen Vorschriften geschaffen – den Deutschen Werberat.[1]

Die zentrale Aufgabe der Selbstkontrollinstanz der Werbewirtschaft: Fehlverhalten innerhalb der Branche durch freiwillige Verhaltensregeln zu vermeiden oder nach dem Erscheinen eigenverantwortlich zu korrigieren. Wenn mit geschlechterdiskriminierenden Inhalten, beleidigenden Werbebildern oder Werbetexten, Rücksichtslosigkeit gegenüber Kindern und Jugendlichen oder schockierenden Gewaltdarstellungen geworben wird, können sich die Bürger an den Deutschen Werberat wenden.

Die Arbeit des Werberats ist innerhalb der Branche hochakzeptiert. Seine Durchsetzungsquote bei Unternehmen, die von Beanstandungen betroffen sind, beträgt im Schnitt der vergangenen vier Jahrzehnte 96 Prozent. Das ist keineswegs selbstverständlich, denn es handelt sich bei den Streitfällen um rechtlich einwandfreie Werbung.

Vorteile freiwilliger Selbstkontrolle

Selbstregulierung ist ein in vielen Wirtschaftsbereichen erfolgreich erprobtes Modell der eigenverantwortlichen Selbstbeschränkung. Das unverzichtbare Kernelement der Staatsferne ist dabei kein Selbstzweck, sondern Voraussetzung dafür, dass diese Systeme einen gesamtgesellschaftlichen Nutzen erbringen können. Systeme der freiwilligen Selbstkontrolle bieten dabei gegenüber gesetzlichen Regelungsformen wesentliche Vorteile:

- Unbürokratische Verfahrensstrukturen garantieren eine zeitnahe und effektive Ahndung von Fehlverhalten der Wirtschaft bei gleichzeitiger Entlastung des Staats von Überwachungs- und Verwaltungskosten.

- Maßgeschneiderte Verhaltensregeln und Expertengremien können schnell, flexibel und praxisgerecht auf Entwicklungen in Markt und Gesellschaft reagieren.

- In eigener Verantwortung kann ein Unternehmen oder Wirtschaftszweig freiwillig auf Rechtspositionen verzichten, die von Staats wegen nicht einschränkbar wären (etwa aus dem Grundrecht der Meinungsfreiheit).

- Eine effiziente und sachdienliche internationale Vernetzung ist ohne aufwändige zwischenstaatliche Abkommen möglich.

- Ein selbstregulatives Organ kann unbürokratisch als Vermittler agieren und so zweckmäßige Ergebnisse bereits im Vorfeld eines formalen Verfahrens erzielen.

Bilanz 2014 des Deutschen Werberats

Für den Werberat bot das Jahr 2014 vor allem zwei auffällige Ergebnisse[2]: Zum einen holten Männer als Beschwerdeführer deutlich auf und erreichten damit insgesamt einen Anteil von 39 Prozent; zum anderen stieg die Zahl geprüfter

---

1 Vgl. www.werberat.de.

2 Zur Bilanz 2014 vgl. Pressemeldung des Deutschen Werberats vom 5.3.2015, abrufbar unter www.werberat.de (letzter Zugriff: 30.4.2015).

Werbung um acht Prozent, während die Beschwerdegesamtmenge um 24 Prozent sank.

Vor allem beim letztgenannten Punkt scheinen die Bemühungen des Werberats Früchte zu tragen: Seit Jahren verweist die Selbstkontrolleinrichtung darauf, dass eine einzelne Beschwerde ausreicht, um ein Verfahren zu eröffnen, die Zahl der Beschwerden aber unwichtig für den Verfahrensausgang ist und daher organisierte Massenbeschwerden per Internet überflüssig sind. So erklärt sich, dass der Werberat in 2014 mit 566 Fällen mehr Werbung geprüft hat (plus acht Prozent im Vergleich zum Vorjahr), die Beschwerdemenge aber im gleichen Zeitraum um 24 Prozent gesunken ist: 1.027 Personen und Organisationen haben sich 2014 mit der Bitte um Überprüfung von Werbung an den Deutschen Werberat gewandt gegenüber 1.350 Personen/Organisationen in 2013. Organisierte Proteste über das Internet bezüglich einer einzelnen Werbung blieben 2014 fast aus.

Auch der Erfolg des Beschwerdeformulars fiel 2014 ins Auge: Von den 1.027 eingegangenen Einzelbeschwerden erfolgten 72 Prozent über das Eingabeformular, das der Werberat auf seiner Website www.werberat.de anbietet, 22 Prozent schrieben eine E-Mail an werberat@werberat.de, vier Prozent wählten den Postweg, um ihren Unmut über eine Werbung auszudrücken, und zwei Prozent griffen zum Hörer und riefen beim Werberat an. Ein Beleg dafür, dass die Bürger das niedrigschwellige Angebot des Werberats, sich unkompliziert via Internetformular zu beschweren, sehr gut annehmen.

Beschwerden beim Werberat nach Werbemaßnahmen 2014

566 Werbemaßnahmen

387 Werberats-Entscheidungen zu Spots, Anzeigen, Plakaten, Bannern etc.

179 Fälle weitergeleitet an Wettbewerbszentrale, Staatsanwaltschaft, Behörden, Selbstkontrolleinrichtungen etc.

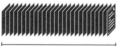

276 Werbemaßnahmen von Kritik freigesprochen

111 Kritisierte Werbemaßnahmen

97 Unternehmen beenden ihre Werbung oder ändern sie

14 Unternehmen öffentlich gerügt

Quelle: Deutscher Werberat, Berlin

Werberat entschied 387 Fälle in 2014

2014 prüfte der Werberat insgesamt 566 Werbemotive und -spots. 179 Kampagnen fielen nicht in den Entscheidungsbereich der Selbstkontrolleinrichtung, da es sich beispielsweise um behauptete Rechtsverstöße oder nicht-kommerzielle Werbung von Nichtregierungsorganisationen oder Parteien handelte.

Der Werberat entschied über 387 einzelne Werbemaßnahmen, das sind 14 Prozent mehr Fälle als in 2013 (340). Bei mehr als zwei Dritteln (71 Prozent) schloss sich der Werberat der Kritik an geschalteten Werbemotiven und -spots nicht an und sprach diese frei. Dieser Wert ist etwas niedriger als im Vorjahr: 2013 wies der Werberat in 73 Prozent der Fälle die Kritik zurück.

Die übergroße Anzahl der Werbeaktivitäten berücksichtigt die rechtlichen und selbstdisziplinär gesetzten Vorgaben.

Dr. Hans-Henning Wiegmann
Vorsitzender des Deutschen Werberats

Übertriebene oder sehr eigene Interpretationen sind nicht selten der Grund für die Ablehnung von Beschwerden. So beklagte sich beispielsweise ein Beschwerdeführer, immer wieder in verschiedenen Formen von Werbung geduzt zu werden. Als gestandene Persönlichkeit, die sich in einem gewissen Alter befindet, lehne er dies als respektlos ab. Der Werberat erklärte, das Duzen nicht ahnden zu wollen, da dies ein Zeitgeistphänomen sei und vor allem durch das Internet mit seiner überwiegend englischen Kommunikation verstärkt würde: Im englischen Sprachgebrauch gebe es keine Unterscheidung zwischen „Du" und „Sie".

Rote und gelbe Karten für 111 Werbemaßnahmen

In 111 Fällen, d.h. knapp einem Drittel der Beschwerden (29 Prozent), schloss sich der Werberat der Kritik aus der Bevölkerung an, im Vorjahr waren es 91 Fälle oder rund 27 Prozent gewesen. Bei 88 der 111 Werbesujets in 2014 konnte der Werberat erreichen, dass die Unternehmen ihre Werbung einstellten, in weiteren neun Fällen änderten sie ihre Motive ab oder schnitten ihren Spot um.

Zunächst uneinsichtig zeigten sich jedoch 14 Unternehmen, so dass der Werberat eine Öffentliche Rüge, sein schärfstes Sanktionsinstrument, aussprechen musste (2013: 11 Rügen). Nicht selten zieht ein Unternehmen sein Motiv nach Verhängung der Öffentlichen Rüge doch noch zurück. So hat es zu Beginn des Jahres 2015 die Möbel Mitnahmemarkt GmbH, Lutherstadt Wittenberg, zu ihrer Lkw-Werbung angekündigt, die im Dezember 2014 gerügt worden war.

Der Werberat beobachtet darüber hinaus, dass einmal gerügte Unternehmen in der Regel kein zweites Mal auffällig werden. Insgesamt lag die Durchsetzungsquote des Werberats in 2014 bei 87 Prozent.

Durchsetzungsquote des Werberats 2014

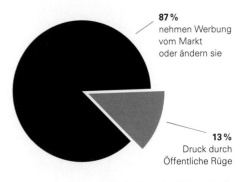

87 % nehmen Werbung vom Markt oder ändern sie

13 % Druck durch Öffentliche Rüge

Quelle: Deutscher Werberat, Berlin

Beschwerden beim Werberat nach inhaltlichen Gründen 2014

Inhalte der Werbekritik	Fälle
Geschlechterdiskriminierung	203
Ethik und Moral	55
Diskriminierung von Personengruppen	30
Entwicklungsbeeinträchtigung Kinder und Jugendliche	17
Alkoholwerbung (Verhaltensregeln Werberat)	12
Unzuträgliche Sprache in der Werbung	12
Verletzung religiöser Gefühle	10
Sexuell anstößige Werbung	9
Gewaltverherrlichung/-verharmlosung	9
Nachahmungsgefahr gefährlichen Verhaltens	7
Werbung mit und vor Kindern in Hörfunk und TV (Verhaltensregeln Werberat)	5
Werbung mit der Angst	4
Tierschutz	3
Lebensmittelwerbung (Verhaltensregeln Werberat)	1
Glücksspielwerbung (Verhaltensregeln Werberat)	1
Umweltschutz	1
Sonstige Gründe	8
Gesamt	**387**

Quelle: Deutscher Werberat, Berlin

Inhalte der Werbekritik

Seit Gründung des Werberats 1972 steht an der Spitze der Beschwerdeinhalte die (vermeintliche) Herabwürdigung oder Diskriminierung von Personen, so auch 2014 (203 Fälle). Der Werberat hat im Bilanzjahr die Rubrik der geschlechterdiskriminierenden Werbung neu etabliert, die Vorwürfe von Sexismus, Frauen- und Männerdiskriminierung bündelt. Die neue Rubrik wird nach wie vor zahlenmäßig von Werbung dominiert, die Frauen herabwürdigt (sexistische Werbung) oder Frauen diskriminiert: 2014 betraf gut die Hälfte aller Fälle (198 Werbemaßnahmen) diesen Vorwurf, 2013 waren es noch 154 Fälle gewesen.

Die deutliche Zunahme um 29 Prozent von 2013 auf 2014 führt der Werberat auf die weiter zunehmende Sensibilisierung in der Bevölkerung zurück. Frauenquote und die Gleichstellung der Geschlechter sind gesellschaftliche Themen und werden in der Bevölkerung kontrovers diskutiert, so dass (fast) jede Abbildung einer Frau – auch in der Werbung – kritisch hinterfragt wird, dies spürt auch der Werberat bei seiner Arbeit. Der Werberat sieht es daher als prioritär an, Rechte und Gefühle von Frauen gegenüber werbenden Unternehmen zu schützen, andererseits aber auch das Balancegebot bei seinen Entscheidungen zu wahren, da nicht jede Abbildung einer Frau zwangsläufig kritikwürdig sein muss.

Beschwerden beim Werberat nach Branchen 2014

Branchen	Fälle
Handel (stationär/online)	58
(Unterhaltungs-) Elektronik/Kommunikationstechnik/Telekommunikation	40
Medien	31
Lebensmittel	28
Bekleidung/Mode	22
Alkoholhaltige Getränke	20
Handwerk	16
Kfz und -zubehör	14
Gaststättengewerbe/Lieferservice/Systemgastronomie	14
Möbel/Inneneinrichtung	10
Finanzdienstleistungen	10
Erotik-Branche	10
Tourismus (inkl. Reiseportale)	9
Arznei- und Heilmittel/Heilgeräte	7
Körperpflege/Kosmetik/Düfte	7
Messen/Veranstaltungen	7
Baugewerbe	6
Kultur/Soziales	6
Glücksspiel	5
Immobilien	5
Versicherungen	5
Diskotheken	5
Haushaltsbedarf	5
Bücher	4
Sport/Wellness	4
Schlankheitsprodukte	3
Tabakwaren	3
Kosmetische Dienstleistungen	1
Werbebranche	1
Bürotechnik und -bedarf	1
Ehe- und Partnervermittlung	1
Energie	1
Sonstige industrielle Produkte	5
Sonstige Dienstleistungen	19
Sonstige	4
Gesamt	**387**

Quelle: Deutscher Werberat, Berlin

Branchenvorgaben und Spruchpraxis des Werberats unterliegen zudem einer stetigen Weiterentwicklung. Ein Beispiel: Der Deutsche Werberat hat im Juli 2014 seine Verhaltensregeln gegen Herabwürdigung und Diskriminierung von Personen aktualisiert. Mehrfach hatte die Selbstkontrollinstanz in der Vergangenheit die Regeln, die ursprünglich aus dem Jahr 1980 stammen, bereits überarbeitet, um kontinuierlich den sich ändernden Werten und Einstellungen in der Gesellschaft Rechnung tragen zu können.[3]

Weitere Schwerpunkte der Werbekritik waren 2014 Verstöße gegen ethische Mindestanforderungen (14 Prozent), Diskriminierung von Personengruppen (acht Prozent) und die Beeinträchtigung der Entwicklung von Kindern und Jugendlichen (vier Prozent).

Kritisierte Werbung nach Branchen

Die Statistik der kritisierten Branchen führt 2014 der Handel (stationär und online) mit 58 Fällen deutlich an, gefolgt von Unterhaltungselektronik/Kommunikationstechnik/Telekommunikation mit 40 Beschwerdefällen. Die Eigenwerbung der Medien betraf 31 Fälle in 2014, die Lebensmittelbranche 28 Fälle – beide Branchen waren in 2013 mit je 29 Fällen Spitzenreiter. Bezüglich der Branchen Bekleidung/Mode gab es 22 Fälle, der alkoholhaltigen Getränke 20, des Handwerks 16, Kfz 14, Gaststättengewerbe ebenfalls 14, Möbel/Inneneinrichtung, Finanzdienstleistungen und die Erotik-Branche betrafen je 10 Fälle. Alle übrigen Branchen verharrten im einstelligen Fallbereich.

Beschwerden beim Werberat nach Werbemitteln 2014

Werbemittel	Fälle
Plakat (print/digital)	107
TV-Spot/TV-Trailer	100
Anzeige (print)	37
Unternehmenseigene Internetseite	27
Fahrzeugwerbung	25
Radio-Spot/Radio-Trailer	17
Flyer/Postkarte/Werbebrief	16
Broschüre/Prospekt/Katalog	12
Display-Werbung (Internet)	11
Soziale Netzwerke/Plattformen	9
Video-Werbung (Internet)	7
E-Mail-Werbung	3
Werbeaufsteller	3
Kinowerbung	1
Mobile-Werbung/App	1
Sonstige	11
Gesamt	**387**

Quelle: Deutscher Werberat, Berlin

Kritisierte Werbung nach Werbemitteln

Wie auch im Vorjahr betrafen die meisten Beschwerden Werbesujets auf Plakaten (107 in 2014, 2013: 95) sowie TV-Spots (100 in 2014, 2013: 88). Auf Platz 3 der nach Werbemitteln aufgeschlüsselten Statistik lag 2014 die Anzeigenwerbung mit 37 Motiven (2013: 29) vor der unternehmenseigenen Internetseite (27 Fälle), der Fahrzeugwerbung (25 Fälle), Radio-Spots (17 Fälle), Flyern (16 Fälle), Prospekten/Katalogen (12 Fälle) und Online-Display-Werbung (11 Fälle). Alle übrigen befanden sich im einstelligen Bereich.

---

3 Das neue Regelwerk ist abrufbar unter www.werberat.de/verhaltensregeln (letzter Zugriff: 30.4.2015).

Ausblick 2015

Auch für 2015 geht der Werberat davon aus, dass die Thematik Geschlechterdiskriminierung im Fokus seiner Arbeit bleiben und die Beschwerdezahl anführen wird. Zugestanden werden muss der Werbung in diesem und auch in anderen Bereichen, dass sie im ‚Heute' lebt, dass sie die Sprache der Zeit spricht, dass sie Lebensformen und Symbole der Gegenwart aufnimmt. Übertreibungen, Provokationen, das Spielen mit Klischees sind zulässige Stilmittel in allen Bereichen der Gesellschaft – auch in der Werbung.

Wenn aber schutzwürdige Belange von Bürgern verletzt sind, wird der Deutsche Werberat auch in Zukunft den Beschwerdeführern zur Seite stehen und für einen Stopp der Werbung sorgen. Ebenso wird sich der Werberat bei überzogenen Protesten von Werbekritikern, zum Beispiel bei gesellschaftspolitischen Extrempositionen, schützend vor das von Kritik betroffene Unternehmen stellen.[4]

---

4   Ausführlich zur Werberats-Bilanz 2014: Jahrbuch Deutscher Werberat 2015, Verlag edition ZAW.

Entscheidungsgremium des Deutschen Werberats

Mitglieder aus der werbenden Wirtschaft

Dr. Hans-Henning Wiegmann	Vorsitzender des Deutschen Werberats
Dr. Hans-Georg Eils	Geschäftsführung Technik und Logistik Karlsberg Brauerei GmbH
Gerald Odoj	Leiter Industry Communications Siemens AG
Michael Wiedmann	Senior Vice President und Group Director Public Policy METRO AG

Mitglieder aus den Medien

Jürgen Doetz	Stellv. Vorsitzender des Deutschen Werberats Bevollmächtigter des Vorstands Verband Privater Rundfunk und Telemedien e.V. (VPRT)
Thomas Ruhfus	Geschäftsführender Gesellschafter Ruhfus Außenwerbung GmbH + Co. KG und Hellweg-Werbegesellschaft mbH + Co. KG
Rolf Wickmann	Rolf Wickmann MedienContor/Rolf Wickmann Consulting

Mitglieder aus den Kommunikationsagenturen

Wolf Ingomar Faecks   Vice President SapientNitro/Sapient GmbH

Dr. Michael Trautmann   Gründer und Vorstand thjnk ag

Mitglieder aus den Werbeberufen

Martina Winicker   Managing Director IFAK Institut GmbH & Co. KG

Kooptierte Mitglieder

Margret Buhse

Petra Felten-Geisinger   Geschäftsführende Gesellschafterin
                           Bubbles Film GmbH

Corinna Güllner   Mitglied der Geschäftsleitung
                           forsa Gesellschaft für Sozialforschung und
                           statistische Analysen mbH

Uli Mayer-Johanssen   Mitglied des Vorstands
                           MetaDesign AG

Ingrid Wächter-Lauppe   Geschäftsführende Gesellschafterin
                           Wächter & Wächter Worldwide Partners

| Stand: April 2015

Deutscher Datenschutzrat Online-Werbung (DDOW)

OBA: Online Behavioural Advertising

Das Piktogramm zur Kennzeichnung von OBA wurde 2014 in Europa 160 Mrd. mal ausgeliefert.

Wer erhebt meine Daten? Was wird in welcher Form gespeichert und wie werden die Daten genutzt? Dies sind die Fragen, die sich die Internetnutzer bezüglich der Erhebung und Verarbeitung von Nutzungsdaten für Online-Werbung stellen. Damit einher geht das Bedürfnis der Verbraucher, auf die Erhebung und Nutzung ihrer Daten Einfluss zu nehmen sowie beides in einer für sie einfachen, transparenten Weise steuern zu können. Seit 2012 existiert der Deutsche Datenschutzrat Online-Werbung (DDOW) als Selbstregulierungsorgan neben dem Deutschen Werberat[1] unter dem Dach des ZAW. Beteiligte sind sowohl die OBA-Dienstleister, d.h. die Unternehmen, die auf Webseiten Dritter Nutzungsdaten erheben und/oder diese verarbeiten, als auch die Telemedienanbieter, auf deren Seiten die Nutzungsdaten erhoben werden können. Die Regelwerke des DDOW stehen für Transparenz und effiziente Steuerungsmöglichkeiten im Hinblick auf die Erhebung und Nutzung von Daten zu Zwecken der nutzungsbasierten Online-Werbung durch den Verbraucher.

Funktionsweise der Selbstregulierung

Nutzungsbasiert ausgelieferte Online-Werbung (OBA) beruht auf einer Analyse endgerätebezogener Daten zur Webnutzung in anonymisierter oder pseudonymisierter Form. Es werden also die beim Besuch einer oder mehrerer Webseiten von einem Endgerät (Tablet, Computer etc.) aus anfallenden Daten erfasst, um mittels statistische Methoden Interessenpräferenzen der Internetnutzer feststellen zu können. Dadurch ist es möglich, interessensgerechte Werbeinhalte an die entsprechend genutzten Endgeräte auszuliefern. Nicht nur für Internetdienste und werbende Unternehmen besitzt diese Möglichkeit zur zielgruppenspezifischen Ansprache von Internetnutzern eine besondere Relevanz; auch Verbraucher erhalten dadurch verstärkt Werbeinhalte ausgeliefert, die für sie von besonderem Interesse sind.

Gleichzeitig haben viele Verbraucher das Bedürfnis zu erfahren, warum bestimmte Werbeinhalte sie auf einem speziellen Endgerät erreichen, und möchten hierüber selbst mitentscheiden. Die Selbstregulierung durch den DDOW stellt Instrumente zur Verfügung, die diese Bedürfnisse adressieren.

Zum einen stellt der DDOW Transparenz her: Für Online-Werbemittel, über die entweder Daten erhoben werden oder die auf Grundlage bereits erhobener Nutzungsdaten ausgeliefert werden, besteht die Pflicht zur Kennzeichnung mit dem blauen, dreieckigen OBA-Piktogramm. Ergänzend wird beim Bewegen der Computermaus über das Piktogramm (sogenannter Mouse-Over-Effekt) der Hinweis „Datenschutzinfo" eingeblendet. Mit einem Klick hierauf erhält der Verbraucher weitere Informationen zum Umgang mit den Daten bezogen auf die konkret ausgelieferte Online-Werbemaßnahme. Er erhält Aufschluss darüber, ob und wenn ja, von wem Daten zur Webnutzung erhoben und verarbeitet werden. Mittels Verlinkung auf die Webseite des Unternehmens, das für die Erhebung und Verarbeitung verantwortlich ist, stehen dem Verbraucher weitere Informationen, insbesondere zur Art der erhobenen Daten und zum Zweck der Datenerhebung und -verarbeitung zur Verfügung.[2]

Die Selbstregulierung durch den DDOW stärkt zudem die Selbstbestimmung

---

[1] Vgl. Kap. Deutscher Werberat.

[2] Hierzu ausführlich: Deutscher Datenschutzrat Online-Werbung, Jahresbericht 2014, S. 7; abrufbar unter www.meine-cookies.org/DDOW/dokumente/Jahresbericht_DDOW_2014.pdf.

der Verbraucher: Dies erfolgt einerseits durch einen individuellen Mechanismus auf den Webseiten der OBA-Dienstleister und andererseits durch das zentrale Präferenzmanagement.

OBA-Dienstleister müssen auf ihren eigenen Webseiten einen Mechanismus bereitstellen, durch den der Verbraucher die Erhebung und Verarbeitung von Daten ebenso wie deren Weitergabe zu OBA-Zwecken ausschließen kann. Daneben sind die OBA-Dienstleister verpflichtet, am zentralen, anbieterübergreifenden Präferenzmanagement teilzunehmen und die dort getroffenen Verbraucherentscheidungen umzusetzen.

Auf der Internetseite www.youronlinechoices.eu kann der Verbraucher in einer Liste aller OBA-Anbieter für jeden einzelnen Anbieter die Datenerhebung und -verarbeitung zulassen oder untersagen. Dies kann mit einem einzigen Klick auch für alle Anbieter geschehen. Die Internetseite ist zudem über das OBA-Piktogramm, also auch von den OBA-Anzeigen aus, erreichbar.

Hohe Akzeptanz des Präferenzmanagements

Die Verbraucher nutzen das Angebot des Präferenzmanagements auf breiter Basis. Die Zahl der Besucher der Internetseite www.youronlinechoices.eu ist im Jahr 2014 im Vergleich zu 2013 um mehr als 20 Prozent gestiegen: von 16,5 Mio. Besuchern in 2013 auf 20,4 Mio. Besucher in 2014. Allein im Dezember 2014 haben 5.4 Mio. Nutzer die Webseite besucht, sich über ihre Steuerungsmöglichkeiten informiert oder Änderungen an ihren Einstellungen vorgenommen. Nach einer 2014 von der European Interactive Digital Advertising Alliance (EDAA), der europäischen Dachorganisation der OBA-Selbstregulierung, beauftragten Studie[3] war EU-weit jeder 25. der Befragten (im Alter zwischen 18 und 50 Jahren) schon einmal auf der Internetseite www.youronlinechoices.eu. Nur knapp drei Prozent der Besucher haben dabei von der Möglichkeit Gebrauch gemacht, die Erhebung und Verarbeitung ihrer Daten zu OBA-Zwecken vollständig zu untersagen. Im Jahr 2013 wählten noch 6,3 Prozent der Besucher dieser Seite diese Einstellung.

Weitere Selbstverpflichtungen

Neben den genannten DDOW-Instrumenten bestehen für die beteiligten Unternehmen weitere Selbstverpflichtungen, insbesondere Einwilligungserfordernisse beim Einsatz spezieller Computerprogramme wie Toolbars sowie Zertifizierungsvorgaben bezüglich der Einhaltung der Selbstverpflichtung.[4] Daneben haben sich alle OBA-Dienstleister freiwillig verpflichtet, keine Segmente zu bilden, die gezielt Personen unter 12 Jahren erfassen.[5]

Stetig wachsende Unterstützung durch Unternehmen

Die Zahl der Unternehmen, die sich an der Selbstregulierung freiwillig beteiligen, ist auch nach dem ersten vollen Geschäftsjahr der Selbstregulierung 2013 in bemerkenswerter Weise angewachsen: In 2014 konnte ein Zuwachs von 11,9 Prozent verzeichnet werden.

---

3 Vgl. EDAA Activity Report 2014, S.12; abrufbar unter www.edaa.eu (letzter Zugriff: 13.4.2015).

4 Hierzu ausführlich: Deutscher Datenschutzrat Online-Werbung, Jahresbericht 2014, S. 8 und 9; abrufbar unter www.meine-cookies.org/DDOW/dokumente/Jahresbericht_DDOW_2014.pdf.

5 Vgl. § 8, Selbstregulierung der Dienstleister im Bereich nutzungsbasierter Online-Werbung - Kodex für OBA-Dienstleister (Drittparteien). Siehe auch Kap. Kinder.

20,4 Mio.
Verbraucher nutzten 2014 das Angebot von www.youronlinechoices.eu

Unterstützung der OBA-Selbstregulierung durch EU-Unternehmen 2014
Anzahl der Unterzeichner des EU-Frameworks für OBA

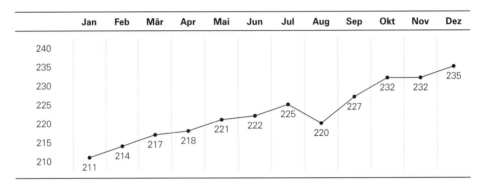

Quelle: DDOW/EDAA

Beschwerdesystem

Das Beschwerdesystem, das der DDOW jedem Verbraucher zur Verfügung stellt, wurde im Jahr 2014 weitaus stärker angenommen als im Vorjahr. Seine Geschäftsstelle erreichten 126 Beschwerden, die mögliche Verstöße durch insgesamt 29 Unternehmen thematisierten. 2013 waren es hingegen nur acht Beschwerden.

Im Verhältnis zu der großen Zahl an Einzelaspekten, die das OBA-Selbstregulierungssystem erfasst, ist die Beschwerdezahl aber weiterhin als niedrig einzustufen und liefert einen überzeugenden Beleg für das gute Funktionieren des Systems.

Darüber hinaus wurde der DDOW auch 2014 seiner Informationsfunktion gerecht. Über die allgemeine Öffentlichkeitsarbeit sowie die Informationen auf der eigenen Webseite www.ddow.de und auf Partnerseiten wie www.youronlinechoices.eu hinaus, erreichten den DDOW Verbraucheranfragen zur Funktionsweise von OBA und zur Selbstregulierung, die von der Geschäftsstelle individuell beantwortet werden.

Selbstregulierung nach europaweit einheitlichem Standard

Die Selbstregulierung durch den DDOW erfolgt nach einem einheitlichen europäischen Standard, was auch von der Europäischen Kommission eingefordert wurde. Dementsprechend sind die Kennzeichnung von OBA-Anzeigen und alle weiteren Elemente der Selbstregulierung EU-weit einheitlich. Die vorgeschriebenen Verbraucherinformationen

Jeder Verbraucher hat die Möglichkeit, sich mit seiner Beschwerde über Verstöße gegen die Kodizes über nutzungsbasierte Onlinewerbung an den DDOW zu wenden. Das Beschwerdeverfahren ist kostenlos.

Beschwerdestatistik 2014

Veränderung zu 2013

▲ 1.475,00 %

▲ 45,00 %

▲ 13,33 %

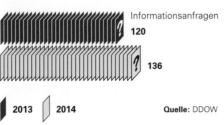

Quelle: DDOW

erfolgen dabei in der jeweiligen Landessprache. Auch die Internetseite www.youronlinechoices.eu ist in allen Amtssprachen der Europäischen Union abrufbar; das Präferenzmanagement kann damit durch alle Bürger der EU ohne Sprachbarrieren genutzt werden. In zehn Mitgliedstaaten existieren zudem bereits Selbstregulierungsinstitutionen, die die Einhaltung der Selbstverpflichtungen von OBA-Dienstleistern und Telemedien-Anbietern überwachen und tätig werden, wenn Verbraucher sich bei ihnen beschweren. Darunter sind sowohl spezialisierte Institutionen wie der DDOW in Deutschland als auch allgemeine werbewirtschaftliche Selbstregulierungsorgane, wie die Advertising Standards Authority (ASA) im Vereinigten Königreich, deren Zuständigkeitsbereich um das OBA-Regelwerk erweitert wurde.

Ausblick

Der Erfolg der Selbstregulierungsinitiative der Wirtschaft zeigt, dass die Unternehme in der Lage sind, umfassende Verbraucherinformation über die Erhebung und Verarbeitung von Daten zu gewährleisten. Mehr noch: Das geringe Beschwerdeaufkommen und die hohe Compliance-Quote der beteiligten Unternehmen belegen, dass die Unternehmen die Interessen der Verbraucher wahren und deren eigenverantwortlichen Entscheidungen respektieren und umsetzen. Gleichzeitig haben der DDOW und seine europäischen Partner umfangreiche Informationskampagnen durchgeführt, um den Verbrauchern ihre Rechte und Möglichkeiten bekannt zu machen.[6] Die hohen Nutzerzahlen der Angebote dokumentieren, dass die Verbraucher ihren Entscheidungsspielraum kennen und nutzen. In den kommenden Jahren ist eine der größten Herausforderungen der Selbstregulierung, auch für neue Digitalangebote praktikable und nutzerfreundliche Lösungen weiterzuentwickeln, insbesondere für den dynamischen Bereich Mobile.

Auf politischer Ebene hat unter anderem der Koalitionsvertrag zwischen CDU, CSU und SPD die ersten Erfolge der neuen Selbstregulierung anerkannt und gewürdigt: „Im Bereich Online-Werbung unterstützen wir die Selbstregulierungsansätze der Branche."[7] In der politischen Umsetzung muss sich diese Akzeptanz noch erweisen. So fehlt in der geplanten europäischen Datenschutzgrundverordnung[8] noch eine hinreichende rechtliche Absicherung von Maßnahmen der Anonymisierung und Pseudonymisierung. Dabei tragen genau diese bewährten Verfahren seit Jahren den datenschutzrechtlichen Grundgeboten von Datenvermeidung und Datensparsamkeit Rechnung. Sie bilden die Basis für die auf Information, Transparenz und Steuerung durch die Internetnutzer angelegte Selbstregulierung durch die digitale Werbewirtschaft.

| Stand: März 2015

---

6 Vgl. EDAA, Activity Report 2014, S.9, abrufbar unter: www.edaa.eu.

7 Koalitionsvertrag zwischen CDU, CSU und SPD, 18 Legislaturperiode, S. 135.

8 Vgl. Abschn. Werbepolitische Entwicklungen, Kap. Datenschutz.

Internationale Werbeselbstkontrolle

Die nationalen Rahmenbedingungen für den Werbemarkt werden maßgeblich durch die Rechtsetzung der Europäischen Union bestimmt. Deshalb und mit Blick auf grenzüberschreitend wirkende Werbemaßnahmen hat der Deutsche Werberat bereits Anfang der 90er Jahre die Vernetzung der Selbstkontrolleinrichtungen der Mitgliedstaaten vorangetrieben und die europäische Dachorganisation EASA mitgegründet. Neben der aktiven Mitarbeit in der EASA engagiert sich der Werberat durch den ihn tragenden ZAW in der Marketing- und Werbekommission der International Chamber of Commerce ICC (Internationale Handelskammer), die für den ICC-Marketingcode verantwortlich zeichnet.

EASA

Mit der Europäischen Allianz der Werbeselbstkontrolle (EASA) besteht seit 1992 ein funktionierendes Netzwerk, das den europäischen Bürgern einen hohen einheitlichen ethischen Standard in der Werbung garantiert. Nahezu jeder EU-Bürger kann sich in seinem Heimatland kostenlos und unbürokratisch über kritikwürdige Werbung beschweren. Auch Beschwerden über Ländergrenzen hinweg kann innerhalb des Netzwerks effektiv nachgegangen werden: Die Verbraucher wenden sich bei Beschwerden über eine Werbung in einem anderen Mitgliedstaat an die eigene Selbstregulierungseinrichtung und können so in der Muttersprache kommunizieren. Über die EASA wird die Beschwerde an die Partnerorganisation im Herkunftsland der Werbemaßnahme weitergeleitet und zur Prüfung vorgelegt. Die Heimateinrichtung informiert den Verbraucher sodann über das Ergebnis der Prüfung.

Die europäische Dachorganisation fungiert auch als gemeinsames Sprachrohr der Werbewirtschaft gegenüber Politik und Öffentlichkeit für alle Fragen der Werbeselbstkontrolle. Mitglieder der EASA sind 26 Werbeselbstkontrolleinrichtungen aus 24 der insgesamt 28 EU-Mitgliedstaaten. Dazu kommen inzwischen 11 außereuropäische Werberäte sowie die europäischen Vertretungen der werbenden Wirtschaft[1], der Werbeagenturen[2] und der Medien[3] sowie die International Advertising Association (IAA) und die Advertising Information Group (AIG). Die Mitglieder der EASA bilden damit alle Bereiche der Werbewirtschaft ab und dokumentieren so, dass die gesamte europäische Werbewirtschaft das System der Werbeselbstregulierung umfänglich stützt. Aufgrund der unterschiedlichen Kulturen und Traditionen sowie der verschiedenen rechtlichen und wirtschaftlichen Gegebenheiten in den einzelnen Ländern gibt es keine einheitlichen europäischen Verhaltensregeln, sondern jede nationale Werbeselbstkontrolleinrichtung verabschiedet eigene Kodizes und ist für das Beschwerdemanagement und die Einhaltung der Branchenregeln selbst verantwortlich. Um einen europaweiten Grundstandard beim Umgang mit Verbraucherbeschwerden sicherzustellen, hat die EASA die „Charta der Selbstverantwortung" verabschiedet, in der die gemeinsamen Grundsätze zur Effektivität der Werbeselbstkontrolle verankert sind.[4]

---

1 World Federation of Advertisers (WFA).

2 European Association of Communications Agencies (EACA).

3 Association Européenne des Radios (AER), Association of Commercial Television in Europe (ACT), European Association of Directory Publishers (EADP), European Newspaper Publishers' Association (ENPA), European Publishers Council (EPC), Fédération des Associations d'Editeurs de Périodiques de la CE (FAEP).

4 Die Common Principals and Operating Standards of Best Practices und alle weiteren Dokumente der EASA sind abrufbar unter www.easa-alliance.org.

Daneben hat sie in gemeinsamen Arbeitsgrundsätzen die für die europäische Werbeselbstkontrolle zentralen Grundwerte Unabhängigkeit, Transparenz und Effektivität festgeschrieben. Die europäische Politik nutzt die effektive Selbstregulierung der Industrie seit langem als einen Beitrag zur besseren, weil eingriffsärmeren Gesetzgebung. So wurden beispielsweise 2007 in der EU-Richtlinie über audiovisuelle Mediendienste (2007/65/EC) die Mitgliedstaaten ausdrücklich aufgefordert, im Hinblick auf die Lebensmittelwerbung die Anbieter von audiovisuellen Mediendiensten darin zu bestärken, durch entsprechende Selbstverpflichtung unangebrachte Lebensmittelwerbung in Kinderformaten zu unterbinden. Der Deutsche Werberat hat diese Aufforderung zeitnah umgesetzt und 2009 Verhaltensregeln zur kommerziellen Kommunikation von Lebensmitteln aufgestellt. Im Oktober 2010 wurde das Regelwerk in einem Best Practice-Workshop der Kommission zur Umsetzung der Vorgaben der AVMD-Richtlinie in den Mitgliedstaaten der europäischen Öffentlichkeit präsentiert.

Internationale Handelskammer (ICC)

Seit über 75 Jahren stellt die Internationale Handelskammer, branchenübergreifender Spitzenverband der Weltwirtschaft, Regeln zu verantwortungsvollem Werbeverhalten auf. Der ZAW als Träger des Werberats entsendet einen Delegierten als ständiges Mitglied der ICC-Kommission für Marketing und Werbung, die für den weltweit gültigen ICC-Marketingkodex verantwortlich ist. Aktualisierungen und Erweiterungen werden von den Mitgliedern in halbjährlichen Sitzungen gemeinsam erarbeitet.[5] Seit 1937 ist der ICC-Werbekodex das Fundament für Werbeselbstregulierung auf internationaler Ebene: In Kanada, Mexiko, nahezu ganz Europa, Brasilien, Indien und Südafrika existieren selbstregulative Regeln zur kommerziellen Kommunikation, die aus dem ICC-Werbekodex entwickelt wurden. Auch wenn jeder Werbemarkt seine spezifischen Eigenheiten, unterschiedliche rechtliche Vorgaben und eigene Historie hat, sind allgemein gültige Vorstellungen über verantwortungsvolle Marktkommunikation mit dem ICC-Kodex weltweit festgeschrieben. Ergänzt wird der Kodex durch spezielle Regeln, zum Beispiel für Lebensmittelwerbung oder umweltbezogene Werbeaussagen.[6] 2014 wurde eine Rahmenregelung zur verantwortungsvollen Werbung für alkoholhaltige Getränke verabschiedet, um für werbende Unternehmen einen weltweit gültigen ethischen Standard zu setzen. Er richtet sich insbesondere an Länder, in denen es noch keine Selbstregulierungseinrichtung gibt oder gerade erst eine aufgebaut wird. Der Deutsche Werberat war von Beginn an in den Formulierungsprozess eingebunden und konnte seine jahrzehntelange Erfahrung mit der Werbeselbstregulierung auch in sensiblen Bereichen umfänglich einbringen. In Deutschland gelten bereits seit 1976 Verhaltensregeln des Deutschen Werberats zur Bewerbung alkoholhaltiger Getränke. Sie werden von den Unternehmen strikt beachtet, wie die Bilanz des Werberats für das Jahr 2014 belegt.

| Stand: März 2015

---

5 Webseite der ICC-Marketingkommission www.iccwbo.org/about-icc/policy-commissions/marketing-and-advertising (letzter Zugriff: 31.3.2015).

6 Die werberelevanten Kodizes der ICC sind auf deutsch abrufbar unter www.iccgermany.de/icc-regeln-und-richtlinien/icc-verhaltensrichtlinien/icc-marketing-und-werbekodex.html (letzter Zugriff: 31.3.2015).

Branchen der Werbewirtschaft

Branchen der Werbewirtschaft

96	Abonnentenwerbung	164	Finanzdienstleistungen
98	Alkoholfreie Getränke	166	Glücksspiel
102	Anzeigenblätter	170	Kinowerbung
110	Arzneimittel	172	Kommunikationsagenturen
114	Auskunfts- und Verzeichnismedien	184	Lebensmittelwirtschaft
		190	Markenwirtschaft
118	Außenwerbung / Out of Home	198	Markt- und Medienforschung
126	Gastbeitrag: Außenwerbung 2015: Litfaß 3.0 Daniel Wall, Vorstandsvorsitzender des Stadtmöblierers und Außenwerbers Wall AG	206	Mediaagenturen
		210	Publikumszeitschriften
		218	Radiowerbung
		226	Spielwaren
128	Automobilindustrie	228	Spirituosen-Industrie
130	Brauwirtschaft	232	Sponsoring
134	Dialogmarketing	236	Süßwaren
138	Digitale Werbewirtschaft	240	Systemgastronomie
144	Druck- und Medienwirtschaft	244	Tabakprodukte
146	Einzelhandel	248	Werbeartikelwirtschaft
150	Fachzeitschriften	250	Werbefilmproduktion
154	Fernsehwerbung	252	Zeitungen

Abonnentenwerbung

In der Gesamtstatistik des Bundesverbands der Medien- und Dienstleistungshändler (BMD) im Pressevertrieb ist für das 1. Halbjahr 2014 mit 254 Titeln ein leichter Rückgang um 1,4 Prozent zu verzeichnen – gegenüber 243 gemeldeten Titeln im Vorhalbjahr. Das Aufkommen in der Neuwerbung verringerte sich im 1. Halbjahr 2014 im Vergleich zum 2. Halbjahr 2013 um 17,8 Prozent.

Die Arbeitsgemeinschaft Abonnentenwerbung e.V. (AGA) ist ein zentraler Interessensvertreter der Branche. Sie umfasst Vertriebsunternehmen aus dem Bundesverband der Medien- und Dienstleistungshändler (BMD), Zeitungs- und Zeitschriftenverlage sowie Versicherungsagenturen und -unternehmen.

Die dem Verband angeschlossenen Unternehmen repräsentieren einen Bestand von mehr als 3,6 Mio. Zeitungs- und insbesondere Zeitschriftenabonnements, rund eine Million Buchclubmitgliedschaften sowie einen Bestand von etwa zwei Millionen Versicherungsverträgen im Familienschutzgeschäft.

Alle BMD-Unternehmen mussten im Berichtsjahr ihre Anstrengungen für die Generierung neuer Kunden intensivieren, unabhängig davon, ob sie im Verlags- oder Versicherungsgeschäft tätig sind. Der deutlich höhere Aufwand ist zum einen der Tatsache geschuldet, dass die Haltbarkeit von Verträgen zurückging. Zum anderen werden den Vertriebsunternehmen im Direktmarketing immer mehr rechtliche Hürden aufgebaut. So hat beispielsweise die Umsetzung der Verbraucherrechterichtlinie in Deutschland im Sommer 2014 zu neuen Widerrufsregelungen und Hinweispflichten geführt.

BMD und AGA begrüßen die Initiative der beiden Bundestagsfraktionen der Regierungskoalition, den reduzierten Mehrwertsteuersatz für Druckerzeugnisse von Verlagen auch auf digitale Produkte auszuweiten, unmittelbar zunächst aber nur auf E-Books. BMD und AGA fordern im Schulterschluss mit anderen Verbänden eindringlich, zügig auch elektronische Zeitungen und Zeitschriften in den Genuss des reduzierten Mehrwertsteuersatzes zu bringen.

| Stand: März 2015

Abonnentenwerbung in Deutschland 1. Halbjahr 2014: Anteil der Gesamt- und Neuabonnements

	Anteil an Neuabonnements	Anteil an Gesamtabonnements
Audio/ Foto/ Video	0,2 %	0,2 %
Wirtschaftspresse	0,7 %	0,9 %
Eltern-Zeitschriften	0,8 %	1,1 %
Lifestyle Zeitschriften	4,8 %	1,8 %
Computerpresse	2,9 %	1,8 %
Rätsel/ Romane/ Jugend*	1,9 %	2,2 %
Aktuelle Illustrierte	1,8 %	2,5 %
Frauenzeitschriften monatlich	2,3 %	2,6 %

* inkl. Comic-Zeitschriften; ** inkl. Politische Wochenpresse/ Überregionale Tageszeitungen

Abonnentenwerbung 2014:
Fakten-Übersicht zum Gesamtbestand und zur Neuwerbung der BMD*-Mitgliedsfirmen

Titel-Gruppe	Titelanzahl	Anzahl Abonnements**	Anteil am Gesamtbestand	Anzahl Neuabonnements	Anteil an Gesamtzahl Neuabonnements
Audio/ Foto/ Video	13	8.645	0,2 %	941	0,2 %
Wirtschaftspresse gesamt	8	31.308	0,9 %	3.763	0,7 %
Eltern-Zeitschriften	4	41.599	1,1 %	4.484	0,8 %
Lifestyle Zeitschriften	12	64.768	1,8 %	27.266	4,8 %
Computerpresse	9	64.897	1,8 %	16.465	2,9 %
Rätsel/ Romane/ Jugend/ Comic-Zeitschriften	29	82.567	2,2 %	11.007	1,9 %
Aktuelle Illustrierte	6	92.742	2,5 %	10.452	1,8 %
Frauenzeitschriften monatlich	16	94.365	2,6 %	12.891	2,3 %
Sportzeitschriften	30	105.763	2,9 %	25.031	4,4 %
Wissensmagazine	15	142.216	3,9 %	14.159	2,5 %
Frauenzeitschriften 14-täglich	4	161.162	4,4 %	39.667	7,0 %
Motorpresse	15	165.154	4,5 %	30.997	5,5 %
Haus/ Garten/ Kochen/ Tiere	38	298.004	8,1 %	62.454	11,0 %
Nachrichtenmagazine/ Politische Wochenpresse/ Überregionale Tageszeitungen	10	399.818	10,9 %	69.198	12,2 %
Frauenzeitschriften wöchentlich insgesamt	26	533.988	14,5 %	74.418	13,1 %
Programmpresse insgesamt	19	1.395.082	37,9 %	163.738	28,9 %
Gesamt	**254**	**3.682.078**	**100,0 %**	**566.931**	**100,0 %**

*Bundesverband der Medien- und Dienstleistungshändler; **Gesamtbestand zum Ende des 1. Halbjahres 2014

Quelle: AGA

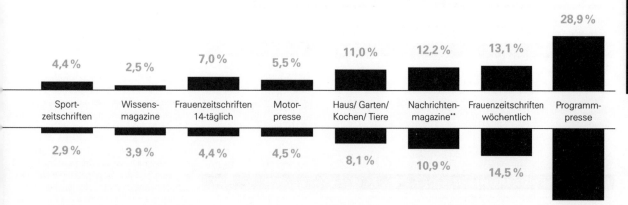

Quelle: AGA

Alkoholfreie Getränke

Alkoholfreie Getränke umfassen die Kategorien Wässer, Fruchtsäfte und -nektare sowie Erfrischungsgetränke. Im Jahr 2014 lag der Pro-Kopf-Verbrauch von Erfrischungsgetränken bei 119,3 Litern (Vorjahr: 125,5 Liter). Dies entspricht einem prozentualen Rückgang von 4,9 Prozent.[1]

Entwicklung des Pro-Kopf-Verbrauchs von Alkoholfreien Getränken nach Getränkearten 2012 bis 2014

	2014[2,3]	Veränderung zu 2013	2013[4]	2012[5]
Cola und Cola-Mischgetränke	30,5	-5,7%	32,4	31,5
Cola und Cola-Mischgetränke (light)	10,4	-6,2%	11,0	10,1
Limonaden (insgesamt)	34,1	-5,4%	36,0	36,6
Limonaden (light)	3,4	-17,9%	4,1	4,7
Limonaden (insgesamt)	**78,3**	**-6,3%**	**83,5**	**82,9**
Schorlen/Wasser plus Frucht-Getränke	7,0	-2,9%	7,2	7,6
Wasser mit Aromen	6,3	-6,3%	6,8	7,4
Diät. Erfrischungsgetränke	0,8	-7,4%	0,8	0,8
Angereicherte Getränke und Energiegetränke	3,5	10,7%	3,2	3,2
Brausen und sonstige Erfrischungsgetränke	4,3	-10,3%	4,8	5,0
Kaffee- und Teegetränke	7,8	-2,7%	8,0	7,6
kohlensäurefreie Fruchtsaftgetränke	8,9	-2,7%	9,1	8,9
kohlensäurefreie Fruchtsaftgetränke (light)	0,4	12,6%	0,4	0,4
kohlensäurehaltige Fruchtsaftgetränke	1,5	22,0%	1,3	1,0
kohlensäurehaltige Fruchtsaftgetränke (light)	0,5	-0,1%	0,5	0,6
Fruchtsaftgetränke (insgesamt)	**11,3**	**0,6%**	**11,3**	**10,9**
Erfrischungsgetränke (insgesamt)	**119,3**	**-4,9%**	**125,5**	**125,4**
Mineral- und Heilwässer	143,5	2,4%	140,2	138,4
Quell- und Tafelwässer	4,8	-4,0%	5,0	5,0
Wässer (insgesamt)	**148,3**	**2,1%**	**145,2**	**143,4**
Apfelsaft			8,40	8,70
Orangensaft			8,00	8,00
Traubensaft			0,80	0,80
Grapefruitsaft			0,30	0,30
Birnensaft			0,20	0,25
Gemüsesaft/-nektar			1,30	1,35
Zitrusnektar			4,00	4,40
andere Säfte und Fruchtnektare			10,00	10,10
Fruchtsäfte und -nektare (insgesamt)			**33,00**	**33,90**

Werte in Liter pro Kopf

Quelle: Wirtschaftsvereinigung Alkoholfreie Getränke e.V. (Erfrischungsgetränke auf Datenbasis des Statistischen Bundesamtes), VDM (Wässer), VdF (Fruchtsäfte und -nektare)

1 Wirtschaftsvereinigung Alkoholfreie Getränke, Pressemeldung vom 25.2.2015.

2 Als Berechnungsgrundlage für das Jahr 2014 herangezogen wurde die vom Statistischen Bundesamt im Januar 2015 veröffentlichte Bevölkerungszahl von 80,822 Millionen Einwohnern.

3 Hochrechnung auf Grundlage des Produktionszahlen des Statistischen Bundesamtes für das 1.-3. Quartal 2014.

4 Als Berechnungsgrundlage für das Jahr 2013 herangezogen wurde die vom Statistischen Bundesamt veröffentlichte Bevölkerungszahl von 80,767 Millionen Einwohnern.

5 Das Statistische Bundesamt hat am 31.5.2013 (auf Grundlage des „Zensus 2011") eine neue Einwohnerzahl für Deutschland veröffentlicht. Danach sank die Bevölkerungszahl um 1,5 Millionen auf 80,2 Millionen Einwohner. Aus Gründen der statistischen Vergleichbarkeit wird in dieser Übersicht neben der zum Jahresanfang 2013 (noch auf alter Datenbasis) vorgenommenen Berechnung zugleich eine Neuberechnung auf Grundlage der neuen Werte gesondert ausgewiesen.

Werbung für alkoholfreie Getränke in Deutschland 2014: Investitionen nach Werbeträgern

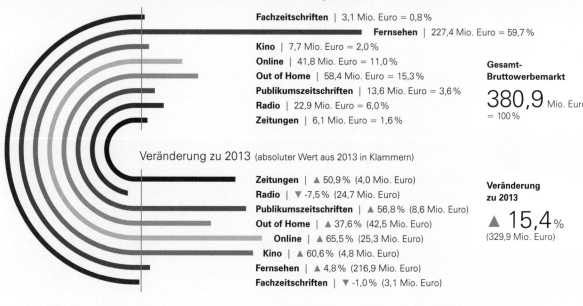

Umsätze und Anteile der Werbeträger 2014

Fachzeitschriften | 3,1 Mio. Euro = 0,8 %
Fernsehen | 227,4 Mio. Euro = 59,7 %
Kino | 7,7 Mio. Euro = 2,0 %
Online | 41,8 Mio. Euro = 11,0 %
Out of Home | 58,4 Mio. Euro = 15,3 %
Publikumszeitschriften | 13,6 Mio. Euro = 3,6 %
Radio | 22,9 Mio. Euro = 6,0 %
Zeitungen | 6,1 Mio. Euro = 1,6 %

Gesamt-Bruttowerbemarkt

380,9 Mio. Euro = 100 %

Veränderung zu 2013 (absoluter Wert aus 2013 in Klammern)

Zeitungen | ▲ 50,9 % (4,0 Mio. Euro)
Radio | ▼ -7,5 % (24,7 Mio. Euro)
Publikumszeitschriften | ▲ 56,8 % (8,6 Mio. Euro)
Out of Home | ▲ 37,6 % (42,5 Mio. Euro)
Online | ▲ 65,5 % (25,3 Mio. Euro)
Kino | ▲ 60,6 % (4,8 Mio. Euro)
Fernsehen | ▲ 4,8 % (216,9 Mio. Euro)
Fachzeitschriften | ▼ -1,0 % (3,1 Mio. Euro)

Veränderung zu 2013

▲ **15,4** %
(329,9 Mio. Euro)

Quelle: Nielsen bereinigter Werbetrend 2014; Datenstand: Monatsabschluss Februar 2015

Werbung für alkoholfreie Getränke in Deutschland 2014: Top 5 Getränkesorten nach Werbeinvestitionen

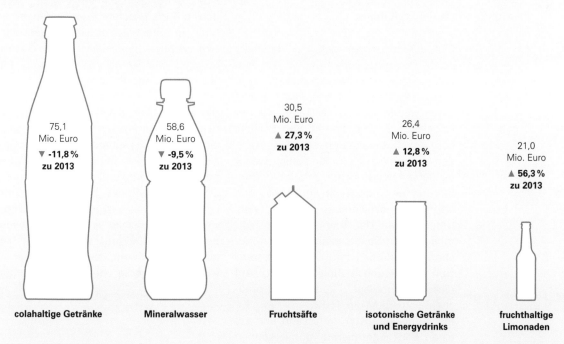

colahaltige Getränke	Mineralwasser	Fruchtsäfte	isotonische Getränke und Energydrinks	fruchthaltige Limonaden
75,1 Mio. Euro ▼ -11,8 % zu 2013	58,6 Mio. Euro ▼ -9,5 % zu 2013	30,5 Mio. Euro ▲ 27,3 % zu 2013	26,4 Mio. Euro ▲ 12,8 % zu 2013	21,0 Mio. Euro ▲ 56,3 % zu 2013

Quelle: Nielsen bereinigter Werbetrend 2014; Datenstand: Monatsabschluss Februar 2015

Alkoholfreie Getränke

Die Branche der alkoholfreien Getränke beschäftigt in Deutschland insgesamt mehr als 20.000 Mitarbeiter und erwirtschaftet jährlich einen Umsatz von über 3,5 Mrd. Euro.

In der Wirtschaftsvereinigung Alkoholfreie Getränke e.V. (wafg) – der Vertretung der Erfrischungsgetränke-Industrie in Deutschland – sind rund 60 Unternehmen der Getränkewirtschaft organisiert. Der Verband feierte 2013 sein 130-jähriges Jubiläum und steht seit langem im Dialog mit Parlamentariern, Ministerien, Wissenschaft sowie Nichtregierungsorganisationen. Schwerpunkte seiner Arbeit sind die Verbraucher- und Ernährungspolitik sowie Umweltpolitik – neben Fragen rund um Getränkeverpackungen steht dabei aktuell die sachgerechte Regulierung von Fracking im Vordergrund. Im Fokus der Arbeit steht dabei die sachliche Aufklärung zu Fragen rund um die Branche und ihre Produkte.

**Erfrischungsgetränke:
Genuss in Balance**

Seit Jahren zeigen sich die Hersteller von Erfrischungsgetränken bei der Entwicklung neuer Getränkekonzepte innovativ. Dabei zeichnet sich die Branche durch ein in jeder Hinsicht vielfältiges Angebot aus. Dies betrifft zum Beispiel das Angebot kalorienfreier Light- bzw. Zero-Getränke, das kontinuierlich weiter ausgebaut wird. Schon lange vor Einführung der gesetzlich verpflichtenden Nährwertkennzeichnung waren viele Unternehmen der Branche aktive Vorreiter bei der Bereitstellung von Verbraucherinformationen und der Transparenz zum Energiegehalt ihrer Produkte. Auf dieser Grundlage können Verbraucher sich über die Nährwerte von Erfrischungsgetränken umfassend und auf einen Blick informieren. Somit können Konsumenten auf einer sachgerechten Grundlage eigenverantwortlich und bewusst entscheiden, welches Produkt aus dem breiten Angebot sie in ihrer konkreten Konsumsituation auswählen. Die seit Ende 2014 geltende Lebensmittelinformations-Verordnung (LMIV) führt diesen Ansatz – nunmehr jedoch als gesetzliche Informationspflicht zu Nährwerten – fort.

In der Öffentlichkeit wird immer wieder diskutiert, ob der Verzehr zuckerhaltiger Getränke und die Entwicklung von Übergewicht originär zusammenhängen. Für einen solchen kausalen bzw. einseitigen Zusammenhang gibt es jedoch keinen wissenschaftlichen Beleg: Aus wissenschaftlicher Sicht spricht vielmehr alles dafür, dass Übergewicht zumeist auf eine Vielzahl von unterschiedlichen Faktoren zurückzuführen ist. Dabei begünstigt vor allem ein langfristiges Ungleichgewicht zwischen zu hoher Kalorienzufuhr und zu niedrigem Kalorienverbrauch das Entstehen von Übergewicht. In der Regel kommt es nicht auf den Konsum eines einzelnen Lebensmittels an, sondern auf die gesamte Energieaufnahme. Nicht zu unterschätzen sind zudem weitere wichtige Einflussfaktoren wie etwa Stress, Schlafmangel oder ein insgesamt inaktiver Lebensstil.[1]

Die wafg sieht daher keine sachliche Grundlage, um pauschal und einseitig die Lebensmittelkategorie Erfrischungsgetränke für das Entstehen von Übergewicht verantwortlich zu machen. Erfrischungsgetränke können vielmehr im Rahmen eines ausgewogenen und bewussten Lebensstils einen genussvollen Beitrag zur Ernährung leisten. Dabei ist nicht zu ignorieren, welchen anerkannt wichtigen Beitrag eine ausreichende

---

1 Vgl. Kap. Lebensmittelwirtschaft.

Flüssigkeitszufuhr gegen Dehydrierung leistet.[2]

Strafsteuern und Werbeverbote sind keine Lösungsansätze

Einige gesellschaftliche Akteure fordern immer wieder „Strafsteuern" für bestimmte Lebensmittel oder Nährstoffe. Dabei werden angeblich gesundheitliche Motive in den Vordergrund geschoben. Doch die Beispiele einiger europäischer Nachbarländer zeigen, dass dort vor allem neue Einnahmen für den Staatshaushalt im Mittelpunkt stehen.

Die wafg lehnt solche einseitigen, unsachlichen und im Ergebnis diskriminierenden Steuern auf einzelne Lebensmittel bzw. Nährstoffe entschieden ab. Bei Geringverdienern ist der Anteil der Lebensmittel an den durchschnittlichen Lebenshaltungskosten höher als bei anderen Einkommensgruppen; sie wären daher von solchen „Strafsteuern" besonders betroffen.

Auch vermeintlich gesundheitspolitische Motive müssen in diesem Zusammenhang hinterfragt werden, denn eine generell erhobene Verbrauchssteuer trifft einerseits zunächst alle Verbraucher, kann aber andererseits in der eigentlich spezifisch anzusprechenden Zielgruppe keine so komplexe Verhaltensänderung bewirken, wie das „Erzwingen" einer ausgewogenen Ernährung oder eines aktiven Lebensstils. Dafür sind die individuellen wie sozio-demographischen Einflussfaktoren einfach zu komplex.

> *Mit Steuern oder Verboten wird es keinen Bewusstseinswandel bei der Ernährung geben.*[3]
>
> **Michaela Rosenberger**
> Vorsitzende der Gewerkschaft Nahrung-Genuss-Gaststätten (NGG)

Jüngste Erfahrungen in Dänemark belegen, dass fiskalische Strafen für bestimmte Lebensmittel oder Nährstoffe schnell an ihre Grenzen stoßen – nicht zuletzt auch durch Ausweichreaktionen der Verbraucher.[4]

Darüber hinaus wird oft übersehen, dass in Deutschland die gesamte Steuerlast auf Erfrischungsgetränke bereits heute höher liegt als in vielen anderen EU-Ländern: Erfrischungsgetränke und Mineralwasser unterliegen nicht dem ermäßigten Mehrwertsteuersatz (wie viele andere Lebensmittel), sondern werden mit 19 Prozent Mehrwertsteuer belegt.

Aus Sicht der wafg stellen auch Werbebeschränkungen bzw. -verbote keine effektiven Konzepte dar, die für den gesamtgesellschaftlichen Kampf gegen krankhaftes Übergewicht sachgerecht und geeignet wären.[5]

| Stand: April 2015

---

2 Vgl. ausführlich das wafg-Positionspapier „Zuckergesüßte Erfrischungsgetränke – Fakten zur Debatte um ausgewogene Ernährung und gesunde Lebensweise", abrufbar unter www.wafg.de (letzter Zugriff: 2.4.2015).

3 Pressemeldung der NGG vom 16.7.2014.

4 Der europäische Dachverband der Branche UNESDA informiert auf der englischsprachigen Internetseite www.fodddrinktax.eu mit gebündelten Informationen und Hintergründen zum Thema Lebensmittelsteuern (letzter Zugriff: 29.3.2015).

5 Vgl. ausführlich Abschn. Werbepolitische Entwicklungen in Deutschland und der EU, Kap. Lebensmittel.

Anzeigenblätter

Anzeigenblätter sind nach BVDA-Definition Presseprodukte, die kostenlos mindestens einmal wöchentlich an die Haushalte eines festumrissenen Gebietes nahezu flächendeckend verteilt werden. Ihr Vorzug liegt in der hohen Haushaltsabdeckung sowie der großen Lokalität. Anzeigenblätter weisen im Schnitt 30 bis 40 Prozent redaktionelle Inhalte auf.

Anzeigenblätter in Deutschland 2014: Hohe Beachtung von Anzeigenblättern
Lesefrequenz der Anzeigenblätter

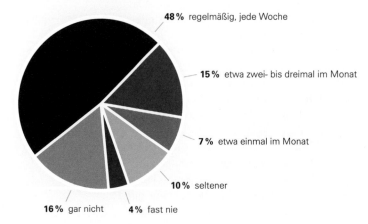

- 48 % regelmäßig, jede Woche
- 15 % etwa zwei- bis dreimal im Monat
- 7 % etwa einmal im Monat
- 10 % seltener
- 4 % fast nie
- 16 % gar nicht

216 Verlage

864 Titel

65,2 Mio. Exemplare Wochenauflage

BVDA

Anzeigenblätter in Deutschland 2014: Beachtliche Leseintensität
Lesemenge der Anzeigenblätter

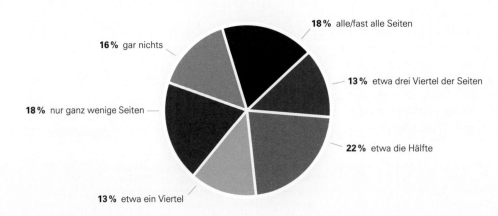

- 18 % alle/fast alle Seiten
- 13 % etwa drei Viertel der Seiten
- 22 % etwa die Hälfte
- 13 % etwa ein Viertel
- 18 % nur ganz wenige Seiten
- 16 % gar nichts

Basis: Bundesrepublik Deutschland, Bevölkerung ab 14 Jahre

Quelle: Allensbacher Markt- und Werbeträgeranalyse, AWA 2014

Anzeigenblätter in Deutschland: Entwicklung der Auflage 1985 bis 2015

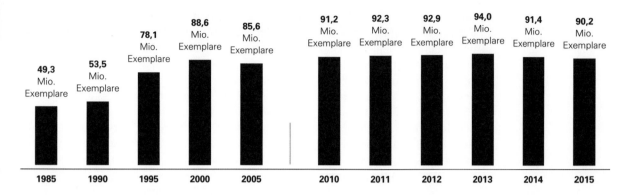

Quelle: Bundesverband Deutscher Anzeigenblätter – BVDA

Anzeigenblätter in Deutschland 2014: Reichweite und weitester Lesekreis (WLK) nach Nielsen-Gebieten

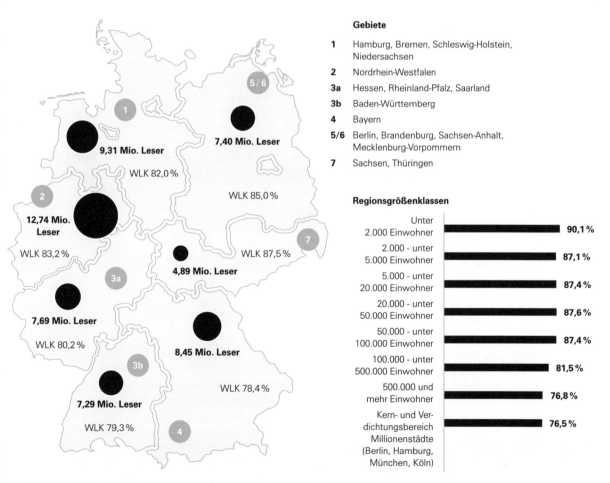

- Leser
- Nielsengebiete Basis: Deutschsprachige Gesamtbevölkerung ab 14 Jahre

Quelle: AWA 2014

Anzeigenblätter

Der am 3. Juli 1987 in Bonn gegründete BVDA ist die Spitzenorganisation der deutschen Anzeigenblätter und ist einer der drei Verlegerverbände in Deutschland. Ihm gehören 216 Verlage mit 864 Titeln bei einer Wochenauflage von 65,2 Millionen Exemplaren an. 72 Prozent der Gesamtauflage sind im BVDA organisiert. Der BVDA ist seit 2002 gemeinsam mit den beiden anderen Verlegerverbänden BDZV und VDZ in Berlin im Haus der Presse ansässig.

Zu den Aufgaben des BVDA gehören nach seiner Satzung vor allem die Wahrung und Förderung aller gemeinsamen Belange der in ihm zusammengeschlossenen Mitgliedsverlage. Dies schließt insbesondere die Unterrichtung seiner Mitglieder über alle für sie relevanten Grundsatzfragen, Entwicklungen und Tendenzen ein. Der BVDA berät seine Mitglieder auf allen Gebieten des Anzeigenblattwesens. Er fördert einen intensiven Meinungs- und Erfahrungsaustausch unter den Mitgliedern.

Des Weiteren erarbeitet er Stellungnahmen zu allen Fragen des Anzeigenblattwesens, auch im Hinblick auf gesetzgeberische Maßnahmen. Der BVDA fördert den lauteren Wettbewerb. Er stellt Unterlagen bereit, die der Transparenz des Anzeigenblattmarktes förderlich sind. Der Verband kann in pressepolitischen Grundsatzfragen und in medienübergreifenden Bereichen mit anderen Organisationen des Pressewesens zusammenarbeiten. Darüber hinaus ist der BVDA Ansprechpartner für Media- und Werbeagenturen, Fachmedien, Politiker, Bildungseinrichtungen und sonstige Interessierte.

Interne Aktivitäten

Der BVDA ist Träger der Auflagenkontrolle der Anzeigenblätter (ADA) und veröffentlicht die aktuellen Zahlen in einer regelmäßig aktualisierten Mediainformation. Für BVDA-Mitgliedsverlage ist die Auflagenkontrolle verpflichtend.

Der BVDA informiert seine Mitglieder über branchenrelevante Neuigkeiten und Vorgänge. Darunter fallen z. B. Gesetzesvorhaben und neue Vorschriften, Berichterstattungen in Fachmedien, Aktivitäten von Mediaagenturen und Großkunden sowie die Beobachtung von Mitbewerbern. Darüber hinaus berät der Verband seine Mitglieder hinsichtlich der Erstellung eigener Studien zur Medialeistung. Mit internen Presse- und Informationsdiensten stellt der BVDA seinen Mitgliedsverlagen regelmäßig aktuelles Wissen zur Verfügung. Der BVDA vertritt seine Mitglieder darüber hinaus in Fachausschüssen der Werbewirtschaft.

Als Träger der BVDA Akademie bietet der Verband ein umfangreiches Seminar- und Weiterbildungsprogramm für seine Mitglieder sowie andere Anzeigenblattverlage an. BVDA-interne und externe Referenten vermitteln in praxisorientierten Seminaren die spezifischen Anforderungen der Gattung.

Externe Aktivitäten

Der BVDA betreut Werbe- und Mediaagenturen sowie Großkunden und publiziert Ratgeber- und Übersichtsbroschüren zum Thema Anzeigenblätter als Werbeträger. Der Markt- und Mediaservice des BVDA gibt Auskünfte zum Anzeigenblattmarkt und über die Ergebnisse der BVDA-Studien zur Medialeistung der Anzeigenblätter. Im Jahr 2015 wird der BVDA drei Marktforschungsstudien veröffentlichen: die vom Institut für Demoskopie Allensbach durchgeführte Studie „Lokale Welten", eine von der Czaia Marktforschung GmbH geleitete Neuauflage der Studie „Anzeigenblatt

Qualität" sowie die seit 1995 erscheinende Auswertung „Anzeigenblätter in der AWA", die auf den Ergebnissen der Allensbacher Markt- und Werbeträgeranalyse basiert.

Außerdem steht Werbekunden und Mediaagenturen im Rahmen des Markt- und Mediaservices das Planungstool Advertizor zur Verfügung, das sie bei konkreten Werbeplanungen kompetent unterstützt. Ebenso können sie direkt den Planungsservice in Anspruch nehmen. Die Advertizor-Web-Auskunft ermöglicht eine schnelle Übersicht relevanter Anzeigenblätter in verschiedensten Gebieten Deutschlands.

Im Rahmen seiner Presse- und Öffentlichkeitsarbeit ist der BVDA Ansprechpartner für Journalisten, Politiker, Universitäten und Bildungseinrichtungen sowie für alle an Anzeigenblättern interessierten Personen. Insbesondere in der Fachöffentlichkeit positioniert der Verband die für seine Gattung zentralen Botschaften und Themen mittels Pressemitteilungen, Newslettern und einer informativen Homepage.

Der BVDA vertritt die Interessen der Anzeigenblatt-Branche auch im politischen Raum sowie in gesellschaftlichen Institutionen und in der Verbandsarbeit des ZAW.

ADA – Auflagenkontrolle der Anzeigenblätter

Die Auflagenkontrolle der Anzeigenblätter (ADA) ist laut der Satzung des BVDA verpflichtend für alle Mitglieder. Im Rahmen dieser Maßnahme werden alle Titel dahingehend überprüft, ob die von ihnen angegebenen Auflagen auch den Tatsachen entsprechen. Sowohl die gedruckte Auflage als auch die Trägerauflage werden überprüft.

Die ADA existiert seit 1985 und besitzt eine hohe Bedeutung für die Werbewirtschaft, da viele Anzeigenkunden bevorzugt oder ausschließlich in Wochenblättern werben, die ADA-geprüft sind. Der BVDA ist Träger der ADA – durchgeführt wird diese allerdings von zwei unabhängigen Wirtschaftsprüfungsbüros in Köln und München. Diese arbeiten nach einheitlichen Richtlinien, um Wettbewerbsneutralität zwischen den Verlagen zu wahren, und sind sowohl vom Verband als auch von den einzelnen Verlagen unabhängig.

Fast vollständige Abdeckung mit Anzeigenblättern

Frage: Es gibt ja ‚Anzeigenblätter', auch Lokal- oder Wochenblätter genannt, die kostenlos an die Haushalte verteilt werden. Darin stehen Artikel und Berichte hier vom Ort und aus der Gegend und natürlich auch Anzeigen und Werbung.

Bekommen Sie auch regelmäßig eines oder mehrere dieser Anzeigenblätter zu sich nach Hause oder ist das nicht der Fall?

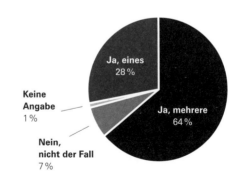

Basis: Bundesrepublik Deutschland, Bevölkerung ab 16 Jahre

Quelle: Allensbacher Archiv, IfD-Umfrage 11033

Der BVDA veröffentlicht die ADA-Zahlen seiner Mitgliedsverlage auf der Verbands-Homepage. Die Verlage selbst benutzen das ADA-Signet als Qualitätsmerkmal in ihrer Eigenwerbung, um die Seriosität ihrer Auflagenhöhe öffentlich zu dokumentieren.

Advertizor – das Planungstool für Anzeigenblätter

Das Planungstool Advertizor macht Anzeigenblätter mit ihren Verbreitungsgebieten in Deutschland transparent. Es bildet rund 4.000 Belegungseinheiten für Anzeigen und mehr als 40.000 Belegungs- und Zustelleinheiten für Prospektbeilagen ab. Komplexe Anzeigen und Beilagenplanungen können auf nationaler, regionaler und lokaler Ebene schnell, einfach und effizient realisiert werden.

Eine moderne Kartografie liefert die perfekte Visualisierung für die Gebietsplanung der Kunden. Advertizor bietet die Funktionalität eines modernen Geoinformationssystems wie GIS-gestützte Definition von Plangebieten durch Drivetime oder Geocodierung sowie soziodemografische Basisdaten. Auch für umfangreiche Filialplanungen bietet das Programm viele hilfreiche Tools. Sowohl PLZ-Listen aus Kassensystemen als auch differenzierte Filialstrukturdaten lassen sich bequem via Importmanager als Grundlage für die Werbeplanung in Advertizor einlesen.

Mit Hilfe eines Karten-Tools können Mediaplaner und Werbekunden in jedem Arbeitsschritt der Planung entsprechende Visualisierungen vornehmen. Sie können zwischen der klassischen Straßenkarte, detailgenauen Luftbildern, topographischen Karten und Daten von OpenStreetMap (OSM) oder einer simplen Hintergrundkarte zur besseren Übersicht wählen.

Über verschiedene Reports können alle buchungsrelevanten Planungsdaten aus dem Programm exportiert und für die weitere Verarbeitung in anderen Systemen genutzt werden.

Advertizor verfügt über eine breite Nutzerschaft. Verlage, Vermarkter und Kommunikationsberater bis hin zu Werbetreibenden sowie den führenden Mediaagenturen nutzen das Programm für Anzeigenblattplanungen.

Geprüfte Prospektzustellung im BVDA – das GPZ-Siegel

Bis zum Jahr 2014 existierte im BVDA die „Fachgruppe Direktzustellung", in der alle Verlage Mitglied werden konnten, die in der Direktverteilung von Werbeprospekten aktiv waren. Mit einem speziellen Prüfsiegel wurde die Qualität der Zustellung gemessen und bei Erreichen einer Mindestquote das GDZ-Siegel für „geprüfte Direktzustellung" vergeben. Mit dem GDZ-Siegel etablierte der BVDA einen Qualitätsstandard, mit dem die tatsächlich erbrachte Zustellleistung von Werbeprospekten transparent gemacht wurde.

Aufgrund veränderter Marktbedingungen hat sich die Fachgruppe Anfang des Jahres 2015 neu aufgestellt. Das Qualitätssiegel wurde um den gesamten Bereich der Prospektzustellung erweitert. Damit ist es möglich, dass alle Mitgliedsverlage des BVDA ihre Zustellqualität für Werbemittel messen lassen und bei Erreichen der geforderten Quote von mindestens 85 Prozent das neue GPZ-Siegel („geprüfte Prospektzustellung") erhalten. Mit der Durchschlagskraft des erweiterten Siegels kann die Gattung Anzeigenblatt eine noch stärkere Präsenz im Werbemarkt erreichen.

Mit dem GPZ-Siegel bietet der BVDA ein besonderes Qualitätsversprechen für Mediaplaner und Werbekunden an: Wer mit Verlagen und Zustellunternehmen wirbt, die das GPZ-Siegel tragen, kann sich einer Zustellquote von mindestens 85 Prozent für seine Werbeprospekte sicher sein.

Die BVDA-Studie „Lokale Welten"

Der BVDA startete Ende des Jahres 2014 die Studie „Lokale Welten", die vom Institut für Demoskopie Allensbach durchgeführt wird. Die Studie analysiert die Bindung der Menschen an ihre Umgebung sowie die Bedeutung von Wohnort und Region für Freizeitgestaltung und Konsum.

Ein Schwerpunkt liegt auf dem Interesse und Informationsverhalten der Menschen in Bezug auf ihren Nahbereich und hier speziell auf der Frage, welche Bedeutung Anzeigenblätter für die Orientierung in der lokalen Konsumwelt haben. Die Untersuchung stützt sich auf 1.564 Interviews mit einem repräsentativen Querschnitt der Bevölkerung ab 16 Jahre. Sie baut auf einer ähnlich gelagerten Studie aus dem Jahr 2010 auf. In die aktuelle Erhebung wurden zusätzlich neue Themen aufgenommen wie z. B. Onlineshopping und seine Auswirkungen auf den stationären Handel vor Ort.

Im Vergleich zur vorherigen Studie zeigte sich ein ungebrochenes Interesse der Menschen am lokalen Geschehen (88 Prozent). Der Anteil der Menschen, die sich mit ihrem Wohnort stark verbunden fühlen, stieg von 76 auf 81 Prozent. Rund 90 Prozent der Bevölkerung sind mit den Einkaufsmöglichkeiten für Lebensmittel in der näheren Umgebung zufrieden. Gleichzeitig nutzen immer mehr Konsumenten die Möglichkeiten des E-Commerce: Mehr als zwei Drittel der Bevölkerung haben schon einmal online Waren gekauft oder Dienstleistungen bestellt. Lebensmittel spielen allerdings weiterhin eine sehr untergeordnete Rolle im E-Commerce. 88 Prozent der Menschen sehen es als einen zentralen Vorteil des Einkaufs im stationären Einzelhandel an, dass man die Produkte in die Hand nehmen und genau anschauen kann.

62 Prozent der Bevölkerung sehen ihr Anzeigenblatt als besonders gute Informationsquelle für Einkaufstipps und Sonderangebote an; unter den Personen mit großem Interesse an Einkaufstipps liegt dieser Anteil sogar bei 71 Prozent. Damit rangieren Anzeigenblätter vor anderen Medien wie z. B. regionalen Tageszeitungen, dem Radio oder dem Regionalfernsehen.

Wochenblätter erreichen fast flächendeckend die Haushalte in Deutschland: 92 Prozent der Bevölkerung erhalten Anzeigenblätter; fast zwei Drittel bekommen sogar mehrere Titel. 84 Prozent der Bevölkerung zählen zum weiten Nutzerkreis von Anzeigenblättern. Während 15 Prozent ihr Wochenblatt etwa zwei- bis dreimal im Monat zur Hand nehmen, lesen 48 Prozent sogar regelmäßig darin. Mehr als 50 Prozent der Leser schätzen an ihrem Anzeigenblatt besonders, dass es sie über regionale Veranstaltungen sowie über Einkaufsmöglichkeiten und Sonderangebote informiert.

Damit können Anzeigenblätter ihre starke Position im Mediamix behaupten und sind weiterhin der attraktive Werbeträger im lokalen Raum. Die Studie „Lokale Welten" erscheint im Mai 2015. Der BVDA stellt die Ergebnisse auf seiner Website www.bvda.de zur Ansicht bereit. Mediaagenturen und Journalisten können die Broschüre mit den zentralen Studienergebnissen kostenfrei beim BVDA bestellen.

Anzeigenblätter mit neuer publizistischer Stärke

Seit 2013 behandeln Mitgliedsverlage des BVDA mehrmals jährlich in einer gemeinsamen Aktion gesellschaftlich, politisch oder wirtschaftlich brisante Themen, die den Menschen unter den Nägeln brennen. Unterrichtsausfall an deutschen Schulen, Pflege, Fachkräftemangel oder die Situation des stationären Einzelhandels in Deutschland bewegen Menschen im ganzen Bundesgebiet. Anzeigenblätter berichten darüber: in Millionenauflagen, jedoch aus einer ganz individuellen, sublokalen Perspektive. Damit werden die verschiedenen Phänomene für die Leser konkret erfahrbar, und sie können durch Umfragen, Leserbriefe oder Erfahrungsberichte auch ihre eigenen Sichtweisen in die Berichterstattung einbringen. Im März 2015 starteten die Verlage ihre neueste Aktion zum Thema „Integration".

Mit der Initiative „Das geht uns alle an!" verwirklicht die Gattung einen zentralen Anspruch der Leser, denn 59 Prozent von ihnen sehen in ihrem Wochenblatt ein „Sprachrohr für die Menschen in der Region" (Quelle: Anzeigenblatt Qualität 2013/2014). Mit der hohen Relevanz für die Leser steigern Anzeigenblätter auch ihre Attraktivität für bestehende und neue Werbekunden.

Die BVDA-Verbandspreise

Der BVDA verleiht seit mehr als zehn Jahren seinen Verbandspreis „Durchblick", um die Qualität von Anzeigenblättern zu würdigen. Im Rahmen der Frühjahrstagung 2014 wurden das Niendorfer Wochenblatt, der Bad Vilbeler Anzeiger und Blickpunkt (Ausgabe Frankfurt/Oder) mit dem 1. bis 3. Platz des Durchklick-Preises für das beste Anzeigenblatt 2013 ausgezeichnet.

Die prämierten Wochenblätter überzeugten die Jury durch die redaktionelle Vielfalt lokaler Themen, die gelungene Präsentation des Anzeigenmarktes und die ansprechende Gesamtgestaltung. Die Rheinische Anzeigenblatt GmbH & Co. KG (RAG) gewann mit ihrer Publikation R(h) – ein Regional den Preis für das beste Sonderprodukt des Jahres 2013. Als vorbildliche Website wurde www.lokalo24.de aus Kassel mit dem Durchklick-Preis für zeitgemäße Verlagsportale gewürdigt. Lokalo24.de zeichnet sich durch ein umfassendes und modern präsentiertes Angebot an Kultur-, Gesundheits- und Serviceinformationen sowie eine gelungene technische Umsetzung aus, die auch für mobile Endgeräte gut geeignet ist.

Der Redakteurs-Preis für das beste Porträt, das 2013 in einem BVDA-Mitgliedsblatt zum Schwerpunktthema „Ehrenamt und bürgerschaftliches Engagement" veröffentlicht wurde, ging an Sven Prillwitz vom KurierVerlag Lennestadt. Die Juroren, Mitglieder des Arbeitskreises Redaktion im BVDA, würdigten ihn für sein Porträt „Ein Mann der Tat – mit Worten", das im Sauerland-Kurier erschienen war. Prillwitz beschäftigte sich darin mit einem pensionierten Lehrer, der für Menschen mit Migrationshintergrund ehrenamtlich Deutschunterricht anbietet.

Im Jahr 2014 hat der BVDA seine Verbandspreise mit neuem Konzept ausgeschrieben. Unter dem Dachnamen „Durchblick" wurden verschiedene Kategorien entwickelt, die stark journalistisch orientiert sind und damit der gestiegenen publizistischen Relevanz der Anzeigenblätter Rechnung tragen.

Im Rahmen der BVDA-Frühjahrstagung 2015 zeichnete der BVDA folgende Mitgliedsverlage aus: Der Super Sonntag Verlag Aachen erhielt den

Durchblick-Preis in der Kategorie „Innovation – die beste Idee des Jahres" für seine multimediale Aktion „Der Aachener Weihnachtsmarkt – zum 42. Mal neu erfunden". In der Kategorie „Leser- und Verbrauchernähe" siegte der Dresdner WochenKurier mit seiner langjährigen Kampagne „Dresdner des Jahres". Helke Floeckner vom Allgemeinen Anzeiger Erfurt wurde für ihren Artikel „Gemeinsam auf dem letzten Weg" mit dem Durchblick-Preis in der Kategorie „Beste journalistische Einzelleistung – Jahresschwerpunkt ‚Pflege'" ausgezeichnet. Zudem bedachte die Jury alle Verlage, die sich an der redaktionellen BVDA-Initiative „Das geht uns alle an!" zum Thema „Lokaler Einzelhandel" beteiligt und diesen Beitrag für den Preis eingereicht hatten, mit einem Sonderpreis.

Anzeigenblätter – starke Medienpartner für bürgerschaftliches Engagement

Der BVDA ist im Jahr 2015 zum dritten Mal neben dem ZDF Medienpartner der „Woche des bürgerschaftlichen Engagements". Veranstalter der Initiative ist das Bundesnetzwerk Bürgerschaftliches Engagement (BBE), ein trisektorales Bündnis zur Förderung des freiwilligen Engagements in Deutschland. Die bundesweite Aktionswoche findet vom 11. bis 20. September 2015 statt.

Die Aktionswoche würdigt den freiwilligen Einsatz von mehr als 23 Millionen Menschen in Deutschland. Durch ihre sublokale Ausrichtung und die Verbundenheit mit den Lesern vor Ort sind Anzeigenblätter optimale Informationsträger für gemeinnützige Initiativen. Im Jahr 2014 berichteten BVDA-Mitgliedsverlage in einer zweistelligen Millionenauflage über freiwillig engagierte Menschen, Organisationen und Unternehmen aus ihrem Verbreitungsgebiet sowie über die Aktionswoche.

Die BVDA Akademie

Die BVDA Akademie vermittelt gattungsspezifisches Wissen für Mitarbeiter von Anzeigenblattverlagen. Mit ihrem regelmäßig aktualisierten Angebot reagiert sie schnell und zielgerichtet auf konkrete Bedürfnisse in der Branche. Ziel ist es, die Qualitätsmerkmale in allen Bereichen der Anzeigenblattverlage zu sichern, zu steigern und im Markt zur Geltung zu bringen.

Neben Präsenz-Schulungen vermittelt die BVDA Akademie auch Inhouse-Schulungen. Neu im Programm sind Fortbildungen per Webinar. Auf der Website www.bvda-akadmie.de steht der Seminarkalender für das Jahr 2015 mit allen Informationen bereit.

| Stand: April 2015

Arzneimittel

Nur Arzneimittel, die nicht verschreibungspflichtig sind, sogenannte OTC-Arzneimittel, dürfen nach dem Heilmittelwerbegesetz öffentlich beworben werden. Der Werbemarkt für OTC-Arzneimittel verzeichnete auch im Jahr 2014 positive Zahlen; dieser Trend setzt sich ebenfalls auf dem Absatzmarkt fort.

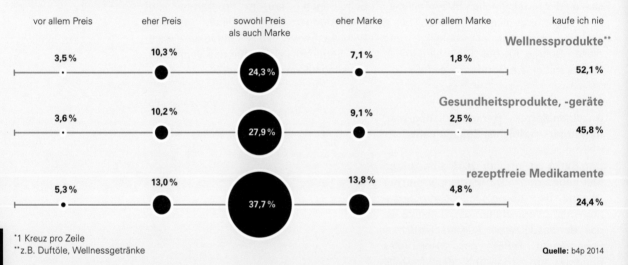

Werbung für Arzneimittel in Deutschland 2014: Marke-/Preisbeachtung
Frage: Unabhängig davon, wie häufig Sie folgende Produkte kaufen: Achten Sie beim Kauf von solchen Produkten eher auf den Preis oder eher auf die Marke?*

*1 Kreuz pro Zeile
**z.B. Duftöle, Wellnessgetränke

Quelle: b4p 2014

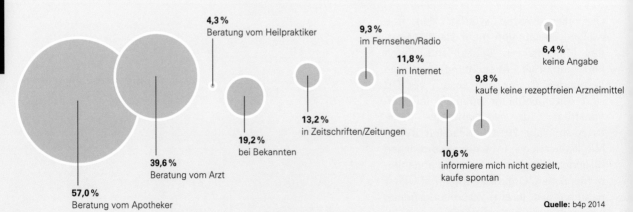

Werbung für Arzneimittel in Deutschland 2014: Informationen zu Arzneimitteln
Frage: Wenn Sie rezeptfreie Arzneimittel kaufen, wo informieren Sie sich in der Regel über die Produkte?

Quelle: b4p 2014

Werbung für Arzneimittel in Deutschland 2014: Investitionen nach Werbeträgern

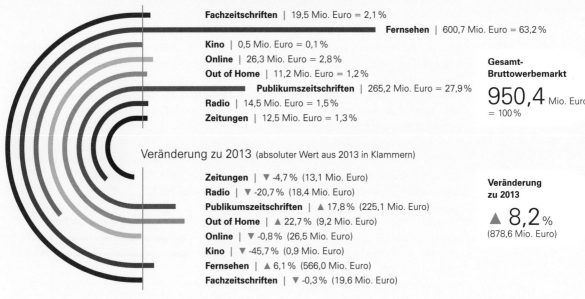

Umsätze und Anteile der Werbeträger 2014

- Fachzeitschriften | 19,5 Mio. Euro = 2,1 %
- Fernsehen | 600,7 Mio. Euro = 63,2 %
- Kino | 0,5 Mio. Euro = 0,1 %
- Online | 26,3 Mio. Euro = 2,8 %
- Out of Home | 11,2 Mio. Euro = 1,2 %
- Publikumszeitschriften | 265,2 Mio. Euro = 27,9 %
- Radio | 14,5 Mio. Euro = 1,5 %
- Zeitungen | 12,5 Mio. Euro = 1,3 %

Gesamt-Bruttowerbemarkt
950,4 Mio. Euro = 100 %

Veränderung zu 2013 (absoluter Wert aus 2013 in Klammern)

- Zeitungen | ▼ -4,7 % (13,1 Mio. Euro)
- Radio | ▼ -20,7 % (18,4 Mio. Euro)
- Publikumszeitschriften | ▲ 17,8 % (225,1 Mio. Euro)
- Out of Home | ▲ 22,7 % (9,2 Mio. Euro)
- Online | ▼ -0,8 % (26,5 Mio. Euro)
- Kino | ▼ -45,7 % (0,9 Mio. Euro)
- Fernsehen | ▲ 6,1 % (566,0 Mio. Euro)
- Fachzeitschriften | ▼ -0,3 % (19,6 Mio. Euro)

Veränderung zu 2013
▲ **8,2** %
(878,6 Mio. Euro)

Quelle: Nielsen bereinigter Werbetrend 2014; Datenstand: Monatsabschluss Februar 2015

Werbung für Arzneimittel in Deutschland 2014: Top 5 Arzneimittelgruppen (OTC) nach Werbeinvestitionen

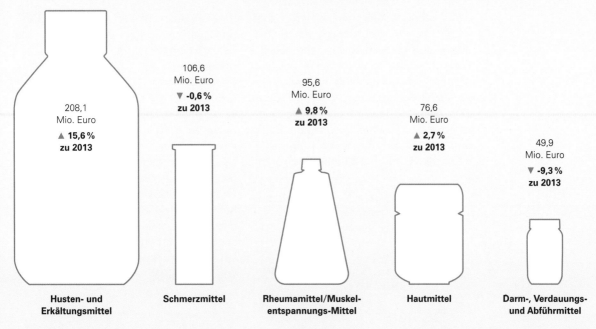

- 208,1 Mio. Euro ▲ 15,6 % zu 2013 — Husten- und Erkältungsmittel
- 106,6 Mio. Euro ▼ -0,6 % zu 2013 — Schmerzmittel
- 95,6 Mio. Euro ▲ 9,8 % zu 2013 — Rheumamittel/Muskelentspannungs-Mittel
- 76,6 Mio. Euro ▲ 2,7 % zu 2013 — Hautmittel
- 49,9 Mio. Euro ▼ -9,3 % zu 2013 — Darm-, Verdauungs- und Abführmittel

Quelle: Nielsen bereinigter Werbetrend 2014; Datenstand: Monatsabschluss Februar 2015

Arzneimittel

OTC steht für „over the counter" und meint rezeptfrei verkäufliche Arzneimittel. Verschreibungspflichtige Arzneimittel dürfen außerhalb der medizinischen Fachkreise, d.h. gegenüber der Öffentlichkeit, nicht beworben werden.

Der positive Trend im OTC-Werbemarkt hat sich 2014 fortgesetzt. Insgesamt stiegen die Werbeausgaben gegenüber dem bereits erfolgreichen Jahr 2013 um noch einmal fast neun Prozentpunkte.[1] Vor allem die Werbung in Publikumszeitschriften hat zugelegt. Nach einer Analyse des Meinungsforschungsinstituts GfK gab es hier einen Zuwachs der Werbeausgaben von 19,8 Prozent.[2] Aber auch die TV-Werbung bleibt im Aufwind: 7,1 Prozent mehr trotz des bereits überproportionalen Zuwachses von fast einem Drittel im Jahr 2013.[3] Es bleibt abzuwarten, ob sich diese Entwicklung als Folge der Liberalisierung des Heilmittelwerbegesetzes (HWG) 2012 stabilisiert. Einige der Neuerungen zur Publikumswerbung gemäß § 11 HWG wurden im Jahr 2014 durch die Rechtsprechung weiter konkretisiert.[4] Die hier erzielte Rechtssicherheit bedeutet für die Unternehmen ein sichereres Werbeumfeld und lässt auf stabile Investitionen in 2015 hoffen.

Ähnlich verhält es sich mit dem Trend auf dem OTC-Absatzmarkt, der gegenüber dem Vorjahr ein Umsatzplus von 2,5 Prozent verzeichnen konnte.[5] Dies betrifft nicht nur den Markt der Selbstmedikation mit einem Zuwachs von 2,8 Prozentpunkten, sondern auch das Verordnen nichtverschreibungspflichtiger Arzneimittel durch den Arzt (1,5 Prozent Zuwachs),[6] die etwas mehr als ein Sechstel des OTC-Marktes ausmachen. Einzig der Markt für Erkältungs- und Grippemittel sowie für Immunstimulanzien konnte den Erfolg aus 2013 nicht wiederholen. Dies ist auf die im Vergleich zu 2013 milde Grippesaison zurückzuführen. Marktforschungsergebnisse, die für 2015 eine weitere Stabilisierung des OTC-Marktes vorhersagen, stehen daher immer unter dem Vorbehalt äußerer Einflüsse auf die Gesundheit der Verbraucher, insbesondere des Wetters.[7]

Brutto-Werbeausgaben Public Media gesamt für OTC-Arzneimittel 2012 bis 2014

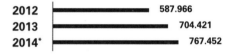

2012	587.966
2013	704.421
2014*	767.452

In Tsd. Euro. *Werte gerundet; wegen berücksichtigter Nachkorrekturen für 2013 sind Abweichungen im Vergleich zum ZAW-Jahrbuch 2014 möglich. 12-Monatszeitraum (MAT = moving annual total)

Quelle: GfK / BAH

INTEGRITAS e.V.

INTEGRITAS – Verein für lautere Heilmittelwerbung e.V. wurde 1962 als Selbstkontrollorgan der deutschen pharmazeutischen Industrie auf Initiative des Bundesverbands der Arzneimittel-Hersteller (BAH) e.V. gegründet. INTEGRITAS ist zur gerichtlichen Verfolgung von Wettbewerbsverstößen befugt, finanziert sich jedoch nicht aus Abmahngebühren, sondern aus den Beiträgen seiner Mitglieder. Diese sind Verbände der Arzneimittel- und Gesundheitsbranche sowie eine erhebliche Anzahl von Unternehmen aus diesen Bereichen. Wenngleich die konsequente Werbenachkontrolle den größten Teil der Arbeit der Geschäftsstelle von INTEGRITAS ausmacht, wird sich die

---

1 Siehe Grafik im Kapitel zu Bruttowerbeinvestitionen der Arzneimittel-Hersteller.
2 Auch der bereinigte Werbetrend 2014 nach Nielsen verzeichnet einen Zuwachs von 19,6 Prozent.
3 Siehe ZAW-Jahrbuch 2014, S.115.
4 Siehe hierzu auch das Unterkapitel „INTEGRITAS".
5 IMS OTC-Report und IMS GesundheitsMittelStudie, zitiert nach: Apotheke + Marketing 02/2015, S. 24; abrufbar unter www.springer-gup.de (letzter Zugriff: 22.3.2015).
6 Siehe Fn. 4.

7 „Besser als erwartet" - IMS-Daten – Der OTC-Markt 2014, Apotheke+Marketing 02/2015, S. 25, vgl. Fn. 4.

Organisation auch weiterhin gegenüber der Öffentlichkeit, der Politik und innerhalb der Wirtschaft dafür einsetzen, die lautere Heilmittelwerbung zu bewahren und fortzuentwickeln.

Im Zeitraum 2014 wurden insgesamt 54 Beanstandungen ausgesprochen. Dabei handelt es sich um 24 förmliche Abmahnungen. In den anderen Fällen wurde versucht, sich zunächst informell mit dem jeweiligen verantwortlichen Unternehmen zu einigen. In den meisten Fällen konnte eine gütliche Einigung dahingehend erzielt werden, dass die beanstandete Werbung nicht weitergeschaltet wurde. In einigen Fällen konnte jedoch eine solche Einigung nicht herbeigeführt werden, so dass INTEGRITAS gerichtliche Hilfe in Anspruch nehmen musste. Im Berichtszeitraum waren insgesamt 19 Gerichtsverfahren anhängig.

Praxisrelevante Fragestellungen

INTEGRITAS hat sich 2014 mehrfach gerichtlich mit der Problematik der Werbung mit Empfehlungen auseinandergesetzt. Zum einen ging es um die Frage, ob mit dem Siegel „Öko-Test" geworben werden dürfe. Das Oberlandesgericht Frankfurt[8] sah in der Werbung mit der Angabe „Öko-Test Gesamturteil sehr gut" einen Verstoß gegen § 11 Abs. 1 S. 1 Nr. 2 HWG. Entgegen der erstinstanzlichen Ansicht des Landgerichts Frankfurt, sei der Anwendungsbereich dieser Vorschrift nicht auf natürliche Personen beschränkt und der Begriff „Empfehlung" müsse in der Werbung nicht ausdrücklich verwendet werden. Vielmehr könne eine fachliche Empfehlung auch in verdeckter, sinngemäßer oder auch nur unterschwelliger und damit nicht ohne weiteres erkennbarer Form erfolgen.

Ein anderes Verfahren vor dem Landgericht Frankfurt[9] hatte eine Werbung mit der Aussage, das Medikament sei von einem Berufsverband als Produkt des Jahres ausgezeichnet worden und trage darüber hinaus auch noch ein Siegel des Verbandes, zum Gegenstand. Das Gericht vertrat die Ansicht, dass auch eine Berufsgruppe bzw. ein sie repräsentierender Verband unter das Verbot des § 11 Abs. 1 S. 1 Nr. 2 HWG falle. Die Tatsache, dass der Verband keine natürliche Person sei, ändere an dem Verbot nichts. Schließlich sei der einzelne Berufsträger, eine im Gesundheitswesen tätige Person, die in diesem Fall ein Mitglied des Verbandes sei.

Wie ist eine Werbung mit einer Empfehlung eines Firmenexperten einzustufen? Fällt dieser auch unter § 11 Abs. 1 S. 1 Nr. 2 HWG? Diese Frage war ebenfalls Streitgegenstand eines Gerichtsverfahrens.[10] Im konkreten Fall wurde die Frage mit „Ja" beantwortet, da der Gesamteindruck (Experte im weißen Kittel vor einem Arzneimittel-Regal, legt das beworbene Produkt auf eine Verkaufstheke) der Werbung stark an eine im Gesundheitswesen tätige Person erinnerte. Im Schlussurteil stellte das Gericht jedoch klar, dass isoliert betrachtet, ein Firmenexperte die Voraussetzungen des § 11 Abs. 1 S. 1 Nr. 2 HWG nicht erfülle. Denn er sei eben nicht in die Verordnung oder die Abgabe von verordneten Arzneimitteln eingebunden. Ein wichtige Klarstellung, die zu mehr Rechtssicherheit führt. Ausschlaggebend wird jedoch auch in Zukunft sein, auf welche Art und Weise der Firmenexperte seine Empfehlung ausspricht.

| Stand: März 2015

§ 11 Abs. 1 Satz 1 Nr. 2 Heilmittelwerbegesetz (HWG):

„Außerhalb der Fachkreise darf für Arzneimittel, Verfahren, Behandlungen, Gegenstände oder andere Mittel nicht geworben werden [...] mit Angaben oder Darstellungen, die sich auf eine Empfehlung von Wissenschaftlern, von im Gesundheitswesen tätigen Personen, von im Bereich der Tiergesundheit tätigen Personen oder anderen Personen, die aufgrund ihrer Bekanntheit zum Arzneimittelverbrauch anregen können, beziehen."

---

8   OLG Frankfurt, Urteil vom 22.5.2014, Az.: 6 U 24/14.

9   Zum Zeitpunkt der Bearbeitung, war das Verfahren in 2. Instanz noch nicht abgeschlossen. LG Frankfurt, Az.: 6 U 184/14.

10 OLG Frankfurt, Urteil vom 15.1.2015, Az.: 6 U 152/14 .

Auskunfts- und Verzeichnismedien

Auskunfts- und Verzeichnismedien gehören als die Protagonisten der lokalen Suche zum Alltag der Deutschen. Mehr als neun von zehn Bundesbürgern ab 14 Jahren nutzen sie stationär und zunehmend auch mobil. Die Anbieter sind meist mittelständische, oft familiengeführte Medienunternehmen. Direkt und indirekt sichern diese Unternehmen rund 30.000 Arbeitsplätze in Deutschland.

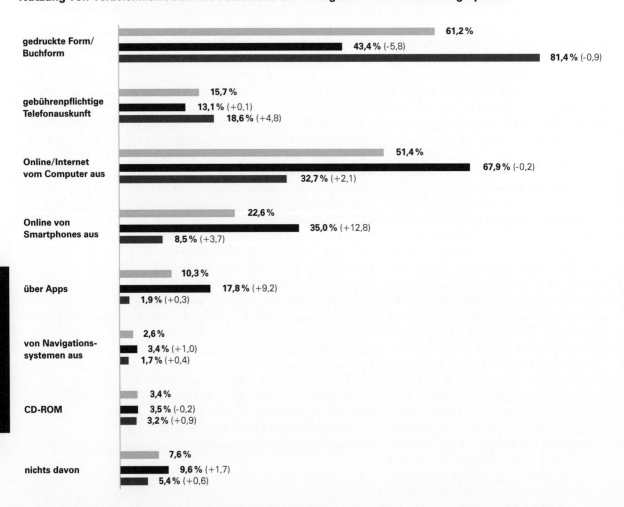

Nutzung von Verzeichnismedien in Deutschland 2014: insgesamt und soziodemographisch

- Gesamt, alle Befragten n = 2.000
- Altersgruppe bis 49 Jahre, n = 1.078
- Altersgruppe 50 Jahre und älter, n = 922

Mehrfachnennungen möglich; Veränderungen in Klammern in Prozentpunkten

Quelle für alle Diagramme: [vdav] / vft-Studie zur Nutzung von Auskunfts- und Verzeichnismedien im Jahr 2014 – Januar 2015 – Ipsos Nov. 2014

Nutzung von Verzeichnismedien in Deutschland 2014: Komplementär-Nutzung der Online vs. Nutzer

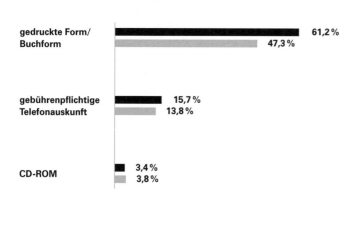

Verzeichnismedien in Deutschland 2014: Anmutungsqualität

Informationen in Verzeichnismedien sind ...

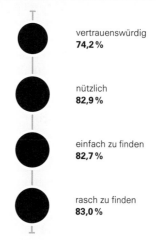

Verzeichnismedien in Deutschland 2014: Regionale Unterschiede nach Nielsen-Gebieten

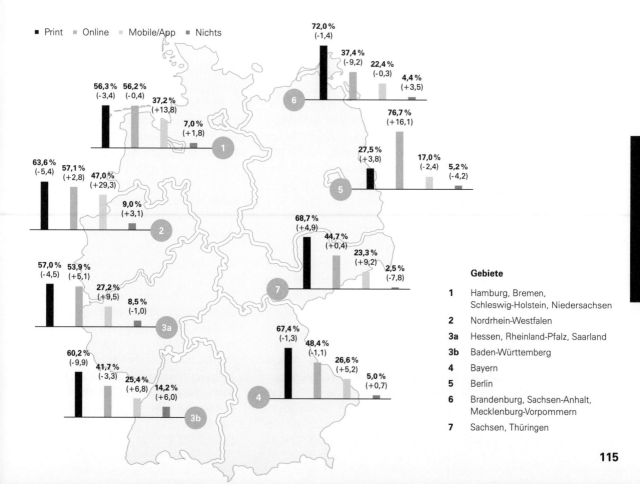

Auskunfts- und Verzeichnismedien

Der Trend hin zu den digitalen und vor allem den mobilen Kanälen bei der Nutzung von Verzeichnismedien, also Telefon-, Branchen- und ähnlichen Verzeichnissen, setzte sich auch 2014 fort. Das ergab die vierzehnte repräsentative Nutzerstudie, die das Marktforschungsinstitut Ipsos Ende 2014 im Auftrag der Branchenverbände [vdav] – Verband deutscher Auskunfts- und Verzeichnismedien e.V. und vft – Verband freier Telefonbuch- und Auskunftsmedien e.V. durchführte.

Das gedruckte Verzeichnis führt die Einzel-Rangliste mit einer Nutzung von 61,2 Prozent nach wie vor an. Aber in der Summe haben die digitalen Angebote, also online/stationär (51,4 Prozent), mobil (22,6 Prozent) und über Apps (10,3 Prozent) das Buch mittlerweile deutlich überholt. Und es wird zunehmend mobiler: Die Zahlen für die mobilen und die Nutzer über Apps haben sich im letzten Jahr erneut fast verdoppelt, während die stationäre online-Nutzung nur noch schwach zulegte.

Die Telefonauskunft war der klare Verlierer in der Nutzerstudie 2013 und büßte damals rund ein Viertel ihrer Anrufer ein. Im Folgejahr konnte sie sich bei 15,7 Prozent stabilisieren und gute zwei Prozentpunkte zurückgewinnen.

Die komplementäre Nutzung unterschiedlicher Kanäle ist nach wie vor hoch: knapp die Hälfte der Online-Nutzer schaute 2014 bei ihren Recherchen nach Kontakten und Dienstleistern auch ins Buch.

Allerdings gibt es starke regionale Unterschiede: Während die Zahl der Nutzer des Buchs in Sachsen und Thüringen 2014 stieg, sinkt sie in vielen anderen Bundesländern und in Ballungszentren. Ausnahme: ausgerechnet im online- und mobil-affinen Berlin konnte das Buch punkten und um 3,8 Prozentpunkte zulegen. Dass junge Leute auch hier die digitalen Angebote bevorzugen, Ältere eher zum Buch greifen, deckt sich mit allgemeinen Untersuchungen zur Mediennutzung.

Gerade bei den Auszubildenden konnten die Verzeichnismedien insgesamt als Informationsquelle deutlich zulegen. Die Anzahl der Nichtnutzer hat sich hier halbiert, 72,5 Prozent der Auszubildenden und damit doppelt so viele wie 2013, nutzten die mobilen Angebote.

Die subjektive Wahrnehmung von Verzeichnismedien ist außerordentlich positiv: vertrauenswürdig, nützlich, einfach und rasch zu finden - die schon sehr guten Werte der Vorjahre konnten weiter gesteigert werden. Sowohl für die Nutzer als auch die Werbungtreibenden bieten die Verzeichnisse damit einen hohen Gegenwert.

Gerade für Werbungtreibende gilt es nach wie vor, bei Verzeichnismedien die Kombination zwischen Print und Online/mobil zu nutzen, um sich perfekt einer hoch interessanten und zahlungskräftigen Zielgruppe zu präsentieren.

Zusammenfassung der Keyfacts

- Auskunfts- und Verzeichnismedien sind nach wie vor fester Bestandteil des Alltags der Bundesbürger.

- Über 92 Prozent der Bundesbürger sind Nutzer dieser Medien. Die gedruckte Form dominiert noch immer das Geschehen. Trotz weiter wachsender Online- und mobiler Präsenz sind entgegen vieler Vorurteile sechs von zehn Bundesbürgern (61,2 Prozent) Nutzer der gedruckten Informationsmedien.

- Nachdem bei der Online-Nutzung 2013 die 50-Prozent-Hürde übersprungen wurde, ist die Steigerung von 2013 zu 2014 mit einem Plus von 0,6 Prozent recht moderat ausgefallen. Mehr als die Hälfte der Bundesbürger nutzen Verzeichnismedien mittlerweile auch vom PC, Notebook und vom Tablet aus.

- Fast ein Drittel der Deutschen (32,9 Prozent) suchen mittlerweile auch mobil und per App. In den letzten drei Jahren hat sich die Zahl der Nutzer hier insgesamt mehr als verfünffacht.

- Erfreulich ist, dass bei gehobenem Bildungs- und Einkommensniveau weiterhin eine überdurchschnittliche Nutzung von Verzeichnismedien festgestellt werden kann. Die Nutzer von Verzeichnismedien sind und bleiben für werbliche Investitionen eine sehr interessante, zahlungskräftige Zielgruppe.

- Unter allen Nutzern von Online-Verzeichnismedien liegt der Anteil exklusiver Online-Nutzer aktuell bei mehr als 50 Prozent und ist damit gegenüber dem Vorjahr erneut um ca. 10 Prozent gestiegen. Es gibt aber auch einen fast ebenso großen Teil exklusiver Nutzer der Print-Medien.

- Das Profil der Exklusiv-Online-Nutzer ist nach wie vor besonders markant und beachtenswert: Diese Nutzer sind bis 29 Jahre alt und weisen ein weit überdurchschnittliches Bildungsniveau auf.

- Es gibt wie in der Vergangenheit eine große Zahl von Komplementär-Nutzern Online/Print. 47,3 Prozent aller Online-Nutzer von Verzeichnismedien sind zugleich auch Printnutzer; sie kommen hauptsächlich aus der Altersgruppe 30-49 Jahre.

- Fast alle medialen Angebote werden jeweils in überwiegendem Maße häufiger genutzt.

- Die mobilen Angebote haben inzwischen die meisten Häufig-Nutzer, während die Telefonauskunft massiv an Häufig-Nutzern verloren hat.

- Verzeichnismedien werden von der großen Mehrheit der Bevölkerung für gewerbliche und institutionelle Adress-Recherche genutzt (80,8 Prozent). Natürlich spielen Verzeichnismedien auch für die Suche nach Privatpersonen eine große Rolle (70,1 Prozent).

- Nach Informationen über Städte und Behörden suchten 2014 fast 55,3 Prozent der Nutzer und damit rund ein Viertel mehr als 2013.

- Auskunfts- und Verzeichnismedien haben ein sehr positives Profil. Sie bieten einen hohen praktischen Nutzen und werden als seriöse und zuverlässige Auskunftsquellen auch 2014 überaus geschätzt.

| Stand: April 2015

Außenwerbung / Out of Home

In 2014 betrug der Nettoumsatz der Out of-Home-Medienbranche in Deutschland nach Angaben des Fachverbands Aussenwerbung e.V. rund 926,3 Mio. Euro und lag damit fast vier Prozent höher als im Vorjahr. Die Mitgliedsunternehmen des Branchenverbands stellen mehr als 90 Prozent aller verfügbaren Werbeflächen in Städten und Gemeinden, auf kommunalem wie privatem Grund.

Außenwerbung in Deutschland 2014: Anzahl Werbeflächen

Ganzsäulen	14.692
Mega-Lights/ City-Light-Boards	19.444
Allgemeinstellen	35.353
City-Light-Poster inkl. City-Light-Säulen	112.800
Großflächen inkl. Superposter	149.282

Außenwerbung in Deutschland 2014: Nettoumsätze nach Art des Werbeträgers

Art des Werbeträgers	2014 in Mio. Euro	zu 2013 in %	2013 in Mio. Euro
Großflächen inkl. Superposter	205,9	5,7	217,5
City-Light-Poster	224,1	4,4	234,0
Mega-Lights/ City-Light-Bords	93,4	0,5	93,9
Digital Out of Home	70,0	9,0	76,3
Verkehrsmedien	57,6	-1,1	57,0
Riesenposter	31,0	11,1	34,4
Ganzsäulen	27,1	5,6	28,6
Allgemeinstellen	25,1	4,1	26,1
Medien an Flughäfen	84,0	2,4	86,0
Ambient, Dauerwerbung, Klein- und Spezialstellen	73,0	-0,7	72,5
Gesamt	**891,2**	**3,9**	**926,3**

Quelle: Fachverband Aussenwerbung e.V.

Quelle: Fachverband Aussenwerbung e.V., Stand Stand 2015

Außenwerbung in Deutschland 2014:
Außenwerbung / Out of Home aktiviert Kunden

Frage: Welche Art von Werbung hat Sie schon einmal dazu veranlasst, sich für das dort beworbene Produkt zu interessieren, sich darüber zu informieren oder es sogar zu kaufen?

Plakate, Verkehrsmedienwerbung, elektronische Großbildschirme aktivierten:

53,4 % aller Befragten (n = 1.040)

Quelle: Fachverband Aussenwerbung e.V., PosterSelect Media-Agentur für Außenwerbung GmbH, Trendanalyse Mediennutzung 2014

Außenwerbung in Deutschland 2014:
Top 20 werbungtreibende Unternehmen nach Brutto-Werbeinvestitionen

Firma	2014 in Mio. Euro	zu 2013 in %	2013 in Mio. Euro
Vodafone Deutschland	27,9	238,6	8,2
Hennes & Mauritz	26,8	24,8	21,5
Volkswagen	25,2	18,9	21,2
Telekom Deutschland	23,1	-14,8	27,1
C & A Mode	20,4	53,3	13,3
Media-Saturn-Holding	16,8	-6,6	18,0
Coca-Cola	16,6	83,2	9,1
Apple Deutschland	15,4	-11,0	17,3
Deutscher Sparkassen- und Giroverband	14,8	37,2	10,8
SKY Deutschland Fernsehen	14,4	71,3	8,4
McDonald's Deutschland	14,3	7,8	13,3
Telefónica Germany	13,5	0,5	13,5
Deutsche Bahn	13,2	-8,6	14,4
Parship	11,1	669,1	1,4
Krombacherei Brauerei	11,1	92,8	5,7
HRS Hotel Reservation Service	10,8	76,5	6,1
Stage Entertainment	10,5	16,1	9,0
Unilever Deutschland	10,2	33,4	7,7
Bitburger Braugruppe	10,2	142,6	4,2
Toto-Lotto-Gesellschaften	10,0	-20,7	12,5

Quelle: Nielsen Germany / Fachverband Aussenwerbung e.V., Januar 2015

Außenwerbung in Deutschland 2014:
Top 25 Wirtschaftsbereiche nach Brutto Werbeinvestitionen

Wirtschaftsbereiche	2014 in Mio. Euro	zu 2013 in %	2013 in Mio. Euro
Dienstleistungen	195,9	0,8	194,3
Sonstige Werbung	160,5	7,0	150,0
Getränke	153,9	32,8	115,9
Medien	153,0	-1,3	155,0
Telekommunikation	118,0	-15,3	139,4
Textilien und Bekleidung	107,6	33,1	80,8
Handel	104,2	3,5	100,7
Kfz-Markt	99,4	35,0	73,6
Touristik	77,7	15,0	67,6
Finanzen	67,7	10,6	61,2
Ernährung	57,4	16,0	49,5
Energie	36,8	-10,9	41,3
Haus- und Gartenausstattung	34,9	12,2	31,1
Bauwirtschaft	32,2	1,7	31,7
Gastronomie	31,3	6,3	29,4
Verkehrsmittel und -einrichtung	31,0	-15,5	36,6
Gesundheit und Pharmazie	26,6	22,2	21,8
Kunst und Kultur	20,0	7,5	18,6
Computer und Büroausstattung	18,9	-46,6	35,4
Körperpflege	10,8	-36,1	16,9
Persönlicher Bedarf	7,7	-6,9	8,3
Unterhaltungselektronik	7,0	-28,8	9,8
Freizeit und Sport	5,8	-17,2	7,0
Haus-, Land-, Forst-, Jagdwirtschaft	2,7	-21,1	3,5
Investitionsgüter	1,0	68,1	0,6
Gesamt	**1.561,9**	**5,5**	**1.480,1**

Quelle: Nielsen bereinigter Werbetrend 2014; Datenstand: Monatsabschluss Februar 2015

Außenwerbung / Out of Home

Die Außenwerbung befindet sich in einem tiefgreifenden Strukturwandel. Das zeigt sich auch in dem immer häufiger verwendeten Begriff Out of Home Media. Er ist Ausdruck einer umfassenden Entwicklung und Neuorientierung eines ganzen Medienbereichs, seiner Anbieter wie Nutzer. Noch vor zehn Jahren wurde Außenwerbung vor allem mit Plakaten und Verkehrsmittelwerbung in Verbindung gebracht. Out of Home Media steht für eine große Palette an Kommunikationsmöglichkeiten im öffentlichen Raum – von der klassischen Litfaßsäule über spezielle plakative Aktionen bis zu digitalen Inszenierungen. Ihr einzigartiger Vorteil gegenüber allen anderen Medien ist der unmittelbare Zugang zu allen Bevölkerungsgruppen, die aus den verschiedensten Anlässen out of home unterwegs sind.

Die Mobilität der Bevölkerung wächst. Diese allgemeine Alltagsbeobachtung hat auch die Studie Mobilität in Deutschland (MiD) des Bundesverkehrsministeriums belegt, die 2002 und 2008 durchgeführt wurde. In allen Altersgruppen sind die täglichen Verpflichtungen, Verrichtungen und Freizeitbeschäftigungen mit einer großen Mobilität verbunden – im öffentlichen Raum, in öffentlichen Einrichtungen, mit öffentlichen Verkehrsmitteln. Überall dort und immer öfter kommt die Bevölkerung mit Out-of-Home-Medien in Kontakt.

Der Fachverband Aussenwerbung e.V. (FAW) repräsentiert rund 100 Unternehmen und damit weit mehr als 90 Prozent des gesamten Umsatzes der deutschen Out-of-Home-Branche. Seine Mitglieder vermarkten Werberaum und Werbeflächen auf Plakaten, Transportmedien, Ambient Medien und digitalen Out-of-Home-Medien. Unter dem Dach des FAW realisieren sie gemeinsame Initiativen und Projekte, um die Out-of-Home-Werbung im intermedialen Wettbewerb zu positionieren. Die Anbieter werden dabei von weiteren rund 30 Unternehmen des Out-of-Home-Marktes wie Plakatdruckereien und hochspezialisierten Mediaagenturen unterstützt, die ebenfalls Mitglied im FAW sind.

Vielfalt der Out-of-Home-Medien

Im Bereich Plakatwerbung bieten die Mitgliedsfirmen des FAW neben Großflächen, City-Light-Postern, Allgemeinstellen und Ganzsäulen bzw. City-Light-Säulen auch Mega-Lights/City-Light-Boards, Riesenposter, Superposter und spezielle Sonderformen an.

Bei den Transportmedien umfasst das Angebot Werbeflächen in und auf Bussen und Bahnen des öffentlichen Nahverkehrs sowie Werbung an Taxen, Lkw und Miettransportern. Darüber hinaus werden zunehmend Bahnhöfe und Flughäfen als frequenzstarke Umfelder von Verkehrsmedien in die Vermarktung einbezogen. Dies gilt insbesondere für den Auf- und Ausbau der digitalen Out-of-Home-Medien. Die Ansprache von Zielgruppen im öffentlichen Raum über elektronische Werbeträger (Screens) findet zurzeit vorrangig auf Flughäfen, Bahnhöfen und am Point of Sale (POS) statt. Dort sind digitale Werbeträgernetze entstanden, die alle größeren Städte in Deutschland einbeziehen.

Auch Ambient Medien sind im Portfolio des FAW vertreten, darunter die wichtigsten flächendeckend verbreiteten Werbeformen wie Gratispostkarten, Indoor-Plakatierung in speziellen Locations oder Medien im Sanitärbereich von Bars, Szene-Treffs und Restaurants.

Immer häufiger finden Verknüpfungen zwischen Out-of-Home-Medien und Online-Angeboten statt: Die rasante Verbreitung von Smartphones schlägt

---

Durchschnittlicher Tagespreis von Werbeträgern (pro Tag und Fläche, Stand: Februar 2014)

69,20 Euro
Mega-Lights/City-Light-Boards

53,34 Euro
Superposter

20,20 Euro
Ganzsäulen

19,39 Euro
City-Light-Poster

16,07 Euro
Großflächen

1,04 Euro
Allgemeinstellen

Quelle: Fachverband Aussenwerbung e.V.

die direkte Brücke von Apps oder Internetadressen auf Plakaten und anderen Out-of-Home-Werbeträgern zu online verfügbaren Inhalten. Diese sind mit zusätzlichen Angeboten für die Verbraucher verbunden, zum Beispiel Rabattcoupons, Gewinnspiele, exklusive Aktionen und Informationen. Neue Technologien wie Near Field Communication (NFC) oder Beacons versprechen für die kommenden Jahre eine noch einfachere und schnellere Umsetzung solcher Konzepte und Angebote.

Die im FAW vertretenen Unternehmen stellen werbenden Firmen und Institutionen hochwertige Werbeträger-Standorte zur Verfügung und gewährleisten einen reibungslosen Service, indem sie auch für die Anbringung, Pflege und Bewirtschaftung der Außenwerbung sorgen – sei es an Plakatstellen, auf Fahrzeugen oder digitalen Screens.

Im Rahmen so genannter Werbenutzungsverträge stellen sie als Partner von Städten und Kommunen Stadtmöbel für die Bürger bereit, wie Fahrgastunterstände, öffentliche Toiletten, Fahrradständer, Papierkörbe und andere Einrichtungen. Darüber hinaus partizipieren die Kommunen an den erzielten Werbeumsätzen, indem die Außenwerbeunternehmen eine Abgabe entrichten, die sich meist an der Höhe der Einnahmen orientiert.

Leistungsangebot des FAW

„AUSSENWERBUNG TRIFFT. JEDEN." Unter dieser Headline hat der Fachverband Aussenwerbung das einzigartige Leistungsprofil der Kommunikation im öffentlichen Raum klar positioniert. Die viel beachtete Gattungskampagne hat – in Verbindung mit ihrer speziellen Microsite www.trifft-jeden.de – die Stärken von Out-of-Home-Medien unmittelbar erlebbar gemacht und auf allen für die Werbung relevanten Ebenen verdeutlicht: Reichweiten- und Kontaktstärke, Planbarkeit, Vielfalt der Werbeformen, Nähe zum Verbraucher und vor allem Werbewirkung.

Mit dem Leistungsversprechen der Out-of-Home-Medien definiert die Gattungskampagne zugleich den Kern der anbieterübergreifenden Marketingmaßnahmen. Sie sind ein deutlicher Schwerpunkt innerhalb der vielfältigen Aufgaben des FAW für seine Mitglieder und umfassen insbesondere Initiativen zur Mediaforschung, wie die Bereitstellung von Studien und weiteren Planungsgrundlagen für die Kunden der Außenwerbung, aber auch Projekte zur Qualitätsoptimierung von Werbeträgern und zur Entwicklung branchenübergreifend einheitlicher EDV-Tools.

So baute der FAW in den vergangenen Jahren umfassende Datenbanken auf, die die Mitgliedsunternehmen bei ihrer Stellenverwaltung nachhaltig unterstützen. Auch die Beratung und Betreuung in wirtschaftlichen, technischen und rechtlichen Fragen, die Durchführung von Sponsoring-Kampagnen, Informations- und Schulungsmaßnahmen sowie Presse- und Öffentlichkeitsarbeit gehören zu den Aufgaben des FAW. Als politische Vertretung seiner Mitglieder engagiert sich der Fachverband Aussenwerbung in einer Reihe von Gremien, unter anderem im ZAW. Auf internationaler Ebene ist der FAW als Mitglied der Föderation Außenwerbung (FEPE) und in der D.A.CH.-Runde (Deutschland, Österreich, Schweiz) organisiert.

Plakatwirkungsstudie

Das Medium Plakat ist elementarer Bestandteil eines effizienten Media-Mixes: Die effektive Einbindung von Plakaten in Media-Mix-Kampagnen steigert signifikant zentrale Werbewirkungskriterien wie

Branchenevent PlakaDiva

Das Leitmotiv der großen Branchenveranstaltung PlakaDiva im April 2015 lautete „The future of touchpoints. Wie und wo man in Zukunft seine Zielgruppen trifft.". Der FAW präsentierte mit „Trend-Guru" Matthias Horx, dem Neuromarketing-Experten Dr. Hans-Georg Häusel, Automobilmanager Reinhard Zillessen (Ford) sowie „Digital Native" André Schieck, (GREY) Top Referenten, die aus ihrer jeweiligen Perspektive das Motto unter die Lupe nahmen. Für die besten Motive und Kampagnen der Out of Home-Werbung des vorausgegangenen Jahres verlieh der FAW auf einer Gala-Veranstaltung mit mehr als 700 Gästen die PlakaDiva 2015 in Gold, Silber und Bronze.

Absatz und Return on Investment (ROI). Der Einsatz von Plakat im Media-Mix erhöht auch den ROI der anderen Medien im Mix. Die Studie Plakatwirkung des Fachverbands Aussenwerbung e.V. (FAW) und der Allgemeine Plakatgesellschaft AG (APG) Schweiz weist diese und weitere Effekte nach. Basis der Untersuchung sind fast 600 Datenmodelle zu Absatz- und Awareness-Effekten von Werbeträgern mittels der Datenbank von BrandScience, der eigenständigen Forschungseinheit der Omnicom Media Group.

Anfang 2010 wurde BrandScience vom FAW und der APG damit beauftragt, eine Studie zur Absatzwirkung von Plakat in Deutschland und der Schweiz durchzuführen. Hintergrund waren und sind der grundlegende Wandel im Mediennutzungsverhalten, die Fragmentierung der Medienlandschaft und die stetige Verlagerung der Mediennutzung in den öffentlichen Raum. Die parallele Nutzung verschiedener Informations- und Kommunikationskanäle reduziert erheblich die Aufmerksamkeit für das einzelne Medium. Die Plakatwirkungsstudie soll unter anderem die Auswirkungen der genannten Faktoren ermitteln und Lösungen für eine effiziente Zielgruppenansprache aufzeigen. Beim Wirkungsvergleich der Medien ist das zentrale Effizienzkriterium ROI von besonderer Bedeutung. Er wird in diesem Zusammenhang definiert als der mit einer Brutto-Werbeinvestition erzielte Brutto-Umsatz.

Kernergebnisse der Studie Plakatwirkung:

- Media-Mix-Kampagnen mit integriertem Plakat erzielen den höchsten Return on Investment.
- Durch den Einsatz von Plakat werden die ROI-Werte auch der anderen Werbeträger einer Kampagne stark verbessert.
- Der Einfluss von Plakat auf den Absatz ist fünfmal höher als der durchschnittliche Anteil des Mediums am Media-Mix.
- Bei Budgeterhöhungen zeigt sich, dass Plakat unter allen klassischen Medien die größte Hebelwirkung besitzt.

Reichweitenstudie ma Plakat

Seit Jahren investiert der FAW in die Bereitstellung von Mediadaten, um die Marktposition der Außenwerbung zu stärken und zu kommunizieren. Mediadaten sind eine wichtige Entscheidungshilfe bei der Entwicklung und Realisierung von Kampagnen. Sie dokumentieren die Leistungsfähigkeit des Mediums und ermöglichen intermediale Vergleiche. Mit der Aufnahme in die Arbeitsgemeinschaft Mediaanalyse (agma) und der dort entwickelten Reichweitenstudie ma Plakat bewegt sich die Außenwerbung in der Mediaforschung auf hohem Niveau.

Basiswissen der ma Plakat

In der Studie ma Plakat werden Reichweiten und Kontakte für die Stellen-Arten Großfläche/Mega-Lights, City-Light-Poster und Ganzsäulen ermittelt. Die von repräsentativ ausgewählten Personen zurückgelegten Wege werden über einen Zeitraum von sieben Tagen mithilfe von GPS gemessen und in einen räumlichen Zusammenhang mit dem Werbeträgerbestand gestellt. Das extrem aufwändige Verfahren findet in ausgewählten Städten statt und wird durch flächendeckenden Telefoninterviews (CATI) ergänzt. Der Interviewer erfragt die jeweils am Vortag zurückgelegten Wege, die am Computer nachgebildet werden. Derzeit beruht die Gesamtstichprobe auf rund 65.000 Probanden.

Im Herbst 2014 wurde die Studie ma 2014 Plakat veröffentlicht. Damit liegt die siebte Auflage der Reichweiten- und Kontaktmessung für Plakat-Werbeträger vor, die unter dem Dach der agma durchgeführt wird. Sowohl die Erhebungsmethode als auch die Auswertungs- und Ausweisungs-Software werden kontinuierlich optimiert. Regelmäßige Updates mit den jeweils neuesten Werbeträgerdaten sowie fortlaufende Erhebungswellen stellen die Qualität der jährlich in aktualisierter Form veröffentlichten ‚ma Plakat' auf breiter Basis sicher.

Studie ma Plakat im Mediaplanungs-Dialog-System (MDS)

Seit der Veröffentlichung 2007 wird die Studie ma Plakat in wichtigen Planungstools berücksichtigt. Im Sommer 2008 wurden Leistungswerte (Reichweiten, Kontakte) und Werbeträgerdaten von Großflächen, City-Light-Boards / Mega-Lights, City-Light-Postern und Ganzsäulen erstmals in das Mediaplanungs-Dialog-System (MDS) integriert und damit den Mediaplanern auf einer weithin etablierten Plattform zugänglich gemacht. Seitdem erfolgen jährliche Updates mit dem jeweils aktualisierten und erweiterten Zähldatensatz.

Das MDS bildet auf Basis der Studie ma Plakat die Plakatdaten vollständig für ganz Deutschland ab. Spezielle Features machen die Plakatplanung so besonders vielseitig und komfortabel. Das MDS führt den Nutzer durch alle Arbeitsschritte einer differenzierten Kampagnenplanung, mit gängigen Komponenten wie Zielgruppendefinition, Strukturanalyse und Planevaluierung sowie zusätzlichen spezifischen Funktionalitäten für die Plakatplanung.

Die in der ma Plakat ausgewiesenen Reichweiten sind seit Oktober 2008 auch in der Studie ma Intermedia der ag.ma hinterlegt. Hier stellt das Medium Plakat seine Leistungsfähigkeit in unmittelbarer Nähe zu den anderen Mediengattungen Print, Radio, TV, Kino und neuerdings Online unter Beweis. Mittels der gemeinsamen Währung der Werbemittelkontaktchance kann die Medialeistung verschiedener Medien- und Werbeträgerkombinationen in der Studie ma Intermedia direkt geprüft und optimiert werden.

Die Werbemittelkontaktchance für Plakat ist auf der Basis der ma Plakat als Plakatseher pro Stelle (PpS) definiert. Der PpS ist auch Bestandteil der Leistungsdaten in der neuen Markt-Media-Studie Best4Planning. Die Best4Planning liefert regelmäßig aktuelle, bevölkerungsrepräsentative Informationen über knapp 500 Produktbereiche mit rund 1.800 Marken, über Freizeitverhalten, Statements zu Einstellungen, Meinungen und Zielgruppenmodellen. Dazu bildet sie die Mediennutzung von Zeitungen, Zeitschriften, Hörfunk, TV und auch Plakat ab.

Plakat-Leitwährung PpS

Mit Beginn des Jahres 2013 hat der Kontaktbegriff Plakatseher pro Stelle (PpS) für die Leistung einer einzelnen Plakatstelle eine zweite wichtige Funktion übernommen. Er ist seitdem zugleich ein entscheidender Preisbildungsfaktor in der Plakatwerbung, indem die einzelnen Plakatstellen gemäß ihrer Leistung den Preiskategorien zugeordnet werden. Mit dem PpS als Werbemittelkontaktchance existiert erstmals ein einheitlicher und zudem crossmedial vergleichbarer Kontaktbegriff für das Medium Plakat. Der Ausweis von Kontaktsummen für Netzprodukte (City-Light-Poster, City-Light-Boards/Mega-Lights) basiert nun auf derselben Währung wie die Kontaktangabe für einzeln belegbare Plakatstellen (Großflächen, Ganzsäulen).

Methodik der Werbemittelkontaktchance Plakatseher pro Stelle (PpS)

15.000

GPS-Messungen zur Erhebung der Mobilitätsdaten im Zeitablauf von sieben Tagen

7 Mio.

Straßenabschnitte im Frequenzatlas zur Validierung der Erhebung

50.000

flächendeckende Telefoninterviews zur Gewährleistung der Repräsentativität mit der Abfrage der gestern zurückgelegten Wege (Last Day Recall)

280.000

Werbeträger mit individueller wahrnehmungswirksamer Standortbewertung

Die intramediale Plakat-Währung PpS ist laut agma-Definition der „sichtbarkeitsgewichtete Passagekontakt" mit einer einzelnen Plakatstelle und somit als Werbemittelkontaktchance einzustufen. Diese „Sichtbarkeitsgewichtung" bei der Kontaktwerte-Berechnung erfolgt durch die Berücksichtigung qualifizierender Parameter der Stellenstandorte: Sie werden miteinander verrechnet und fließen dann als sogenannter k-Wert in den PpS ein. Diese Parameter sind:

- Dauer der Kontaktchance
- seitlicher Abstand der Plakatstelle zum passierenden Verkehrsstrom
- Verdecktheit der Plakatstelle
- weitere Plakatstellen im Umfeld
- Winkel der Plakatstelle zur Fahrbahn
- Situations- und Umfeldkomplexität
- Beleuchtung

FAW-Frequenzatlas

Die quantitativen Daten zum PpS liefert der FAW-Frequenzatlas. Dieser ermittelt über ein Modellierungsverfahren die durchschnittliche Zahl der Passanten für jeden Straßenabschnitt. Die Angaben lassen sich nach Autofahrern, Fußgängern und Nutzern des Öffentlichen Personennahverkehrs aufschlüsseln. Diese Straßenabschnittsfrequenzen werden dann den einzelnen Plakatstandorten zugeordnet. Der Frequenzatlas liegt für ganz Deutschland vor, inklusive kleiner Städte und Gemeinden.

Nachhaltiges Qualitätsmanagement

In einer ersten umfassenden Qualitätsoffensive sind weit mehr als 300.000 Plakatstellen der FAW-Mitglieder detailliert überprüft worden. Seitdem findet eine regelmäßige Kontrolle aller Großflächen, MegaLights / City-Light-Boards, Ganzsäulen und Superposter statt.

Hierbei werden die Stellen von einer unabhängigen Institution im Auftrag des FAW vor Ort besichtigt und eindeutige Kriterien erhoben.

Die FAW-Mitgliedsunternehmen melden alle Neuaufbauten und optimierten Werbeträger zur umgehenden Kontrolle und Bewertung an. So ist die Einhaltung der definierten Mindestanforderungen auf Dauer gewährleistet. Plakatstellen, die den Mindestkriterien nicht mehr entsprechen, werden den Anforderungen gemäß umgebaut oder entfernt. Durch das Qualitätsmanagement des FAW wird der Werbeträgerbestand nachhaltig optimiert und die durchschnittliche Kontaktleistung der Flächen deutlich gesteigert.

Buchungszeiträume

Für die klassischen Werbeträgerarten Großfläche, Ganzsäule, Allgemeinstelle und Superposter werden zwei verschiedene Belegungsintervalle angeboten. Hier gilt das Dekadensystem mit einem Buchungszeitraum von zehn oder elf Tagen. Dabei erfolgt der Aushang der Plakate in Ballungsräumen und Großstädten ab 250.000 Einwohnern (sogenannter A-Block) zeitgleich. Drei Tage später setzt die Plakatierung in Städten mit weniger als 250.000 Einwohnern ein (sogenannter B-Block). Dann ist die Kampagne eine Woche lang bundesweit plakatiert, bevor sie im B-Block ausklingt.

Anders ist der Buchungszeitraum bei City-Light-Postern und Mega-Lights/City-Light-Boards. Sie werden im Gegensatz zu den genannten Plakatmedien im Rhythmus der Kalenderwoche gebucht. Der Startzeitpunkt einer Kampagne ist stets der Dienstag einer Woche.

AdMotion 2.0 – Die neue Verkehrsmedienanalyse (VMA)

„Verkehrsmittelwerbung trifft. Bewegend." Unter diesem Motto wurde die neue Reichweitenstudie für die mobilen Werbeträger Busse und Bahnen des öffentlichen Personennahverkehrs im Mai 2015 vorgestellt.

Ziel der VMA ist es, Leistungswerte für Busse, Straßen-, Stadt- und U-Bahnen analog der unter dem Dach der agma durchgeführten ma Plakat auszuweisen. Analysiert werden Werte für Ganz- und Teilgestaltung, neun Quadratmeter Traffic Board und vier Quadratmeter Heckfläche.

Die neue Studie basiert auf dem identischen Datensatz der ma Plakat. Dabei werden die 65.000 Probandendaten herangezogen, deren individuelle, täglich zurückgelegten Wege erhoben sind sowie der FAW-Frequenzatlas, der Kfz- und Fußgängerfrequenzen von über sieben Mio. Straßenabschnitten in Deutschland abbildet.

Die Modellierung der Leistungswerte wird anhand der tatsächlich gefahrenen Strecken der einzelnen Fahrzeuge aufgrund der Zuordnung von Linien zu einem Depot und deren offiziellen Linienplänen durchgeführt. Analog zur ma Plakat findet für jede Werbeform und Begegnungssituation eine Sichtbarkeitsgewichtung statt.

Für konkrete Planungen wurde ein eigenes, online-basiertes Planungstool entwickelt. Unter www.AdMotion.de kann jeder Interessent eigene Planungen durchführen. Nach einer einmaligen Registrierung wird AdMotion 2.0 kostenfrei angeboten.

AdMotion 2.0 ermöglicht die grafische Darstellung einzelner Linienverläufe, die Anbindung der Linien an Depots und damit eine genaue geografisch visualisierte Steuerung einer Kampagne. Als Ergebnis erhält der Planer Reichweiten in Prozent und Millionen, die nochmals zwischen einem Belegungs- und Kampagnengebiet differenzieren. Damit werden nun auch für die Verkehrsmedien wichtige Pendlerkontakte dargestellt. Neben der Reichweite sind die Anzahl der Kontakte, der TKP, GRP und die OTS einer jeden Planung sichtbar.

Mit AdMotion 2.0, der neuen Verkehrsmedienanalyse, ist es erstmals möglich, komplexe Planungen städte- und medienübergreifend zu planen und dazu Leistungswerte zu generieren, die dem hohen Anspruch der durch die agma durchgeführten ma Plakat auf Augenhöhe begegnet.

Unterstützung von Sozialkampagnen

Plakatwerbung bietet eine einzigartige, bundesweit flächendeckende Plattform für Informationen und Meinungsbildung in der Öffentlichkeit. Um dieses Potenzial für wichtige gesellschaftliche Themen und Anliegen nutzbar zu machen, stellen die Mitglieder des FAW ihre Werbeflächen für soziale Kampagnen zur Verfügung, die keine direkten kommerziellen Ziele verfolgen. Mit diesem Engagement tragen sie aktiv zum Gemeinwohl bei und setzen die öffentlichkeitswirksame Kraft ihrer Medien verantwortungsvoll im Interesse der Gesellschaft ein.

So unterstützt der FAW seit vielen Jahren unter anderem die Bundeszentrale für gesundheitliche Aufklärung (BzgA) in deren Kampf gegen AIDS und fördert das Wissenschaftsjahr der Bundesregierung. Auch gemeinnützige Organisationen wie Misereor oder missio nutzen immer wieder gern das Plakatangebot der FAW-Mitgliedsunternehmen.

| Stand: April 2015

Daniel Wall, Vorstandsvorsitzender des Stadtmöblierers und Außenwerbers Wall AG

Außenwerbung 2015: Litfaß 3.0

Zum Autor:

Daniel Wall ist seit 2007 Vorstandsvorsitzender des Stadtmöblierers und Außenwerbers Wall AG. Das Unternehmen ist internationaler Spezialist für Stadtmöblierung und Außenwerbung. Als Teil des JCDecaux-Konzerns, der weltweiten Nr. 1 der Branche, stattet die Wall AG den öffentlichen Raum mit Stadtmöbeln aus. Sie werden den Städten kostenfrei zur Verfügung gestellt und durch Außenwerbeflächen refinanziert.

Weltweit gibt die Digitalisierung den Takt vor. Auch in der Außenwerbung und bei der Wall AG treibt dieser globale Megatrend das Wachstum, prägt Ziele und nicht zuletzt unser Produktangebot. Doch gleichzeitig verschwinden die Grenzen zwischen digital und analog – unternehmerische Innovationen zielen auf beide Welten und gehen Hand in Hand.

Wir sind eine vermeintlich traditionelle Branche, im Vergleich zu anderen Mediengattungen wie TV, Radio oder Online relativ alt – aber damit auch sehr erfahren in Umwälzungen und Umbrüchen. Plakatanschläge gibt es seit Jahrhunderten, trotzdem haben wir uns permanent weiterentwickelt. Die archaisch wirkende Litfaßsäule mag dafür als Gleichnis dienen. Sie ist ein wunderbares Beispiel für deutschen Erfindergeist, trat vor 160 Jahren von Berlin aus den Siegeszug in die Welt an und ist solch ein „uriger Typ", dass man meinen könnte, sie sei fertig und ausgereizt. Doch weit gefehlt: Sie hat irgendwann Lampen bekommen, später haben wir einen patentierten Leuchtkranz mit nur einer stromsparenden Lichtquelle entwickelt. Moderne City Light Säulen verfügen über hinterleuchtete Plakate und sie drehen sich. Es gibt von uns Multifunktionssäulen mit Kiosken oder E-Terminal. Schließlich arbeiten wir bereits an Säulen mit digitalen Werbeflächen und sie werden kostenlos WLAN aussenden. Litfaßsäulen als Baustein für Smart Cities und in Full HD – das hätte sich der damalige Berliner Polizeipräsident von Hinckeldey nicht träumen lassen, als er 1854 Ernst Litfaß die Konzession für seine Idee erteilte.

Die Digitalisierung ist also ein unternehmerischer Leitfaden und fester Bestandteil unserer Produkte, Dienstleistungen, aber auch Arbeitsprozesse. Während gedruckte und gehängte Plakate – die nach wie vor die Basis für reichweitenstarke Kampagnen bilden – im Verhältnis leicht abnehmen, bringen wir immer mehr Bildschirme auf die Straße oder in Berliner U-Bahnhöfe. Doch das machen wir nicht, um den Zeitgeist zu bedienen. Vielmehr erreichen Motive und Inhalte elektronisch die Konsumenten viel schneller. Zudem fallen Druck, Transport und Lagerung von Postern weg. Unsere Kunden können somit rascher agieren und kurzfristiger planen. Dies alles – in Verbindung mit kreativem Bewegtbild und interaktiven Umsetzungen – macht diese Werbeform so erfolgreich. Gleichwohl wird das gedruckte Plakat auf absehbare Zeit nicht verschwinden und weiterhin die Grundlage unseres Geschäfts darstellen.

In meinem Beitrag im vergangenen Jahr habe ich beschrieben, dass unsere Branche vor allem die bessere Verknüpfung von Plakat und Mobile umtreibt. Das gilt immer noch. So arbeiten wir bereits seit einem halben Jahr erfolgreich mit iBeacons. QR-Codes und NFC wiederum sind schon viel länger im Einsatz – und das zeigt: So zentral auch für uns die Digitalisierung ist, sie ist kein purer Selbstzweck und auch nicht einziger Träger von Innovationen. Vielmehr funktionieren Beacons & Co. völlig unabhängig von der Art des Werbeträgers, denn es geht vor allem darum, mit dem

Nutzer und seinem mobilen Gerät in Interaktion zu kommen. Digital ist zwar Treiber von Neuerungen – einmal auf den Weg gebracht sind technische Lösungen aber auch wieder für unser klassisches und nach wie vor dominantes Analog-Geschäft nützlich, das in den vergangenen Jahren ebenfalls stetig gewachsen ist.

So ist es auch beim Beispiel Targeting: Gerade weil die Digitalisierung in allen Lebensbereichen voranschreitet und sich die Mediennutzung dramatisch verändert hat, wird die individuelle Ansprache der Konsumenten immer wichtiger. Die Wall AG verbindet daher ihr Angebot – wirksame Außenwerbemedien – mit Mobile Audience Targeting. Werbungtreibende und Agenturen erhalten so die Möglichkeit, ihre Out-of-Home-Kampagne mit Zielgruppendaten anzureichern und mobil zu verlängern. Wir nutzen damit konsequent die Schnittstellen, die neue Technologien bieten: Die gezielte Ansprache von Smartphone-Nutzern im Umfeld klassischer Außenwerbeflächen – die zusätzlich durch eine Zielgruppenanalyse optimiert wurde. All dies macht gerade Media-Mix-Werbekampagnen noch effektiver.

Wo stehen wir im Vergleich mit anderen Mediengattungen? Der Transformationsprozess Digitalisierung ist in vollem Gange, die Menschen werden mobiler und leben immer mehr in Städten – Außenwerbung ist das einzige Werbemedium, das diese drei globalen Megatrends zusammenführt. Zudem laufen vielen Werbemedien die Kunden weg, sie stagnieren oder sind mehr oder weniger stark segmentiert wie Internet und TV. Die Außenwerbung ist also das letzte Massenmedium und alle anderen Mediengattungen zählen interessanterweise zu unseren besten Kunden. Wir haben in den vergangenen Jahren enorm investiert, um jeden Werbeträger zählbar zu machen und so für Transparenz zu sorgen. Wir profitieren von der mobilen Gesellschaft, denn wir sind da, wo die Menschen sich bewegen. Ernst Litfaß, ein gewiefter Unternehmertyp wie aus dem Bilderbuch, hätte im kommenden Februar seinen 200. Geburtstag gefeiert. Er wäre stolz auf diese Entwicklung.

Automobilindustrie

Mit einem Gesamtvolumen von rund 361 Mrd. Euro erreichte die deutsche Automobilindustrie 2013 erneut einen Umsatzrekord und steigerte dabei ihre Erlöse um gut ein Prozent. Der Inlandsabsatz lag mit mehr als 126 Mrd. Euro leicht unter dem Vorjahresniveau. Die Beschäftigung der deutschen Automobilindustrie ist im Jahresdurchschnitt um zwei Prozent auf 756.000 Mitarbeiter gestiegen.[1]

Kfz-Werbung in Deutschland 2014: Die 15 werbestärksten Autobauer

Autobauer	Werbevolumen	Veränderung
Volkswagen, Wolfsburg	206,0 Mio. Euro	▲ 13,6 %
Daimler, Stuttgart	130,3 Mio. Euro	▲ 40,8 %
Audi, Ingolstadt	120,6 Mio. Euro	▼ -0,3 %
Ford, Köln	114,0 Mio. Euro	▲ 23,0 %
BMW, München	106,5 Mio. Euro	▲ 31,5 %
Seat Deutschland, Weiterstadt	105,5 Mio. Euro	▼ -4,8 %
Opel, Rüsselsheim	98,5 Mio. Euro	▼ -5,3 %
Peugot, Köln	87,0 Mio. Euro	▼ -3,7 %
Nissan, Brühl	86,8 Mio. Euro	▲ 79,9 %
Toyo, Köln	85,1 Mio. Euro	▼ -10,1 %
Renault, Brühl	83,6 Mio. Euro	▼ -3,0 %
FCA Germany, Frankfurt	71,5 Mio. Euro	▲ 19,6 %
Citroën, Köln	69,2 Mio. Euro	▼ -8,6 %
Škoda, Weiterstadt	61,3 Mio. Euro	▼ -6,5 %
Suzuki, Bensheim	52,3 Mio. Euro	▲ 348,1 %

Angaben von Jan. bis Dez. 2014;
▲ Veränderung zu Jan. bis Dez. 2013

Quelle: Nielsen, HORIZONT 16/2015

Automobilproduktion deutscher Hersteller: PKW-Inlandsproduktion 2013 und 2014

Fahrzeugklasse Gesamtzahl	2014	zu 2013 in %	2013
Mini	58.693	9,2	53.771
Kleinwagen	409.594	5,6	388.020
Kompaktklasse	1.632.216	1,2	1.612.557
Mittelklasse	1.274.655	-2,8	1.310.898
Obere Mittelklasse	617.991	-6,4	660.471
Oberklasse	255.939	23,7	206.887
Geländewagen	835.173	22,8	680.212
Sportwagen	147.408	-8,0	160.204
Utilities	84.561	19,4	70.846
Mini-Vans	100.154	1,6	98.564
Großraum-Vans	181.914	-4,9	191.275
Sonstige	5.728	-7,6	6.199
Gesamt	**5.604.026**	**3,0**	**5.439.904**

Quelle: VDA[2]

[1] Jahresbericht 2014, Verband der Automobilindustrie e.V. (VDA), 2014.
[2] Siehe https://www.vda.de/de/services/zahlen-und-daten/jahreszahlen/automobilproduktion.html (letzter Zugriff: 30.04.2015).

Kfz-Werbung in Deutschland 2014: Investitionen nach Werbeträgern

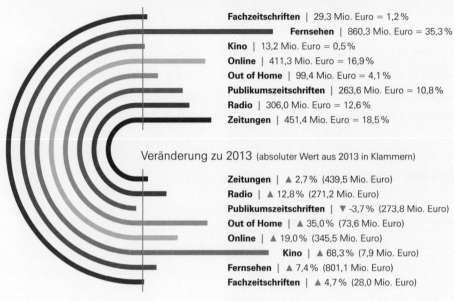

Umsätze und Anteile der Werbeträger 2014

- Fachzeitschriften | 29,3 Mio. Euro = 1,2 %
- Fernsehen | 860,3 Mio. Euro = 35,3 %
- Kino | 13,2 Mio. Euro = 0,5 %
- Online | 411,3 Mio. Euro = 16,9 %
- Out of Home | 99,4 Mio. Euro = 4,1 %
- Publikumszeitschriften | 263,6 Mio. Euro = 10,8 %
- Radio | 306,0 Mio. Euro = 12,6 %
- Zeitungen | 451,4 Mio. Euro = 18,5 %

Gesamt-Bruttowerbemarkt
2.434,6 Mio. Euro = 100 %

Veränderung zu 2013 (absoluter Wert aus 2013 in Klammern)

- Zeitungen | ▲ 2,7 % (439,5 Mio. Euro)
- Radio | ▲ 12,8 % (271,2 Mio. Euro)
- Publikumszeitschriften | ▼ -3,7 % (273,8 Mio. Euro)
- Out of Home | ▲ 35,0 % (73,6 Mio. Euro)
- Online | ▲ 19,0 % (345,5 Mio. Euro)
- Kino | ▲ 68,3 % (7,9 Mio. Euro)
- Fernsehen | ▲ 7,4 % (801,1 Mio. Euro)
- Fachzeitschriften | ▲ 4,7 % (28,0 Mio. Euro)

Veränderung zu 2013
▲ **8,7 %**
(2.240,6 Mio. Euro)

Quelle: Nielsen bereinigter Werbetrend 2014; Datenstand: Monatsabschluss Februar 2015

Kfz-Werbung in Deutschland 2014: Top 5 der Fahrzeugklassen nach Werbeinvestitionen

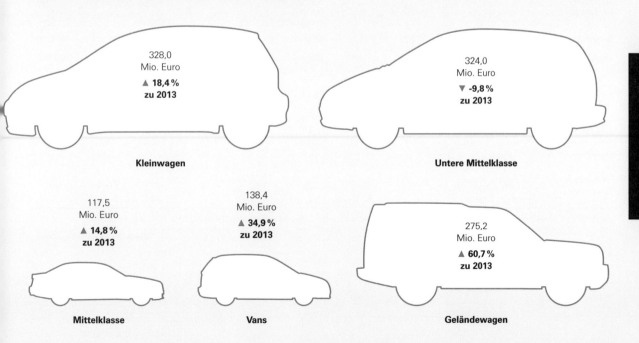

Kleinwagen — 328,0 Mio. Euro ▲ 18,4 % zu 2013

Untere Mittelklasse — 324,0 Mio. Euro ▼ -9,8 % zu 2013

Mittelklasse — 117,5 Mio. Euro ▲ 14,8 % zu 2013

Vans — 138,4 Mio. Euro ▲ 34,9 % zu 2013

Geländewagen — 275,2 Mio. Euro ▲ 60,7 % zu 2013

Quelle: Nielsen bereinigter Werbetrend 2014; Datenstand: Monatsabschluss Februar 2015

Brauwirtschaft

Der Bierabsatz in Deutschland ist 2014 gegenüber dem Vorjahr um ein Prozent auf 95,6 Mio. Hektoliter gestiegen. Impulse setzte dabei auch die wachsende Lust der Verbraucher auf alkoholfreie Biere: Erstmals wurde in dieser Kategorie die 5-Millionen-Hektoliter-Marke überschritten. Der Trend zu mehr Vielfalt, zu Regionalität und zu neuen Angeboten gerade auch im Premium-Bereich wird sich 2015 fortsetzen.[1]

Brauwirtschaft in Deutschland 2006 bis 2014 in Zahlen

	Einheit	2006	2007	2008	2009	2010	2011	2012	2013	2014
Betriebene Braustätten	Anzahl	1.289	1.306	1.328	1.331	1.333	1.347	1.341	1.352	1.352
Bierabsatz	Mio. hl	106,8	103,9	102,9	100,0	98,3	98,2	96,5	94,6	95,6
Bierausstoß	1.000 hl	104.315	100.628	99.910	98.078	95.683	95.545	94.618	94.365	95.274
Bierausfuhr*	1.000 hl	14.896	15.716	15.210	14.045	14.754	15.360	15.357	15.119	15.439**
Anteil am Ausstoß	%	14,1	15,0	15,2	14,3	15,8	16,1	16,2	15,7	16,2**
Biereinfuhr	1.000 hl	6.429	6.972	6.445	6.531	7.486	7.694	7.276	6.452	6.671**
Anteil am Inlandsverbrauch	%	6,7	7,6	7,1	7,2	8,5	8,8	8,4	7,5	7,7**
Bierverbrauch	1.000 hl	95.492	91.885	91.132	89.853	87.872	87.655	86.279	85.888	86.512
Pro-Kopf-Verbrauch	Liter	116,0	111,8	111,1	109,6	107,4	109,3***	107,6***	106,6***	106,9***
Beschäftigte (Betriebe mit mehr als 20 Beschäftigten)	Anzahl	31.381	30.737	29.637	28.412	27.572	27.048	26.915	26.825	
Umsatz (Betriebe mit mehr als 20 Beschäftigten)	Mio. €	8.022	8.190	8.155	7.855	7.690	7.850	7.954	7.652	
Biersteuer-Einnahmen	Mio. €	779	757	743	728	713	702	697	669	684

* Ausfuhr nach d. Biersteuerstatistik; ** Vorläufiger Wert; *** Berechnung mit Bevölkerung nach ZENSUS 2011 | Stand: März 2015

Quelle: Deutscher Brauerbund e.V.

---

1 Deutscher Brauer-Bund, Pressemeldung vom 12.1.2015.

Werbung der Brauwirtschaft in Deutschland 2014: Investitionen nach Werbeträgern

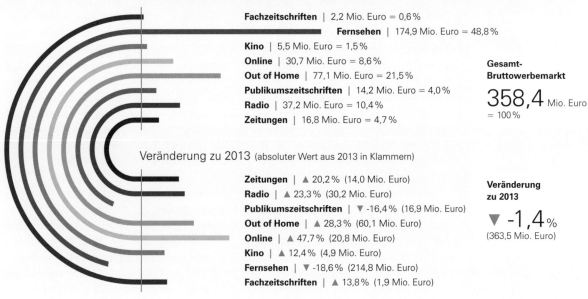

Umsätze und Anteile der Werbeträger 2014

Fachzeitschriften | 2,2 Mio. Euro = 0,6 %
Fernsehen | 174,9 Mio. Euro = 48,8 %
Kino | 5,5 Mio. Euro = 1,5 %
Online | 30,7 Mio. Euro = 8,6 %
Out of Home | 77,1 Mio. Euro = 21,5 %
Publikumszeitschriften | 14,2 Mio. Euro = 4,0 %
Radio | 37,2 Mio. Euro = 10,4 %
Zeitungen | 16,8 Mio. Euro = 4,7 %

Gesamt-Bruttowerbemarkt

358,4 Mio. Euro
= 100 %

Veränderung zu 2013 (absoluter Wert aus 2013 in Klammern)

Zeitungen | ▲ 20,2 % (14,0 Mio. Euro)
Radio | ▲ 23,3 % (30,2 Mio. Euro)
Publikumszeitschriften | ▼ -16,4 % (16,9 Mio. Euro)
Out of Home | ▲ 28,3 % (60,1 Mio. Euro)
Online | ▲ 47,7 % (20,8 Mio. Euro)
Kino | ▲ 12,4 % (4,9 Mio. Euro)
Fernsehen | ▼ -18,6 % (214,8 Mio. Euro)
Fachzeitschriften | ▲ 13,8 % (1,9 Mio. Euro)

Veränderung zu 2013

▼ **-1,4** %
(363,5 Mio. Euro)

Quelle: Nielsen bereinigter Werbetrend 2014; Datenstand: Monatsabschluss Februar 2015

Werbung der Brauwirtschaft in Deutschland 2014: Top 5 Brausorten nach Werbeinvestitionen

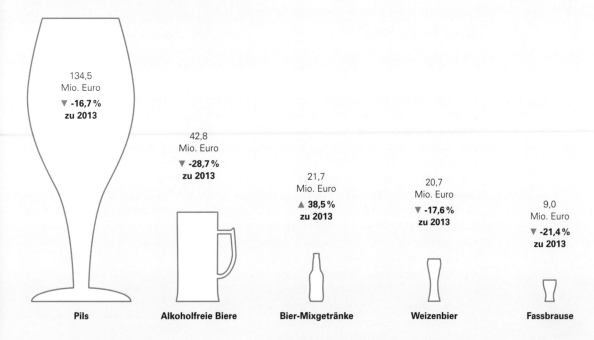

134,5 Mio. Euro
▼ -16,7 % zu 2013
Pils

42,8 Mio. Euro
▼ -28,7 % zu 2013
Alkoholfreie Biere

21,7 Mio. Euro
▲ 38,5 % zu 2013
Bier-Mixgetränke

20,7 Mio. Euro
▼ -17,6 % zu 2013
Weizenbier

9,0 Mio. Euro
▼ -21,4 % zu 2013
Fassbrause

Quelle: Nielsen bereinigter Werbetrend 2014; Datenstand: Monatsabschluss Februar 2015

Brauwirtschaft

Die alkoholpolitische Diskussion über weitere Einschränkungen der Verkaufsmöglichkeiten von Bier nach Zeit, Ort und Alter, Werbeverbote, Warnhinweise und Preiserhöhungen stehen auch weiterhin im Zentrum der politischen Lobbyarbeit des Deutschen Brauer-Bundes (DBB). Die Branche bereitet sich derzeit auf ein großes Jubiläum im Jahr 2016 vor: Das weltbekannte Reinheitsgebot des deutschen Biers wird 500 Jahre alt; es ist am 23. April 1516 im bayerischen Ingolstadt erlassen worden.

Der Deutsche Brauer-Bund bleibt – trotz aller politischen und wirtschaftlichen Herausforderungen – insgesamt optimistisch. Anlass dafür gibt auch ein erfolgreiches Jahr 2014: Erstmals seit acht Jahren ist der durchschnittliche Pro-Kopf-Konsum von Bier (alkoholhaltig und alkoholfrei) leicht auf 107 Liter gestiegen. Zu dem positiven Ergebnis haben das stabile Konsumklima, ein relativ kurzer Winter, das gute Wetter im Frühling und Frühsommer sowie Umsatzimpulse durch die Fußball-Weltmeisterschaft 2014 in Brasilien beigetragen.

Dialog mit der Politik

Der DBB sucht auf europäischer und nationaler Ebene kontinuierlich den Dialog mit der Politik, Wissenschaft und Zivilgesellschaft. Mit Sorge verfolgt die Interessensvertretung der mehr als 1.300 Braustätten in Deutschland die aktuellen Entwicklungen in der Alkoholpolitik, insbesondere auf europäischer Ebene. Die Branche unterstützt den Kampf gegen missbräuchlichen Alkoholkonsum. Doch die vorgeschlagenen Einschränkungen wirtschaftlicher und individueller Freiheiten können aus ihrer Sicht weder kurzfristig noch nachhaltig Alkoholmissbrauch verhindern sowie den Kinder- und Jugendschutz effektiv verbessern. Vielmehr führen solche Einschränkungen nur zu Verdrängungseffekten und zur kollektiven Bestrafung des Großteils der Bevölkerung, der maß- und genussvoll Bier und andere alkoholhaltige Getränke konsumiert. Der Alkoholmissbrauch wird besser und wirksamer bekämpft, wenn alle Stakeholder – Politik, Wirtschaft, Hilfsorganisationen und staatliche Institutionen – gleichberechtigt zusammenarbeiten bei einem umfassenden, anspruchsvollen und finanziell abgesicherten Konzept der Prävention und Aufklärung. Dieses Konzept muss sich auf Zielgruppen fokussieren, ohne die Breite der Bevölkerung einzuschränken.

Kritik übt der Verband vor allem an einer geplanten neuen EU-Alkoholstrategie. Trotz der sehr unterschiedlichen Ausgangslage in den 28 Mitgliedstaaten dominieren jene Länder mit teils massiven Alkoholproblemen zunehmend die Formulierungen und wollen ihre Situation zum Maßstab für die gesamte EU machen.[1]

Verantwortungsbewusstes Marketing

Maßgabe für verantwortungsvolles Handeln der deutschen Brauer beim Bewerben und Verkaufen ihrer Produkte ist die Akzeptanz und Durchsetzung sowohl von gesetzlichen als auch freiwilligen Regeln, insbesondere zur kommerziellen Kommunikation. Durch die Mitgliedschaft im ZAW und Einhaltung der „Verhaltensregeln des Deutschen Werberats über die kommerzielle Kommunikation für alkoholhaltige Getränke"[2] garantieren die deutschen Brauer eine moralisch und ethisch verantwortungsvolle Bewerbung der eigenen Produkte. Ergänzt wird das seit 1976 geltende und mehrfach weiterentwickelte Regelwerk durch den brancheneigenen Brauer-Kodex.[3]

---

1 Vgl. Abschn. Werbepolitische Entwicklungen in Deutschland und der EU, Kap. Alkoholhaltige Getränke.

2 Verhaltensregeln abrufbar unter www.werberat.de/verhaltensregeln (letzter Zugriff: 26.3.2015).

3 Der Brauer-Kodex ist abrufbar unter www.brauer-bund.de (letzter Zugriff: 26.3.2015).

Publikation Verhaltensregeln des Deutschen Werberats über die kommerzielle Kommunikation für alkoholhaltige Getränke, Verlag edition ZAW.

Engagement gegen den Missbrauch

Mit verschiedenen Präventions- und Aufklärungskampagnen fördert die Branche aktiv einen verantwortungsvollen Alkoholkonsum. Der Kinder- und Jugendschutz steht dabei im Fokus der Projekte.

- Mit der Dachkampagne BIER BEWUSST GENIESSEN bekennt sich die Branche auch optisch zur Verantwortung bei der Herstellung und beim Vertrieb von Bier. Viele Brauereien setzen das Logo auf ihren Etiketten, Verpackungen und in ihren Werbemaßnahmen ein.[4]

- Mit der Jugendschutz-Kampagne „BIER? SORRY. ERST AB 16" werden vor allem Verkaufspersonal und Akteure im Vereins- und Kulturleben sensibilisiert. Mit Plakaten und Schulungsmodulen unterstützen die deutschen Brauer auch weiterhin den Einzelhandel bei der Einhaltung der bestehenden Gesetze.[5]

- Mit der Fahrsicherheitskampagne „DON'T DRINK AND DRIVE" senden die deutschen Brauer gemeinsam mit anderen Branchen bereits seit Anfang der 1990er Jahre klare Botschaften gegen Alkohol am Steuer aus. Die Kampagne für Punktnüchternheit[6] im Straßenverkehr richtet sich vor allem an Fahranfänger.[7]

- Frauen in der Schwangerschaft bleiben neben Kindern und Jugendlichen die zweite wichtige Zielgruppe für die Alkohol-Prävention der Brauwirtschaft. Eine gesetzliche Verpflichtung für Warnhinweise und entsprechende Piktogramme auf Flaschenetiketten lehnt der Brauer-Bund ab. Weder Piktogramme noch Warnhinweise können eine grundlegende Bewusstseinsänderung bei den Konsumentinnen bewirken. Stattdessen verstärkt die Branche mit Nachdruck die gesellschaftliche Aufklärung über die Risiken von Alkoholkonsum in der Schwangerschaft. Die Kampagne des DBB wurde gemeinsam mit der Stiftung für das behinderte Kind und in Zusammenarbeit mit dem renommierten Gynäkologen Prof. Dr. Joachim Dudenhausen, dem ehemaligen Leiter der Kinderklinik der Charité Berlin, realisiert. Schwangere Frauen, ihr privates Umfeld, aber auch Ärzte und Gesellschaft sollen möglichst breit und frühzeitig für die Problematik sensibilisiert werden.[8]

| Stand: April 2015

---

4 Hintergrundinformationen sind auf der Kampagnen-Homepage www.bierbewusstgeniessen.de abrufbar (letzter Zugriff: 26.3.2015).

5 Vgl. www.bier-erst-ab-16.de (letzter Zugriff: 26.3.2015).

6 Weitere Informationen: http://www.massvoll-geniessen.de/punkt-nuechternheit.html (letzter Zugriff: 06.04.2015).

7 Vgl. dont-drink-and-drive.de (letzter Zugriff: 26.3.2015).

8 Vgl. www.praevention-aus-liebe-zum-kind.de (letzter Zugriff: 26.3.2015).

Dialogmarketing

Unternehmen in Deutschland investieren laut Dialog Marketing Monitor der Deutschen Post 27,5 Mrd. Euro in den Kundendialog:
Hiervon wurden in postalische Werbesendungen 11,2 Mrd. Euro investiert, für das Onlinedialogmarketing 13,3 Mrd. Euro aufgewendet und 3,0 Mrd. Euro für Telefonmarketing ausgegeben.

Dialogmarketing in Deutschland: Anteil der einzelnen Medien an den Gesamtaufwendungen in 2013 und 2012

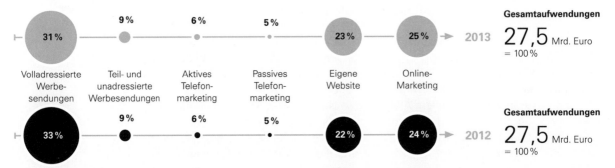

Basis: Dialogmarkteing-Anwender / Rundungsbedingte Abweichungen zu 100%

Quelle: MRSC/TNS Infratest © Deutsche Post – Dialog Marketing Monitor 2014

Dialogmarketing in Deutschland: Inhaltliche Angebote von Unternehmenswebsites in 2013 und 2012

Inhalte	2013	2012
Informationen zum Unternehmen und/oder den Produkten	98%	98%
Online-Kontaktmöglichkeit (E-Mail-Adresse/Kontaktformular)	97%	97%
Facebook Connect-/Share on Twitter-Button/ Verknüpfungen zu anderen sozialen Netzwerken	21%	14%
Möglichkeit, einen Newsletter zu abonnieren	16%	17%
Online-Shop zur Bestellung von Produkten bzw. Dienstleistungen	14%	18%
Eigene Kommunikationsplattformen (Nutzer können eigene Inhalte einstellen)	10%	8%

Basis: Alle Unternehmen bzw. Nutzer einer eigenen Website; Mehrfachnennungen möglich. 2013: n=3.257.000; 2012: n=3.112.000

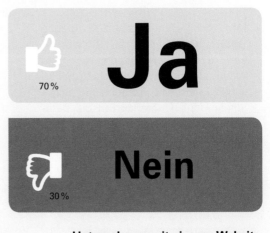

Unternehmen mit eigener Website

Quelle: MRSC/TNS Infratest © Deutsche Post – Dialog Marketing Monitor 2014

Dialogmarketing in Deutschland:
Einsatz von Dialogmarketing-Medien in Wirtschaftsbereichen 2013 und 2012 (in Prozent)

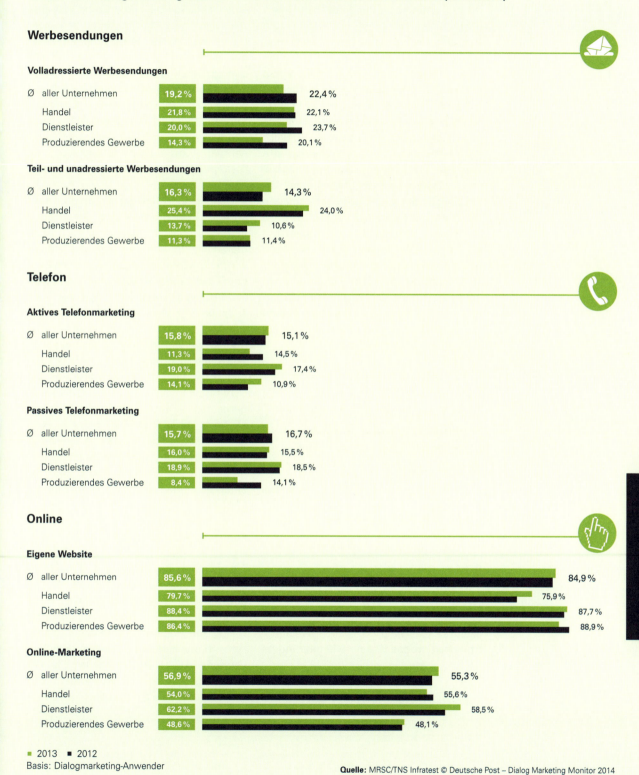

Werbesendungen

Volladressierte Werbesendungen

	2013	2012
Ø aller Unternehmen	19,2 %	22,4 %
Handel	21,8 %	22,1 %
Dienstleister	20,0 %	23,7 %
Produzierendes Gewerbe	14,3 %	20,1 %

Teil- und unadressierte Werbesendungen

	2013	2012
Ø aller Unternehmen	16,3 %	14,3 %
Handel	25,4 %	24,0 %
Dienstleister	13,7 %	10,6 %
Produzierendes Gewerbe	11,3 %	11,4 %

Telefon

Aktives Telefonmarketing

	2013	2012
Ø aller Unternehmen	15,8 %	15,1 %
Handel	11,3 %	14,5 %
Dienstleister	19,0 %	17,4 %
Produzierendes Gewerbe	14,1 %	10,9 %

Passives Telefonmarketing

	2013	2012
Ø aller Unternehmen	15,7 %	16,7 %
Handel	16,0 %	15,5 %
Dienstleister	18,9 %	18,5 %
Produzierendes Gewerbe	8,4 %	14,1 %

Online

Eigene Website

	2013	2012
Ø aller Unternehmen	85,6 %	84,9 %
Handel	79,7 %	75,9 %
Dienstleister	88,4 %	87,7 %
Produzierendes Gewerbe	86,4 %	88,9 %

Online-Marketing

	2013	2012
Ø aller Unternehmen	56,9 %	55,3 %
Handel	54,0 %	55,6 %
Dienstleister	62,2 %	58,5 %
Produzierendes Gewerbe	48,6 %	48,1 %

■ 2013 ■ 2012
Basis: Dialogmarketing-Anwender

Quelle: MRSC/TNS Infratest © Deutsche Post – Dialog Marketing Monitor 2014

Dialogmarketing

Dialogmarketing ist bei deutschen Unternehmen einer der am stärksten genutzten Medienbereiche.[1] Laut Dialog Marketing Monitor 2014,[2] der von der Deutschen Post jährlich in Auftrag gegebenen Studie zum Werbeverhalten deutscher Unternehmen, setzten im Jahr 2013 über 80 Prozent der Unternehmen mindestens ein Dialogmarketing-Medium ein. Beliebtestes Medium war die volladressierte Werbesendung; hierfür wurden 8,6 Mrd. Euro aufgewendet. Bei Messen mit ihren Dialogmarketing-Elementen schlagen die Aufwendungen mit 15,6 Mrd. Euro zu Buche. Quantitativ das bevorzugte Dialogmarketinginstrument ist nach wie vor die eigene Website: Ungefähr 70 Prozent der deutschen Unternehmen unterhalten eine eigene Onlinepräsenz, um ihre Produkte und Dienstleistungen zu präsentieren und mit potentiellen Kunden in Kontakt zu treten.

Dialogmarketing ist das Blut in den Adern unserer Wirtschaft. Schließlich werden jährlich rund 28 Milliarden Euro hierfür aufgewendet!

Patrick Tapp
DDV-Präsident

DDV Deutscher Dialogmarketing Verband

Einer der größten nationalen Zusammenschlüsse innerhalb der Dialogmarketing-Branche Europas ist der 1948 gegründete DDV Deutscher Dialogmarketing Verband. Die mehr als 800 Mitglieder repräsentieren die ganze Wertschöpfungskette des Dialogmarketings – on- und offline: Dialogmarketing-Agenturen, Online-Agenturen, E-Mail-Dienstleister, Adress- und Informationsdienstleister, Customer Services-Dienstleister, Direct-Mail-Unternehmen sowie werbungtreibende Unternehmen aus allen Branchen, die Dialogmarketingmaßnahmen einsetzen.

Verbindliche Qualitätsstandards und Ehrenkodizes für DDV-Mitglieder garantieren ein qualitativ hochwertiges Dialogmarketing. In den vergangenen Jahren wurde in nahezu allen Councils[3] des DDV die Qualitätsoffensive des Verbands weiter vorangetrieben. Mit Wirkung zum 1. Januar 2015 hat das Council Customer Services mit dem CCV den gemeinsamen Kodex weiterentwickelt. Die freiwillige Selbstverpflichtung gibt zentrale Vorgaben für das Telefonmarketing vor. Die DDV-Robinsonliste steht für einen sachgerechten Einsatz von postalischen Mailings. Die DDV-Online-Plattform www.ichhabediewahl.de sowie die gleichnamige Broschüre informieren den Verbraucher über Dialogmarketing und die entsprechenden rechtlichen Regelungen.

Politische Arbeit des DDV

Ein wichtiges Ziel des DDV ist die weitere Stärkung der Attraktivität und Akzeptanz der Dialogmarketing-Branche. Hohe Priorität hat für den Verband deshalb der Dialog mit Politikern, Verbraucherschützern und anderen gesellschaftlichen Gruppen. Die DDV Geschäftsstelle hat ihren Sitz seit dem 1. November 2014 in Frankfurt am Main und verfügt zudem

---

1 Dialogmarketing ist der Oberbegriff für alle Marketingaktivitäten, online wie offline, bei denen die Kunden gezielt angesprochen werden und versucht wird, eine interaktive Beziehung zu Individuen herzustellen.

2 Die vollständige Studie ist abrufbar unter https://www.deutschepost.de/de/m/marktforschung.html (letzter Zugriff: 23. 3.2015).

3 Innerhalb des DDV haben sich verschiedene Segmente des Dialogmarketings in zehn Gruppen, den sogenannten Councils, organisiert, um die spezifischen Ziele und Aufgaben des jeweiligen Segments gemeinsam zu verfolgen.

über ein eigenes Büro in Berlin, um ihre politische Arbeit von der Hauptstadt aus steuern zu können. Zentrale Felder für das Dialogmarketing sind der Datenschutz und das Wettbewerbsrecht. Insbesondere die EU-Datenschutz-Grundverordnung[4] ist aktuell ein wichtiges Thema der politischen Arbeit des DDV.

Publikationen und Veranstaltungen

In seiner Publikationsreihe Best Practice Guide informiert der DDV u. a. über rechtliche Grundlagen im Datenschutz, Telefonmarketing sowie über den Datenschutz im Internet.

Die DDV-Specials sind halbtägige Veranstaltungen, in denen der DDV Praxiswissen zu rechtlichen Grundlagen vermittelt. Die Reihe dialog:afterwork bietet Networking unter DDV-Mitgliedern auf regionaler Ebene. Der DDV veranstaltet Basisschulungen zum Thema Datenschutz und seit 2015 als neues Format auch Webinare. Mit der DDV DialogTour bietet der Verband Expertenreisen in die USA an.

Die Awards des DDV

Qualitativ hochwertige Kundenansprache zeichnet der DDV seit nunmehr 32 Jahren mit dem Deutschen Dialogmarketing Preis (ddp) aus. Er ist der laut DDV einzige Wettbewerb, bei dem Kreation und Effizienz gleichbedeutend bewertet werden. Den Unternehmenspreis EDDI – Erfolg durch Dialogmarketing – vergibt der DDV bereits seit 22 Jahren. Mit dem EDDI werden Unternehmen und Marken ausgezeichnet, die langfristig und erfolgreich Dialogmarketingmaßnahmen innerhalb ihrer Cross-Media-Strategie einsetzen.

Aktivitäten des DDV für Dialogmarketing-Nachwuchs und Austausch mit der Wissenschaft

- Ausrichtung des Alfred-Gerardi-Gedächtnispreis (AGGP) seit mehr als 20 Jahren für herausragende Abschlussarbeiten mit Dialogmarketing-Bezug an Hochschulen und Akademien

- 2015 wird der jährliche Wissenschaftliche interdisziplinäre Kongress für Dialogmarketing zum zehnten Mal veranstaltet. Er ist ein Projekt des Plenums Bildung und Forschung, in dem sich inzwischen 75 Hochschulen mit Dialogmarketing-Lehrveranstaltungen organisiert haben

- Stipendien für berufsbegleitende Studiengänge in Zusammenarbeit mit der Deutschen Dialogmarketingakademie GmbH (DDA) und der Bayerischen Akademie für Werbung und Marketing e.V. (BAW)

- Engagement für weitere berufsbegleitende Studienangebote, zum Beispiel der duale BWL-Studiengang Medien- und Kommunikationswirtschaft mit der neuen Vertiefung Dialog- und Online-Marketing an der Dualen Hochschule Baden-Württemberg, Ravensburg

- Vergabe von DDV-Zertifikaten an Professoren für vertiefte Studienleistungen im Dialogmarketing

| Stand: April 2015

---

4 Siehe Kap. Datenschutz.

Digitale Werbewirtschaft

Täglich sind 41 Millionen oder 58 Prozent der Personen ab 14 Jahren in Deutschland online. Auch wenn sich die Zuwachsraten der Onliner inzwischen verlangsamen, so sind 2014 beeindruckende 79,1 Prozent der Deutschen zumindest gelegentlich online gegenüber 77,2 Prozent im Vorjahr. Das ist ein Plus von 1,4 Millionen Personen, so die Ergebnisse der ARD/ZDF-Onlinestudie 2014.[1]

Online-Werbung in Deutschland 2014: Internetzugänge von Online-Nutzern nach Geräten und demografischen Daten

	Gesamt	Frauen	Männer	14-29 J.	30-49 J.	50-69 J.	ab 70 J.
Computer bzw. PC/Laptop (netto)	95	93	96	95	95	94	94
Computer bzw. PC	59	51	66	60	55	63	61
über einen Laptop	69	72	67	74	72	65	58
Smartphone	57	55	59	81	64	36	12
„normales" Handy	5	7	4	5	5	7	5
Spielekonsole	13	8	18	27	12	4	4
MP3-Player	6	5	6	9	5	4	3
Fernseher	18	15	20	22	16	16	16
Tablet-PC	28	29	28	29	37	20	13
E-Book-Reader	6	6	6	5	8	5	7
Ø Anzahl genutzter Geräte	2,8	2,7	3,0	3,5	2,9	2,3	1,9

Angaben in Prozent. Basis: Deutschsprachige Online-Nutzer ab 14 Jahren (n=1.434)

Quelle: ARD/ZDF-Onlinestudie 2014 in: Media Perspektiven Nr. 7-8/2014, S. 384

Online-Werbung in Deutschland: Mobile Internetnutzung in Deutschland 2009 bis 2014

	Gesamt	Frauen	Männer	14-19 J.	20-29 J.	30-39 J.	40-49 J.	50-59 J.	ab 60 J.
Täglich genutzt									
2014	22	22	22	46	48	31	12	9	1
2013	21	18	25	45	44	23	18	6	6
Zumindest gelegentlich genutzt									
2014	50	47	52	77	74	66	42	32	21
2013	41	36	46	64	68	46	42	24	14
2012	23	20	27	46	40	28	15	12	9
2011	20	13	26	28	34	23	16	10	7
2010	13	10	16	21	16	15	13	9	4
2009	11	8	15	12	18	11	10	8	9

Angaben in Prozent. Basis: Basis: 2009: Deutsche Online-Nutzer ab 14 Jahren (n = 1212). Ab 2010: Deutschsprachige Online-Nutzer ab 14 Jahren (2010 n = 1.252; 2011 n = 1.319; 2012 n = 1.366; 2013 n=1.389; 2014 n=1.434).

Quelle: ARD/ZDF-Onlinestudie 2014 in: Media Perspektiven Nr. 7-8/2014, S. 384

1 Vgl. van Eimeren, Frees, 79 Prozent der Deutschen online – Zuwachs bei mobiler Internetnutzung und Bewegtbild, Media Perspektiven 7-8/2014, S. 378; Erhebungszeitraum: 10.3. bis 27.4.2014.

Online-Werbung in Deutschland: Top 30 Unternehmen in Deutschland 2014 nach Mediawert der Onlinewerbeinvestitionen

Rang	Unternehmen	Mediawert 2014 in Mio. Euro	zu 2013 in %	Mediawert 2013 in Mio. Euro
1	Telefonica O2 Germany	18,0	36	13,2
2	DriveNow	17,0	–	*
3	Deutsche Post Mobility	15,0	–	*
4	Metro	15,0	9	13,7
5	eBay International	15,0	-23	19,5
6	Deutsche Telekom	14,0	24	11,3
7	TUI	12,0	30	9,2
8	Volkswagen	12,0	-24	15,8
9	Sky Deutschland	11,0	-4	11,4
10	BMW	11,0	22	9,0
11	Ergo Versicherungsgruppe	11,0	51	7,3
12	Amazon.de	11,0	57	7,0
13	1&1 Internet	11,0	–	*
14	Daimler	10,0	–	*
15	Deutsche Bahn	8,7	–	*
16	Google	8,6	-11	9,7
17	Interhyp	8,4	15	7,3
18	Toyota Deutschland	8,3	14	7,3
19	Microsoft	8,2	-29	11,5
20	Otto	8,1	–	*
21	Lidl E-Commerce International	7,7	–	*
22	Germanwings	7,4	-53	15,7
23	Seat Deutschland	7,4	-21	9,4
24	E-Plus	7,3	1	7,2
25	Peugeot Deutschland	7,0	–	*
26	Hewlett-Packard	6,7	-19	8,3
27	Vodafone	6,5	-6	6,9
28	Österreich Werbung	6,5	-25	8,7
29	Deutsche Postbank	6,5	–	*
30	Zalando	6,3	–	*

* im Vorjahr nicht in den Top 30

Quelle: Advertising Search-Engine GmbH, Hamburg / ZAW

Online-Werbung in Deutschland 2014: Top 25 Wirtschaftsbereiche nach Werbeinvestitionen

Wirtschaftsbereiche	2014 in Mio. Euro	zu 2013 in %	2013 in Mio. Euro
Unternehmens-Werbung	707,3	11,4	635,1
PKW	278,9	41,0	197,7
E-Commerce	189,7	-4,5	198,6
Online-Dienstleistungen	92,8	-16,5	111,1
Kfz-Markt – Imagewerbung	90,5	-28,4	126,3
Finanzen – Imagewerbung	89,3	6,4	84,0
Mobilnetz	89,2	-1,2	90,4
Versicherungen	87,7	5,4	83,2
Telekommunikation – Imagewerbung	67,5	110,1	32,1
TV-Werbung	59,6	-3,9	62,0
Kaufhäuser	56,8	64,2	34,6
FDL Privatkunden	54,1	-0,2	54,2
Fluglinien und Touristik	54,1	-10,6	60,4
Alkoholfreie Getränke	41,8	65,5	25,3
Versandhandel	41,2	-0,9	41,6
Lebensmittel-einzelhandel	40,4	-6,1	43,1
Sonstige Medien / Verlage	39,2	-42,1	67,6
Lotterien / Lotto und Toto	39,0	4,8	37,2
Energieversorgung	38,9	50,5	25,9
Bekleidung	38,7	-15,9	46,0
Film	38,2	-14,8	44,8
Süßwaren	35,5	-2,0	36,2
Hotels und Gastronomie	35,2	-14,5	41,1
Marketing und Werbung	35,1	15,5	30,4
Pflege und Kosmetik Komplett-Serien	32,1	-1,7	32,6
Gesamt	**2.372,8**	**5,8**	**2.241,7**

Quelle: Nielsen bereinigter Werbetrend 2014; Datenstand: Monatsabschluss Februar 2015

Digitale Werbewirtschaft

Die Lebensweisheit „andere Länder, andere Sitten" gilt im Internet nur bedingt. Das zeigt die Gemeinschafts-Studie 2014 des Bundesverbandes Digitale Wirtschaft (BVDW) e.V., Internet Advertising Bureau IAB Österreich und IAB Schweiz zur Digitalnutzung im deutschsprachigen Internetraum (Deutschland (D), Österreich (A) und Schweiz (CH)). So gilt für 58 Millionen Onliner zwischen 16 und 69 Jahren von der Nord- und Ostsee bis in den Schweizer Jura und die Steiermark: Über 90 Prozent von ihnen (53 Mio.) sind mindestens an einem Wochentag per PC bzw. Laptop im Internet (D und A: 92 Prozent, CH: 88 Prozent), und die tägliche Nutzungsdauer über diese Endgeräte beträgt mehr als drei Stunden (D: 195 Minuten, A: 200 Minuten, CH: 179 Minuten). Mehr als die Hälfte der Internetnutzer in den drei Ländern geht per Smartphone online (D: 55 Prozent, A: 54 Prozent, CH: 59 Prozent). Diese 32 Millionen Mobile-Nutzer sind durchschnittlich über anderthalb Stunden an einem Wochentag per mobilem Endgerät im Netz (D und A: 95 Minuten, CH: 100 Minuten).

Online-Mediennutzung

Bei der wochentäglichen Medien- und Device-Nutzung führt in allen drei Ländern das Internet (Nutzung per Laptop/ PC – D und A: 92 Prozent der Befragten, CH: 88 Prozent), gefolgt von TV (D: 72 Prozent, A: 63 Prozent, CH: 61 Prozent). Auf Platz 3 im Ranking zeigt sich in den drei Ländern ein differenziertes Bild, das die generell leicht höhere Mobile-Affinität der Schweizer unterstreicht: Während in der Schweiz das Smartphone mit 59 Prozent auf Position drei rangiert, liegt in Deutschland und Österreich das Radio (D: 62 Prozent, A: 58 Prozent) auf dem dritten Platz. In Deutschland folgen auf den weiteren

Dauer Mediennutzung an einem Wochentag in Minuten

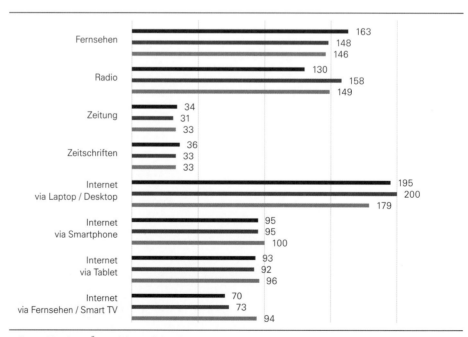

■ Deutschland ■ Österreich ■ Schweiz

Quelle: BVDW e.V.

Plätzen Smartphone (55 Prozent), Tageszeitungen (45 Prozent), Zeitschriften (43), Tablet (29) und Smart-TV (17).

Nach Online mit 195 Minuten, rangiert an zweiter Stelle in Deutschland TV (163 Minuten), gefolgt von Radio (130 Minuten). Auf den weiteren Plätzen liegen – wie in Österreich und der Schweiz – weitere internetfähige Endgeräte wie Smartphone (95 Minuten), Tablet (93 Minuten), Smart-TV (70 Minuten), erst dann kommen Zeitschriften (34 Minuten) und Zeitungen (30 Minuten).

Gleichzeitige bzw. verknüpfte Mediennutzung ist selbstverständlich

Media-Meshing, d.h. die parallele bzw. verknüpfte Nutzung von mindestens zwei Medien ist für die Onliner in der DACH-Region eine Selbstverständlichkeit – und dies über alle Medien hinweg. Bei neun von zehn der Befragten ist vor allem TV das zusätzliche Medium der Wahl (D: 92 Prozent, A: und CH: 90 Prozent). Aber auch Radio (D: 82 Prozent, A: 83, CH: 84) und das Internet via Tablet (D: 84 Prozent, A: 80 CH: 85) stehen als Parallelmedien hoch im Kurs.

Media-Meshing in Form von Social-TV-Buzz liegt im Trend. Durchschnittlich über 40 Prozent der Befragten lesen mindestens ab und zu gezielt Online-Kommentare im Social Web parallel zum TV-Programm (D: 48 Prozent, A: 41, CH: 46). Doch nur rund jeder fünfte verfasst auch solche Kommentare selbst (D und CH: 21 Prozent, A: 17).

Bei der Internetnutzung parallel zu TV dominieren bei den digitalen Endgeräten in allen drei Ländern Laptop/ PC (D: 80 Prozent der Befragten, A: 76, CH: 72) vor dem Smartphone (D: 53 Prozent der Befragten, A: 50, CH: 54) und dem Tablet (D: 28 Prozent der Befragten, A: 22, CH: 33).

Digitale Kanäle sind Allround-Begleiter für alle Lebenslagen

Egal ob Shopping, Information oder Kommunikation – das Internet besitzt in den

Media-Meshing am Wochentag (Angaben in Prozent)

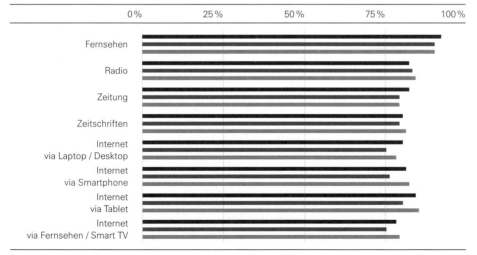

■ Deutschland ■ Österreich ■ Schweiz

Quelle: BVDW e.V.

drei Ländern eine hohe Relevanz in allen Lebenslagen. Dabei zeigt sich, dass das Internet vor allem für Schnelligkeit bzw. Echtzeit, Transparenz und Verbindung bzw. Vernetzung steht. Die Top-3-Aktivitäten im Internet sind bei deutschen, österreichischen und schweizerischen Onlinern gleichermaßen die Bestellung bzw. der Kauf von Produkten (D: 83 Prozent der Befragten, A: 75, CH: 67), das Verfolgen des aktuellen Tagesgeschehens (D und CH: 74 Prozent, A: 73) und der Kontakt/ die Kommunikation mit Freunden und Bekannten (D: 71 Prozent der Befragten, A: 73, CH: 75). Mehr als jeder vierte Befragte nutzt das Internet inzwischen auch zur Kontaktaufnahme mit Behörden bzw. politischen Parteien – wobei Deutschland hier trotz E-Government-Gesetz und z.B. rechtssicherer E-Mail mit 26 Prozent deutliches Schlusslicht im Drei-Länder-Vergleich ist (A: 36 Prozent, CH: 33).

Digital Commerce boomt

Einkaufen via Internet ist in der DACH-Region angesagt. So haben 40 Millionen Onliner im letzten Monat online mit dem Laptop/ PC eingekauft (D: 71 Prozent, A: 63, CH: 57), 13 Millionen mit dem Smartphone/ Tablet (D: 22 Prozent, A: 21, CH: 25). Beim Power-Shopping (mehr als sechs Einkäufe im letzten Monat) via Laptop/ PC liegen die deutschen Onliner zahlenmäßig vor den schweizerischen und österreichischen (D: 17 Prozent, A und CH: jeweils 10), auf dem Smartphone/ Tablet liegen Deutsche und Schweizer (jeweils 6 Prozent) nur knapp vor den Österreichern (5). Bei den Ausgaben für Online-Shopping zeigt sich, dass durchschnittlich rund ein Drittel der Onliner in der DACH-Region im letzten Monat mindestens 151 Euro für Einkäufe im Internet ausgegeben hat (CH: 38 Prozent, A: 34, D: 31).

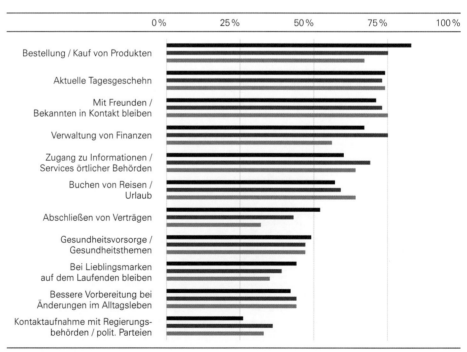

Relevanz von Internet-Tätigkeiten (Angaben in Prozent)

Quelle: BVDW e.V.

Wearables auf dem Vormarsch

Wearables, d.h. internetfähige Geräte, die direkt am Körper getragen werden können (Brillen, Armbanduhren, Kontaktlinsen etc.), sind ein Thema, mit dem sich die Onliner in Deutschland, Österreich und der Schweiz bereits intensiv auseinandersetzen. So kennen über die Hälfte aller Internetnutzer in den drei Ländern entsprechende Smart Devices (D: 57 Prozent, A: 60, CH: 56). Schon einmal genutzt haben solche Geräte durchschnittlich über 10 Prozent (D und CH: jeweils 14 Prozent, A: 10), eine entsprechende Nutzung kann sich aktuell mindestens jeder Dritte vorstellen (D: 34 Prozent, A: 37, CH: 41).

Fazit

Mit der DACH-Studie von BVDW, IAB Österreich und IAB Schweiz gibt es erstmalig eine umfangreiche länderübergreifende Forschung zur Internetnutzung in einer der spannendsten und attraktivsten Wirtschafts- und Konsumregionen Europas. Trotz kultureller Unterschiede der Online-Nutzer und sichtbarer landesspezifischer Nutzungsaffinitäten zeigt sich insgesamt eine große Homogenität der Nutzung des Internets im deutschsprachigen Raum. Für Unternehmen aller Branchen ist das umfangreiche Datenmaterial eine erstklassige Grundlage, sich das große Nutzerpotenzial im deutschsprachigen Internet sowie die intensive und vielfältige Nutzung der Digitalkanäle für eine erfolgreiche zielgruppenorientierte Vermarktung ihrer Produkte und Services zunutze zu machen, was erhebliche Möglichkeiten werblicher Ansprache ermöglicht.

Die DACH-Mediennutzungsstudie bietet wertvolle Insights für Multiscreen-Kampagnen. Keine andere Studie setzt Detaildaten der Online-Nutzung via unterschiedlicher Devices in so einen umfassenden Kontext: Neben einem länderübergreifenden Vergleich vereint sie auch Nutzungsdaten für traditionelle Medien in einem Single-Source-Datenbestand. Mit diesen Erkenntnissen werden nun Thesen, Bauchgefühl und Vermutungen mit harten Fakten unterlegt. Das digitale Medium ist im Alltag der Menschen noch viel stärker verankert, als dies der Werbemarkt heute abbildet. Mobile ist nicht nur favorisiertes Mittel für den Online-Zugang, sondern verdrängt auch immer stärker klassische Medien.

Über die DACH-Studie 2014

Für die von der Forschungsagentur für Medien d.core, München, im Auftrag des BVDW, IAB Österreich und IAB Schweiz durchgeführte Studie zur Internetnutzung in der DACH-Region wurden im Rahmen eines Online-Panels 3.120 Internetnutzer in Deutschland, Österreich und der Schweiz im Zeitraum vom 21. Mai bis 04. Juni 2014 befragt. Die Stichprobe wurde online-repräsentativ nach Alter und Geschlecht aus Internetnutzern zwischen 16 und 69 Jahren ausgewählt. Neben der Erhebung von Soziodemografie, Mediennutzung allgemein (vor allem auch Parallelnutzung) und Internetnutzung im Besonderen (Relevanz des Mediums im Alltag, Nutzungsaktivitäten nach Endgeräten und im Tagesverlauf, Wearables etc.) standen dabei auch Themen und Aspekte wie Digital Commerce (Kauffrequenz, genutzte Endgeräte, Ausgaben) sowie die Bewertung der Online-Präsenz von Marken und die Interaktion mit Marken über das Internet im Zentrum der Studie. Die Studienergebnisse sind in einem Datensatz verfügbar und ermöglichen neben grundlegenden Potenzialanalysen für die gesamte deutschsprachige Internetregion vielfältige Zielgruppen- wie auch Länderauswertungen und -vergleiche.

| Stand: März 2015

Druck- und Medienwirtschaft

Die deutsche Druckindustrie gehört zu den modernsten, flexibelsten und vielseitigsten Industrien weltweit. Der Gesamtumsatz belief sich im Jahr 2014 auf ca. 21 Mrd. Euro. Mit 143.000 Beschäftigten in rund 8.800 – überwiegend mittelständischen und sehr vielen kleinen – Betrieben ist die Branche von großer Bedeutung für Wirtschaft, Politik, Gesellschaft, Wissenschaft und Kultur.

Druckindustrie bedeutet nicht nur die Herstellung klassischer Printmedien – Bücher, Zeitschriften, Zeitungen. So ist zum Beispiel jeder Supermarkt eine Leistungsschau der Branche: Plakate, Verkaufsstände, Banderolen, Etiketten, Tüten alles wird gedruckt oder bedruckt. Und Verpackungen können Kaufentscheidungen steuern, denn sie liefern einen unmittelbaren Impuls am Point of Sale.

Der technologische Fortschritt und der Wandel in der Mediennutzung verändern das Gesicht der Druckindustrie und eröffnen neue Geschäftsfelder für die Unternehmen der Branche. So ist der Anteil des Digitaldrucks am Gesamtmarkt in sechs Jahren um fast 90 Prozent gestiegen. Berechnungen des Bundesverbandes Druck und Medien zeigen hier Steigerungen um 72 Prozent bei Plakaten, 40 Prozent bei Geschäftsberichten und rund 730! Prozent bei Katalogen – Tendenz aufwärts, jedes Quartal.

Die Chancen für Druckunternehmen liegen darin, die zunehmende Verzahnung unterschiedlicher Medienkanäle aktiv zu gestalten und weiterzuentwickeln: mit interaktiven Response-Elementen auf und in Publikationen, Anzeigen, Verpackungen, Großformaten und vor allem im Rahmen kompletter Crossmedia-Kampagnen. Darüber hinaus ermöglicht der Digitaldruck die massenhafte Individualisierung von Produkten. Das ist ein Trend, der bereits von namhaften Markenherstellern zur Steigerung des Abverkaufs genutzt wird.

Gleichzeitig wird Druck immer umweltfreundlicher. Mehr als 300 Betriebe haben sich im Rahmen der Klima-Initiative der Druckverbände bereits dem Green Printing verschrieben, einige arbeiten mittlerweile komplett klimaneutral.

| Stand: April 2015

Deutsche Druckindustrie 2014: Print hilft! Fakten zu Kunden, Käufern und Konsumenten.

351 Tageszeitungen mit einer Auflage von 16,8 Mio. Exemplaren erscheinen in Deutschland.

Deutsche Druckindustrie 2014: Produktionswerte nach Erzeugnissen und Dienstleistungen

	2014	
	Mio. Euro	Anteil in %
Werbedrucke/Kataloge	**5.500**	**41,3**
Kataloge	1.184	8,9
Plakate	458	3,4
Geschäftsberichte	48	0,4
Andere Werbedrucke/-schriften	3.811	28,6
Geschäftsdrucksachen	**1.224**	**9,2**
Zeitschriften	**1.230**	**9,2**
Zeitungen/Anzeigenblätter	**1.332**	**10,0**
Tageszeitungen	917	6,9
Wochen-/Sonntagszeitungen	219	1,6
Anzeigen-/Annoncenblätter	197	1,5
Bücher/kartografische Erzeugnisse	**1.048**	**7,9**
Bedruckte Etiketten	**1.183**	**8,9**
Kalender/Karten	**127**	**1,0**
Sonstige Druck-Erzeugnisse	**1.672**	**12,6**
Summe Druckerzeugnisse	**13.320**	**100,0**
Druck- und Medienvorstufe	1.025	56,0
Druckweiterverarbeitung	807	44,0
Summe Druckleistungen	**1.834**	**100,0**
Summe Druckerzeugnisse/-leistungen	**15.153**	

Bemerkungen: Vorläufige Werte, Rundungsdifferenzen möglich;
Berichtskreis: Betriebe mit 20 und mehr Beschäftigten;
Berechnungen: bvdm | Stand: April 2015

Quelle: Statistisches Bundesamt

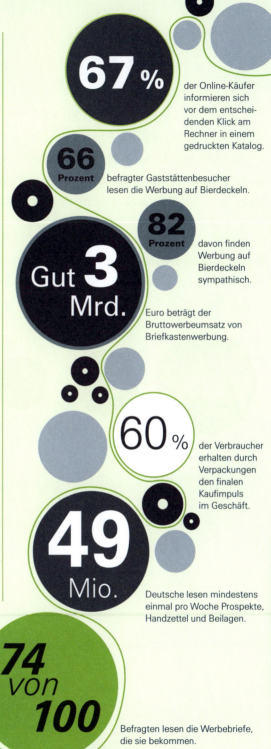

67 % der Online-Käufer informieren sich vor dem entscheidenden Klick am Rechner in einem gedruckten Katalog.

66 Prozent befragter Gaststättenbesucher lesen die Werbung auf Bierdeckeln.

82 Prozent davon finden Werbung auf Bierdeckeln sympathisch.

Gut 3 Mrd. Euro beträgt der Bruttowerbeumsatz von Briefkastenwerbung.

60 % der Verbraucher erhalten durch Verpackungen den finalen Kaufimpuls im Geschäft.

49 Mio. Deutsche lesen mindestens einmal pro Woche Prospekte, Handzettel und Beilagen.

74 von 100 Befragten lesen die Werbebriefe, die sie bekommen.

48 Prozent der Deutschen ab 14 Jahre lesen und nutzen jede Woche regelmäßig ein Anzeigenblatt.

25 Mio. Menschen in Deutschland lesen Kundenmagazine.

Quellen: bvdm, Statistisches Bundesamt, Nielsen, ZAW, BDA, Katz Group, SVI/TNS, IFH, FFI, BDZV

Einzelhandel

Mit 300.000 Unternehmen an 450.000 Standorten und einem Umsatz von über 450 Mrd. Euro ist der Einzelhandel die drittgrößte Wirtschaftsbranche in Deutschland. Darüber hinaus ist der Einzelhandel einer der begehrtesten Ausbilder Deutschlands: Die Handelsunternehmen bilden 160.000 junge Leute in mehr als 30 Berufen aus. Mit etwa acht Prozent ist die Ausbildungsquote überdurchschnittlich.

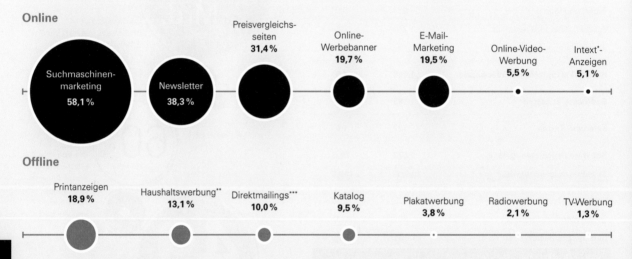

Einzelhandelswerbung in Deutschland 2014: Online- und Offline-Werbemaßnahmen von Online-Händlern
Frage: Welche der folgenden Online- und Offline-Werbemaßnahmen setzen Sie ein?

Online
- Suchmaschinenmarketing 58,1 %
- Newsletter 38,3 %
- Preisvergleichsseiten 31,4 %
- Online-Werbebanner 19,7 %
- E-Mail-Marketing 19,5 %
- Online-Video-Werbung 5,5 %
- Intext*-Anzeigen 5,1 %

Offline
- Printanzeigen 18,9 %
- Haushaltswerbung** 13,1 %
- Direktmailings*** 10,0 %
- Katalog 9,5 %
- Plakatwerbung 3,8 %
- Radiowerbung 2,1 %
- TV-Werbung 1,3 %

*Themenbezogene Werbung direkt im Text. **z.B. Flyer, Prospekte. ***Personalisierte Werbesendung per Post.
Basis: n=472. Mehrfachnennungen möglich. Andere (z.B. Social Media, Messebesuche): 7,6 %; Keine der genannten: 18,4 %

Quelle: e-KIX von HDE und ECC Köln, Januar 2015

E-Commerce in Deutschland: Umsatzentwicklung 2005 bis 2015

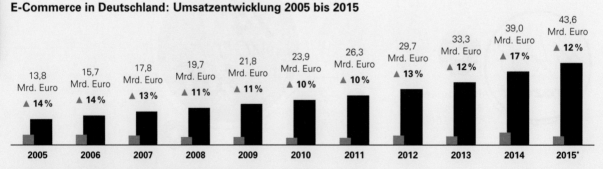

- 2005: 13,8 Mrd. Euro ▲ 14 %
- 2006: 15,7 Mrd. Euro ▲ 14 %
- 2007: 17,8 Mrd. Euro ▲ 13 %
- 2008: 19,7 Mrd. Euro ▲ 11 %
- 2009: 21,8 Mrd. Euro ▲ 11 %
- 2010: 23,9 Mrd. Euro ▲ 10 %
- 2011: 26,3 Mrd. Euro ▲ 10 %
- 2012: 29,7 Mrd. Euro ▲ 13 %
- 2013: 33,3 Mrd. Euro ▲ 12 %
- 2014: 39,0 Mrd. Euro ▲ 17 %
- 2015*: 43,6 Mrd. Euro ▲ 12 %

▲ Veränderung zum Vorjahr; *HDE-Prognose (Januar 2015)
Angaben für Nonfood, FMCG, Entertainment, Tickets, Downloads, Reisen (o. Urlaubsreisen)

Quelle: GfK

Einzelhandelswerbung in Deutschland 2014: Investitionen nach Werbeträgern

Umsätze und Anteile der Werbeträger 2014

Fachzeitschriften | 19,1 Mio. Euro = 0,5 %
Fernsehen | 1.796,8 Mio. Euro = 49,0 %
Kino | 2,9 Mio. Euro = 0,1 %
Online | 337,3 Mio. Euro = 9,2 %
Out of Home | 104,2 Mio. Euro = 2,8 %
Publikumszeitschriften | 203,9 Mio. Euro = 5,6 %
Radio | 246,7 Mio. Euro = 6,7 %
Zeitungen | 958,6 Mio. Euro = 26,1 %

Gesamt-Bruttowerbemarkt
3.669,4 Mio. Euro = 100 %

Veränderung zu 2013 (absoluter Wert aus 2013 in Klammern)

Zeitungen | ▲ 3,1 % (929,4 Mio. Euro)
Radio | ▼ -0,9 % (249,0 Mio. Euro)
Publikumszeitschriften | ▲ 1,4 % (201,1 Mio. Euro)
Out of Home | ▲ 3,5 % (100,7 Mio. Euro)
Online | ▲ 0,4 % (335,9 Mio. Euro)
Fernsehen | ▲ 32,0 % (1.361,6 Mio. Euro)
Fachzeitschriften | ▼ -1,8 % (19,5 Mio. Euro)

Veränderung zu 2013
▲ **14,7** %
(3.198,0 Mio. Euro)

Kino
| ▲ 211,6 %
(0,9 Mio. Euro)

Quelle: Nielsen bereinigter Werbetrend 2014; Datenstand: Monatsabschluss Februar 2015

E-Commerce-Werbung in Deutschland 2014: Investitionen nach Werbeträgern

Umsätze und Anteile der Werbeträger 2014

Fachzeitschriften | 8,9 Mio. Euro = 0,4 %
Fernsehen | 1.842,5 Mio. Euro = 72,4 %
Kino | 2,7 Mio. Euro = 0,1 %
Online | 284,7 Mio. Euro = 11,2 %
Out of Home | 55,1 Mio. Euro = 2,2 %
Publikumszeitschriften | 120,7 Mio. Euro = 4,7 %
Radio | 45,7 Mio. Euro = 1,8 %
Zeitungen | 184,9 Mio. Euro = 7,3 %

Gesamt-Bruttowerbemarkt
2.545,2 Mio. Euro = 100 %

Veränderung zu 2013 (absoluter Wert aus 2013 in Klammern)

Zeitungen | ▲ 10,5 % (167,4 Mio. Euro)
Radio | ▼ -3,2 % (47,2 Mio. Euro)
Publikumszeitschriften | ▲ 1,2 % (119,3 Mio. Euro)
Out of Home | ▲ 49,0 % (37,0 Mio. Euro)
Online | ▼ -8,6 % (311,3 Mio. Euro)
Fernsehen | ▲ 35,5 % (1.359,7 Mio. Euro)
Fachzeitschriften | ▲ 9,5 % (8,1 Mio. Euro)

Veränderung zu 2013
▲ **24,1** %
(2.050,7 Mio. Euro)

Kino | ▲ 297,7 %
(0,7 Mio. Euro)

Quelle: Nielsen bereinigter Werbetrend 2014; Datenstand: Monatsabschluss Februar 2015

Einzelhandel

Das fünfte Jahr in Folge sind die Einzelhandelsumsätze in Deutschland gestiegen: Sie nahmen von 2013 auf 2014 um 1,9 Prozent auf 459,3 Mrd. Euro zu (Vorjahr: 450,9 Mrd. Euro), so die vorläufigen Zahlen (ohne Kfz, Tankstellen, Apotheken, Brennstoffe) des Statistischen Bundesamtes von Januar 2015. Damit lag der Umsatz nominal um 1,9 Prozent über dem Vorjahresergebnis, preisbereinigt um 1,5 Prozent.

Von 2009 bis 2014 ist der Einzelhandelsumsatz insgesamt sogar um rund 10 Prozent gestiegen, von 418,9 Mrd. Euro auf nun 459,3 Mrd. Euro – Zeugnis der stabil guten Wirtschafts- und Beschäftigtensituation Deutschlands in den vergangenen fünf Jahren und des damit einhergehenden positiven Konsumklimas. Auch für 2015 geht der Handelsverband Deutschland HDE von einem Umsatzplus für seine Branche aus.

Der HDE erwartet das sechste Jahr in Folge ein leichtes Umsatzwachstum im deutschen Einzelhandel.[1]

HDE-Hauptgeschäftsführer Stefan Genth

Das Jahr 2014 im Detail

Mehrere Faktoren sorgten für das positive Ergebnis in 2014: Das für die Branche wichtige Weihnachtsgeschäft verlief mehr als zufriedenstellend und brachte den Unternehmen allein für die Monate November und Dezember ein nominales Umsatzplus von 1,1 Prozent oder monetär 85,3 Mrd. Euro. Zehn Mrd. Euro davon erlöste der Onlinehandel, dessen Bedeutung seit Jahren steigt. Zu einem günstigen Umfeld in 2014 trug vor allem die stabile Entwicklung der Preise für Haushaltsenergie bei. Diese hatte sich in den Vorjahren stark verteuert, die Kaufkraft erheblich belastet, so dass in der Folge die Verbraucherpreise gestiegen waren. Dies war 2014 nicht der Fall, so dass die Verbraucherpreise nur um 0,9 Prozent zunahmen, der Anstieg der Einzelhandelspreise lag noch darunter mit 0,6 Prozent. Grund hierfür war die geringe Dynamik bei den Lebensmittelpreisen. Der Lebensmitteleinzelhandel stellt das umsatzstärkste Segment innerhalb des Einzelhandels dar.[2]

Digitalisierung verändert Handel und Städte

Laut einer vom HDE unterstützen Studie des Instituts für Handelsforschung in Köln kauft inzwischen jeder Fünfte weniger in der Innenstadt ein und stattdessen mehr online. Mit Blick auf sinkende Kundenfrequenzen fordert der HDE deshalb eine Allianz für den Standort Innenstadt: „Die zunehmende Digitalisierung treibt den Strukturwandel im Handel weiter voran. Zwischen den Vertriebskanälen Online, Offline und Multichannel brauchen wir faire Wettbewerbsbedingungen. Hier ist die Politik gefordert", so HDE-Hauptgeschäftsführer Stefan Genth bei der Jahrespressekonferenz des HDE am 30. Januar 2015 in Berlin. Der stationäre Handel sei auf gute Erreichbarkeit ebenso angewiesen wie auf ein attraktives Umfeld und vielfältige Dienstleistungs- und Freizeitangebote. Ein weiterer Faktor seien auch die Ladenöffnungszeiten: Laut HDE sind Länder und Kommunen gefordert, die gesetzlichen Spielräume zu nutzen, um die Attraktivität der Innenstädte

---

1 HDE-Jahrespressekonferenz am 30. Januar 2015 in Berlin.

2 Vgl. „Lage im Einzelhandel", Information Konjunktur, 01_15, Januar 2015, Hrsg. HDE und vgl. Jahrespressekonferenz Handelsverband Deutschland, 30. Januar 2015.

zu sichern. Schließlich ist der Handel wichtigster Besuchermagnet und Wirtschaftsfaktor der Innenstädte. Auch die zunehmende Digitalisierung des stationären Handels brauche politische Unterstützung, dazu gehört laut Handelsverband Deutschland öffentlich bereitgestelltes W-LAN in jeder Innenstadt.[3]

Online-Handel wächst kontinuierlich

Seit Jahren wächst der Online-Handel prozentual zweistellig, so auch 2014: Um 17 Prozent stieg der E-Commerce auf 39 Mrd. Euro. Für 2015 geht der HDE von einem Umsatzplus von zwölf Prozent auf dann 43,6 Mrd. Euro aus. Der Online-Anteil am Gesamtumsatz betrug 2014 knapp neun Prozent. Deutliche Unterschiede sind weiterhin in den Segmenten Food und Non-Food zu beobachten: Während der Online-Umsatzanteil im Non-Food-Bereich bei 18 Prozent liegt, beträgt der Umsatzanteil im Lebensmittelhandel 0,4 Prozent.[4]

E-Commerce und Lebensmittelhandel sind werbestarke Branchen

Innerhalb des Handels lagen E-Commerce und Lebensmitteleinzelhandel 2014 auf den Positionen zwei und vier der werbestärksten Segmente. E-Commerce-Unternehmen investierten 1,46 Mrd. Euro in Werbung und der Lebensmitteleinzelhandel 1,19 Mrd. Euro. Schwerpunkt der E-Commerce-Werbung war in 2014 das Fernsehen; in der Einzelhandelswerbung lag er bei den Tageszeitungen.

Die Branche mit den größten Bruttoinvestitionen in Werbung war 2014 die Automobilbranche, vor E-Commerce und der Eigenwerbung der Zeitungen, laut Nielsen.

| Stand: März 2015

HDE: Der Online-Marktanteil steigt bis 2020 auf rund

20 Prozent.

---

[3] Vgl. Jahrespressekonferenz Handelsverband Deutschland, 30. Januar 2015.

[4] Vgl. Jahrespressekonferenz Handelsverband Deutschland, 30. Januar 2015.

Einzelhandel in Deutschland: Umsatzentwicklung 2000 bis 2015

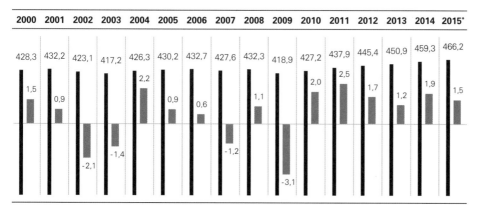

■ Umsatz in Mrd. Euro   ■ Veränderung zum Vorjahr in %; *HDE-Berechnungen (Januar 2015)
Ohne Umsatzsteuer. Vorläufige Daten. Einzelhandel ohne Kfz, Tankstellen, Brennstoffe, Apotheken;

Quelle: Statistisches Bundesamt

Fachzeitschriften

Die Auflagenentwicklung der Fachzeitschriften blieb 2014 mit 11,6 Mio. verkauften Exemplaren im Quartalsdurchschnitt stabil. In 2013 waren es 12,0 Mio. Exemplare. Die Auflagenrückgänge in einigen Segmenten wurden u.a. durch erhöhte Copypreise kompensiert. Laut B2B-Entscheideranalyse 2014/15 nutzen 94 Prozent der Top-Entscheider Fachmedien als wichtigste Informationsquelle im Beruf.[1]

Fachzeitschriften 2014: Regelmäßige B2B-Informationsquellen der Entscheider

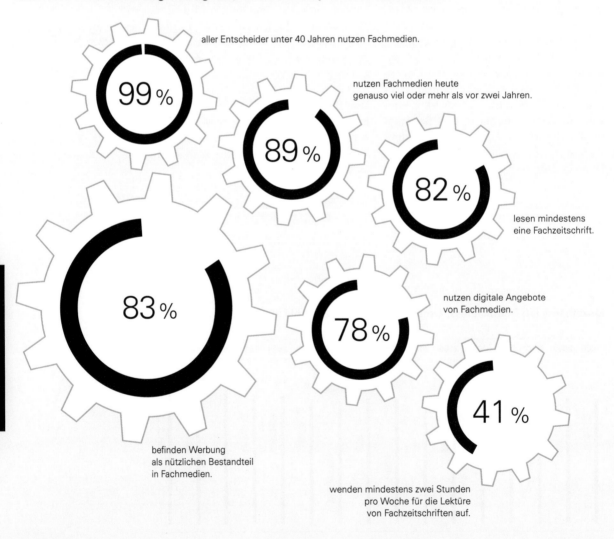

99 % aller Entscheider unter 40 Jahren nutzen Fachmedien.

89 % nutzen Fachmedien heute genauso viel oder mehr als vor zwei Jahren.

82 % lesen mindestens eine Fachzeitschrift.

83 % befinden Werbung als nützlichen Bestandteil in Fachmedien.

78 % nutzen digitale Angebote von Fachmedien.

41 % wenden mindestens zwei Stunden pro Woche für die Lektüre von Fachzeitschriften auf.

[1] Deutsche Fachpresse, Pressemitteilung vom 3.12.2014.

Quelle: B2B-Entscheideranalyse 2014/15 der Deutschen Fachpresse

Fachzeitschriften 2014:
Nutzung von B2B-Informationsquellen durch Professionelle Entscheider

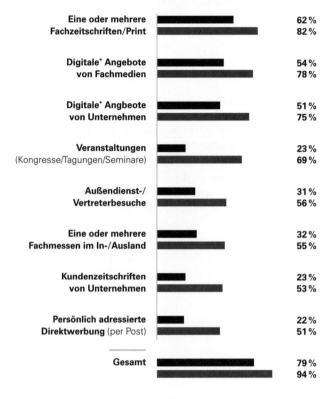

- regelmäßige Nutzung letzte 12 Monate
- mind. gelegentliche Nutzung (Summe)

*Websites, Social Media, Newsletter, Apps

Quelle: B2B-Entscheideranalyse 2014/15 der Deutschen Fachpresse

Fachzeitschriftenwerbung in Deutschland 2014:
Top 5 der werbungtreibenden Unternehmen nach Werbeinvestitionen

Deutscher Fachverlag	13,6 Mio. Euro ▲ 1,8 % zu 2013
Verlag C. H. Beck	10,5 Mio. Euro ▲ 12,6 % zu 2013
Deutscher Landwirtschaftsverlag	7,1 Mio. Euro ▲ 22,0 % zu 2013
Govi Verlag Pharmazeutischer Verlag	5,5 Mio. Euro ▲ 17,5 % zu 2013
Daimler	4,5 Mio. Euro ▲ 12,7 % zu 2013

Quelle: Nielsen bereinigter Werbetrend 2014; Datenstand: Monatsabschluss Februar 2015

Fachzeitschriftenwerbung in Deutschland 2014:
Top 25 Wirtschaftsbereiche nach Werbeinvestitionen

Wirtschaftsbereiche	2014 in Mio. Euro	zu 2013 in %	2013 in Mio. Euro
Medien	116,7	0,2	116,5
Dienstleistungen	38,4	4,6	36,7
Kfz-Markt	29,3	4,7	28,0
Ernährung	24,7	5,9	23,3
Gesundheit und Pharmazie	20,8	2,2	20,4
Haus-, Land-, Forst-, Jagdwirtschaft	20,0	-1,7	20,4
Handel	19,1	-1,8	19,5
Textilien und Bekleidung	16,9	-7,7	18,3
Bauwirtschaft	16,3	-2,2	16,7
Investitionsgüter	15,7	0,1	15,7
Haus- und Gartenausstattung	13,5	-6,0	14,4
Computer und Büroausstattung	11,8	0,7	11,7
Getränke	11,1	5,4	10,5
Finanzen	8,9	-0,9	9,0
Sonstige Werbung	7,6	4,1	7,3
Touristik	7,1	-15,1	8,3
Körperpflege	5,5	-22,1	7,1
Energie	3,9	-17,9	4,7
Persönlicher Bedarf	3,3	1,5	3,2
Telekommunikation	2,6	-11,5	3,0
Industrielle Verbrauchsgüter	2,4	-21,7	3,1
Gastronomie	1,8	17,1	1,6
Verkehrsmittel und -einrichtung	1,1	-8,5	1,2
Reinigung	1,0	13,9	0,9
Tabak	0,8	-18,3	1,0
Gesamt	**400,5**	**-0,5**	**402,4**

Quelle: Nielsen bereinigter Werbetrend 2014; Datenstand: Monatsabschluss Februar 2015

Fachzeitschriften

Fachmedien sind die wichtigste berufliche Informationsquelle der „Professionellen Entscheider" in Deutschland, belegt die B2B-Entscheideranalyse 2014/15 der Deutschen Fachpresse.[1] Sie ist im Dezember 2014 veröffentlicht und von Czaia Marktforschung, Bremen, im Auftrag der Deutschen Fachpresse durchgeführt worden. Von den 7,6 Millionen professionellen Entscheidern in Deutschland nutzen 94 Prozent Fachmedien. Besonders intensive Nutzer darunter sind jüngere Entscheider unter 40 Jahren. Sie nutzen Fachmedien sogar zu 99 Prozent. Außerdem steigt die Nutzungshäufigkeit: 38 Prozent nutzen Fachmedien heute häufiger als vor zwei Jahren. Auffällig ist auch die lange Lesedauer von gedruckten Fachzeitschriften: Im Schnitt investieren professionelle Entscheider einen kompletten Arbeitstag pro Monat in die Lektüre von Fachzeitschriften.

Fachmedien sind ideale Werbeträger. Das bestätigen 83 Prozent der professionellen Entscheider, die Werbung als nützlichen Bestandteil in Fachmedien ansehen. Zugleich stärkt Werbung auch das Image der werbenden Unternehmen und deren Produkte (84 Prozent). Die große Mehrheit stimmt zudem zu, dass Firmen, die in Fachmedien werben, zeigen, dass sie ein wichtiger Anbieter am Markt sind.

Fachmedienhäuser steigern auch 2014 ihren Umsatz

Die deutschen Fachverlage konnten auch in 2014 ihren Umsatz um 1,3 Prozent auf rund 3,25 Milliarden Euro steigern. Größter Wachstumstreiber waren wieder die Digitalen Medien mit einem Plus von 8,2 Prozent. Sowohl im Print- als auch im Digitalbereich sorgten vor allem die Vertriebserlöse für die Zuwächse. Bei den Fachzeitschriften wuchsen diese um 2,6 Prozent (Vorjahr: +3,0 Prozent), während die Anzeigenerlöse um 2,3 Prozent zurückgingen (Vorjahr: +3,6 Prozent). Digital war dagegen die Entwicklung der Werbeerlöse wieder positiv. Diese legten in 2014 um 8 Millionen Euro zu und lagen damit nur leicht unter dem Vorjahreszuwachs (+9 Millionen Euro). Der Anteil der Fachzeitschriftenerlöse an den Gesamtumsätzen der Verlage sank leicht von 57,3 auf 57,1 Prozent. Zugenommen hat im vergangenen Jahr abermals die Vielfalt der Fachzeitschriftenangebote. Die Zahl der Fachzeitschriftentitel stieg um knapp 1 Prozent auf jetzt 3.824 Titel. Für das Jahr 2015 erwarten die Fachmedienhäuser im Printbereich überwiegend gleichbleibende Umsätze. Wachstumspotenziale werden bei den Dienstleistungen und vor allem bei den Digitalen Medien gesehen. Hier erwarten insgesamt 86 Prozent der Verlage leicht steigende oder steigende Umsätze.[2]

Werbeaufkommen nach Segmenten

Auch andere Auswertungen nahmen die Werbeumsätze von Fachmedien in den Blick: So weist die Nielsen Werbestatistik für 2014 auf Basis von rund 200 ausgewählten Fachzeitschriften einen Rückgang der Bruttowerbeeinnahmen um 0,6 Prozent auf 400 Mio. Euro aus.

---

1 Die B2B-Entscheideranalyse der Deutschen Fachpresse ist abrufbar unter www.deutsche-fachpresse.de (letzter Zugriff: 13.4.2015). Die Professionellen B2B-Entscheider werden nachfolgend professionelle Entscheider genannt. Es handelt sich dabei um eine Hochrechnung der medienrelevanten B2B-Zielgruppe von 7,6 Mio. angestellten und selbstständigen Berufstätigen mit Führungsaufgaben und Entscheidungsbefugnissen sowie einem monatlichen Nettoeinkommen von mindestens 2.300 Euro.

2 Fachpresse-Statistik der Deutschen Fachpresse.

Auch die Werbeträgerstatistik der Vertriebsunion Meynen verzeichnet auf der Basis von 328 ausgewählten Fachzeitschriften rückläufige Umsätze für 2014. Im letzten Quartal konnte der Rückgang jedoch noch leicht abgeschwächt werden. In den beobachteten 48 Branchen lagen die Umsätze um zwei Prozent unter dem Vorjahresniveau – im dritten Quartal betrug die Einbuße noch 3,2 Prozent. Die negative Gesamtentwicklung ist jedoch auf einige wenige Märkte zurückzuführen. So schlossen nur ca. 12 Prozent der Märkte das Jahr mit einem deutlich rückläufigen Ergebnis ab. Fast 46 Prozent von ihnen verzeichneten einen stagnierenden bis leicht rückläufigen Geschäftsverlauf und über 41 Prozent konnten das Jahr mit einem Umsatzplus beenden. Dabei ist der größte Verlierer der Bereich Convenience mit Umsatzeinbußen von 18,5 Prozent, dicht gefolgt vom Segment Erneuerbare Energien, das im Vergleich zum Vorjahr 17,2 Prozent Umsatz verlor. Auch der Bereich der Fertigungstechnik hatte unter einem Minus von 17 Prozent zu leiden.

Die Gewinner des vierten Quartals 2014 waren die Bereiche Blechverarbeitung (plus 16,3 Prozent), Glas, Fenster, Fassade (plus 15,8 Prozent) und Kälte/Klimatechnik (plus 13,7 Prozent). Diese Umsatzentwicklung zeigt, dass Fachzeitschriften im Medienmix von Entscheidern weiterhin eine wichtige Rolle spielen.

| Stand: April 2015

Fachzeitschriftenwerbung in Deutschland:
Werbeaufkommen nach Fachzeitschriftensegmenten 2014

Fachzeitschriftensegment	2014 in Mio. Euro	zu 2013 in %	2013 in Mio. Euro
Industrie (allgemein)	41,0	-4,63	43,0
Lebensmittelmarkt	35,0	-1,58	35,5
Elektronik	25,9	-1,76	26,3
Automation/MSR	21,9	3,94	21,1
Marketing & Werbung	20,6	-8,45	22,5
Gebäudetechnik	20,4	-0,43	20,4
Architektur	18,5	-0,96	18,7
Konstruktion / CAD / CAM	17,6	-4,08	18,4
Automobiltechnik	13,9	10,04	12,7
Landwirtschaft/Agrartechnik	13,3	-6,36	14,2

Basis: Auswertung von 328 erfassten Fachzeitschriften

Quelle: Werbeträgerstatistik der Vertriebsunion Meynen

Fernsehwerbung

Auch in 2014 blieb das Fernsehen werbestärkstes Medium und konnte ein Plus von 4,0 Prozent auf 4.289,2 Mio. Euro insgesamt verbuchen. Die ARD erzielte 171,2 Mio. Euro – ein Plus von 9,5 Prozent –, das ZDF legte ebenfalls um 12,2 Prozent zu auf 155,5 Mio. Euro und die Privatsender nahmen 3.962,5 Mio. Euro an Werbung ein, ein Plus von 3,5 Prozent.

Das duale System hat sich bewährt. Wir haben in Deutschland eine der vielfältigsten Rundfunklandschaften der Welt; das betrifft Fernsehen und Radio gleichermaßen. Ich glaube, darauf können wir alle gemeinsam stolz sein.

Bundeskanzlerin Dr. Angela Merkel
Rede zur Festveranstaltung „30 Jahre Privater Rundfunk" am 9.9.2014

Fernsehwerbung in Deutschland: Fakten zu Werbespots 2008 bis 2014

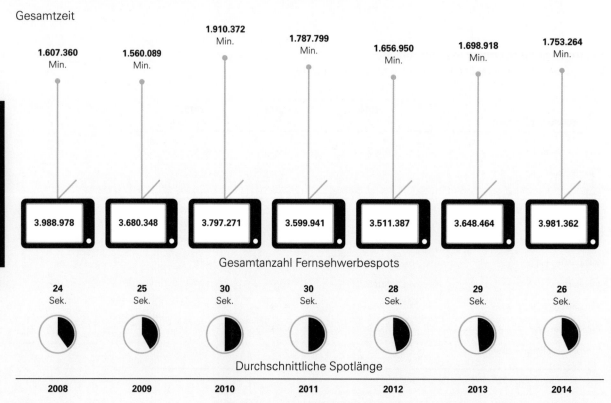

	2008	2009	2010	2011	2012	2013	2014
Gesamtzeit (Min.)	1.607.360	1.560.089	1.910.372	1.787.799	1.656.950	1.698.918	1.753.264
Gesamtanzahl Fernsehwerbespots	3.988.978	3.680.348	3.797.271	3.599.941	3.511.387	3.648.464	3.981.362
Durchschnittliche Spotlänge (Sek.)	24	25	30	30	28	29	26

Quelle: Nielsen bereinigter Werbetrend 2014; Datenstand: Monatsabschluss Februar 2015, ZAW-Berechnungen

Fernsehwerbung in Deutschland 2014: Entwicklung des TV-Tausend-Kontakt-Preises

2014	28,92 Euro
2013	27,16 Euro
2012	24,91 Euro
2011	23,47 Euro
2010	22,11 Euro
2009	20,71 Euro
2008	20,44 Euro
2007	19,65 Euro
2006	18,80 Euro
2005	17,38 Euro

30 Sek. Erw. 14 bis 49 Jahre;
*mit den Vorjahren nur bedingt vergleichbar, da erweiterte Datenbasis

Quelle: AGF in Zusammenarbeit mit GfK, TV Scope / ZAW;

Fernsehwerbung in Deutschland 2014: Top 5 der werbungtreibenden Unternehmen nach Werbeinvestitionen

Procter & Gamble	422,2 Mio. Euro	▼ -6,2% zu 2013
L'Oréal Deutschland	351,9 Mio. Euro	▲ 5,0% zu 2013
Ferrero Deutschland	310,8 Mio. Euro	▼ -10,3% zu 2013
Unilever Deutschland	260,3 Mio. Euro	▲ 13,3% zu 2013
Henkel – Laundry & Home Care	197,1 Mio. Euro	▲ 8,4% zu 2013

Quelle: Nielsen bereinigter Werbetrend 2014; Datenstand: Monatsabschluss Februar 2015

Fernsehwerbung in Deutschland 2014: Top 25 Wirtschaftsbereiche nach Werbeinvestitionen

Wirtschaftsbereiche	2014 in Mio. Euro	zu 2013 in %	2013 in Mio. Euro
E-Commerce	1.121,1	41,0	795,0
PKW	734,3	8,1	679,6
Online-Dienstleistungen	704,9	21,1	582,1
Süßwaren	638,6	-5,2	673,4
Arzneimittel	600,7	6,1	566,0
Mobilnetz	593,2	7,6	551,5
Haarpflege	406,4	-1,3	411,9
TV-Werbung	279,1	20,9	230,8
Lebensmittel-einzelhandel	258,1	37,3	187,9
FDL Privatkunden	244,5	-12,3	278,6
Gesichtspflege	236,8	15,6	204,9
Alkoholfreie Getränke	227,4	4,8	216,9
Putz- und Pflegemittel	217,8	-4,9	229,1
Bild- und Tonträger-Musik	207,7	46,7	141,6
Waschmittel	205,4	3,2	199,0
Parfums und Duftprodukte	195,3	0,7	193,9
Kaufhäuser	189,0	5,9	178,5
Hotels und Gastronomie	184,8	-1,0	186,7
Bier	174,9	-18,6	214,8
Versandhandel	172,0	34,7	127,7
Spielzeug	169,2	12,5	150,5
Mundpflege	168,2	-12,0	191,2
Versicherungen	159,8	-22,1	205,0
Film	155,0	0,8	153,8
Unternehmens-Werbung	154,2	18,4	130,2
Gesamt	**8.398,5**	**9,3**	**7.680,7**

Quelle: Nielsen bereinigter Werbetrend 2014; Datenstand: Monatsabschluss Februar 2015

Fernsehwerbung

Laut Mediaanalyse ist das Fernsehen weiterhin Spitzenreiter in der Mediennutzung: 85 Prozent der Bevölkerung ab 14 Jahren (D + EU) geben an, mehrmals in der Woche fernzusehen. Mit etwas Abstand zur TV-Nutzung folgt Radio hören (81 Prozent), Zeitung lesen (67 Prozent), Zeitschriften/Illustrierte lesen (26 Prozent) und sich mit dem PC, Notebook oder Tablet beschäftigen (63 Prozent).

Über Kabel empfangen 41 Prozent der Bundesbürger in ihrem Haushalt Fernsehen, per Satellit 45 Prozent, per Internet (IPTV) acht Prozent und über eine normale Antenne nur noch drei Prozent. In 59 Prozent der Haushalte gibt es ein TV-Gerät, 29 Prozent besitzen zwei Fernsehgeräte, sieben Prozent drei Fernseher, drei Prozent haben vier oder mehr Geräte und rund drei Prozent haben kein Fernsehgerät oder machten keine Angabe.[1]

Die ARD/ZDF-Onlinestudie zeigt jährlich auf, wie sich der Medienkonsum in Deutschland entwickelt. Die durchschnittliche Nutzungsdauer des Fernsehens betrug 2014 (alle Daten betreffen das 1. Halbjahr) 240 Minuten täglich (Vorjahr: 242), der Radiokonsum 192 Minuten (2013: 191), die Internetnutzung lag bei 111 Minuten (Vorjahr: 108). Detailliertere Daten zum Fernsehen: Über die klassischen Empfangswege Kabel, Satellit und Antenne wurde täglich 240 Minuten geschaut (237 Minuten lineares TV, 3 Minuten zeitversetzt) und damit 2 Minuten weniger als 2013, dafür stieg die Fernsehnutzung über das Internet im Vergleich zum Vorjahr um 3 auf 8 Minuten (Daten umfassen linear und zeitversetzt). Das Internet wird demnach komplementär als weiterer Zugangsweg für TV-Inhalte genutzt.[2]

Auch im 10-Jahres-Vergleich kann die immer wieder geäußerte Meinung eines angeblichen Bedeutungsverlustes des Mediums TV nicht aufrecht erhalten werden: 2004 lag die Fernsehnutzungsdauer mit 230 Minuten 10 Minuten unter dem heutigen Wert von 240 Minuten; das Radio dagegen hat 4 Minuten verloren (2004: 196 Minuten) während das Internet in den vergangenen 10 Jahren in der Tat eine deutliche Steigerung der Nutzungsdauer erfahren hat (2004: 43 Minuten).[3]

Erweitert man nun die Daten der Fernsehnutzung über klassische Empfangswege um die Onliner und deren Bewegtbild-Nutzung, die neben Live- und zeitversetztem Fernsehen online auch die Nutzung von Videoportalen, Mediatheken, Streamingdiensten oder On-demand-Videos umfasst, gelangt man zu weiteren aufschlussreichen Ergebnissen. So schauen 45 Prozent der Onliner[4] Bewegtbildinhalte über das Web (mindestens wöchentlich). Davon sahen 14 Prozent innerhalb einer Woche Fernsehsendungen zeitversetzt online, also nach der ursprünglichen Ausstrahlung. 8 Prozent verfolgten eine TV-Sendung live, also gleichzeitig und nicht zeitversetzt, im Internet, während 9 Prozent Sendungen oder Videos über Mediatheken von Sendern sahen. Sechs Prozent schauten abonnierte Videopodcasts und vier Prozent nutzten

---

1 Quelle: ma 2015 Radio I.

2 Vgl. van Eimeren, Frees, 79 Prozent der Deutschen online – Zuwachs bei mobiler Internetnutzung und Bewegtbild, Media Perspektiven 7-8/2014, S. 392, Nutzungsdaten jeweils 1. Halbjahr und vgl. Frees, Konvergentes Fernsehen: TV auf unterschiedlichen Zugangswegen, Media Perspektiven 7-8/2014, S. 417.

3 Vgl. van Eimeren, Frees, 76 Prozent der Deutschen online – neue Nutzungssituationen durch mobile Endgeräte, Media Perspektiven 7-8/2012, S. 377.

4 Deutschsprachige Bevölkerung ab 14 Jahren, die zumindest gelegentlich das Internet nutzt, so die ARD/ZDF-Onlinestudie.

Video-Streamingdienste oder Kino auf Abruf. Der größte Teil der Onliner – 34 Prozent – nutzte Videoportale und hier vor allem Youtube. Betrachtet man diese Werte kann man nachvollziehen, warum Jeffrey L. Bewkes, Chief Executive Officer von Time Warner vom goldenen Zeitalter des Fernsehens spricht, denn: „Was die Menschen am liebsten im Internet machen, ist fernsehen."[5]

Parallelnutzung von TV und Online

Nebenbeschäftigungen während der Fernsehnutzung gab es schon immer, aber erst durch die mögliche Erfassung der parallelen Nutzung von TV und Internet erfährt das Thema in der Öffentlichkeit deutlich größere Aufmerksamkeit. Die „Nebenbei"-Beschäftigungen haben sich inhaltlich verändert. Gehörten früher u.a. Hausarbeit, Essen und das Zeitung- bzw. Zeitschriftenlesen dazu, so wird letzteres heute verdrängt durch das Surfen im Internet.

Fundierte Ergebnisse zur Parallelnutzung von TV und Online liefert der inzwischen in der 8. Auflage jährlich durchgeführte TNS Convergence Monitor. Es handelt sich hierbei um eine Gemeinschaftsstudie von ARD-Werbung Sales & Services, Deutscher Telekom, IP Deutschland, Vodafone GmbH und ZDF. Die Studie ist repräsentativ für die deutschsprachige Wohnbevölkerung zwischen 14 und 64 Jahren und bietet einen Überblick über die Verbreitung konvergenter Techniken für Telekommunikation, Internet und Medien sowie Einstellungen und Interessen der Konsumenten.

Das Zeitbudget für TV und Internet wird von den Befragten in Summe mit 248 Minuten pro Tag angegeben. Dieser Wert liegt drei Prozent höher als 2013 und fünf Prozent höher als 2012. Umso erstaunlicher ist es, dass die Befragten die parallele Nutzung beider Medien seit drei Jahren unverändert mit zwölf Minuten angeben. Das heißt, die parallele Nutzung beträgt nur fünf Prozent des gesamten Zeitbudgets für TV und Online. Und selbst während der Parallelnutzung gilt die Aufmerksamkeit eher dem Fernsehen. 56 Prozent der Parallelnutzer geben an, sich hauptsächlich auf das Fernsehen zu konzentrieren.

Parallele Nutzung von Fernsehen und Internet bedeutet noch nicht, dass es einen inhaltlichen Bezug bei der Nutzung der beiden Medien gibt. Vielmehr ist es so, dass meist sogar eher ohne Sendungsbezug gesurft wird. Befragte mit Parallelnutzung nutzen am häufigsten E-Mailing (54 Prozent), Social Networking (ohne Sendungsbezug: 33 Prozent und mit Sendungsbezug: 24 Prozent) sowie Aktuelle Information (20 Prozent). Nur jeweils acht Prozent der Parallelnutzer geben an, dass sie sich zusätzliche Infos zu der gerade gesehenen Fernsehsendung holen bzw. sich über Produkte informieren, die in der TV-Werbung gezeigt wurden.[6]

Messung von TV- zu Bewegtbildinhalten

Seit März 2014 weist die Arbeitsgemeinschaft Fernsehforschung (AGF) Daten aus dem Projekt Video Streaming auf ihrer Website aus. Damit können regelmäßig aktuelle Daten über die Nutzung von Bewegtbild-Inhalten abgerufen werden. In einem ersten Schritt stehen Hitlisten einzelner Senderplattformen zur Verfügung, teilnehmende Publisher waren Anfang 2015: RTL now, RTLII now, VOX now,

---

5 Vgl. van Eimeren, Frees, Multioptionales Fernsehen in digitalen Medienumgebungen, Media Perspektiven 7-8/2013, S. 373.

6 Quelle: TNS Convergence Monitor 2014, Grundgesamtheit: Deutschsprachige Wohnbevölkerung zwischen 14 und 64 Jahren in Privathaushalten bzw. Privathaushalten mit mind. einer Person zwischen 14-64 Jahre in Deutschland.

TV-Tausend-Kontakt-Preise

Erwachsene
20 bis 59 Jahre

Mo bis So
3:00 bis 3:00 Uhr

22,61 Euro

Mo bis Sa
17:00 bis 20:00 Uhr

24,54 Euro

Mo bis So
20:00 bis 23:00 Uhr

28,56 Euro

Erwachsene
14 bis 49 Jahre

Mo bis So
3:00 bis 3:00 Uhr

28,92 Euro

Erwachsene
50+ Jahre

Mo bis So
3:00 bis 3:00 Uhr

33,59 Euro

Quelle: AGF in Zusammenarbeit mit GfK, 2014

Super RTL now, n-tv now, RTL NITRO now, ProSieben.de, Sat1.de, ZDF Verbund, Kabel Eins, sixx, 3Sat, ARD Das Erste.[7]

Das Projekt Videostreaming ist Teil einer kontinuierlichen Weiterentwicklung zur Ausweisung von Leistungswerten für die Bewegtbild-Nutzung. (Instream-Angebote sollen unabhängig davon, ob es sich um das eines Fernsehsenders oder eines reinen Online-Anbieters handelt, erfasst werden.) Der Grund hierfür liegt im zunehmenden Trend zur Nutzung von digitalen Bewegtbild-Inhalten unabhängig vom Nutzungsort, einer zeitlichen Bindung oder speziellen Endgeräten. Die Berücksichtigung zeitversetzter Nutzung an eigenen Endgeräten oder auch die IP-basierte Verbreitung von Fernsehinhalten waren erste Schritte auf diesem Weg. Mit der Einführung von Audiomatching hat diese den Grundstein gelegt für die Bewegtbild-Messung unabhängig von neuen Technologien. (Audiomatching ist ein technisches Verfahren zur Messung von audiovisuellen Inhalten. Es wird seit 2012 im Fernsehforschungspanel von der AGF eingesetzt.) Die mehrstufige Umsetzung des Streaming-Ansatzes soll 2015 abgeschlossen sein.[8]

TV für Jugendliche wichtiges Medium

Laut JIM-Studie 2014 sind Haushalte, in denen Jugendliche im Alter zwischen 12 und 19 Jahren leben, zu nahezu 100 Prozent mit Computer/Laptop, Handy, Fernseher und Internetzugang ausgestattet. Nach dem Internet (94 Prozent) und dem Handy/Smartphone (93 Prozent) nimmt das Fernsehen mit 83 Prozent den dritten Platz bei der Medienbeschäftigung der Jugendlichen im Alltag ein – bezogen auf die regelmäßige Nutzung, also mehrmals pro Woche. Bei der täglichen Nutzung liegt ganz klar das Handy vorn mit 87 Prozent, gefolgt vom Internet mit 81 Prozent und hier dem viertplatzierten TV, in der täglichen Nutzung mit 57 Prozent (Vor dem TV liegt die Nutzung von MP3-Dateien mit 59 Prozent). 56 Prozent der Jugendlichen haben einen eigenen Fernseher, und trotz neuer Übertragungswege schauten in den letzten 14 Tagen weiterhin 98 Prozent der Jugendlichen TV über ein stationäres Gerät. Befragt nach anderen Nutzungswegen sahen 19 Prozent (Vorjahr: 15 Prozent) in den letzten 14 Tagen über das Internet fern, elf Prozent nutzten dafür das Handy/Smartphone (Vorjahr: sieben Prozent) und per Tablet-PC sahen fünf Prozent (Vorjahr vier Prozent) fern.[9]

Werbeminuten und Spots in 2014

Auch 2014 stieg die Anzahl der gesendeten TV-Werbeminuten: Sie nahm um 3,2 Prozent auf 1,75 Mio. Minuten zu (Vorjahr: 1,70 Mio.). Die Zahl der gesendeten Werbespots wuchs ebenfalls: um plus 9,1 Prozent auf 3,98 Mio. Spots (2013: 3,65 Mio.). Die durchschnittliche Spotlänge sank hingegen von 29 Sekunden in 2013 auf 26 Sekunden in 2014.[10]

In 2014 lag die durchschnittliche Werbeblocklänge von Standard- und Eventwerbung bei den acht werbeführenden Sendern mit den größten Marktanteilen (Das Erste, ZDF, RTL, Sat.1, ProSieben, RTL II, kabel eins, VOX) von Montag bis Samstag in einem relativ weiten Spektrum von 2:10 Minuten bis 6:03 Minuten. Das Erste hatte mit durchschnittlich 2:10, vor dem ZDF mit 3:22 Minuten,

---

7 https://www.agf.de/daten/videostreaming/ (letzter Zugriff: 19.3.2015).

8 Vgl. Pressemeldung „Streamingdaten ab sofort auf der AGF-Website" vom 27.3.2014, abrufbar unter www.agf.de (letzter Zugriff: 19.3.2015).

9 Vgl. JIM-Studie 2014, Hrsg. Medienpädagogischer Forschungsverband Südwest, Stuttgart, November 2014, S. 7, 11, 24.

10 Quelle: Nielsen, ZAW-Berechnungen.

inkl. der Mainzelmännchen, die kürzesten Werbeblöcke zwischen 14 und 20 Uhr. In der Primetime von 20 bis 23 Uhr montags bis sonntags lag die durchschnittliche Werbeblocklänge je Sender bei den sechs größten Privaten (RTL, Sat.1, ProSieben, RTL II, kabel eins, VOX) zwischen 5:05 Minuten und 6:09 Minuten.[11]

Sehdauer konstant

Die Daten zur TV-Sehdauer in 2014 zeigen vor allem Konstanz: Mit 221 Minuten sahen die Zuschauer ab drei Jahren gesamt genauso viel fern wie 2013. Die Kinder von drei bis 13 Jahren sahen mit 88 Minuten eine Minute weniger fern als im Vorjahr, die 14- bis 49-Jährigen reduzierten ihren Fernsehkonsum ebenfalls um eine Minute. Die Gruppe Erwachsenen ab 14 Jahren sah 2014 genauso viel fern wie im Vorjahr mit 234 Minuten, die der Erwachsenen ab 50 Jahren sah ebenfalls konstant 291 Minuten in 2014 wie 2013. Um zwei Minuten gestiegen ist die TV-Sehdauer der 20- bis 59-Jährigen.[12]

Marktanteile 2014 nach Altersgruppen unterschiedlich

Marktführer bei den Zuschauern ab drei Jahren waren 2014 die öffentlich-rechtlichen Programme mit dem ZDF (13,3 Prozent) vor das Erste mit 12,5 Prozent und den Dritten Programmen der ARD mit 12,4 Prozent. In der Zuschauergruppe der 14- bis 49-Jährigen blieb RTL wie in den Jahren zuvor Marktführer mit 13,4 Prozent, gefolgt von ProSieben mit 11,0 und dem drittplatzierten SAT.1 mit 9,2 Prozent. Bei den 14- bis 29-Jährigen wiederum dominiert seit Jahren ProSieben: 2014 erreichte der Sender 18,9 Prozent,

11 Quelle: AGF, TV Scope, TA 01-30;14-20 Uhr ohne Feiertage.

12 Quelle: AGF, TV-Scope, 2014.

TV-Konsum in Deutschland: Durchschnittliche Sehdauer pro Tag in Minuten

Jahr	Zuschauer gesamt	Kinder 3 bis 13 Jahre	Erwachsene 14 bis 49 Jahre	Erwachsene ab 50 Jahre	Erwachsene ab 14 Jahre gesamt
1998	188	99	166	245	201
1999	185	97	164	241	198
2000	190	97	169	247	203
2001	192	98	169	250	205
2002	201	97	177	263	215
2003	203	94	182	262	217
2004	210	93	185	274	225
2005	211	91	185	277	226
2006	212	90	184	278	227
2007	208	87	178	275	223
2008	207	86	178	273	221
2009	212	88	182	279	226
2010	223	93	192	290	237
2011	225	93	192	293	239
2012	222	90	187	291	236
2013	221	89	182	291	234
2014	221	88	181	291	234

Quelle: AGF/Mediacontrol; Zuschauer ab 3 Jahre, ab 2009: AGF/GfK-Fernsehforschung; TV-Scope, 1.1.2014 - 31.12.2014

vor RTL mit 15,3 und RTL II mit 8,6 Prozent. Bei den Kindern zwischen drei und 13 Jahren war SUPER RTL wie im Vorjahr Marktführer mit 17,5 Prozent vor ARD/ZDF Kinderkanal mit 15,4 und Nickelodeon mit 7,5 Prozent. Bei den über 50-Jährigen dominieren klar die öffentlich-rechtlichen Sender: 18 Prozent schauten ZDF vor ARD Dritte Programme mit 17,9 und das Erste mit 16,3 Prozent.[13]

13 Quelle: AGF, TV Scope.

Anforderungen an TV-Vermarkter

Die Anforderungen an die TV-Vermarktung im Hinblick auf die Erreichbarkeit der Zuschauer haben sich verändert: Die Zuschauer müssen letztlich als Konsumenten gewonnen werden. Gemeinsam mit der ARD-Werbung Sales & Services, dem ZDF Werbefernsehen sowie einigen Mediaagenturen werden von der Gesellschaft für Konsumforschung Konsuminformationen aus dem

TV-Marktanteile Deutsche und EU-Bürger

Sender	Z 3+	E 14+	E 14-29	E 14-49	E 30-49	E 50-64	E 50+	E 65+	K 3-13
ARD Das Erste	12,5	12,8	5,1	7,5	8,3	12,5	16,3	19,9	5,0
ZDF	13,3	13,6	4,4	7,0	7,9	14,3	18,0	21,5	4,3
RTL	10,3	10,4	15,3	13,4	12,7	10,4	8,4	6,7	7,6
Sat.1	8,1	8,2	8,4	9,2	9,5	9,3	7,6	6,0	4,9
ProSieben	5,5	5,5	18,9	11,0	8,2	2,9	1,8	0,8	6,8
RTL II	3,9	3,9	8,6	6,3	5,5	3,2	2,3	1,4	3,2
SUPER RTL	1,7	1,1	2,3	1,9	1,8	0,8	0,6	0,4	17,5
kabel eins	3,8	3,8	5,1	5,5	5,6	3,9	2,7	1,6	2,2
3SAT	1,1	1,2	0,5	0,7	0,8	1,3	1,5	1,6	0,2
arte	1,0	1,0	0,5	0,7	0,8	1,1	1,2	1,3	0,2
VOX	5,2	5,3	5,9	6,9	7,2	5,9	4,2	2,6	3,1
Nachrichten-TV	1,0	1,0	0,7	1,0	1,1	1,1	1,0	1,0	0,2
9Live	0,0	0,0	0,0	0,0	0,0	0,0	0,0	0,0	0,0
ARD/ZDF Kinderkanal	1,2	0,6	1,0	1,1	1,2	0,3	0,3	0,2	15,4
Phoenix	1,1	1,2	0,6	0,8	0,9	1,3	1,4	1,5	0,1
N 24	1,0	1,0	1,2	1,2	1,3	1,1	0,9	0,7	0,4
VIVA	0,3	0,3	1,5	0,7	0,4	0,1	0,0	0,0	0,8
COMEDY CENTRAL	0,3	0,3	1,5	0,8	0,5	0,1	0,0	0,0	0,8
Eurosport	0,6	0,6	0,3	0,4	0,5	0,6	0,7	0,9	0,2
SPORT1	0,8	0,8	0,6	0,8	0,9	0,9	0,8	0,8	0,4
MTV	0,0	0,0	0,0	0,0	0,0	0,0	0,0	0,0	0,0
Euronews	0,0	0,0	0,0	0,1	0,1	0,0	0,0	0,0	0,0
Nickelodeon deutsch	0,0	0,0	0,0	0,0	0,0	0,0	0,0	0,0	0,0
TM 3	0,0	0,0	0,0	0,0	0,0	0,0	0,0	0,0	0,0
Tele 5	0,9	0,9	0,7	1,0	1,1	1,1	0,8	0,5	0,2
Das Vierte	0,0	0,0	0,0	0,0	0,0	0,0	0,0	0,0	0,0
GIGA	0,0	0,0	0,0	0,0	0,0	0,0	0,0	0,0	0,0
DMAX	1,0	1,0	1,9	1,8	1,8	0,7	0,4	0,2	1,0
Dritte (ARD III für PIN-Export)	12,4	12,8	2,6	5,0	5,9	13,3	17,9	22,2	2,4
ZDFkultur	0,3	0,3	0,1	0,2	0,2	0,4	0,3	0,2	0,0

Focus: Zuschauer ab 3 Jahre

Quelle: AGF in Zusammenarbeit mit GfK; TV Scope, 1.1.2014 - 31.12.2014

GfK-ConsumerScan Panel bzw. dem GfK medic*scope Panel mit den AGF-Daten fusioniert; beide Mediawährungen werden vom Markt anerkannt. Das AGF-Panel liefert repräsentative TV-Reichweiten und Verbraucherpanels bilden dezidiert die Käuferschaften ab. Zum einen gibt es den GPS, den Global Premium Shopper, von GfK und ZDF Werbefernsehen gebildet, mit dem Käuferschaften von hochpreisigen Produkten selektiert werden können. Zum anderen die Instrumente t.o.m., TV-Optimizer for Markets, mit denen sich unterschiedliche Käufer des FMCG- und Pharma-Marktes (t.o.m. Pharma-Mitglieder: ARD-Werbung Sales & Services und einige Mediaagenturen) darstellen lassen. Mit Hilfe der Standardtools TV Scope, TV Control und Plan TV kann auf diese Käuferschaften geplant werden.

Die ARD-Werbung Sales & Services, das ZDF Werbefernsehen und die RMS betreiben seit fast 20 Jahren die VuMA (Verbrauchs- und Medienanalyse), eine der anerkanntesten Markt-Media-Studien. Im Mittelpunkt der gemeinsamen methodischen Expertise stehen dabei immer die sich wandelnden Anforderungen der Kunden und Agenturen sowie die aktuelle Markt- und gesellschaftliche Entwicklung. Bei der Zielgruppenansprache geht es nicht nur darum, bestimmte soziodemografische Segmente abzudecken, sondern in erster Linie konsumaffine Käuferschaften anzusprechen, um damit die Werbegelder weitgehend zu optimieren. Die Konsuminformationen werden per Fusion in das AGF/GfK-Fernsehpanel übertragen und stehen berechtigten Nutzern für Auswertungen zur Verfügung. Auf diese Weise kann beispielsweise die Verwendung von über 1.200 verschiedenen Marken in Verbindung mit der Fernsehnutzung ihrer Käufer analysiert werden. Mit Hilfe der VuMA lassen sich diese konsumaffinen Zielgruppen sehr genau planen. Das Konsumverhalten der Deutschen sowie deren Gewohnheiten und persönlichen Einstellungen zum Thema Einkaufen wird so plastisch dargestellt.

2014 sind mit IP Deutschland, El Cartel Media und Sky Media Network drei weitere TV-Vermarkter als Lizenznehmer der Studie beigetreten. Die neue Partnerschaft unterstreicht die Qualität und die Relevanz der Studie im Markt. Mit den neuen Partnern lassen sich die bevorstehenden Herausforderungen im größeren Kreis gemeinsam bewältigen.[14]

Screenforce – The Magic of TV

Im April 2015 ist Wirkstoff.tv, die Gattungsinitiative der deutschen, österreichischen und schweizerischen TV-Vermarkter für Fernsehen und Bewegtbild in Screenforce – The Magic of TV umbenannt worden, der bekannte TV-Wirkungstag, der 2004 zum ersten Mal stattfand, ist nun der Screenforce Day. „Rund um das Fernsehen hat sich ein faszinierender Bewegtbild-Kosmos entwickelt, der unseren Werbekunden viele neue Möglichkeiten bietet", sagte Martin Krapf, Geschäftsführer der Gattungsinitiative Wirkstoff.tv. „Ob linear oder non-linear, TV-Spot oder Online-Video, Fernsehgerät oder mobiles Endgerät – da wächst zusammen, was zusammen gehört", so Krapf weiter.

Vor diesem Hintergrund hat sich die Initiative aus 13 Vermarktern mit „Screenforce – The Magic of TV" auch einen neuen Namen gegeben und die Positionierung überarbeitet.[15]

---

14 Quelle: VuMA-Pressemeldungen auf http://www.vuma.de/de/home.html.

15 Vgl. Pressemeldung „TV-Wirkungstag: Initiative aus 16 Vermarktern mit neuem Auftritt/Wirkstoff TV wird ‚Screenforce – The Magic of TV'" vom 16.4.2015, abrufbar unter www.screenforce.de (letzter Zugriff 17.4.2015).

Der Screenforce Day 2015 lieferte am 16. April im Maritim Hotel am Flughafen Düsseldorf für seine über 1.500 Teilnehmer u.a. spannende Vorträge von hochkarätigen Referenten aus dem In- und Ausland: von der Markenführung und internationalen Programmtrends mit top-aktuellen Infos von der Mipcom über den Einfluss von TV auf Search und Word of Mouth bis zur Markenkommunikation und der Zukunft von Fernsehen und Bewegtbild. Am darauffolgenden 17. April fand erstmals auch ein Screenforce Day in der Schweiz (Zürich) statt.

Screenforce ist die Gattungsinitiative der deutschen, österreichischen und schweizerischen TV-Vermarkter für Fernsehen und Bewegtbild. Die breite Allianz aus 13 Partnern repräsentiert über 95 Prozent des TV-Werbemarktes in der DACH-Region: Die Partnerunternehmen sind – neben Gründungs- und Hauptgesellschafter Verband Privater Rundfunk und Telemedien (VPRT) –, IP Deutschland, SevenOne Media, ARD-Werbung SALES & SERVICES, Arbeitsgemeinschaft TELE-TEST für Österreich, EL CARTEL MEDIA, Viacom Advertising And Brand Solutions, Discovery Communications Deutschland GmbH & Co. KG, SPORT1 MEDIA, thads. media vermarktungs gmbh, Sky Media Network GmbH, Disneymedia+GmbH, ServusTV und Goldbach Media Switzerland.[16]

| Stand: April 2015

[16] Vgl. „Eine breite Allianz für TV und Bewegtbild", abrufbar unter www.screenforce.de/info (letzter Zugriff: 17.4.2015).

Bundesweite Fernsehprogramme 2014

Öffentlich-rechtliche Fernsehprogramme

Vollprogramme | 13
3sat, arte, Bayerisches Fernsehen, Das Erste, hr-Fernsehen, MDR Fernsehen, NDR Fernsehen, Radio Bremen TV, rbb Fernsehen, SR Fernsehen, SWR Fernsehen, WDR Fernsehen, ZDF

Digitale und Spartenprogramme | 9
ARD-alpha, Einsfestival, EinsPlus, KiKA, Phoenix, tagesschau24, ZDFinfo, ZDFkultur, ZDFneo

Auslandsprogramm | 1
DW-TV

Private Fernsehprogramme

Vollprogramme | 15
dctp.tv, DMAX, EBRU TV, Family TV, joiz, kabel eins, Khatereh (persisch), ProSieben, RTL II, RTL Television, RTVi (russisch), Samanyolu TV Avrupa (türkisch/deutsch), SAT.1, Türkshow (türkisch/deutsch), VOX

Fernsehfenster | 2
AZ Media TV (auf RTL Television), DCTP (auf RTL Television und SAT.1)

Spartenprogramme (Free-TV) | 51
4-Seasons.TV, All-TV, amazing discoveries TV, Anixe HD, Anixe SD, Astro TV, Bibel TV, ClipMyHorse.de, Collection, CTV, DAF, Das Neue TV, Deluxe Music, Deutsches Musik Fernsehen, Disney Channel, Dügün TV (türkisch), eBusiness-Hangout, ERF 1, HOPE Channel deutsch, Hyperraum.TV, Iran Music (persisch), Isarrunde/Spreerunde, Kanal Avrupa (türkisch), katholisch.de, Klinik-Info-Kanal (KiK-TV), Latizón TV, mc tv (türkisch/deutsch/englisch), n-tv, N24, Nickelodeon, ProSieben MAXX, RIC, RTL Nitro, SAT.1 Gold, schoenstatt-tv, sixx, Sky Info, Sky Sport News, Sophia TV, souvenirs from earth, spiegel.tv, SPORT1, Sportdeutschland.tv, SPOX.com, Super RTL, TecTime TV, Tele 5, Timm, VIVA, Welt der Wunder, WiWo-Lunchtalk

Spartenprogramme (Pay-TV) | 80
13th Street, 3D The Channel, A&E, Animal Planet, auto motor und sport Channel, beate-uhse.tv, BonGusto, Boomerang, Cartoon Network, Detski Mir (russisch), Discovery Channel, Disney Junior, DisneyXD, FCB.TV, Fix & Foxi, Fox Channel, GEO Television, GoldStar TV, Gute Laune TV, Heimatkanal, History, Hustler TV Deutschland, Jukebox, Junior, kabel eins CLASSICS, Kinowelt TV Premium, LUST PUR, Marco Polo, MGM Channel, MotorVision TV, MTV, MTV Brand New, Nasche Ljubimoe Kino (russisch), National Geographic Channel, National Geographic People Channel, National Geographic Wild Channel, Nick Jr., nicktoons, Passion, Planet, ProSieben FUN, RCK TV, Romance TV, RTL Crime, RTL Living, SAT.1 emotions, Silverline Movie Channel, Sky 3D, Sky Action, Sky Atlantic, Sky Cinema, Sky Cinema +1, Sky Cinema +24, Sky Comedy, Sky Emotion, Sky Event, Sky Fanzone, Sky Fußball Bundesliga, Sky Hits, Sky Krimi, Sky Nostalgie, Sky Sport 1, Sky Sport 2, SPIEGEL Geschichte, SPIEGEL TV Wissen, SPORT1 Livestream, SPORT1 US, SPORT1+, sportdigital, Stingray Lite TV, Syfy, Teleclub (russisch), Telekom Basketball, TLC, TNT Film, TNT Glitz, TNT Serie, Unitel Classica, Universal Channel, vfbtv

Teleshopping* | 19
1-2-3.tv, Beauty TV, Channel21, HSE24, HSE24 Extra, HSE24 Trend, JML Direct Shop, Juwelo Pur, Juwelo TV, Manou Lenz, mediaspar.tv, MonA TV, pearl.tv, QVC, QVC Beauty & Style, QVC Plus, sonnenklar.TV, StarParadies, Türkshop

deutschsprachige Programme mit Auslandslizenz* | 14
Animax, AXN, BabyTV, Body in Balance, Disney Cinemagic, E! Entertainment, Eurosport, Eurosport 2, Extreme Sports Channel, K-TV, Motors TV, ServusTV Deutschland, Sky News, Sony Entertainment Television

---

Bundesweite Fernsehprogramme gesamt: 204

Die Übersicht enthält nur bundesweite Fernsehprogramme, welche auf Sendung sind. Lizenzierte Programme, die ihren Sendebetrieb noch nicht aufgenommen oder unterbrochen haben, sind nicht aufgeführt.

*Eine begrenzte Auswahl, basierend auf der TV-Senderdatenbank der Medienanstalten (www.die-medienanstalten.de).

Quelle: KEK, Stand: Dezember 2014

Finanzdienstleistungen

Die deutschen Finanz- und Versicherungsdienstleister konnten ihre Bruttowertschöpfung in 2013 im Vergleich zum Vorjahr um etwa 4,3 Prozent auf 98,55 Mrd. Euro steigern.[1] Mit einem Anteil von 4 Prozent am Bruttoinlandsprodukt[2] und knapp 1,2 Millionen Beschäftigten[3] ist die Branche von großer Bedeutung für den Arbeitsmarkt sowie ein Motor für ein nachhaltiges Wirtschaftswachstum.

Finanzdienstleistungen:
Vertrauen in die Bankenbranche in Deutschland, Westeuropa und weltweit 2014

Frage: Wie hat sich Ihr Vertrauen in die Bankenbranche in den vergangenen 12 Monaten verändert?

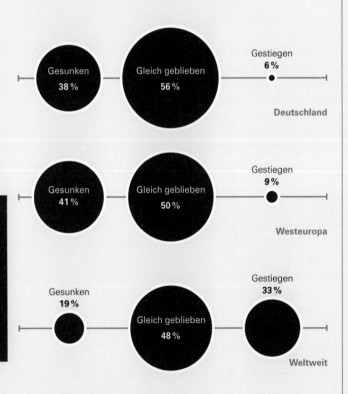

Basis: Weltweit; Anfang 2014; ab 18 Jahre; Weltweit wurden mehr als 33000, in Deutschland mehr als 800 Bankkunden befragt; Personen, die selbst Finanzentscheidungen treffen.

Quelle: Statista / Ernst & Young – Global Consumer Banking Survey 2014, Seite 4

50 %

der Deutschen sagen, dass sie ihre Hauptbankverbindung bei einer Sparkasse haben.[4]

Finanzdienstleistungen:
Umfrage zum Vertrauen in Geldinstitute aus Kundensicht 2014

Frage: Wie viel Vertrauen haben Sie generell in die folgenden Geldinstitute?

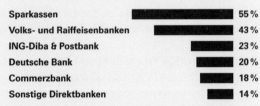

Sparkassen	55 %
Volks- und Raiffeisenbanken	43 %
ING-Diba & Postbank	23 %
Deutsche Bank	20 %
Commerzbank	18 %
Sonstige Direktbanken	14 %

Basis: 2000 Befragte bundesweit, ab 14 Jahren, abgebildet ist der Anteil der Befragten, die mit „sehr viel" geantwortet haben. Weitere Antwortmöglichkeiten waren „es geht" und „wenig/überhaupt kein".

Quelle: icon Wirtschafts- und Finanzmarktforschung / DSGV, Vermögensbarometer 2014, S. 23

1 Statistisches Bundesamt, Volkswirtschaftliche Gesamtrechnung 2013, S. 60.
2 Statistisches Bundesamt, Volkswirtschaftliche Gesamtrechnung 2013, S. 60.
3 Statistisches Bundesamt, Statistisches Jahrbuch 2014, S. 349.
4 DSGV, Vermögensbarometer 2014, S. 23.

Finanzwerbung in Deutschland 2014: Investitionen nach Werbeträgern

Umsätze und Anteile der Werbeträger 2014

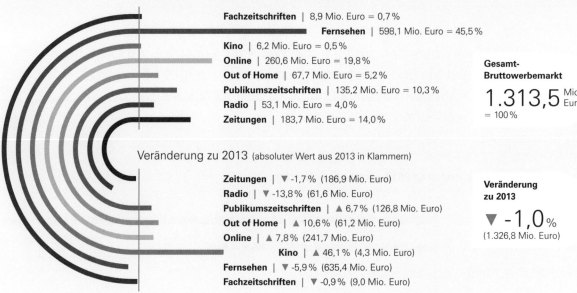

Fachzeitschriften | 8,9 Mio. Euro = 0,7 %
Fernsehen | 598,1 Mio. Euro = 45,5 %
Kino | 6,2 Mio. Euro = 0,5 %
Online | 260,6 Mio. Euro = 19,8 %
Out of Home | 67,7 Mio. Euro = 5,2 %
Publikumszeitschriften | 135,2 Mio. Euro = 10,3 %
Radio | 53,1 Mio. Euro = 4,0 %
Zeitungen | 183,7 Mio. Euro = 14,0 %

Gesamt-Bruttowerbemarkt

1.313,5 Mio. Euro = 100 %

Veränderung zu 2013 (absoluter Wert aus 2013 in Klammern)

Zeitungen | ▼ -1,7 % (186,9 Mio. Euro)
Radio | ▼ -13,8 % (61,6 Mio. Euro)
Publikumszeitschriften | ▲ 6,7 % (126,8 Mio. Euro)
Out of Home | ▲ 10,6 % (61,2 Mio. Euro)
Online | ▲ 7,8 % (241,7 Mio. Euro)
Kino | ▲ 46,1 % (4,3 Mio. Euro)
Fernsehen | ▼ -5,9 % (635,4 Mio. Euro)
Fachzeitschriften | ▼ -0,9 % (9,0 Mio. Euro)

Veränderung zu 2013

▼ -1,0 %
(1.326,8 Mio. Euro)

Quelle: Nielsen bereinigter Werbetrend 2014; Datenstand: Monatsabschluss Februar 2015

Finanzwerbung in Deutschland 2014: Top 5 der Banken und Geldinstitute nach Werbeinvestitionen

127,8 Mio. Euro ▼ -1,2 % zu 2013 — Deutscher Sparkassen- und Giroverband
68,2 Mio. Euro ▲ 5,2 % zu 2013 — Commerzbank
64,7 Mio. Euro ▲ 18,9 % zu 2013 — ING-DiBa
58,3 Mio. Euro ▼ -5,4 % zu 2013 — Volksbanken Raiffeisenbanken
40,7 Mio. Euro ▼ -13,3 % zu 2013 — Targobank

Finanzwerbung in Deutschland 2014: Top 5 der Versicherungen nach Werbeinvestitionen

42,2 Mio. Euro ▲ 4,9 % zu 2013 — AXA Versicherung
17,3 Mio. Euro ▲ 10,0 % zu 2013 — HUK-Coburg
16,3 Mio. Euro ▲ 29,5 % zu 2013 — Direct Line
14,4 Mio. Euro ▼ -21,4 % zu 2013 — CosmosDirekt
13,5 Mio. Euro ▼ -19,4 % zu 2013 — Ergo Versicherung

Quelle: Nielsen bereinigter Werbetrend 2014; Datenstand: Monatsabschluss Februar 2015

Glücksspiel

Der Glücksspielmarkt in Deutschland bleibt auch im Jahr 2014 hinter den Erwartungen zurück. Ursachen sind u.a. die weiterhin ausstehende Öffnung des Sportwettenmarktes und die strenge Regulierung. Beides wirkt sich umfassend auf den Werbemarkt aus und sorgt dort für Verunsicherung und zurückhaltende Investitionen.

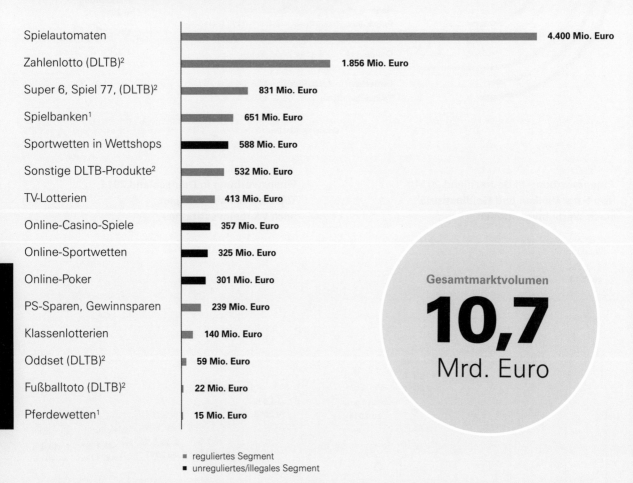

Glücksspielmarkt in Deutschland 2012: Brutto-Spielerträge

Segment	Mio. Euro
Spielautomaten	4.400
Zahlenlotto (DLTB)[2]	1.856
Super 6, Spiel 77, (DLTB)[2]	831
Spielbanken[1]	651
Sportwetten in Wettshops	588
Sonstige DLTB-Produkte[2]	532
TV-Lotterien	413
Online-Casino-Spiele	357
Online-Sportwetten	325
Online-Poker	301
PS-Sparen, Gewinnsparen	239
Klassenlotterien	140
Oddset (DLTB)[2]	59
Fußballtoto (DLTB)[2]	22
Pferdewetten[1]	15

- reguliertes Segment
- unreguliertes/illegales Segment

Gesamtmarktvolumen 10,7 Mrd. Euro

Quelle: Glücksspielmarkt Deutschland 2017. Marktliche Effekte der Regulierung von Sportwetten in Deutschland. Key Facts zur Studie, Goldmedia Strategy Consulting, 2013.

1 Datenbasis von 2011.
2 Deutscher Lotto- und Totoblock (DLTP).

Lotto- und Toto-Werbung in Deutschland 2014: Investitionen nach Werbeträgern

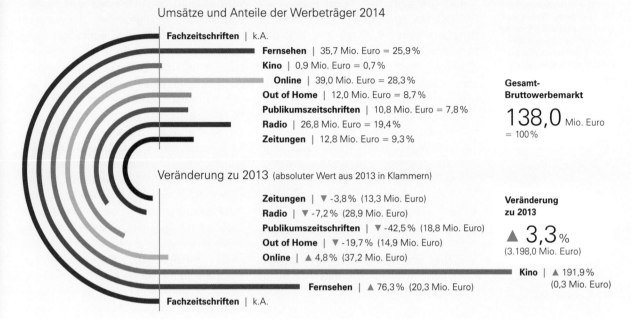

Lotto- und Toto-Werbung in Deutschland 2014: Investitionen 2005 bis 2014

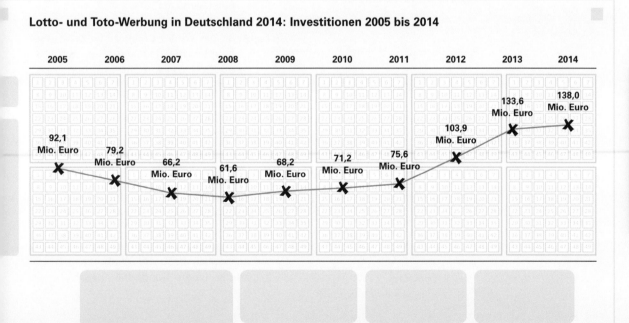

Quelle: Nielsen bereinigter Werbetrend 2014; Datenstand: Monatsabschluss Februar 2015

Glücksspiel

Aus den Verhaltensregeln des Deutschen Werberates zur Kommerziellen Kommunikation für Glücksspiele, Ziffer 1, Verantwortungsbewusste Verbraucheransprache:

„Kommerzielle Kommunikation für Glücksspiele soll

[....]

3. nicht suggerieren, durch bestimmte Glücksspielangebote oder besonders niedrige Einsätze sei ein problematisches Spielverhalten auszuschließen

4. Verbraucher nicht ermutigen, Verluste zurückzugewinnen oder Gewinne wieder zu investieren

5. nicht den Eindruck vermitteln, finanzielle Schwierigkeiten würden durch Glücksspiel gelöst

6. keine Darstellungen und Aussagen enthalten, die geeignet sind, problematisches, insbesondere unter finanziellen und sozialen Gesichtspunkten exzessives Spielverhalten zu vermitteln, hierzu aufzufordern oder dieses als akzeptabel erscheinen zu lassen.

Zwei umfangreiche Untersuchungen zur Glücksspielwerbung[1] sind 2014 in Großbritannien im Zuge der dortigen Diskussionen um Verschärfungen der Werberegeln für Glücksspiel unternommen worden und haben zwei Punkte noch einmal eindrucksvoll bestätigt:

- Werbung ist, soweit sie einer inhaltlich vernünftigen Regulierung unterliegt, nicht geeignet, ein problematisches Spielverhalten hervorzurufen[2] und

- den Vorgaben des Kinder- und Jugendschutzes kann durch inhaltliche Regelungen, insbesondere das Verbot einer gezielten Ansprache von Kindern, in ausreichendem Maß Rechnung getragen werden.[3]

Part of the difficulty of measuring the impact of advertising on problem gambling is that it is, in general, relatively small.[4]

Dr. Per Binde
Universität Göteborg

Trotzdem werden genau gegenteilige Annahmen zu diesen beiden Aspekten als Begründung für die spezifische Werberegulierung in Deutschland wieder und wieder herangezogen. Das erfasst nicht nur das in Europa einmalige Werbeerlaubnisverfahren für Glücksspielwerbung in Internet und TV, sondern auch die strengen inhaltlichen Beschränkungen von Glücksspielwerbung in der sog. Werberichtlinie[5] und die Blockade ganzer Werbekanäle, die sich insbesondere für die Anbieter von Online-Glücksspielen dramatisch auswirkt. So schafft § 7 der Werberichtlinie erhebliche Verunsicherung, indem Maßnahmen der Direktwerbung per Telefon, Email und SMS innerhalb eines bestehenden Vertragsverhältnisses zunächst für zulässig erklärt werden. Die Begründung zur Richtlinie führt jedoch aus, dies beziehe sich allein auf Kommunikation, „die keine Werbung ist". Die Aussage ist doppelt widersprüchlich,

- da die Begründung eines gesetzlichen Regelwerks dieses nur interpretieren, nicht aber widersprechende Regeln aufstellen kann und

- da die Werberichtlinie inhaltlich überhaupt keine Regelungen zu Kommunikation, „die keine Werbung ist", treffen kann.

Damit birgt die aktuelle Situation insbesondere für den wichtigen Bereich des Newsletter-Versandes tiefgreifende Rechtsunsicherheit. Ähnliches gilt für Werbung in Social Media. Diese wäre eigentlich von der Internet-Werbeerlaubnis erfasst. Gleichwohl hat die zuständige Behörde in Düsseldorf bzw. das Glücksspielkollegium eine Praxis entwickelt, nach der Werbung in Social Media einen Sonderfall innerhalb der

---

1 Gambling Advertising: A critical research review, Per Binde, Universität Göteborg, 2014, für: The Responsible Gambling Trust, London; sowie: CAP and BCAP Gambling Review – an assessment of the regulatory implications of new and emerging evidence for the UK Advertising Codes, 2014, abrufbar unter: http://www.cap.org.uk/News-reports/Media-Centre/2014/~/media/Files/CAP/Reports%20and%20surveys/CAP%20and%20BCAP%20Gambling%20Review.ashx (letzter Zugriff: 27.03.2015).

2 Vgl. hierzu insbesondere Binde, S.16 ff., Section 2.5.

3 Vgl. hierzu insbesondere CAP/BCAP-Review, S. 38 ff., Section 9.

4 Binde, Gambling Advertising: A critical research review. London: The Responsible Gambling Trust, 2014, S.1.

5 Werberichtlinie gemäß § 5 Abs. 4 Satz 1 GlüStV, vgl. hierzu im Abschn. Werbepolitische Entwicklung, Kap. Glücksspiel.

Internetwerbung darstellen soll. Die Konsequenz sind unter anderem strenge Evaluierungsvorgaben und besonders kurze Erlaubnisfristen. Letztere führen dazu, dass die Unternehmen gegenüber ihren Werbepartnern vielfach nur höchst ungünstige Vertragsbedingungen aushandeln können.

Hinzu kommt, dass ein wichtiger Teilbereich des Glücksspielwerbemarktes entgegen den Vorgaben des Glücksspielstaatsvertrages (GlüStV) noch immer nicht eröffnet wurde: die Bewerber um die gemäß §10a GlüStV vorgesehenen Sportwettenlizenzen warten weiter auf deren Erteilung; ein Abschluss des Verfahrens ist nicht in Sicht.[6] Entsprechend zurückhaltend bewerben auch die Unternehmen, die Online-Glücksspiel, insbesondere Sportwetten, mittels einer Lizenz aus einem anderen EU-Staat im Rahmen der europarechtlich garantierten Dienstleistungsfreiheit in Deutschland anbieten können, ihre Angebote.

Für Offline-Angebote hingegen liegen weiterhin nur Werbeumsätze für die Unternehmen aus dem Bereich Lotterien/Lotto und Toto vor, die bereits nach deutschem Glücksspielrecht über eine Veranstaltungs- oder Vermittlungserlaubnis verfügen. Hier zeigt sich für den Bereich TV und Internet ein Zuwachs im Vergleich zum Vorjahr, der auch darauf zurückzuführen sein dürfte, dass einige Unternehmen aufgrund des langwierigen Verfahrens erst spät im Lauf des Jahres 2013 oder sogar erst in 2014 eine Werbeerlaubnis erhalten haben.

Auch die Hörfunk-Werbung, die nicht dem Vorbehalt einer Werbeerlaubnis und den hiermit vielfach verbundenen Auflagen unterliegt, verzeichnet eine Verbesserung im Vergleich zum Jahr 2013. Im Print-Bereich hingegen sind die Umsätze rückläufig; dies könnte u.a. an der strengen Aufsichtspraxis in einigen Bundesländern liegen.[7]

Die Befunde sind deutlich: Es ist an der Zeit zu erkennen, dass eine funktionierende Glücksspielwerberegulierung sicherlich inhaltliche Vorgaben erfordert, wie sie beispielsweise die Verhaltensregeln des Deutschen Werberates zum Schutz von Kinder und Jugendlichen und zur Prävention problematischen Spielverhaltens vorsehen.[8] Bürokratische Hürden, wie sie das aktuelle Glücksspielrecht aufbaut, schaden hingegen den Unternehmen und sind zur Umsetzung der vorgegebenen Schutzzwecke weder angemessen noch erforderlich.

| Stand: März 2015

Aus den Verhaltensregeln des Deutschen Werberates zur Kommerziellen Kommunikation für Glücksspiele, Ziffer 3, Kinder und Jugendliche:

„Kommerzielle Kommunikation für Glücksspiele soll

1. Kinder und Jugendliche nicht zur Teilnahme an Glücksspielen auffordern oder beim Glücksspiel zeigen. Darstellungen und Aussagen, die Kinder und Jugendliche besonders ansprechen, sollen nicht verwendet werden

2. nicht in Medien erfolgen, deren redaktioneller Teil sich mehrheitlich an Kinder und Jugendliche richtet

[...]

4. nur Darsteller zeigen, die auch vom optischen Eindruck her mindestens als junge Erwachsene wahrgenommen werden.

---

6   Vgl. hierzu im Abschn. Werbepolitische Entwicklung, Kap. Glücksspiel.

7   Vgl. hierzu im Abschn. Werbepolitische Entwicklung, Kap. Glücksspiel.

8   Abrufbar unter: www.werberat.de/gluecksspiele (letzter Zugriff: 27.03.2015).

Kinowerbung

Ein Blockbuster im Wortsinn: Die Bruttowerbeumsätze der deutschen Kinos stiegen in 2014 um 22,4 Prozent auf 124 Mio. Euro – verglichen mit 101 Mio. Euro in 2013. Anders die Entwicklung der Gesamtumsätze: Sie sanken laut Filmförderungsanstalt FFA um 4,2 Prozent auf 979,7 Mio. Euro. Das lag auch an der Zahl der Kinobesucher; die sank um acht Millionen auf 121,7 Millionen ab.

Kinowerbung in Deutschland 2014:
Knapp die Hälfte der Kinobesucher hat bereits einen Spot in 3D gesehen.

Haben Sie in letzter Zeit schon einmal einen Kinowerbespot in 3D gesehen?

Ja 41,6 %
Nein 56,9 %

Basis: N=1028, Day-After-Recall Befragung; 1,5 % k.A.

Quelle: FDW Werbung im Kino, aproxima, MediaRes

Kinowerbung in Deutschland 2014:
Hohe Akzeptanz für Kinowerbung

Für mehr als jeden zweiten Besucher (53,7 %) gehört Werbung zu einem gelungenen Kinoerlebnis dazu.

Umfrage zur Akzeptanz von Kinowerbung 2014;
N=1028, Day-After-Recall Befragung

Quelle: FDW Werbung im Kino, aproxima, MediaRes

Kinowerbung in Deutschland 2014
Umfrage zu den Gründen für einen Kinobesuch
Frage: Was hat Sie bewogen, ins Kino zu gehen?

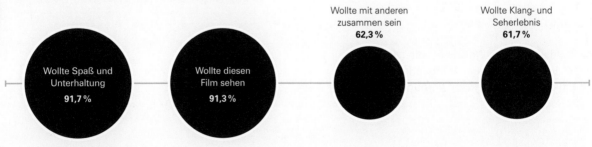

Wollte Spaß und Unterhaltung 91,7 %
Wollte diesen Film sehen 91,3 %
Wollte mit anderen zusammen sein 62,3 %
Wollte Klang- und Seherlebnis 61,7 %

N=1028, Day-After-Recall Befragung

Quelle: FDW Werbung im Kino, aproxima, MediaRes

Kinowerbung in Deutschland 2014: Umfrage zur Erinnerung an Kinowerbung

Über die Hälfte der Besucher erinnert sich an mindestens vier Spots.

Mindestens 1 Werbefilm erinnert 92,3 %
Mindestens 2 Werbefilme erinnert 81,7 %
Mindestens 3 Werbefilme erinnert 70,0 %
Mindestens 4 Werbefilme erinnert 55,3 %
Mindestens 5 Werbefilme erinnert 44,8 %
Mindestens 6 Werbefilme erinnert 33,5 %
Mindestens 7 Werbefilme erinnert 22,9 %

N=994 Kinobesucher, die Werbung gesehen haben, Day-After-Recall Befragung

Quelle: FDW Werbung im Kino, aproxima, MediaRes

Kinowerbung in Deutschland 2014: Top 5 der werbungtreibenden Unternehmen nach Werbeinvestitionen

Unilever Deutschland	5,8 Mio. Euro	▲ 173,3 % zu 2013
Nestlé Schöller Deutschland	3,8 Mio. Euro	▲ 69,4 % zu 2013
Axel Springer	3,5 Mio. Euro	▲ 18,6 % zu 2013
Heinefilm Kinowerbung	3,3 Mio. Euro	▲ 41,8 % zu 2013
Deutscher Sparkassen- und Giroverband	3,3 Mio. Euro	▲ 39,5 % zu 2013

Quelle: Nielsen bereinigter Werbetrend 2014; Datenstand: Monatsabschluss Februar 2015

Kinowerbung in Deutschland 2014: Top 25 Wirtschaftsbereiche nach Werbeinvestitionen

Wirtschaftsbereiche	2014 in Mio. Euro	zu 2013 in %	2013 in Mio. Euro
Medien	23,3	31,6	17,7
Dienstleistungen	17,0	22,2	13,9
Getränke	15,1	41,6	10,7
Ernährung	14,6	37,8	10,6
Kfz-Markt	13,2	68,3	7,9
Telekommunikation	6,9	24,5	5,6
Finanzen	6,2	46,1	4,3
Sonstige Werbung	6,2	-13,5	7,2
Unterhaltungselektronik	4,4	-27,0	6,0
Textilien und Bekleidung	3,9	13,3	3,4
Handel	2,9	211,6	0,9
Touristik	2,8	-15,4	3,3
Haus- und Gartenausstattung	1,3	140,6	0,5
Verkehrsmittel und -einrichtung	1,2	156,8	0,5
Persönlicher Bedarf	1,0	65,8	0,6
Kunst und Kultur	0,9	430,8	0,2
Körperpflege	0,9	-12,3	1,0
Gesundheit und Pharmazie	0,6	-39,5	1,0
Computer und Büroausstattung	0,5	-89,0	4,4
Energie	0,3	-61,3	0,7
Freizeit und Sport	0,2	-4,4	0,3
Bauwirtschaft	0,2	320,6	0,1
Gastronomie	0,2	-45,3	0,4
Investitionsgüter	0,0	30,2	0,0
Industrieelle Verbrauchsgüter	0,0	-98,7	0,3
Gesamt	**123,9**	**22,4**	**101,3**

Quelle: Nielsen bereinigter Werbetrend 2014; Datenstand: Monatsabschluss Februar 2015

Kommunikationsagenturen

Für 2015 prognostizieren zwei Drittel der Mitglieder des Gesamtverband Kommunikationsagenturen GWA eine Umsatzsteigerung und geben diese mit durchschnittlich 7,9 Prozent an. Bereits 2014 verzeichneten GWA Agenturen mit einem Plus von 7,8 Prozent die größten Zuwächse beim Gross Income seit mehr als zehn Jahren. Dies ist eines der Ergebnisse des GWA Frühjahrsmonitors 2015.

GWA Agenturen: Zusammengefasste Personalentwicklung für festangestellte und freie Mitarbeiter in 2015
Haben Sie insgesamt betrachtet aktuell mehr oder weniger Personal als zum gleichen Zeitpunkt des Vorjahres?

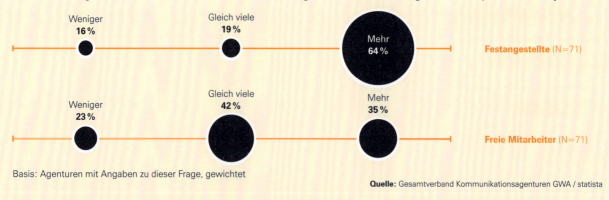

Basis: Agenturen mit Angaben zu dieser Frage, gewichtet
Quelle: Gesamtverband Kommunikationsagenturen GWA / statista

GWA Agenturen: Arbeitsbereiche mit dem größten Wachstum
Frage: Welcher Arbeitsbereich zeigt in Ihrer Agentur momentan das größte Wachstum? Bitte geben Sie die TOP 5 in der Rangfolge an.

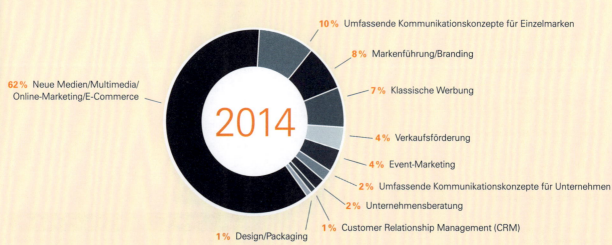

Basis: Agenturen mit Angaben zu dieser Frage (N=67), gewichtet
Quelle: Gesamtverband Kommunikationsagenturen GWA / statista

GWA Agenturen: Relevanz von Trends in 2015

Wie bewerten Sie die Wichtigkeit der folgenden Trends für 2015?

Für die Marketing-Kommunikation		Für die eigene Agentur
5 sehr hohe Relevanz — 1 keine Relevanz	Mittelwert auf einer Skala	1 keine Relevanz — 5 sehr hohe Relevanz
4,3	Content Marketing	4,3
3,9	Alternative Agenturauswahlerfahren*	3,8
3,7	Mobile first	3,4
3,5	Big Data	3,2
3,1	Customized Agencies	2,9
3,0	Native Advertising	2,7
2,9	Smart Home Apps	2,5
2,7	Wearable Computing	2,3

Basis: Agenturen mit Angaben zu dieser Frage (N=71), gewichtet;
* Dazu gehören Gespräche, Workshops etc.

Quelle: Gesamtverband Kommunikationsagenturen GWA / statista, GWA-Frühjahrsmonitor 2015

GWA-Agenturen: Top 5-Wirtschaftsbereiche nach Umsatz

Geben Sie die Top 5 Wirtschaftszweige an, die am Umsatz Ihrer Agentur 2015 (Gross Income) beteiligt sein werden.

Nennungen auf Platz	1	2	3	4	5
Automotive	24	1	1	5	4
Nahrungs- und Genussmittel	8	8	12	6	0
Banken/Finanzdienstleister/Versicherungen	5	9	6	7	6
Einzelhandel	4	8	1	7	4
Sonstige Verbrauchsgüter	1	4	6	0	8
Pharma/Health Care	5	2	1	8	4
Telekommunikation	2	1	5	4	4
Anlagen- und Maschinenbau	3	3	4	3	3
Energiewirtschaft	1	3	3	3	3
Touristik	3	0	3	3	3
Bauindustrie/Bauzulieferer	2	1	2	2	1
Staatlicher/gesellschaftlicher Sektor	3	0	0	0	3
IT	0	2	1	1	2
Elektro-Industrie	0	0	3	0	2
Chemie	0	1	0	1	3

Basis: wechselnde Basen, gewichtet; Absolute Anzahl Nennungen

Quelle: Gesamtverband Kommunikationsagenturen GWA / statista

Kommunikationsagenturen

Die Agenturbranche befindet sich inmitten eines gravierenden Transformationsprozesses. Die Digitalisierung der Marketingkommunikation verändert das Mediennutzungsverhalten von Konsumenten und damit auch die Geschäftsmodelle sowie die Wettbewerbssituation der Agenturen in erheblichem Maße und Tempo. Die Veränderungen betreffen gleichermaßen Nutzenversprechen, Wertschöpfungsarchitektur und Ertragsmodelle der Agenturen. Der Nachweis des Erfolgsbeitrages von Marketingkommunikation wird zunehmend wichtiger. Marketingkommunikation und Agenturen müssen stärker als früher nachweisen, welche Effekte sie auf den Geschäftserfolg haben.

Doch auch das Kernprodukt der Agentur verändert sich deutlich. An die Stelle der klassischen „Kampagne" treten immer häufiger nachhaltige Kommunikationsprozesse, die den potenziellen Kunden an sämtlichen Markenkontaktpunkten begleiten. Kundendaten spielen bei der Steuerung solcher Prozesse eine immer wichtigere Rolle. Als eine weitere Folge der Digitalisierung weichen die Grenzen der Agenturbranche zu benachbarten Disziplinen auf. Neue Player aus benachbarten Marktfeldern mit digitalen Kompetenzen drängen in den angestammten Markt der Agenturen. Von all diesen Themen bleibt auch der Agenturverband nicht unberührt.

Zahlen und Fakten zur Branche

Die Agenturbranche befindet sich weiter auf Wachstumskurs. 2014 verzeichneten die Mitglieder des GWA mit 7,8 Prozent die größte Umsatzsteigerung seit mehr als zehn Jahren. Diese Entwicklung übertraf sogar die Umsatzzuwächse, die in Befragungen in 2014 prognostiziert worden waren. Das ist eines der Ergebnisse des Frühjahrsmonitors 2015, bei dem der Gesamtverband Kommunikationsagenturen GWA die Geschäftsentwicklung seiner Mitglieder erhebt. Für 2015 erwarten

GWA Agenturen: Jährliche Umsatzentwicklung 2001 bis 2014 und die Prognose 2015

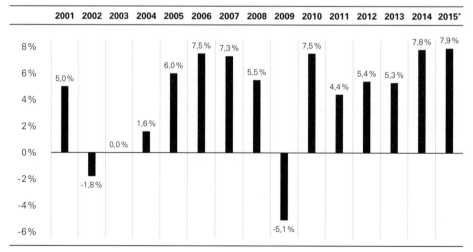

Basis: Wechselnde Basen, gewichtet; Schätzungen (bis einschließlich 2002 gemeldete Umsätze) aus den jeweiligen GWA-Monitoren; * Prognose

Quelle: Gesamtverband Kommunikationsagenturen GWA / statista, GWA-Frühjahrsmonitor 2015

GWA Agenturen: Umsatzentwicklung 2014 im Vergleich zu 2015 (Prognose)

Welchen Umsatz (Gross Income) wird Ihre Agentur voraussichtlich 2015 gegenüber 2014 erzielen?

- 2015   ■ 2014*   Basis: Wechselnde Basen, gewichtet; Index auf Basis 2014 = 100;
* Tatsächliche Umsatzveränderung 2014 gegenüber 2013

Quelle: Gesamtverband Kommunikationsagenturen GWA / statista, GWA-Frühjahrsmonitor 2015

zwar mit 67,3 Prozent etwas weniger Agenturen als noch im Vorjahr Steigerungen beim Gross Income; jedoch rechnen auch deutlich weniger Agenturen (7,2 Prozent) mit einem Rückgang. Insgesamt prognostizieren die Agenturen die Fortsetzung des stark positiven Trends für das Jahr 2015 mit weiteren Zuwächsen beim Gross Income in Höhe von 7,9 Prozent.

Das starke Umsatzplus 2014 erwirtschafteten insgesamt 71,5 Prozent der befragten Agenturen, während 18,1 Prozent rückläufige Umsätze verzeichneten. Die genaue Betrachtung zeigt bei 26 Prozent der Agenturen Zuwächse von drei bis sechs Millionen Euro und sogar mehr als zehn Millionen Euro bei neun Prozent der Agenturen.

Weiter gestiegene Aufwendungen für Personal und Neugeschäft reduzierten die Gewinne. Die mittlere Rendite, gemessen am Gross Income, fiel 2014 auf 9,9 Prozent. Zwar konnten 55 Prozent der befragten Agenturen höhere Gewinne erzielen, jedoch sank bei 31 Prozent die Agenturrendite. Für 2015 gehen die Befragten von einer Steigerung der Rendite auf 11 Prozent aus.

Kernthema Digitalisierung

Die neuen digitalen Kanäle haben viele Gesetze der Marketingkommunikation außer Kraft gesetzt. Die Zahl der Kommunikationskanäle ist erheblich gewachsen, zunehmend tritt der Dialog mit dem Kunden an die Stelle der reinen Absenderwerbung. Allein die Zahl und Unterschiedlichkeit der verschiedenen Kanäle und Plattformen, die allesamt unter dem Label „Social Media" laufen, ist kaum noch zu erfassen. Hier gilt es, erstens den Überblick zu behalten und zweitens jeweils die richtigen Kanäle für die Ansprache der Zielgruppe auszuwählen und auf die bestmögliche Weise zu nutzen. Dabei fallen große Datenmengen an, die für die genaue Ansprache immer kleinerer Zielgruppen genutzt werden können.

Ein Ende dieser Entwicklungen ist nicht absehbar. Internet und Fernsehen verschmelzen, Tablet-Computer werden Standard – mit jeweils wieder neuen Möglichkeiten der Kundenansprache und des Dialogs. Damit einher geht eine erheblich bessere Messbarkeit des Erfolgs von Kommunikationsmaßnahmen – zumindest theoretisch. Es sind vor allem die Agenturen, die mit hohen Investitionen diesen Entwicklungen Rechnung tragen. Hier wurden in den vergangenen Jahren

Kompetenzen auf- und ausgebaut, die es sonst nirgendwo in dieser Tiefe gibt. Der GWA zeigt diese Entwicklungen beispielsweise bei den Konferenzen seines Forums Digitale Kommunikation. Gemeinsam mit Partnern organisierte der GWA auch Veranstaltungen zu speziellen Themen, wie "Bewegtbild im digitalen Zeitalter" in Kooperation mit Google.

Kernthema Erfolgsnachweis

Das Marketing steht zunehmend unter Rechtfertigungsdruck: Investitionen, vor allem in Marketingkommunikation, müssen sich auszahlen. Die Diskussion um den Return on Marketing Investment (ROMI) ist in vollem Gange. Gerade die Digitalisierung der Kommunikation führt zudem dazu, dass die Wirkungen von Kommunikationsmaßnahmen stärker als bisher gemessen werden können. Die Zahl der Meßgrößen ist dabei ins nahezu Unermessliche gewachsen.

Für die Agenturbranche stellt sich die Frage, inwieweit die vorhandenen Meßgrößen tatsächlich Aussagen über den Erfolg von Marketingkommunikation zulassen. Was bedeuten „Likes" bei Facebook für den Cash-Flow des Unternehmens? Die tatsächlichen Wirkungszusammenhänge zwischen Marketingkommunikation und betriebswirtschaftlichen Erfolgsgrößen sind noch weitgehend ungeklärt. Ebenso fehlt es an einer einheitlichen Sprache zwischen Marketing und Unternehmensführung und Controlling. Studien haben ergeben, dass in nur etwa einem Fünftel der Unternehmen Marketing und Controlling die gleichen Kennzahlen zur Steuerung verwenden. Das Thema Nachweisführung betrifft Marketing und Agenturen in gleicher Weise. Der GWA hat sich mit verschiedenen Initiativen diesem Thema gewidmet. Dazu zählt eine Forschungskooperation mit dem Lehrstuhl für Marketing der Universität Hamburg. Besondere Bedeutung hat in diesem Zusammenhang weiterhin der GWA Effie Award.

Marketingkommunikation hat aber nicht nur auf einzelwirtschaftlicher sondern auch auf gesamtwirtschaftlicher Ebene positive Effekte. Letztere Wirkungen sind zwar bekannt, aber zumindest für Deutschland bislang nicht oder nur in sehr unzureichendem Maße mit Leistungsnachweisen belegt. Damit fehlt jedoch ein wichtiger Argumentationsstrang vor allem gegenüber der Politik, die sich zuletzt zunehmend werbekritisch gezeigt hat. ZAW und GWA haben sich deshalb entschlossen, eine entsprechende Studie in Auftrag zu geben. Ein renommierter volkswirtschaftlicher Lehrstuhl soll nachweisen, welche Effekte Investitionen in Marketingkommunikation auf volkswirtschaftliche Größen wie Wettbewerbsintensität, Innovationskraft und Wachstum haben. Entsprechende Vorgespräche sind erfolgt, die Ergebnisse der Studie sollen möglichst noch im Jahr 2015 vorliegen.

Kernthema Nachwuchs

Der demografische Wandel hat unmittelbare Konsequenzen für die Kommunikationsagenturen. Beim Nachwuchs stehen sie in mehrfacher Hinsicht unter Druck: Der Bedarf an qualifizierten Mitarbeitern wird durch die Komplexität der Märkte noch mehr wachsen. Gleichzeitig schrumpft das Angebot an Nachwuchs rasch. Bis 2015 ist mit einem Rückgang der Hoch- und Fachschulabsolventen um 20 Prozent zu rechnen. Das Problem verschärft sich für Kommunikationsagenturen, weil sie sich an den Hochschulen bisher noch nicht ausreichend und weniger systematisch als andere potentielle Arbeitgeber ins Gespräch gebracht haben.

GWA Agenturen: Einstiegswege in die Kommunikationsbranche

- 2014 (n = 516)   - 2009 (n = 574)

Quelle: Gesamtverband Kommunikationsagenturen GWA, Human Resources Management Studie 2014

Eine Umfrage des GWA unter fast 800 Studenten konnte 2011 nachweisen, dass dieses Imageproblem vor allem auf Informationsdefiziten vieler Studierender beruht, was sie in Werbe- und Kommunikationsagenturen erwartet. Obwohl sich drei Viertel der Befragten eine berufliche Zukunft in der Branche vorstellen können, bemängeln die meisten, zu wenig über Agenturen zu wissen.

GWA Agenturen: Akademische Abschlüsse der Mitarbeiter

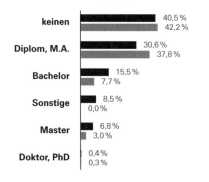

- 2014 (n = 516)   - 2009 (n = 574)

Quelle: Gesamtverband Kommunikationsagenturen GWA, Human Resources Management Studie 2014

Den Berufseinstieg in die Branche hat der GWA auch in der Human Resources Management Studie 2014 untersucht. Danach fanden 29 Prozent der befragten Agenturmitarbeiter über eine Berufsausbildung und 27 Prozent über ein Praktikum den Einstieg in die Agenturbranche.

Der Akademisierungsgrad in den Agenturen ist hoch. 71 Prozent haben eine akademische Institution besucht und fast 60 Prozent besitzen einen akademischen Abschluss, zum Beispiel ein Diplom, Magister oder Bachelor. Relevante Studiengänge für die Werbebranche sind vor allem die Kommunikations- und Medienwissenschaften, Design, Kunst und Wirtschaftswissenschaften. 88 Prozent der Mitarbeiter in GWA Agenturen verfügen über einen fachspezifischen Bildungshintergrund, was das Klischee widerlegt, dass vor allem Quereinsteiger in der Branche arbeiten.

Gerade die Absolventen der Wirtschaftswissenschaften sind branchenübergreifend begehrt. Insofern scheint es bedenklich, dass lediglich 59 Prozent der Agenturen über ein Budget für Hochschulmarketing verfügen, so die GWA Nachwuchsstudie 2012. Im Wesentlichen engagieren sich die Befragten in Form von Vorträgen und Lehraufträgen oder schließen Kooperationen mit den Hochschulen. Nach eigener Einschätzung gewinnen die Agenturen junge Talente im Wesentlichen auf Grund der spannenden Tätigkeitsfelder. Auch die Agenturkultur hat eine starke Anziehungskraft. Der Standort, eine angemessene Vergütung und Weiterbildungsangebote haben dagegen aus Sicht der befragten Agenturchefs eine geringere Bedeutung für die Attraktivität der Agenturen beim Nachwuchs.

Der GWA – Deutschlands führende Agenturen

Der Gesamtverband Kommunikationsagenturen GWA gibt Orientierung in einem unübersichtlichen Agenturmarkt. Laut Destatis existieren in Deutschland rund 22.000 Betriebe, die sich als Werbeagentur bezeichnen. Diese Betriebe unterscheiden sich sehr stark in Mitarbeiterzahl, Bestehen am Markt, Angebotsportfolio und auch Qualität der angebotenen Dienstleistungen.

Die über 100 Mitgliedsagenturen im GWA stehen für hohe Qualität und breite sowie tiefe Kompetenz. Die Mitgliedschaft kann nur erlangen, wer bestimmte quantitative und qualitative Kriterien erfüllt: eine GWA-Agentur besteht seit mindestens zwei Jahren am Markt, beschäftigt mindestens zwölf Mitarbeiter und erzielt ein Honorarvolumen (Gross Income) von mindestens einer Million Euro. Besonders wichtig ist hierbei die Fähigkeit zu einem ganzheitlichen Angebot und zur Führung einer Marke. Agenturen, die beispielsweise allein auf die Umsetzung von Kommunikationsmaßnahmen spezialisiert sind, werden im GWA nicht aufgenommen.

Der GWA Effie

Der GWA Effie ist für viele die renommierteste Auszeichnung der deutschen Kommunikationsbranche. Jährlich werden ca. 100 Kampagnen eingereicht und von einer hochkarätig besetzten Fachjury auf Wirksamkeit und Wirtschaftlichkeit hin untersucht.

2015 erfährt der GWA Effie die größte Reform seiner mehr als dreißigjährigen Geschichte. Eine sechsköpfige Kommission unter Vorsitz des GWA Vizepräsidenten und Juryvorsitzenden Thomas Strerath ordnete vor allem die Kategorien neu, in denen die Awards vergeben werden. Statt wie bisher nach Branchen zeichnet der GWA Effie in diesem Jahr erstmals Kommunikationsanlässe und -maßnahmen aus. Insgesamt wurden zehn neue Effie-Kategorien geschaffen, zu denen beispielsweise „New-New" für die Neueinführung eines Produktes, die langfristige Kommunikation einer Marke als „Evergreen" oder „David vs. Goliath" gehören, bei der erfolgreiche Nischenplayer gewürdigt werden. Ziel der Reform ist die bessere Vergleichbarkeit und Chancengleichheit der Einreichungen. Die bisherige Branchensystematik führte zu oft zu einer willkürlichen Auswahl von Erfolgsgrößen und erschwerte letztlich die Bewertung für die Jury.

Der GWA trägt mit der Neuausrichtung des Awards nicht zuletzt der Digitalisierung der Branche und einem erweiterten Verständnis von Kommunikation insgesamt Rechnung. Marketingkommunikation umfasst immer seltener abgeschlossene Maßnahmenpakete, sondern viel häufiger fortlaufende Prozesse mit komplexen Herausforderungen. Das Aufgabenspektrum der Agenturen erweitert sich damit erheblich und verschiebt den Fokus der Wertschöpfung.

Auch der Einreichungsprozess wurde verschlankt. Agenturen und werbungstreibende Unternehmen können von nun an in kurzen Beschreibungen und einem Video ihre Cases mit klarem Fokus auf das Marketing- und Unternehmensziel präsentieren. Daten und KPIs dürfen bei der Einreichung nur angegeben werden, sofern sie sich auf das benannte Ziel beziehen.

2014 gewannen Coca-Cola und Hornbach die Effie Trophäen in Gold. Die Jury aus Vertretern von werbungtreibenden Unternehmen, Medien, Agenturen und Marktforschungsinstituten ermittelte aus 48 Finalisten 17 Preisträger. Die

Preisverleihung der GWA Effie Awards 2014 fand am 24. Oktober im Gesellschaftshaus im Palmengarten in Frankfurt statt. Alle Effie Cases seit 1981 können in der Best of Effie Datenbank auf www.gwa.de abgerufen werden. Die aktuellen Cases werden in Buchform vom Verlag der Frankfurter Allgemeinen Zeitung veröffentlicht.

Öffentlichkeitsarbeit

Die Presse- und Öffentlichkeitsarbeit ist für den GWA als Interessenvertretung der deutschen Werbe- und Kommunikationsagenturen essenziell, nicht nur in Bezug auf die Branchenpresse, sondern vor allem auch mit Blick auf die überregionalen Entscheidermedien und digitale Kanäle. Der Verband nutzt dafür viele Instrumente, zum Beispiel die Veröffentlichung von eigenen Studien, die Vermittlung von Gesprächspartnern und aktives Agenda-Setting.

Zum GWA Effie gab es 2014 bereits zum vierten Mal eine FAZ-Beilage zum Thema "Wert der Kommunikation". Die Artikel der Beilage haben GWA Agenturchefs, Trendforscher, Marketingexperten und Verbandsvertreter verfasst. Die Beilage hat sich zu einer echten Institution entwickelt und wird auch zum Effie 2015 erscheinen – wie im Vorjahr in der Frankfurter Allgemeinen Sonntagszeitung.

Zu den Instrumenten der Öffentlichkeitsarbeit zählen auch die Veranstaltungen des GWA. Kongresse, Podiumsdiskussionen und die Präsenz auf Messen haben zwei Effekte. Zum einen adressieren sie jeweils unmittelbar ein Fachpublikum. Zum anderen bieten sie Berichtsanlässe für die Presse. Beides dient dazu, die Bekanntheit des GWA und seiner Mitglieder zu steigern und als kompetente Dienstleister zu positionieren. Beispiele für solche Veranstaltungen sind die Konferenzen, die das Forum Digitale Kommunikation ausrichtet, oder der mit dem Bundesverband Materialwirtschaft und Einkauf (BME) gemeinsam ausgerichtete Kongress zum Einkauf von Marketing-Dienstleistungen.

Unterstützung beim Neugeschäft und Services

Das GWA Jahrbuch gehört zu den wichtigsten Informationsquellen über Agenturen in Deutschland. Darin zeigen die Mitgliedsagenturen des Verbandes auf mehr als 200 Seiten ihre Kompetenzen und vielfältigen Kommunikationsleistungen. Zahlreiche Kampagnenbeispiele und Informationen, unter anderem zu Kunden und Mitarbeiterzahl, runden die Porträts ab. Neben den Agenturporträts greift der Band in einem redaktionellen Teil aktuelle Entwicklungen auf und beschreibt Besonderheiten der Branche. Zusätzlich gibt es Informationen zur Auswahl einer Kommunikationsagentur. Im Anhang findet sich ein Glossar der wichtigsten Begriffe der Online-Kommunikation. Das GWA Jahrbuch erscheint seit 2012 im FAZ-Buchverlag und bietet seit 2013 auch eine App. Diese erleichtert die Suche nach Agenturen und beinhaltet außerdem Video-Beispiele. Die App ist für Bezieher des GWA Jahrbuchs kostenlos.

Zusätzlich zum GWA Jahrbuch erscheinen das Jahrbuch Healthcare Kommunikation mit Porträts von GWA Healthcare Agenturen und das Jahrbuch Business to Business Kommunikation mit den Porträts von B2B Agenturen im GWA. Die GWA Jahrbücher werden an bis zu 6.000 Unternehmen in ganz Deutschland verschickt.

Eine weitere Ergänzung des GWA Jahrbuchs ist der GWA Suchagent, die Agentursuchmaschine des Gesamtverband

Kommunikationsagenturen im Internet suchagent.gwa.de/. Der Suchagent ermöglicht die gezielte Recherche nach ausgewählten Kriterien wie beispielsweise Agenturname, Standort, Kernkompetenz oder Produkt. Suchagent und Jahrbuch helfen werbungtreibenden Unternehmen, den passenden Agenturpartner zu finden. Den GWA Suchagent nutzen jährlich mehr als 40.000 Besucher der GWA Website.

Der GWA unterstützt seine Mitglieder auch in Form von Dienstleistungen und Informationen. Angesichts der politischen Entwicklungen und Gesetzesänderungen spielt dabei die anwaltliche Unterstützung und Beratung zu Themen wie Mindestlohn, Künstlersozialkasse oder Datenschutz eine immer größere Rolle.

Austauschplattformen

Der GWA fördert den Austausch der Mitgliedsagenturen untereinander. An erster Stelle steht dabei die Mitgliederversammlung, die jedes Jahr vor der Gala zum GWA Effie stattfindet. Alle zwei Jahre wählt der GWA auf der Mitgliederversammlung seinen Vorstand und den Präsidenten.

Das GWA Präsidium seit November 2013:

Wolf Ingomar Faecks
SapientNitro, GWA Präsident

Raphael Brinkert
Jung von Matt/Sports

Jörg Dambacher
RTS Rieger Team

Thomas Eickhoff
Grabarz & Partner

Fabian Fischer
mediaman

Dirk Kedrowitsch
Publicis Pixelpark

Michael M. Maschke
Saatchi & Saatchi

Frank Merkel
wob

Wolfgang Pachali
WEFRA

Volker Selle
Cheil Germany

Thomas Strerath
künftig Jung von Matt

Dr. Michael Trautmann
thjnk

Mathias Valentin
PACT

Julia von Winterfeldt
bisher AKQA

Eine weitere wichtige Plattform ist der Unternehmerkreis GWA Agenturen. In diesem Kreis tauschen sich die inhabergeführten Agenturen im GWA aus, wobei insbesondere die operativen Belange im Vordergrund stehen. Themen sind z.B. die Wertschöpfung in Agenturen, das Agentur-Kunde-Verhältnis sowie bestimmte Profilierungsszenarien wie Spezialisierung, Leistungsangebot oder Haltung und Ethik. Im Fokus stehen zudem spezifische unternehmerische Themen wie die Unternehmensnachfolge.

Weiterhin bietet der GWA Arbeitskreise für die Finanzchefs und Personalverantwortlichen der Mitgliedsagenturen. Beide Kreise treffen sich regelmäßig, um aktuelle Themen und Trends für ihre Arbeitsbereiche zu diskutieren.

Auch die Foren sind wichtige Austauschplattformen innerhalb des Verbandes. In diesen organisieren sich Agenturen mit Schwerpunkt auf einzelne Kommunikationsdisziplinen. Folgende Foren sind im GWA aktiv:

GWA Forum B2B Kommunikation

Sprecher des Forums ist
Jörg Dambacher, RTS Rieger Team.

Der GWA Profi ist der Markenpreis für B2B-Kommunikation an professionelle Entscheider. Ziel des Awards ist die Auszeichnung umfassender, kreativer und langfristig angelegter B2B-Markenarbeit und deren Präsentation in der Öffentlichkeit. Da sich kaum eine andere Kommunikationsdisziplin in den vergangenen Jahren qualitativ so stark weiterentwickelt hat wie die B2B-Markenkommunikation, möchte der GWA mit diesem Preis die hohe Leistung und den nachweislichen Erfolg der B2B-Kommunikation würdigen. Der GWA Profi wird in 2015 am 30. Juni im Rahmen des Tags der Industriekommunikation verliehen.

GWA Forum Digitale Kommunikation

Sprecher des Forums ist
Fabian Fischer, mediaman.

Hier sind die wesentlichen Agenturen aus dem Bereich Digitale Kommunikation vertreten. Das Forum widmet sich allen Fragen der Marketingkommunikation im Netz sowie auf mobilen Endgeräten und organisiert regelmäßig Konferenzen und Veranstaltungen zu aktuellen Themen.

GWA Forum Healthcare Kommunikation

Sprecher des Forums ist
Roger Stenz, Sudler & Hennessey Group.

In diesem Forum organisieren sich die Kommunikationsspezialisten für medizinische Produkte und damit verbundene Themen. Das Forum trifft sich regelmäßig zum Austausch über die Branche und deren Entwicklung.

GWA Forum Creative Services

Sprecher des Forums ist
Michael M. Maschke, Saatchi & Saatchi

Dieses Forum diskutiert sowohl branchenspezifische als auch allgemeine Themen zu Filmproduktionen und Bewegtbild. Neben dem Meinungsaustausch geht es dabei vor allem um Qualitäts- und Prozessoptimierung sowie Prozesssicherheit für die Herstellung von modernen audiovisuellen Medien. Ziel ist auch die Festigung und Förderung des Filmstandortes Deutschland. Dem Forum gehören Film-Produktioner aus GWA Mitgliedsagenturen an.

Lobbying

Lobbyarbeit für die Werbe- und Kommunikationsbranche ist auf Bundesebene in erster Linie die Aufgabe des Zentralverbands der deutschen Werbewirtschaft (ZAW), auf europäischer Ebene die der European Association of Communications Agencies (EACA). Der GWA ist Mitglied in beiden Verbänden und unterstützt die Bemühungen von ZAW und EACA dort, wo sie unmittelbar die Werbe- und Kommunikationsagenturen betreffen. In beiden Dachverbänden ist der GWA in den wesentlichen

Führungsgremien vertreten. Von Mitte 2012 bis Ende 2014 hatte der GWA die Führung des National Associations Council (NAC) im EACA inne. In diesem Gremium sind die nationalen Verbände organisiert.

In den genannten Dachverbänden stehen werbepolitische Themenstellungen im Fokus. Agenturen sind jedoch in wachsendem Maße auch von politischen Entscheidungen betroffen, die außerhalb dieses Themengebietes liegen. Die Regelungen zu Mindestlohn und Werkverträgen seien hier beispielhaft genannt. Der GWA ist hier zuletzt deutlich aktiver geworden als in der Vergangenheit. Zum einen beteiligt er sich am Prozess der politischen Willensbildung, um die Position der Branche bei Gesetzgebungsverfahren zu vertreten, ggf. gemeinsam mit anderen Verbänden. Beispiele sind die Mindestlohnregelungen mit Blick auf Praktikanten oder Haftungsketten. Zum anderen informiert er seine Mitglieder über den aktuellen Stand der Gesetzgebung sowie deren Folgen und gibt Hilfestellung im Umgang hiermit.

Hochschulmarketing

Zu den Hauptaufgaben des Verbands gehört in den kommenden Jahren der Aufbau eines Netzwerks von Ansprechpartnern in den relevanten Hochschulen, um die Werbe- und Kommunikationsbranche bei den Absolventen besser zu positionieren. Zu diesem Zweck werden derzeit Kontakte zu den Career-Services der Hochschulen, den Lehrstuhlinhabern wirtschafts- und kommunikationswissenschaftlicher Studiengänge sowie zu Hochschulen aus dem Bereich Gestaltung aufgebaut.

GWA Junior Agency

Ein wesentlicher Bestandteil des Hochschulmarketings ist die GWA Junior Agency, mit der sich der Verband um den interdisziplinären Austausch der Fachrichtungen Betriebswirtschaft/Marketing/Medienmanagement und Design/Gestaltung an den Hochschulen und privaten Akademien kümmert. Das Projekt für den studentischen Werbenachwuchs gibt es seit dem Wintersemester 2002/03. Seither treffen jedes Semester sechs bis acht Hochschul-Teams aufeinander, die jeweils von einer GWA Agentur mit einem realen Kunden-Briefing beauftragt werden. Die Agenturen begleiten und coachen den Kampagnenprozess: Vom Research über die strategische Planung bis hin zur kreativen Umsetzung lernen die Studenten so die verschiedenen Disziplinen und Aufgaben einer Kommunikationsagentur kennen. Höhepunkt ist der GWA Junior Agency Tag. Hier kommen alle Teams an einer gastgebenden Hochschule zusammen und präsentieren einer Jury ihre Ideen und Lösungen. Dieser Junior Agency Tag ähnelt einer Pitch-Situation beim Kunden. Jedes Team hat 25 Minuten Zeit, die Juroren von seiner Kampagne zu überzeugen. Dabei werden der Strategie- und der Kreationsteil zu gleichen Teilen bewertet. Relevanz hat auch der Grad der Umsetzung des Kundenbriefings, mit dem die Agenturen die Teams beauftragt haben. Neben der Jury wählt auch das Publikum in einer geheimen Abstimmung seinen Favoriten.

Kreativbotschafter

Die Gewinnung von talentierten und engagierten Nachwuchskräften ist für die Agenturbranche von essenzieller Bedeutung. Der GWA entschloss sich deshalb, den Wettbewerb der Junior Agency einmalig leicht zu modifizieren.

Alle teilnehmenden Teams hatten die Aufgabe, Nachwuchs mittels Kommunikationsmaßnahmen für den Einstieg in die Agenturen zu begeistern. Im Sommersemester 2013 fand der Präsentationstag an der Leipzig School of Media statt. Die Fachhochschule Niederrhein gewann mit der Agentur Heimat Berlin den Junior in Gold für ihre Kampagne „Kreativbotschafter – Reden wir über Begeisterung".

Diese Kampagne wurde nun vom GWA umgesetzt. Kern ist hierbei die Idee, junge Agenturmitarbeiter als Kreativbotschafter in ihre Schulen oder Hochschulen zu schicken, um vor Ort für die Tätigkeit in einer Agentur zu werben. Dazu wurde eine eigene Website entwickelt, die Informationen sowohl für die Kreativbotschafter selbst als auch für interessierte Schüler und Studenten bereitstellt.

adday/adnight

Die dritte Säule des Hochschulmarketings beim GWA ist das Informations- und Networking-Event adday/adnight. Die Veranstaltung wurde ursprünglich von Stuttgarter Werbeagenturen ins Leben gerufen, um Studenten und Absolventen ausführlich über die Karriereaussichten in der Werbebranche zu informieren. Unter dem Motto „Geboren, um zu werben?" präsentieren regionale Werbeagenturen verschiedene Berufsbilder, Einstiegsmöglichkeiten und Karrierechancen. Am Abend können die Studenten beim Business-Speed-Dating Agenturchefs und -mitarbeiter persönlich kennenlernen.

Zuletzt fand die Veranstaltung 2013 mit großem Erfolg und ca. 600 Teilnehmern in Stuttgart statt. Der GWA initiiert 2015 die bundesweite Ausweitung des Events an fünf Standorten. Den Auftakt bilden am 20. April 2015 adday/adnight mit 13 teilnehmenden Agenturen in Stuttgart sowie am 7. Mai 2015 adday/adnight RheinMain in Mainz. Weitere Veranstaltungen finden in Köln, Hamburg und Berlin statt.

GWA Praktikumszertifizierung

Die GWA Praktikumszertifizierung ist ein weiteres Projekt der Nachwuchsarbeit des GWA. Zurzeit nehmen 80 Kommunikations- und Media-Agenturen an dem Programm teil. Mehr als 30 GWA Agenturen haben mittlerweile auch die Standards des Fair Company Programms der Zeitschrift Handelsblatt Junge Karriere akzeptiert und sind via GWA en bloc beigetreten.

Seit 2010 engagiert sich der GWA auch als nationaler Förderer der Studentenorganisation MTP – Marketing zwischen Theorie und Praxis e.V. GWA Mitglieder erhalten durch die Fördermitgliedschaft des Verbandes Sonderkonditionen bei Workshops, Vorträgen und Recruiting-Veranstaltungen. Die MTP-Geschäftsstelle Köln richtet mit Unterstützung des GWA mehrfach GWA Effie-Abende für Studenten aus. In diesem Jahr präsentieren Agenturen ihre ausgezeichneten Effie-Kampagnen von 2014 in Köln und Hamburg. Durch die Vorträge erhalten die Studenten Einblicke in Marketingstrategien und in die Agenturbranche allgemein.

| Stand: April 2015

Lebensmittelwirtschaft

Allein die Ernährungsindustrie ist mit rund 557.000 Beschäftigten in 5.800 Betrieben der viertgrößte Industriezweig Deutschlands. Die gesamte Lebensmittelwirtschaft mit knapp fünf Mio. Erwerbstätigen in ca. 717.000 Betrieben und Unternehmen trägt mit 168 Mrd. Euro rund sieben Prozent zur gesamtwirtschaftlichen Wertschöpfung in Deutschland bei und ist ein Garant für Wohlstand, Wachstum und Beschäftigung.[1]

Lebensmittelwirtschaft in Deutschland 2013: Betriebe und Umsätze*

	Betriebe	Umsätze
Landwirtschaft[2]	314.800	54 Mrd. Euro[3]
Agrargroßhandel	8.390	68 Mrd. Euro
Lebensmittelhandwerk[4]	37.060	40 Mrd. Euro[5]
Ernährungsindustrie[6]	5.920	175 Mrd. Euro
Lebensmittelgroßhandel	17.570	192 Mrd. Euro
Lebensmitteleinzelhandel	111.400	211 Mrd. Euro
Gastgewerbe	224.300	70 Mrd. Euro

Insgesamt 717.000 Betriebe überwiegend kleine und mittelständische Unternehmen

* Alle Angaben sind zur besseren Übersichtlichkeit gerundet. Gesamtsumme um Doppelzählungen aufgrund unterschiedlicher Branchenabgrenzungen bereinigt.

Quelle: BLL

1 Bundesvereinigung der Deutschen Ernährungsindustrie, Pressemeldung vom 14.1.2015.
2 inkl. Forstwirtschaft.
3 Produktionswert.
4 Handwerk: Unternehmen mit Eintragung i.d. Handwerksrolle.
5 Schätzungen auf Basis der Handwerkszählung 2011, ohne Umsatzsteuer. Ohne Innerei-Fleischer, Speiseeishersteller, Fleischzerleger und Ausbeiner.
6 Industrie zählt Betriebe und deren Beschäftigte ab einer Größe von 20 Mitarbeitern.

Ernährungsindustrie in Deutschland 2014: Konjunkturdaten

	2014*	2013
Umsatz nominal	173,2 Mrd. (-1,1 %)	175,2 Mrd. (+3,5 %)
davon Inland	116,9 Mrd. (-4,1 %)	121,9 Mrd. (+3,2 %)
davon Ausland	56,3 Mrd. (+5,6 %)	53,3 Mrd. (+4,1 %)
(EU)	44,6 Mrd. (+5,3 %)	42,3 Mrd. (+5,8 %)
(Nicht-EU)	11,8 Mrd. (+6,8 %)	11,0 Mrd. (-1,8 %)
Reale Umsatzentwicklung	-0,9 %	+1,0 %
Auslandsanteil am Umsatz	33,0 %	30,0 %
Betriebe	**5.820 (-1,7 %)**	**5.920 (-0,8 %)**
Beschäftigte	**556.600 (+0,4 %)**	**555.300 (+0,1 %)**
Verbraucherpreise gesamt**	+1,0 %	+1,5 %
davon Nahrungsmittel u. Getränke**	+1,2 %	+3,9 %
Verkaufspreise Ernährungsindustrie Inland**	+1,0 %	+2,8 %
Export**	+1,2 %	+1,8 %

Veränderung ggü. dem Vorjahreszeitraum in Klammern. *vorläufig, geschätzt; ** Januar bis November 2014 ggü. Vorjahreszeitraum; Stand: 22.12.2014

Quelle: Statistisches Bundesamt, BVE

Lebensmittel-Werbung in Deutschland 2014: Investitionen nach Werbeträgern

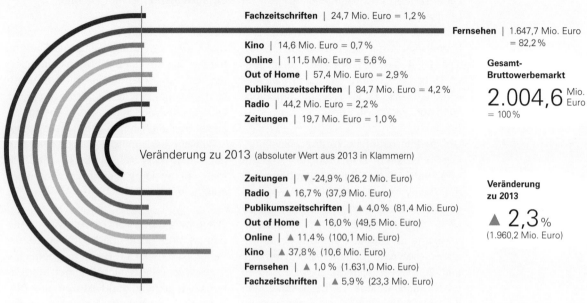

Lebensmittel-Werbung in Deutschland 2014: Top 5 nach Werbeinvestitionen

Lebensmittelwirtschaft

Immer höhere Anforderungen an Lebensmittel und Hersteller treffen in Deutschland auf eine sinkende Mengennachfrage und ein steigendes Konsumbewusstsein; der harte Wettbewerb hat sich 2014 deutlich auf die Umsatzentwicklung der Ernährungsindustrie ausgewirkt: Er sank um 1,1 Prozent gegenüber 2013 auf 173,2 Mrd. Euro.

Um die internationale Wettbewerbsfähigkeit zu erhalten, sind branchengerechte und verlässliche Rahmenbedingungen der Politik sowie eine klare Förderung der Exportorientierung, insbesondere klein- und mittelständischer Unternehmen, und der Abbau von Handelshemmnissen notwendig. Laut einer Umfrage der Bundesvereinigung der Deutschen Ernährungsindustrie (BVE) beschäftigen die Unternehmen 2015 am meisten hohe Produktions- und steigende Lohnkosten, steigende Anforderungen an Qualität und Nachhaltigkeit, immer mehr Regulierung sowie eine zunehmende Konsolidierung der Branche.[1]

Über 100 Jahre Verbandsgeschichte

Im Jahr 2015 feiert der Bund für Lebensmittelrecht und Lebensmittelkunde (BLL) sein 60-jähriges Bestehen. Der Verband wurde am 10. März 1955 gegründet; doch seine Geschichte reicht noch viel weiter zurück – bis ins Jahr 1901 zum Nürnberger Bund. Der neue Dachverband hatte die Aufgabe, die Interessen der zu jener Zeit stark zersplitterten Lebensmittelindustrie und des Lebensmittelhandels zu wahren und zu stärken. Auf seiner Internetseite www.bll.de blickt die Branche auf ihre jahrzehntelange Tradition zurück.

Grundsatzposition des BLL zu ernährungspolitischen Themen

Vor dem Hintergrund der zunehmenden Bedeutung ernährungspolitischer Themen hat der BLL im Juni 2014 seine Grundsatzposition zur Ernährungspolitik veröffentlicht. Dabei betont der Spitzenverband der Lebensmittelwirtschaft, dass Grundlage seiner Stellungnahmen gesicherte wissenschaftliche Erkenntnisse sind. Er setzt sich dafür ein, dass sich politische Maßnahmen auf evidenzbasierten Erkenntnissen aufbauen.

Die Entwicklung von Übergewicht, Adipositas und nicht übertragbaren Krankheiten ist multikausal bedingt, wobei eine Reihe von lebensstilabhängigen und lebensstilunabhängigen Faktoren eine Rolle spielt. Die einseitige Fokussierung auf einen einzelnen Faktor ist daher nicht zielführend und wissenschaftlich belegt der falsche Weg. Ein einzelner Nährstoff bzw. ein einzelnes Lebensmittel kann nicht verantwortlich gemacht werden. Entscheidend sind eine ausgewogene Ernährung und der Lebensstil insgesamt. Ein maßgeblicher Faktor für die Entstehung von Übergewicht ist eine unausgeglichene Energiebilanz, sprich eine zu hohe Kalorienaufnahme bei gleichzeitig niedrigem Kalorienverbrauch aufgrund geringer körperlicher Aktivität. Lebensmittel sind nicht per se gesund oder ungesund, vielmehr finden alle Lebensmittel in einer ausgewogenen Ernährung ihren Platz. Neben der notwendigen Versorgung der Menschen mit Nährstoffen ist Ernährung aber auch ein wichtiger Beitrag zur Lebensqualität und -kultur.

---

[1] Bundesvereinigung der Deutschen Ernährungsindustrie, Pressemeldung vom 14.1.2015.

Es gibt keine ungesunden Lebensmittel.[2]

Michaela Rosenberger
Vorsitzende der Gewerkschaft Nahrung-Genuss-Gaststätten
(NGG)

Die Bekämpfung von Übergewicht, Adipositas und nicht übertragbaren Krankheiten ist eine gesamtgesellschaftliche Aufgabe. Die Lebensmittelwirtschaft nimmt ihre Verantwortung sehr ernst und ist bereit, konstruktiv mitzuwirken. Hierzu zählen zum Beispiel die kontinuierliche Weiterentwicklung der Produktpalette, die sich an den Verbraucherwünschen orientiert, eine umfassende Verbraucherinformation und eine Reihe freiwilliger Selbstverpflichtungen. Dazu zählen auch die Verhaltensregeln des Deutschen Werberats über die kommerzielle Kommunikation für Lebensmittel.

Publikation Verhaltensregeln des Deutschen Werberats über die kommerzielle Kommunikation für Lebensmittel, Verlag edition ZAW.

2   Pressemeldung der NGG vom 16.7.2014.

Neue Lebensmittelinformations-Verordnung

Besonders beschäftigt hat die Branche die Umsetzung der seit dem 13. Dezember 2014 geltenden Vorgaben der Lebensmittelinformations-Verordnung (LMIV). Änderungen haben sich zum Beispiel bei der Allergenkennzeichnung und der Mindestschriftgröße ergeben. Die Nährwertinformation, die bislang weitgehend freiwillig erfolgte, wird zum Dezember 2016 auf einheitlicher Grundlage in der gesamten Europäischen Union zur Verpflichtung. Dann müssen in allen Ländern der Brennwert sowie die Mengen von sechs Nährstoffen – Fett, gesättigte Fettsäuren, Kohlenhydrate, Zucker, Eiweiß und Salz – angegeben werden. Zusätzlich zu den Pflichtangaben im Rahmen der Nährwerttabelle können die Angaben zu Richtwerten für die Tageszufuhr (GDA) freiwillig verwendet werden. Deutschland ist bei der freiwilligen Nährwertinformation Vorreiter. Über 80 Prozent der verpackten Lebensmittel trugen Nährwertangaben bereits lange vor der Lebensmittelinformations-Verordnung. Der sogenannten Lebensmittelampel wurde aus guten Gründen eine klare Absage erteilt. Einzelne Lebensmittel mit Stoppsignalen zu versehen, entspricht nicht den Ansprüchen an eine ausgewogene Ernährung, in der jedes Lebensmittel seinen Platz hat. Die Lebensmittelwirtschaft wird sich dafür einsetzen, das Verständnis der Verbraucher bei der Nährwertkennzeichnung weiter zu stärken.

Irreführung und Täuschung

Der Lebensmittelbereich ist eine der am stärksten regulierten Branchen überhaupt. Der Schutz der Verbraucher vor Täuschung durch irreführende Kennzeichnung und Aufmachung von Lebensmitteln bildet mit dem Gesundheitsschutz sowie dem Transparenzgebot die Hauptschutzzwecke des deutschen und europäischen Lebensmittel- und Wettbewerbsrechts. Zahlreiche verbindliche oder auch optional-obligatorische Kennzeichnungs- und Aufmachungsvorgaben sind ein engmaschiges Netz, das durch immer weitere Vorschriften auf nationaler und europäischer Ebene kontinuierlich dichter wird.

Trotzdem ist in der öffentlichen Diskussion und in den Medien immer wieder von Verbrauchertäuschung die Rede. Verbraucher würden sich durch die Kennzeichnung und Aufmachung von Produkten „getäuscht" fühlen. Eine „Irreführung/Täuschung" ist durch die geltenden rechtlichen Vorschriften genau definiert. Sie liegt nur dann vor, wenn die gültigen Kennzeichnungsvorschriften verletzt wurden oder die Voraussetzungen eines Täuschungstatbestandes erfüllt sind. Dies zu überprüfen, ist Aufgabe der Lebensmittelüberwachungsbehörden und der Gerichte.

Tatsächlich kann es sein, dass ein Verbraucher individuell durch Kennzeichnung und Aufmachung eines Produkts enttäuscht wird, da seine Erwartungen nicht erfüllt wurden. Die Enttäuschung eines Verbrauchers über ein legales Produkt ist jedoch von dem Fall einer rechtswidrigen Täuschung zu unterscheiden. Verbrauchertäuschungen sind generell verboten, ob und inwieweit Anbieter auf Verbraucherenttäuschungen reagieren, obliegt ihrer eigenen Entscheidung.

Erneutes Votum aus dem EU-Parlament gegen Nährwertprofile

Im federführenden Umwelt- und Gesundheitsausschuss des Europaparlaments hat sich im März 2015 eine deutliche Mehrheit der Abgeordneten für die Aufforderung an die EU-Kommission ausgesprochen, die EU-Verordnung über nährwert- und gesundheitsbezogene Angaben über Lebensmittel (sog. Claims-Verordnung) „angesichts der gravierenden, nachhaltigen und wettbewerbsverzerrenden Umsetzungsprobleme auf ihre wissenschaftliche Basis, Sinnhaftigkeit und Realitätsnähe hin zu überprüfen sowie gegebenenfalls das Konzept der Nährwertprofile ... zu streichen".

Dies geschah im Zusammenhang mit der Abstimmung über die Stellungnahme des Ausschusses zum Thema REFIT. Mit dem REFIT-Programm will die EU-Kommission Rechtsvorschriften vereinfachen und den bürokratischen Aufwand in einigen Bereichen verkleinern.[3] Der BLL bewertet dieses Votum als ein erneutes politisches Signal an die EU-Kommission, diesen seit Beginn der Beratungen zur Verordnung im Jahr 2003 umstrittenen Regelungsansatz der Nährwertprofile kritisch zu prüfen und zu überdenken. Die Position der Europaabgeordneten dürfe zudem nicht unberücksichtigt bleiben in der Diskussion über die vom Regionalbüro Europa der Weltgesundheitsorganisation (WHO) im Februar 2015 vorgelegten Nährwertprofile, an denen sich künftig gesetzliche Verbote der Lebensmittelwerbung gegenüber Kindern orientieren sollen.[4]

Zucker-Leitlinie der WHO ist eine Scheinlösung

Ein Vollkornbrötchen mit süßem Brotaufstrich, ein Glas Orangensaft und eine Tasse Kaffee – ein klassisches deutsches Frühstück ist in Gefahr. Zumindest, wenn es nach der WHO und ihrem im März

---

3 Regulatory Fitness and Performance Programme der EU-Kommission; vgl. Abschn. Werbepolitische Entwicklungen in Deutschland und der EU, Kap. Audiovisuelle Medien.

4 Vgl. Abschn. Werbepolitische Entwicklungen in Deutschland und der EU, Kap. Lebensmittel.

2015 veröffentlichten Entwurf für eine Zucker-Leitlinie geht.[5] Darin empfiehlt das Regionalbüro Europa der WHO eine sehr begrenzte Aufnahme von Zuckern, die nicht nur an der Lebensrealität der Verbraucher vorbeigeht, sondern deren wissenschaftliche Begründung mehr als nur zweifelhaft ist. Bei aller Anerkennung für den Versuch der WHO, die Anzahl übergewichtiger Menschen reduzieren zu wollen, verkennen ihre Vorschläge aus Sicht des BLL die Ursachen von Übergewicht. Auf der Grundlage veralteter Daten, Vermutungen und Unterstellungen lasse sich aber kein sachgerechter Lösungsansatz finden.

Mit seiner Kritik steht der Verband nicht allein: Auch die Deutsche Gesellschaft für Ernährung (DGE) kritisierte im Rahmen der Konsultation der Entwurfsfassung der Leitlinie, dass die WHO wesentliche Fakten der Adipositas- und Kariesforschung unberücksichtigt gelassen habe. So gebe es keinen Beleg dafür, dass allein der Konsum von Zucker, zuckerhaltigen Lebensmitteln oder auch anderer einzelner Nährstoffe für die Entstehung von Übergewicht verantwortlich ist.

Reform der Deutschen Lebensmittelbuch-Kommission

Im März 2015 wurde die vom Bundesministerium für Ernährung und Landwirtschaft (BMEL) in Auftrag gegebene Studie „Evaluierung des Deutschen Lebensmittelbuches (DLMB) und der Lebensmittelbuch-Kommission (DLMBK)" veröffentlicht.[6] Nach der Evaluierung ist das Lebensmittelbuch grundsätzlich geeignet, die Verkehrsauffassung von Lebensmitteln adäquat zu beschreiben. Organisationsstrukturen und Abläufe sollten jedoch angepasst werden, um noch mehr Klarheit bei Lebensmitteln zu schaffen.[7]

Der BLL hat den Bericht als gute Grundlage für die notwendigen Reformmaßnahmen begrüßt. Er zeige deutlich, dass sich die Kommission bewährt hat und die Leitsätze eine hohe Relevanz für die Praxis besitzen. Das Gremium sei erforderlich, um auch künftig Verkehrsauffassungen zu beschreiben, die sich an objektiven Kriterien orientieren und mit der Kompetenz aller Beteiligten erarbeitet werden. Die Lebensmittelwirtschaft schließt sich auch dem festgestellten Handlungsbedarf bezüglich der Aktualität der Leitsätze durch Beschleunigung der Beratungsverfahren und eine bessere Kommunikation über Entscheidungsprozesse und Zweck der Leitsätze an. Der BLL wird sich konstruktiv an den weiteren Diskussionen zur Umsetzung der Reformvorschläge beteiligen und hofft auf einen zeitnahen Fortgang des Beratungsprozesses, sodass die Kontinuität der Arbeit der DLMBK nicht gefährdet ist.

| Stand: April 2015

---

5 Vgl. www.euro.who.int/de/health-topics/disease-prevention/nutrition/news/news/2014/03/who-revising-sugar-guidelines (letzter Zugriff: 2.4.2015).

6 Der Evaluierungsbericht und weitere Informationen sind abrufbar unter www.ble.de/DE/09_Presse/Aktuelles/150319_Lebensmittelbuch.html (letzter Zugriff: 2.4.2015).

7 Die Deutsche Lebensmittelbuch-Kommission ist ein unabhängiges, paritätisch zusammengesetztes Gremium mit einem klaren gesetzlichen Auftrag und einer Geschäftsordnung, die zum Konsens verpflichtet. Aufgabe der DLMBK ist es, Merkmale von Lebensmitteln zu beschreiben, die objektiv am Markt üblich sind – nach Auffassung aller maßgeblich am Lebensmittelverkehr Beteiligten: Verbraucher, Wissenschaft, Überwachung und Wirtschaft. Die DLMBK trifft keine rechtsverbindlichen Festlegungen von Rezepturen oder Kennzeichnung.

Markenwirtschaft

Marken haben seit mehr als 100 Jahren einen großen Einfluss auf die wirtschaftliche Entwicklung, schaffen Millionen von Arbeitsplätzen und tragen entscheidend zu Wachstum und Wohlstand bei. Sie gelten als die Stars am Wirtschaftshimmel. Der Markenverband vertritt die Interessen von rund 400 Mitgliedsunternehmen, die über tausende Marken führen und mit ihnen erfolgreich auf Märkten agieren.

Werbungtreibende Unternehmen in Deutschland 2014:
Top 25 nach Werbeinvestitionen

Vodafone Deutschland
228,8 Mio. Euro
▲ 24,8 % zu 2013
(183,4 Mio. Euro)

Volkswagen
292,7 Mio. Euro
▲ 20,0 % zu 2013
(243,9 Mio. Euro)

Unilever Deutschland
299,3 Mio. Euro
▲ 11,3 % zu 2013
(268,9 Mio. Euro)

Beiersdorf
244,5 Mio. Euro
▲ 7,0 % zu 2013
(228,4 Mio. Euro)

Henkel – Laundry & Home Care
224,8 Mio. Euro
▲ 9,1 % zu 2013
(206,0 Mio. Euro)

L'Oréal Deutschland
411,8 Mio. Euro
▲ 2,5 % zu 2013
(401,8 Mio. Euro)

Media-Saturn-Holding
373,3 Mio. Euro
▼ -0,9 % zu 2013
(376,6 Mio. Euro)

Axel Springer
233,9 Mio. Euro
▲ 0,9 % zu 2013
(231,9 Mio. Euro)

Procter & Gamble Germany
528,0 Mio. Euro
▼ -4,4 % zu 2013
(552,3 Mio. Euro)

Telekom Deutschland
261,7 Mio. Euro
▼ -6,3 % zu 2013
(279,1 Mio. Euro)

Lidl Dienstleistung
228,2 Mio. Euro
▼ -9,6 % zu 2013
(252,4 Mio. Euro)

Ferrero Deutschland
368,5 Mio. Euro
▼ -11,9 % zu 2013
(418,1 Mio. Euro)

Markenwirtschaft

Marken tragen aktuell 900 Mrd. Euro zur Bruttowertschöpfung in Deutschland bei. Über 4,4 Mio. aller Erwerbstätigen werden von Markenunternehmen beschäftigt. Seit mehr als 130 Jahren sind Marken von grundlegender Bedeutung für Verbraucher, Unternehmen und die Volkswirtschaft – zur Sicherung der Wettbewerbsfähigkeit Deutschlands und damit für die Zukunft des Landes wie Europas. Denn Wohlstand und damit sozialer Friede sind nur über eine langfristig international wettbewerbsfähige Wirtschaft zu erlangen. Marken sind dafür elementar.

Obwohl Marken als Identitäts- und Orientierungssystem diese große Bedeutung für Verbraucher und Unternehmen haben, sind sie ständigen Bedrohungen ausgesetzt. Der vormundschaftliche Staat reguliert von Berlin und Brüssel aus immer mehr Bereiche, nimmt immer mehr Kompetenzen für sich in Anspruch und beschneidet die Eigenverantwortung von Gesellschaft, Verbraucher und Unternehmen unter dem Vorwand vermeintlicher Gefahrenabwehr. Für eine optimale und ausgeglichene Situation aller Marktteilnehmer ist es dringend Zeit zum Handeln:

- für das Leitbild des mündigen, eigenverantwortlichen und selbstbestimmten Verbrauchers,
- für den Erhalt freier Kommunikation,
- für einen freien und fairen Wettbewerb,
- für eine nachhaltige Gesellschaft und
- für den Schutz von materiellem wie geistigem Eigentum.

Der Markenverband

Seit 112 Jahren setzt sich der Markenverband als branchenunabhängiger Verband für ein stabiles Wertegerüst unserer Gesellschaft ein, auf das sich Unternehmen und Marken verlassen können. Die rund 400 Mitgliedsunternehmen kommen unter anderem aus den Wirtschaftsbranchen Nahrungs- und Genussmittel, Haushaltswaren, Mode, Kosmetik, pharmazeutische Produkte sowie Dienstleistungen. Sie stehen für einen Markenumsatz bei Konsumgütern von über 300 Mrd. Euro und im Dienstleistungsbereich von etwa 200 Mrd. Euro. Mehrere Unternehmen sind Mitglieder seit der Gründung.

Der Markenverband stellt in Zusammenarbeit mit dem Netzwerk seiner Partnerorganisationen ein vielfältiges Informations-, Beratungs- und Dienstleistungsangebot zum Thema Marke zur Verfügung. Darüber hinaus bieten der Markenverband und die EBS Business School mit der MARKENAKADEMIE den Mitarbeitern der Mitgliedsunternehmen ein exklusives Qualifizierungsprogramm an.

Engagierter Einsatz für den Erhalt der Entscheidungsfreiheit von Verbrauchern, Unternehmen und Marken

Markenunternehmen informieren umfangreich und verlässlich über Produkteigenschaften und ihr unternehmerisches Handeln. Marken sind als Leuchttürme verlässliche Ansprechpartner: Der Absender ist eindeutig und bei Beschwerden erreichbar, und die Unternehmen übernehmen mittels Marke eindeutige Verantwortung für ihr Angebot und für aktiven Verbraucherschutz. Dieser beruht vor allem auf einem funktionierenden Wettbewerb und informierte, mündige, eigenverantwortliche Entscheidungen der Verbraucher. Genau dieses Verbraucherbild wird jedoch gegenwärtig von der Politik immer weniger akzeptiert und respektiert.

Für die Zukunftsfähigkeit von Deutschland und Europa setzt sich der Markenverband dafür ein, regulatorische Tendenzen zurückzudrängen und die Verbraucherpolitik wieder am Leitbild des mündigen, eigenverantwortlichen und selbstbestimmten Verbrauchers auszurichten. Er begleitet wachsam Initiativen, die zu erheblichen Kommunikationseinschränkungen und damit auch zu Verbraucherbeeinflussungen führen können. Zu nennen sind hier die Alkoholstrategie und Initiativen zur Vorsorge bzw. Bekämpfung von Übergewicht und dessen Folgekrankheiten. Eine darauf aufbauende Produktregulierung ist nicht hinnehmbar. Einheitsverpackungen, überdimensionierte Warnhinweise oder Werberestriktionen machen eine Differenzierbarkeit von Produkten unmöglich.

Freier Leistungswettbewerb ist das Rückgrat einer soliden Wirtschaft

Die Wirtschaftslenkung und damit Steuerung von Angebot und Nachfrage durch den Staat sind in Deutschland gescheitert. Unser erfolgreiches Wirtschaftssystem beruht darauf, dass das Prinzip von Angebot und Nachfrage so viel Freiheit genießt, dass sich der Markt immer wieder selbst reguliert und Fehleinschätzungen des Marktgeschehens korrigiert. Der Staat setzt hierbei den ordnungspolitischen Rahmen. Daher brauchen wir in Deutschland weiter ein Bekenntnis zu wettbewerbsgerechten Handlungsspielräumen.

Dieses Bekenntnis umfasst eine wettbewerbsgerechte Kommunikation innerhalb der Wirtschaft, zum Beispiel zwischen Industrie und Handel, eine Selbstregulierung der Wirtschaft zu fairem Leistungswettbewerb und die umfassende Entscheidungshoheit über die eigenen Produkte. Die Sicherung des fairen Wettbewerbs bedeutet, dass die Wirtschaft den von der Politik richtig gesetzten Rahmen mit Leben erfüllt und Verantwortung für den Wettbewerb übernimmt. Hierzu soll die Supply Chain Initiative erfolgreich gestärkt und vermehrt genutzt werden, um gemeinsam mit dem Handel unfaire Geschäftspraktiken zurückzudrängen. Ähnliches gilt für den e-Commerce. Die durch ihn hervorgerufenen Veränderungen der Vertriebsbedingungen müssen so gelenkt werden, dass Marken ihre Gestaltungsfreiheit behalten. Darüber hinaus gilt es, die Beschränkungen der Hersteller bei der Steuerung ihrer Absatzkanäle zurückzudrängen.

Markenunternehmen unterstützen Nachhaltigkeit

Markenunternehmen bedienen die weltweit zunehmende Nachfrage für nachhaltige Lösungen bei Produkten und Dienstleistungen und entwickeln diese stetig in den drei Bereichen Ökonomie, Ökologie und Soziales fort. Die Markenwirtschaft engagiert sich vielfältig vor Ort und wird auf freiwilliger Basis in fairem Wettbewerb ihrer Vorreiterrolle – auch über Produkte und Prozesse hinaus – gerecht.

Über Aktivitäten und Ergebnisse zu Nachhaltigkeit berichtet sie freiwillig, öffentlich und auf nachvollziehbare Weise. Um die Unternehmen in ihrem Engagement zu fördern, braucht es ein politisches Bekenntnis zu Rahmenbedingungen, die das freiwillige Nachhaltigkeitsengagement von Unternehmen fördern, unnötige und unüberwindbare Wettbewerbshürden vermeiden und den Wettbewerb nicht ausschalten. Folglich darf auch das bewährte, auf Wettbewerb beruhende System der Verpackungssammlung und -verwertung nicht angetastet werden. Privatwirtschaftliche Organisation ist hier der Schlüssel zum Erfolg.

Wettbewerb und Innovationen brauchen freie Kommunikation.

Innovationen sind ein Element aktiver Zukunftsgestaltung. Neue und stetig verbesserte Produkte und Dienstleistungen können nur dann Nachfrage finden, Märkte beleben und den Wettbewerb beflügeln, wenn ihre Vorzüge den Verbrauchern auch bekannt gemacht werden können. Viele der aktuell in Berlin und Brüssel erwogenen regulatorischen Vorhaben zur Beschränkung der Kommunikation von Unternehmen und Marken wirken im Regelfall nivellierend, marktnahe Differenzierungsmöglichkeiten gehen verloren. Wer Kommunikation und Werbung einschränkt, verhindert Innovation und Entwicklung und nimmt dem Verbraucher darüber hinaus seine Orientierungsmöglichkeit.

Kommunikation muss daher alle Bevölkerungsgruppen erreichen, auch und besonders über den öffentlich rechtlichen Rundfunk. Hier darf es keine Werbe- und Sponsoringverbote geben. Zudem muss verhindert werden, dass Werbung für Produktgruppen nur noch in dafür vorgesehenen Fachmedien veröffentlicht werden darf, wie es beispielsweise derzeit von der Bundesregierung im Kleinanlegerschutzgesetz angedacht ist. Letztlich müssen sich Verbraucher über alle legalen Produkte informieren können, und Unternehmen müssen kommunizieren dürfen.

Produkt- und Markenpiraterie verursachen immense Schäden

Nach wie vor ist Produkt- und Markenkriminalität eine der größten Bedrohungen für qualitäts- und innovationsgetriebene Volkswirtschaften und verursacht weltweit immense volkswirtschaftliche Schäden, die auf fünf bis sieben Prozent des Wertes des Welthandels geschätzt werden. Die Höhe der mit Produkt- und Markenpiraterie getätigten Umsätze entspricht in etwa der des weltweiten illegalen Drogenhandels und den durch sie entstandenen jährlichen Schaden schätzen deutsche Unternehmen auf zehn Prozent ihres Umsatzes.

In 2014 beschlagnahmte der Zoll so viele Produkte wie noch nie zuvor – darunter hunderttausende für den Verbraucher gesundheitsgefährdende und zum Teil lebensgefährliche Produkte. Die Ströme gefälschter, vor allem über das Internet vertriebener Waren aus dem Ausland nach Deutschland müssen eingedämmt werden. Der Markenverband setzt sich daher dafür ein, dass Betreiber von Internet-Plattformen für den Verkauf von gefälschten Waren angemessen in Verantwortung genommen werden.

Organisation Werbungtreibende im Markenverband (OWM)

Die Organisation Werbungtreibende im Markenverband (OWM) feiert 2015 ein Jubiläum: Sie vertritt seit nunmehr 20 Jahren erfolgreich die Interessen der Werbung treibenden Unternehmen in Deutschland. Gegründet wurde die OWM 1995 unter dem Dach des Markenverbands, mit dem sie bis heute eine enge organisatorische und inhaltliche Zusammenarbeit verbindet. In der OWM sind inzwischen über 100 werbende Unternehmen vertreten – von der Automobil- und Konsumgüterindustrie über die Finanz- und Versicherungswirtschaft bis hin zur Telekommunikationsindustrie. Mitglieder sind fast alle großen, namhaften Werbungtreibenden, aber auch viele mittelständische Unternehmen mit geringeren Marketingbudgets. Insgesamt repräsentieren die OWM-Mitglieder ein jährliches Werbevolumen von nahezu neun Milliarden Euro. Im Fernsehen repräsentieren sie mehr als 50 Prozent des dort investierten Werbevolumens.

Im Auftrag seiner Mitgliedsunternehmen wahrt der Verband die Interessen der Werbungtreibenden in allen Fragen der Marketingkommunikation. Er artikuliert diese gegenüber Medienunternehmen, Agenturen und der Mediaforschung, sowie gegenüber der Politik. Ziel ist, dass die werbenden Unternehmen unter Rahmenbedingungen arbeiten können, die ihnen die Durchführung freier und effizienter Werbemaßnahmen erlauben. Die OWM tritt deshalb für die Freiheit der Kommunikation, transparente Geschäftsbeziehungen zwischen Marktpartnern sowie einen fairen Leistungswettbewerb ein.

Schwerpunkte der Verbandsarbeit sind der Erhalt freier Kommunikations- und Werbemärkte, die Wahrung der Interessen der Werbungtreibenden in der Mediaforschung und der Leistungsmessung der Medien, die Herausforderungen an die Marketingkommunikation im digitalen Transformationsprozess sowie die Sicherstellung von Transparenz im Mediageschäft. In diesem Zusammenhang versteht sich die OWM als Vordenker, Vorreiter und Vernetzer:

- Vordenker, weil die OWM ihren Mitgliedern mit einer Vielzahl an Angeboten Orientierung in der komplexen Marketing-Welt bietet.
- Vorreiter, weil sie sich für bessere Rahmenbedingungen für Ihre Mitglieder einsetzt.
- Vernetzer, weil sie ihren Mitgliedern eine Plattform bietet, in den Dialog zu treten und Networking zu betreiben.

Diese Maßnahmen unterstützen die Mitglieder dabei, sich und die Branche der Marketingkommunikation kontinuierlich zu verbessern und weiter zu entwickeln.

Freiräume für Markenkommunikation

Die Freiheit der Kommunikation gehört zu den Grundrechten des Menschen und ist ein unverzichtbarer Bestandteil unserer demokratischen Gesellschaftsordnung. Der mündige Bürger hat damit auch das Recht, sich über Produkte und Dienstleistungen informieren zu können, sich eine Übersicht über die verschiedenen Angebote zu verschaffen und dann eigenverantwortlich eine Kaufentscheidung zu treffen. Eine politische Bevormundung durch Restriktionen oder Werbeverbote für bestimmte Produktgruppen widerspricht diesem Verständnis. Sie stempelt den Verbraucher als unmündigen Bürger ab, der nicht in der Lage ist, zu einem eigenständigen Urteil zu gelangen, und geht davon aus, dass sein Konsumverhalten zu seinem eigenen Wohl politisch gesteuert werden muss. Nach Ansicht der OWM führt dieses Menschenbild zu einem falschen Verständnis von Werbung und ihrer wichtigen und verantwortungsvollen Aufgaben.

Werbung ist mit unserer demokratischen und freiheitlichen Gesellschaft untrennbar verbunden. Sie ist ein elementarer Bestandteil der Informationsfreiheit und sorgt damit für einen ausgeprägten Wettbewerb zwischen den Unternehmen – zum Vorteil der Verbraucher. Jedes legal hergestellte und vertriebene Produkt muss auch beworben werden dürfen. Die Werbung treibenden Unternehmen in Deutschland müssen daher Werbung und Sponsoring in allen vorhandenen Medienkanälen durchführen können. Dabei sind sich die werbenden Unternehmen ihrer gesellschaftlichen Verantwortung sehr wohl bewusst und unterstützen einen sinnvollen Verbraucherschutz durch zahlreiche regulatorische Selbstverpflichtungen.

Harmonisierung der Leistungsnachweise

Als große Herausforderung für die Werbewirtschaft sehen die OWM-Mitgliedsunternehmen den Beleg und die Dokumentation der durch die Medien erbrachten und von ihnen bezahlten Leistung. Die Werbungtreibenden fordern deshalb verbesserte und belastbare Nachweise über die Werbewirkung und verstärkte Anstrengungen auf dem Weg zu einer Harmonisierung der Reichweitenmessung. Diese Forderungen nach einer verbesserten Leistungs- und Effizienzmessung, die sich aus der alljährlichen Mitgliederumfrage ergeben, gelten nicht nur für die digitalen, sondern auch für die klassischen Werbemedien.

Da die rasante Entwicklung der Medienlandschaft die Mediawährungssysteme stark unter Druck setzt, treibt die OWM das Thema einer gemeinsamen Bewegtbild-Währung entschieden voran. Ziel muss es generell sein, ein Werbemittel mit einheitlicher Methodik und Konvention messen zu können, egal auf welchem Kanal es geschaltet wird. Die OWM tritt in diesem Zusammenhang dafür ein, ma Online zu einer zeitgemäßen digitalen Währung auszubauen. Die OWM lädt alle relevanten Marktpartner dazu ein, an diesem Vorhaben aktiv mitzuwirken.

Gattungsübergreifende Werbewirkungsforschung

Die Harmonisierung der Mediawährungen ist für die werbenden Unternehmen ein wichtiger Schritt auf dem Weg, den Return on Invest (ROI) für alle Kommunikations-Aktivitäten ermitteln zu können. Denn dies ist die Voraussetzung dafür, Mediainvestitionen künftig besser aussteuern zu können. Gerade vor dem Hintergrund des steigenden Wettbewerbsdrucks und der anhaltenden Fragmentierung der Medienlandschaft kommt der Frage, wie die Werbemaßnahmen gewirkt haben, eine elementare Bedeutung zu. Die Werbungtreibenden wollen wissen, welche Medienkanäle in welcher Weise zur Werbewirkung beigetragen haben und dies gattungsübergreifend.

Um hier baldmöglichst greifbare Erfolge zu erzielen, ist die OWM Schrittmacher beim Thema „gattungsübergreifende Werbewirkungsplattform". Diese gemeinsame Initiative von OWM und Organisation der Media-Agenturen (OMG) wird von allen relevanten Mediengattungen unterstützt und soll nach und nach Ergebnisse liefern, wie eine einheitliche und gattungsübergreifende Werbewirkungsforschung aussehen könnte und welche Maßnahmen auf dem Weg dorthin ergriffen werden müssen. Die Werbewirkungsplattform wird in der Lage sein, aufzuzeigen, wie viele Kontakte der Konsument mit den verschiedenen Werbemitteln hatte und welche zum Kauf des Produktes oder der Dienstleistung führten.

Den Werbung treibenden Unternehmen ist klar, dass der Weg dahin nur mit einer gemeinsamen Kraftanstrengung aller Marktpartner zu erreichen ist. Die Partikularinteressen der einzelnen Mediengattungen müssen sich einem gemeinsamen Ziel unterordnen. Denn Initiativen einzelner Gattungen, die nicht in einen gattungsübergreifenden Ansatz einzahlen, sind für die werbenden Unternehmen meistens irrelevant. Sie entsprechen längst nicht mehr dem Werbealltag, da die meisten Kampagnen heute zahlreiche Medien mit einbeziehen. Die OWM wird damit einmal mehr ihrem Anspruch gerecht, Rahmenbedingungen für erfolgreichere Marketingkommunikation zu schaffen.

| Stand: März 2015

Werbungtreibende Unternehmen in Deutschland 2014: Top 45 nach Werbeinvestitionen

Firma	2014 in Mio. Euro	zu 2013 in %	2013 in Mio. Euro
Procter & Gamble Germany	528,0	-4,4	552,3
L'Oreal Deutschland	411,8	2,5	401,8
Media-Saturn-Holding	373,3	-0,9	376,6
Ferrero Deutschland	368,5	-11,9	418,1
Unilever Deutschland	299,3	11,3	268,9
Volkswagen	292,7	20,0	243,9
Telekom Deutschland	261,7	-6,3	279,1
Beiersdorf	244,5	7,0	228,4
Axel Springer	233,9	0,9	231,9
Vodafone Deutschland	228,8	24,8	183,4
Lidl Dienstleistung	228,2	-9,6	252,4
Henkel	Laundry & Home Care	224,8	9,1	206,0
Sky Deutschland Fernsehen	201,9	9,7	184,0
Aldi Süd	190,6	72,1	110,7
REWE Markt	183,3	3,6	176,9
McDonald's Deutschland	183,1	-9,7	202,8
Daimler	179,9	20,7	149,0
Reckitt Benckiser Deutschland	166,7	6,0	157,2
EDEKA Zentrale	162,8	-4,8	171,1
Henkel	Beauty Care	156,0	-9,6	172,6
Coca-Cola	152,2	26,1	120,7
Ford-Werke	147,0	11,1	132,2
BMW	143,7	25,7	114,3
Dr. August Oetker Nahrungsmittel	141,0	2,6	137,5
Audi	140,5	-3,6	145,7
PENNY-Markt	132,6	8,4	122,3
Gruner + Jahr	132,6	-13,4	153,1
Deutscher Sparkassen- und Giroverband	130,1	0,0	130,1
Adam Opel	124,0	6,1	116,8
Telefónica Germany	123,7	9,0	113,5
Maxdome	120,9	44,9	83,4
Amazon	115,5	157,6	44,8
IKEA Deutschland	110,9	11,4	99,6
Renault Deutschland	110,4	10,9	99,5
SEAT Deutschland	110,2	-4,5	115,4
Bauer Media Group	109,9	-2,1	112,3
RTL Television	109,0	-20,5	137,1
1+1 Internet	103,4	-10,9	116,1
PEUGEOT Deutschland	100,2	-7,5	108,4
Böhringer Ingelheim Pharma	95,2	0,7	94,6
Toyota Deutschland	94,6	-7,3	102,1
Mondelez Deutschland	92,6	-10,8	103,8
Nissan Center Europe	90,9	56,3	58,2
Apple Deutschland	90,9	-7,7	98,5
RTL Interactive	89,7	37,5	65,3

Quelle: Nielsen bereinigter Werbetrend 2014; Datenstand: Monatsabschluss Februar 2015

Markt- und Medienforschung

Der Umsatz der Markt- und Sozialforschung betrug im Jahr 2014 gut 2,4 Mrd. Euro. Etwa jeder dritte deutsche Marktforscher erwartet im ersten Halbjahr 2015 eine Verbesserung der Auftragslage. Laut agma hat in der Medienforschung die ma Intermedia PLuS durch die vollständige Ausweisung aller Mediengattungen als einzige Intermedia-Studie mit Währungscharakter die strategische Planungshoheit erlangt.

Markt- und Medienforschung: Anteil der Umfragemethoden bei den ADM-Mitgliedsinstituten 1990, 2000, 2010 und 2014

	1990	2000	2010	2014
Persönliche Interviews	65%	34%	21%	11%
dar.: mit paper and pencil	-	25%	12%	3%
mit Laptop / Pentop	-	9%	9%	8%
Telefoninterviews	22%	41%	35%	37%
Schriftliche Interviews	13%	22%	6%	6%
Online-Interviews	-	3%	38%	46%
Interviews insgesamt in Mio.	**4,1**	**9,1**	**18,6**	**17,1**

Da die Zahlen die Veränderungen im Markt und bei den Mitgliedsinstituten widerspiegeln, sind zeitliche Vergleiche nur bedingt möglich.

Markt- und Medienforschung: Umsatz der ADM-Mitgliedsinstitute nach Untersuchungsarten in 1992, 2000, 2008 und 2014

	1992	2000	2008	2014
Adhoc-Untersuchungen	43%	45%	64%	52%
Panelforschung	34%	34%	27%	43%
Andere kontinuierl. Programme	15%	17%	6%	4%
Omnibus-Erhebungen	5%	3%	2%	1%
Sonstige Untersuchungsarten	3%	1%	1%	0%
Insgesamt in Mio. Euro	**446**	**935**	**1.779**	**2.007**

Da die Zahlen die Veränderungen im Markt und bei den Mitgliedsinstituten widerspiegeln, sind zeitliche Vergleiche nur bedingt möglich.

Markt- und Medienforschung: Bewertung der gegenwärtigen Auftragslage durch die ADM-Mitgliedsinstitute 2010 bis 2014

Auftragslage ist…	2010	2011	2012	2013	2014
sehr gut	19%	38%	7%	36%	14%
gut	65%	45%	79%	50%	54%
weniger gut	16%	17%	14%	14%	32%

Markt- und Medienforschung: Bewertung der zukünftigen Auftragslage durch die ADM-Mitgliedsinstitute 2010 bis 2014

Auftragslage wird…	2010	2011	2012	2013	2014
besser	49%	25%	54%	45%	32%
gleich	49%	65%	43%	45%	59%
schlechter	2%	10%	3%	10%	9%

Markt- und Medienforschung: Umsatz der ADM-Mitgliedsinstitute nach Auftraggeber-Branchen in 2001, 2007 und 2014

	2001	2007	2014
Konsum- und Gebrauchsgüterindustrie	53%	58%	30%
Automobilindustrie	-	-	9%
Investitionsgüterindustrie, Energiewirtsch.	1%	2%	2%
Pharmazeutische Industrie	2%	14%	8%
Information / Telekommunikation	6%	7%	19%
Transport / Verkehr / Touristik	2%	1%	3%
Handel	1%	1%	0%
Banken, Versicherungen	5%	3%	6%
Öffentliche Auftraggeber	3%	2%	5%
Medien / Verlage	12%	8%	12%
Werbeagenturen, Unternehmensberater	1%	1%	0%
Marktforschungsinstitute	10%	2%	2%
Andere Dienstleister, sonst. Unternehmen	4%	1%	4%
Insgesamt in Mio. EUR	**1.037**	**1.685**	**2.007**

Da die Zahlen die Veränderungen im Markt und bei den Mitgliedsinstituten widerspiegeln, sind zeitliche Vergleiche nur bedingt möglich.

Quelle aller Tabellen: ADM Arbeitskreis Deutscher Markt- und Sozialforschungsinstitute e.V.

Keyfacts zur ma Intermedia PLuS:

6 Mediagattungen inklusive

10 TV-Sender,

132 Tageszeitungs-Belegungseinheiten,

206 Radio-Sender und Kombinationen,

215 Zeitschriften, Wochenzeitungen und Kombinationen,

2.381 Online-Belegungseinheiten,

4.192 Plakat-Belegungseinheiten (plus Kino-Nutzung, Lesezirkel und Supplements).

327.639 Fälle, repräsentativ

70,5 Mio. Menschen (Deutschsprachige Bevölkerung ab 14 Jahre).

Ein Datenvolumen von

88 Gigabyte.

Quelle: agma

Markt- und Medienforschung

In Deutschland wird die Branche im Wesentlichen durch die ZAW-Mitglieder ADM Arbeitskreis Deutscher Markt- und Sozialforschungsinstitute e.V., den BVM Berufsverband Deutscher Markt- und Sozialforscher e.V. und die agma Arbeitsgemeinschaft Media-Analyse e.V. repräsentiert. Sowohl der Wirtschaftsverband ADM als auch der BVM wurden im Jahr 1955 gegründet. Im ADM sind 70 privatwirtschaftliche Marktforschungsinstitute zusammengeschlossen. Der BVM vertritt rund 1.600 Markt- und Sozialforscher, die in Unternehmen und Instituten tätig sind. Die agma wurde im Jahr 1954 gegründet und ist heute ein Zusammenschluss von mehr als 230 der bedeutendsten Unternehmen der Werbe- und Medienwirtschaft mit dem Ziel der Erforschung der Massenkommunikation.

ADM und BVM

Branchenkenner gehen davon aus, dass im Jahr 2014 der in Deutschland erzielte Umsatz der Markt- und Meinungsforschungsinstitute gegenüber dem Vorjahr preisbereinigt um ungefähr 3,8 Prozent zurückgegangen ist. Trotzdem berichteten Ende 2014 wie im Vorjahr 88 Prozent der Institute eine gute oder sehr gute Auftragslage, und 32 Prozent erwarteten im folgenden Halbjahr eine Verbesserung ihrer Auftragslage (2013: 45 Prozent), wie der ADM bei seinen Mitgliedsinstituten festgestellt hat. Die deutsche Marktforschung blickt im Frühjahr 2015 mit vorsichtigem Optimismus in die Zukunft.

Wichtigster Auftraggeber der Marktforschungsinstitute ist seit vielen Jahren die Konsum- und Gebrauchsgüterindustrie. Im Jahr 2014 erzielten die Mitgliedsinstitute des ADM 30 Prozent ihres Umsatzes durch Aufträge aus diesem Bereich. An zweiter Stelle folgt mit einem Umsatzanteil von 19 Prozent der Bereich Information und Telekommunikation. Auf die Aufträge der Medien und Verlage entfällt ein Umsatzanteil von zwölf Prozent. Über die Jahre ist der Anteil des Umsatzes durch öffentliche Auftraggeber von neun Prozent im Jahr 1994 auf nur noch zwei Prozent in 2013 gesunken. 2014 stieg er wieder auf fünf Prozent.

Die Mitgliedsinstitute des ADM führten im Jahr 2014 über 17 Mio. Interviews durch. Dabei handelt es sich ganz überwiegend um quantitative, das heißt standardisierte Interviews. Davon wurden elf Prozent (2013: 22 Prozent) persönlich-mündlich durchgeführt; drei Prozent auf traditionelle Weise mit „Stift und Papier" und acht Prozent computerunterstützt. Der Anteil der telefonischen Interviews betrug im Jahr 2013 37 Prozent (2013: 36 Prozent). Die schriftlichen Interviews erreichten im Jahr 2014 wie im Vorjahr einen Anteil von sechs Prozent. Der Anteil der Online-Interviews ist im Jahr 2014 erheblich gestiegen und liegt nun bei 46 Prozent (2013: 36 Prozent).

Die Computerunterstützung telefonischer Interviews (CATI) hat sich bereits seit einigen Jahren weitestgehend durchgesetzt. Dagegen ist sie bei persönlich-mündlichen Interviews (CAPI) noch eine relativ neue Technik der Datenerhebung in der Marktforschung. So wurden im Jahr 2013 aber schon mehr als 70 Prozent der persönlich-mündlichen Interviews computerunterstützt durchgeführt. Bei der Interpretation dieser Zahlen muss allerdings berücksichtigen werden, dass sie sowohl die tatsächlichen Veränderungen in der Forschungspraxis widerspiegeln als auch methodisch bedingte Veränderungen durch die Unterschiede bei den berichtenden Mitgliedsinstituten. Folglich sind zeitliche Vergleiche nur bedingt möglich.

Berufsgrundsätze und Standesregeln

Ende 2007 ist der revidierte ICC/ESOMAR Internationale Kodex für die Markt- und Sozialforschung in Kraft getreten. Die Verbände der deutschen Marktforschung ADM, Arbeitsgemeinschaft Sozialwissenschaftlicher Institute e.V. (ASI), BVM und Deutsche Gesellschaft für Online-Forschung e.V. (DGOF) haben den Kodex wie bisher mit einer vorangestellten Erklärung für das Gebiet der Bundesrepublik Deutschland zum ICC/ESOMAR Internationalen Kodex für die Markt- und Sozialforschung angenommen.

Die im Rahmen wissenschaftlicher Forschung bei natürlichen oder juristischen Personen erhobenen Daten dürfen hierdurch nur in anonymisierter Form ausgewertet und an den Auftraggeber übermittelt werden, um den gesetzlichen Bestimmungen, berufsethischen Verhaltensprinzipien und den wissenschaftlich-methodischen Anforderungen der Markt- und Meinungsforschung gerecht zu werden. Außerdem sind Forschung und forschungsfremde Tätigkeiten strikt und deutlich erkennbar voneinander zu trennen.

Die Verbände der deutschen Marktforschung haben in verschiedenen Richtlinien die im ICC/ESOMAR Internationalen Kodex für die Markt- und Sozialforschung festgeschriebenen berufsethischen Grundregeln und rechtlichen Rahmenbedingungen für spezifische Bereiche, Instrumente oder Techniken der Markt- und Sozialforschung konkretisiert.

Im Jahr 2013 wurde die grundlegende Überarbeitung der Richtlinie für Studien im Gesundheitswesen zu Zwecken der Markt- und Sozialforschung abgeschlossen und die Entwicklung der Richtlinie für Untersuchungen in den und mittels der Sozialen Medien so weit vorangetrieben, dass sie im April 2014 in Kraft treten konnte.

Qualitätsstandards

Der ADM hat bereits im November 1998 Standards zur Qualitätssicherung in der Markt- und Sozialforschung verabschiedet, die im Jahr 1999 gemeinsam von ADM, ASI und BVM als zweisprachige Broschüre publiziert wurden. Die Standards zur Qualitätssicherung stellen einen Orientierungsrahmen dar, der den gesamten Forschungsprozess umfasst. Sie beschreiben die qualitätsrelevanten Erfordernisse der einzelnen Schritte des Forschungsprozesses. Die Standards zur Qualitätssicherung sind ein Katalog von verbindlichen Zielen, die es zu erreichen gilt, um die wissenschaftliche Qualität von Forschungsergebnissen sicher zu stellen. Dabei bleibt den Instituten grundsätzlich frei gestellt, auf welche Art und Weise sie diese Ziele in institutsinterne Abläufe und Maßnahmen im Rahmen der wissenschaftlichen Vorgehensweise umsetzen.

Qualitätsstandards sind ein Instrument der Selbstregulierung der Markt- und Sozialforschung und tragen entscheidend dazu bei, Auftraggeber vor unzulänglichen Untersuchungen und das Publikum vor unzulänglichen Veröffentlichungen von Forschungsergebnissen zu schützen. Sie sind damit auch ein wichtiges Instrument zur Wahrung und Förderung des Ansehens der Markt- und Sozialforschung in der Öffentlichkeit und des Vertrauens der Öffentlichkeit in die Markt- und Sozialforschung.

Die Verbände der deutschen Markt- und Sozialforschung haben in Zusammenarbeit mit dem DIN Deutsches Institut für Normung e.V. auf der Grundlage der vorliegenden Qualitätsstandards die Norm DIN 77500 für Markt- und

Sozialforschungs-Dienstleistungen entwickelt. Diese Norm wurde auch als Position der deutschen Markt- und Sozialforschung in die Entwicklung des internationalen Qualitätsstandards eingebracht: die Norm ISO 20252 Market, opinion and social research – Vocabulary and service requirements.

Mit ihrer Veröffentlichung im April 2006 ist die Norm ISO 20252 in Kraft getreten. Im September 2006 erschien die deutsche Sprachfassung als DIN ISO 20252 Markt-, Meinungs- und Sozialforschung – Begriffe und Dienstleistungsanforderungen und löste damit die oben genannte Norm DIN 77500 ab. Eine überarbeitete Fassung der internationalen Norm ISO 20252 ist im Jahr 2012 in Kraft getreten.

Access Panels haben in der Markt- und Meinungsforschung als Instrument der Datenerhebung in den letzten Jahren an Bedeutung gewonnen. Das gilt insbesondere für den Bereich der Online-Forschung. Deshalb wurde unter deutscher Federführung ein weiteres ISO-Normungsprojekt etabliert, in dem die qualitätsrelevanten Anforderungen an Access Panels in der Markt-, Meinungs- und Sozialforschung formuliert wurden. Im Februar 2009 wurde die Norm ISO 26362 Access panels in market, opinion and social research – Vocabulary and service requirements veröffentlicht. Danach wurde zusammen mit dem österreichischen Normungsinstitut ein anspruchsvolles Zertifizierungsprogramm entwickelt, das es interessierten Anbietern von Access Panels ermöglicht, sich gemäß den Qualitätsanforderungen der internationalen Norm ISO 26362 zertifizieren zu lassen.

Ebenfalls unter deutscher Federführung wurde ein europäisches Normungsvorhaben initiiert, durch das im Bereich der Printmedienforschung eine europaweite Standardisierung der Begriffe und Definitionen sowie der Anforderungen an die Durchführung von Untersuchungen erreicht werden soll. Die europäische Dienstleistungsnorm EN 15707 Printmedienanalysen – Begriffe und Dienstleistungsanforderungen wurde im Jahr 2008 unter anderem vom Österreichischen Normungsinstitut in einer deutsch-englischen Ausgabe veröffentlicht.

Selbstregulierung

Die Tätigkeit der Markt- und Sozialforschungsinstitute ist eine Dienstleistung, die ausschließlich nach anerkannten wissenschaftlichen Regeln durchgeführt wird und die sich als angewandte Forschung auf die durch das Grundgesetz für die Bundesrepublik Deutschland garantierte Forschungsfreiheit berufen kann. Deshalb ist es für die Markt- und Sozialforschung wichtig, nicht nur ihre berufsethischen Grundlagen zu definieren und ihre rechtlichen Rahmenbedingungen zu konkretisieren, sondern auch die verbindlichen Qualitätsstandards zur Einhaltung anerkannter wissenschaftlicher Methoden und Verfahrensweisen zu dokumentieren.

Mit den Berufsgrundsätzen, Standesregeln und Qualitätsstandards hat sich die deutsche Markt- und Sozialforschung ein umfassendes Instrumentarium der ethischen, rechtlichen und wissenschaftlichen Selbstregulierung geschaffen. Die Einhaltung und Durchsetzung der berufsständischen Verhaltensregeln der Markt- und Sozialforschung wird durch eine gemeinsame Beschwerdestelle von ADM, ASI, BVM und DGOF sanktionsbewehrt gewährleistet. Sie ist als Rat der Deutschen Markt- und Sozialforschung e.V. im Jahr 2001 eingerichtet worden.

Internationalisierung

Die Marktforschung wird in dem Maße zu einer internationalen Aktivität wie sich die Strategien ihrer privatwirtschaftlichen Auftraggeber globalisieren und die beauftragten Studien dementsprechend länderübergreifend konzipiert und durchgeführt werden müssen. Im Jahr 2014 haben die Mitgliedsinstitute des ADM 68 Prozent ihres Umsatzes durch Tochtergesellschaften und Beteiligungen im Ausland erzielt (2013: 63 Prozent). Studien, die in Deutschland für ausländische Auftraggeber durchgeführt werden, tragen zu sieben Prozent zum Gesamtumsatz bei.

So müssen auch die nationalen Verbände der Internationalisierung der Marktforschung Rechnung tragen. Das gilt insbesondere für die Selbstregulierung durch Qualitätsstandards und Normen. Aus diesem Grund arbeiten ADM und BVM sowie die anderen Verbände der Markt- und Sozialforschung in Deutschland mit dem VMÖ Verband der Marktforscher Österreichs und dem Österreichischen Normungsinstitut intensiv an der Entwicklung bzw. Weiterentwicklung internationaler Qualitätsstandards für die Markt- und Sozialforschung.

Politische Interessenvertretung

Ungewollt ist die Marktforschung in den letzten Jahren in den Fokus der Politik geraten. Fälle von Telefonwerbung, die den Normen der Dialogmarketing-Branche widersprechen, und verschiedene Missbrauchsfälle personenbezogener Daten haben einen politischen Handlungsdruck erzeugt. Er birgt die Gefahr in sich, dass gesetzgeberische Maßnahmen zur Abstellung von Missständen als Kollateralschaden unbeabsichtigt die Möglichkeiten der Marktforschung einschränken könnten.

Im Rahmen der Novellierungen des Bundesdatenschutzgesetzes im Jahr 2009 ist es den Verbänden gelungen, die Markt- und Meinungsforschung mit ihren Zielen und wissenschaftlichen Methoden durch einen expliziten Erlaubnistatbestand datenschutzrechtlich unmissverständlich von Werbung, der Tätigkeit von Auskunfteien und dem Adresshandel zu unterscheiden.

Berufsausbildung in der Markt- und Sozialforschung

Im August 2006 haben die ersten Auszubildenden die in der Regel dreijährige Ausbildung zum/zur Fachangestellten für Markt- und Sozialforschung begonnen. Bundesweit wurden seitdem bis 2013 insgesamt 639 Ausbildungsplätze besetzt und Berufsschulklassen an inzwischen sechs Standorten eingerichtet. Im Jahr 2008 haben die ersten Fachangestellten für Markt- und Sozialforschung ihre Ausbildung erfolgreich abgeschlossen. Mit der Etablierung dieses Ausbildungsberufs wurde neben der akademischen Ausbildung eine zweite berufliche Einstiegsmöglichkeit in die Markt- und Sozialforschung geschaffen.

Der Ausbildungsschwerpunkt liegt auf der Vermittlung organisatorisch-technischer Kompetenzen, die für die Durchführung von Forschungsprojekten unerlässlich sind. Beschäftigungsmöglichkeiten finden die Fachangestellten für Markt- und Sozialforschung vor allem in den privatwirtschaftlichen Markt- und Sozialforschungsinstituten, in den Marktforschungsabteilungen ihrer Auftraggeber sowie in Unternehmungsberatungen und Werbeagenturen.

Arbeitsgemeinschaft Media-Analyse e.V. (agma)

Die Arbeitsgemeinschaft Media-Analyse e.V. (agma) ist ein Zusammenschluss von mehr als 230 der bedeutendsten Unternehmen der Werbe- und Medienwirtschaft mit dem Ziel der Erforschung der Massenkommunikation. Für die Werbewirtschaft sind die Reichweitendaten der agma die Grundlage für ihre Mediaplanungsstrategien und damit letztlich für die Verteilung der Werbegelder. Die agma erhebt regelmäßig die Reichweiten von Zeitungen und Zeitschriften, Radio und Fernsehen, der Außenwerbung sowie der Online-Medien. Mit den Daten der Media-Analyse wird im Konsens aller Beteiligten aus Medien, Agenturen und werbungtreibender Wirtschaft seit 60 Jahren die Werbewährung in Deutschland bereitgestellt.

Das Allmedia-Dach

Die agma versteht sich als ein dem Konsens verpflichtetes Allmedia-Dach von im Tagesgeschäft konkurrierenden Mediengattungen, Werbungtreibenden und Mediaagenturen. Darüber hinaus ist die agma qua Satzung verpflichtet, einen hohen Leistungsstandard zu gewährleisten. So hat sie sich in all den Jahren immer wieder als Vorreiter neuer Methoden und Techniken hervorgetan und zahlreiche Standards für die Mediaforschung entwickelt, die mittlerweile auch in anderen Ländern zum festen Instrumentarium der Forschung gehören.

Bereits seit geraumer Zeit beschäftigt man sich in der agma mit der Bereitstellung crossmedialer Reichweiten – neben der Veröffentlichung von medienspezifischen ma Reichweiten im Rahmen der verschiedenen „Silostudien" als eine der Kernaufgaben der agma. Im Gegensatz zu anderen Ländern existiert mit dem agma-Konstrukt eine weltweit einzigartige Institution, in der alle Mediengattungen, Agenturen und Werbungtreibende gemeinsam an einem Tisch sitzen. Dabei nehmen insbesondere die Agenturen und Kunden eine zentrale und richtungweisende Rolle ein. Das Dach der agma bietet damit eine sehr grundlegende Plattform für die bestehenden und gemeinsam im Konsens aller Marktpartner zu lösenden Herausforderungen der sich verändernden Medienlandschaft. So wird die agma auch als die unabhängige Instanz angesehen, um zentrale, zukünftige Themen wie Wahrnehmung, Wirkung und Konvergenz medienneutral, aber aktiv zu fördern, diskutieren, begleiten und steuern.

Mit der einzigartigen Konstellation der Einbeziehung aller Marktpartner (Käufer und Verkäufer von Medialeistung) gemäß den Prinzipien eines Joint-Industry-Committee und des Allmedia-Dachs gilt es, die zukünftigen Aufgaben in der immer komplexeren und heterogeneren Medienwelt gemeinsam zu bewältigen. Darunter fällt die strategische Weiterentwicklung des Produktportfolios, stets unter der Fragestellung, welches Angebot die Marktpartner in Zeiten der rasant voranschreitenden Digitalisierung benötigen.

Die agma gibt zum einem die Sicherheit und die Konstanz in der Medienforschung und der Reichweiten-erhebung, die auf breitem Konsens beruht und bietet gleichzeitig die Grundlage für die optimale Marktbearbeitung. Zum anderen wird die agma die virulenten Themen Intermedia und Konvergenz mit der notwendigen Konsequenz weiterhin vorantreiben und sich damit zukunftsfähig im digitalen Zeitalter ausrichten. Darunter fällt auch die kontinuierliche Bewertung aktueller und die Entwicklung neuer Forschungsmethoden. So wird die agma auch zukünftig Taktgeber sein und damit die Standards der Mediaforschung setzen.

ma Intermedia PLuS

Seit 1987 werden die Media-Analysen der agma nach dem sogenannten Partnerschaftsmodell erhoben. Die Erhebungen der einzelnen Mediengattungen werden seitdem nicht mehr in einem („Single-Source-Erhebung"), sondern in separaten Erhebungsmodellen durchgeführt („Multiple-Source-Erhebung"), um den unterschiedlichen Anforderungen der Mediengattungen gerechter zu werden und um alle medialen Zusammenhänge abbilden zu können.

Die agma vollzieht mit der Integration von Online in die ma 2014 Intermedia PLuS einen wichtigen Schritt und erfüllt eine langjährige Forderung der Kunden. Dieses Momentum gilt es zu nutzen und Schritt zu halten mit der Digitalisierung und ihren weitreichenden Folgen für die Mediennutzung.

Uwe Storch
Vorstand der OWM und Head of Media bei Ferrero

Für die ma Intermedia PLuS werden die Daten der medienindividuellen ma-Erhebungstranchen und des AGF-Fernsehforschungspanels gleichberechtigt in einer gemeinsamen Datei (Trägerdatensatz) zusammengeführt. In dieser Datei sind Werbeträger- und Werbemittelkontaktchancen für Pressemedien (Zeitschriften, Tageszeitungen), Kino, Radio, TV und Plakat (WMK) auswertbar, die Kontaktchancen der Online-Werbeträger sind seit der ma 2014 Intermedia PLuS integriert. Die ma Intermedia PLuS ermöglicht somit den crossmedialen Vergleich einzelner Werbeträger unterschiedlicher Mediengattungen, gleichzeitig aber auch deren jeweilige Ergänzung für eine Media-Kampagne.

Bei der fortschreitenden Fragmentierung der Medien kommt der agma eine ganz entscheidende Rolle zu. Denn nur hier sind wir in der Lage, die Kontaktleistungen währungsgerecht über alle Medien hinweg zu messen und das Zusammenspiel digitaler wie analoger Kanäle abzubilden.

Andreas Nassauer
Vorstand Werbungtreibende der agma,
Leiter Konzern Media der Deutschen Telekom AG

| Stand: April 2015

Mediaagenturen

Der Umsatz der Mediaagenturen in Deutschland betrug in 2013 gut 19 Mrd. Euro.[1] Die vielseitigen, komplexen Umbrüche in der Kommunikationswirtschaft haben heute die Aufgaben und die Verantwortung der Mediaagenturen deutlich erweitert. Den damit verbundenen großen Herausforderungen stellen sie sich in ihrem Selbstverständnis proaktiv in der Rolle als Architekt und Lotse.

Mediaagenturen: Ranking der größten Agenturen in Deutschland 2014

Mediaagenturen	Billings 2013 in Mio. Euro	Billings 2012 in Mio. Euro	Mitarbeiter
Mediacom	3.609	3.281	877
OMD	2.714	2.467	686
MEC	2.161	1.715	475
Carat	1.817	1.781	674
Mindshare	1.489	1.489	294
Mediaplus	1.421	1.225	253
Zenith	885	885	411
Havas Media	726	631	217
Vizeum	657	630	276
Pilot Media	638	570	327
Initiative	627	380	255
Universal McCann	607	578	257
Optimedia	588	588	274
Crossmedia	275	236	171
Starcom Media Vest	233	233	65
Moccamedia	219	175	94
PHD	192	195	107
Maxus	178	140	57

Quelle: statista/ HORIZONT/ Recma

Die Arbeit in einer Mediaagentur ist faszinierend, weil man sich mit allen Medien und Kommunikationsformen auskennen und beschäftigen muss. Wer einen guten Job und Karriere in einer Mediaagentur macht, erwirbt Wissen und Erfahrung aus gleich mehreren Kompetenzfeldern: Sozial- und Wahrnehmungspsychologie, Verhaltensforschung, Betriebswirtschaft, Statistik und Technologie.

Prof. Hans Georg Stolz
Geschäftsführer des OMG e.V. (†)

Mediaagenturen: Kommunikationsziele 2015 der Agentur-Kunden

Welche Kommunikationsziele verfolgen Ihre Kunden in 2015? Überwiegend Image oder überwiegend Abverkauf?

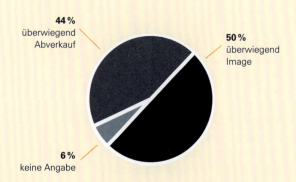

44 % überwiegend Abverkauf
50 % überwiegend Image
6 % keine Angabe

Quelle: OMG Preview 2015/Czaia Marktforschung

---

[1] Siehe: HORIZONT Nr. 33, 14.08.2014, Seite 11.

Mediaagenturen: Entwicklung als Kommunikationsdienstleister

Wie wird sich in den nächsten 5 Jahren die Bedeutung der Mediaagenturen als Kommunikationsdienstleister ändern? Wird die Bedeutung zunehmen, wird sie gleich bleiben oder wird sie abnehmen?

Die Bedeutung der Mediaagenturen wird..

Quelle: OMG Preview 2015 und 2014/Czaia Marktforschung

Mediaagenturen: Einschätzung der Umsatzentwicklung für 2015

Was schätzen Sie für 2015 gegenüber 2014? Rechnen Sie für das gesamte Jahr 2015 gegenüber 2014 mit einem steigenden, gleichbleibenden oder sinkenden Umsatz?

Der Umsatz der eigenen Agentur wird...

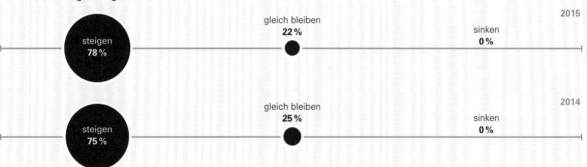

Quelle: OMG Preview 2015 und 2014/Czaia Marktforschung

Mediaagenturen: Einschätzung des Kundenverhaltens in 2014 und 2015

Werden Kunden 2015 eher offensiv (Marktanteil steigern) oder eher defensiv (Marktanteil halten) in ihrem Wettbewerbsumfeld agieren?

Agentur-Kunden werden 2015 eher..

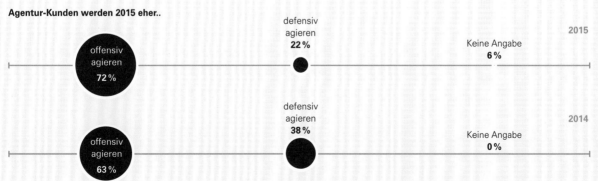

Quelle: OMG Preview 2015 und 2014/Czaia Marktforschung

Mediaagenturen: Einschätzung der Nettowerbeaufwendungen für 2015 im Vergleich zu 2014

Wie schätzen Sie die Entwicklung der Nettowerbeaufwendungen der einzelnen Mediengattungen für 2014 und 2015 ein? Bitte geben Sie für jede Mediengattung und für beide Jahre Ihre Einschätzung an.

Mediengattung	steigen	gleich bleiben	sinken
Online-Angebote	72 %		22 %
Social Media	94 %		
Mobile	94 %		
Search	94 %		
Fernsehen	11 %	61 %	22 %
Außenwerbung	28 %	56 %	6 %
Hörfunk	22 %		67 %
Filmtheater	17 %	39 %	39 %
Fachzeitschriften	6 %	6 %	78 %
Tageszeitungen	6 %		89 %
Werbung per Post	11 %		67 %
Anzeigenblätter	17 %		78 %
Publikumszeitschriften	6 %	11 %	78 %
Verzeichnis-Medien	6 %		89 %
Wochen-/Sonntagszeitungen	11 %		83 %
Zeitungssupplements	11 %		83 %

■ steigen ■ gleich bleiben ■ sinken Differenz zu 100 % = „kann ich nicht beurteilen"

Quelle: OMG Preview 2015/Czaia Marktforschung

Mediaagenturen: Nutzungsverhalten der Bevölkerung nach Mediengattungen

Was glauben Sie: Wie wird sich in den nächsten 5 Jahren das Nutzungsverhalten der Bevölkerung bei den jeweiligen Mediengattungen ändern?

Mediengattung	wird mehr werden	wird gleich bleiben	wird weniger werden
TV: streaming	100 %		
Onine: per Smartphone	89 %		11 %
TV: zeitversetzt	72 %		22 %
Online: per Tablet-PC	67 %		33 %
Public Viewing Infoscreen	28 %	50 %	22 %
Online: per Laptop	22 %	72 %	6 %
Public Viewing TV	22 %	72 %	6 %
Online: per PC-Station	17 %	17 %	67 %
Radio	56 %		44 %
Print: Zeitschriften	17 %		83 %
TV: linear	11 %		89 %
Print: Zeitungen			100 %

■ wird mehr werden ■ wird gleich bleiben ■ wird weniger werden
Differenz zu 100 % = „kann ich nicht beurteilen"

Quelle: OMG Preview 2015/Czaia Marktforschung

Mediaagenturen: Einschätzung der Nettowerbeaufwendungen für 2014 im Vergleich zu 2013

Wie schätzen Sie die Entwicklung der Nettowerbeaufwendungen der einzelnen Mediengattungen für 2014 und 2015 ein? Bitte geben Sie für jede Mediengattung und für beide Jahre Ihre Einschätzung an.

Mediengattung	steigen	gleich bleiben	sinken
Online-Angebote	100 %		
Social Media	100 %		
Mobile	100 %		
Search	94 %		6 %
Fernsehen	72 %	17 %	11 %
Außenwerbung	61 %	33 %	6 %
Hörfunk	50 %	33 %	17 %
Filmtheater	28 %	17 %	56 %
Fachzeitschriften	6 %	44 %	44 %
Tageszeitungen	6 %	6 %	89 %
Werbung per Post	33 %		50 %
Anzeigenblätter	17 %		83 %
Publikumszeitschriften	11 %		89 %
Verzeichnis-Medien	11 %		89 %
Wochen-/Sonntagszeitungen	6 %		94 %
Zeitungssupplements			100 %

■ steigen   ■ gleich bleiben   ■ sinken   Differenz zu 100% = „kann ich nicht beurteilen"

Quelle: OMG Preview 2015/Czaia Marktforschung

Mediaagenturen: Einsatz von Werbe-/Werbemischformen in Mediaplänen

Wie viele Ihrer Kunden (Angabe in Prozent) nutzen folgende Werbeformen/ Werbemischformen bzw. Dienstleistungen als festen Bestandteil Ihrer Mediapläne?

Genutzte Werbeformen der Kunden

Werbeform	Prozent
Social Media Advertising	47 %
Realtime-Advertising	44 %
Realtime-Bidding	43 %
Mobile Advertising	28 %
Big Data Analysen	20 %
Native Advertising	17 %

Quelle: OMG Preview 2015/Czaia Marktforschung

Publikumszeitschriften

Die Zeitschriftenverlage beschäftigten 2014 mehr als 60.000 Mitarbeiter und erzielten einen Gesamtumsatz von 15,1 Mrd. Euro und damit plus 1,7 Prozent im Vergleich zum Vorjahr (14,85 Mrd. Euro). Der Umsatz im Inland betrug 10,96 Mrd. Euro, der Auslandsumsatz 4,14 Mrd. Euro. Führend bleibt Printbereich mit einem Volumen von 9,88 Mrd. Euro zu 5,22 Mrd. Euro Umsatz in der Sparte Digital und Sonstiges.[1]

Publikumszeitschriften in Deutschland 2014: Diversifikation

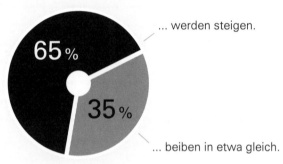

* z.B. E-Commerce, Datenbank-Services etc.

Quelle: VDZ-Trend-Umfrage 2015
(repräsentiert 70 Prozent des Branchenumsatzes)

**Publikumszeitschriften in Deutschland 2014:
Entwicklung der verkauften ePaper-Auflage und der Digital-Abonnenten**

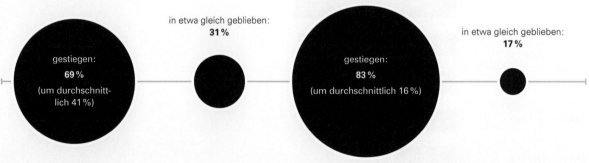

Quelle: VDZ-Trend-Umfrage 2015
(repräsentiert 70 Prozent des Branchenumsatzes)

1 Quelle: VDZ-Jahrespressekonferenz vom 26.3.2015; VDZ-Recherche.

Bewusstsein über den Wert der Pressefreiheit

Das Bewusstsein in der Bevölkerung über den Wert der Presse- und Meinungsfreiheit für die Gesellschaft und den einzelnen Bürger ist ...

61% weniger ausgeprägt
33% stark ausgeprägt

Quelle: VDZ-Trend-Umfrage 2015
(repräsentiert 70 Prozent des Branchenumsatzes)

Publikumszeitschriftenwerbung in Deutschland 2014: Top 25 Wirtschaftsbereiche nach Werbeinvestitionen

Wirtschaftsbereiche	2014 in Mio. Euro	zu 2013 in %	2013 in Mio. Euro
Medien	886,2	-1,8	902,8
Körperpflege	322,1	-1,7	327,7
Gesundheit und Pharmazie	309,3	15,7	267,4
Kfz-Markt	263,6	-3,7	273,8
Sonstige Werbung	235,5	2,3	230,2
Textilien und Bekleidung	229,8	7,7	213,3
Handel	203,9	1,4	201,1
Dienstleistungen	154,8	-20,9	195,6
Touristik	154,2	2,9	149,9
Finanzen	135,2	6,7	126,8
Persönlicher Bedarf	98,2	-4,8	103,2
Haus- und Gartenausstattung	95,1	-9,9	105,5
Ernährung	84,7	4,0	81,4
Telekommunikation	68,9	-7,6	74,6
Getränke	55,0	-2,5	56,4
Unterhaltungselektronik	36,0	-24,0	47,3
Computer und Büroausstattung	33,7	-20,3	42,3
Haus-, Land-, Forst-, Jagdwirtschaft	27,1	6,5	25,5
Energie	25,3	-0,2	25,3
Bauwirtschaft	22,4	0,7	22,2
Reinigung	18,6	-16,5	22,3
Gastronomie	15,4	12,2	13,8
Freizeit und Sport	15,0	-10,4	16,7
Verkehrsmittel und -einrichtung	12,2	14,1	10,7
Kunst und Kultur	9,0	15,5	7,8
Gesamt	**3.511,1**	**-0,9**	**3.543,5**

Publikumszeitschriften in Deutschland 2014: Wachstumsfelder für Verlagshäuser

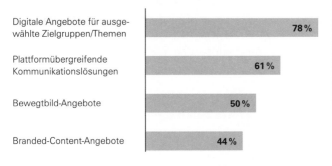

- Digitale Angebote für ausgewählte Zielgruppen/Themen — 78 %
- Plattformübergreifende Kommunikationslösungen — 61 %
- Bewegtbild-Angebote — 50 %
- Branded-Content-Angebote — 44 %

Quelle: VDZ-Trend-Umfrage 2015
(repräsentiert 70 Prozent des Branchenumsatzes)

Publikumszeitschriftenwerbung in Deutschland 2014: Top 5 der werbungtreibenden Unternehmen nach Werbeinvestitionen

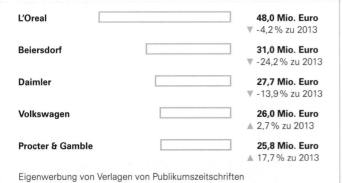

- **L'Oreal** — 48,0 Mio. Euro ▼ -4,2 % zu 2013
- **Beiersdorf** — 31,0 Mio. Euro ▼ -24,2 % zu 2013
- **Daimler** — 27,7 Mio. Euro ▼ -13,9 % zu 2013
- **Volkswagen** — 26,0 Mio. Euro ▲ 2,7 % zu 2013
- **Procter & Gamble** — 25,8 Mio. Euro ▲ 17,7 % zu 2013

Eigenwerbung von Verlagen von Publikumszeitschriften wurden nicht berücksichtigt.

Quelle: Nielsen bereinigter Werbetrend 2014; Datenstand: Monatsabschluss Februar 2015

Quelle: Nielsen bereinigter Werbetrend 2014; Datenstand: Monatsabschluss Februar 2015

Publikumszeitschriften

Zeitschriften sind weiterhin angesagte Medien: 95 Prozent der über 14-Jährigen lesen in Deutschland Magazine.[1] Auch die Jüngsten sind bereits eifrige Leser. Laut KidsVA 2014 greifen 74 Prozent oder 4,3 Millionen der Sechs- bis 13-Jährigen in ihrer Freizeit mindestens einmal wöchentlich zu Zeitschriften.[2]

Paid Content wird auch im Netz zum Platin-Standard werden – für Zeitungen und Zeitschriften geben die Deutschen jeden Monat über 270 Millionen Euro aus.[3]

VDZ-Hauptgeschäftsführer Stephan Scherzer

Auch digital weisen die Zeitschriftenverlage positive Zahlen vor: Drei von vier Onlinern in Deutschland (39,4 Mio.) nutzten in einem durchschnittlichen Monat im vierten Quartal 2014 den AGOF internet facts zufolge die Internet-Angebote der Publikumszeitschriften. Gegenüber dem Vorjahresquartal konnten diese um weitere drei Prozent zulegen und liegen im Gattungsvergleich mit 75 Prozent nach wie vor an der Spitze – mit deutlichem Vorsprung vor den Internet-Angeboten der Tageszeitungen (63 Prozent), TV-Sender (47 Prozent) und Radiosender (12 Prozent). Ein vergleichbares Bild liefert die Betrachtung der Mobile Enabled Websites und Apps. Laut AGOF mobile facts 2014-III gewannen die Angebote der Publikumszeitschriften gegenüber 2013-III mehr als zwei Millionen Unique Mobile User hinzu und führen mit einer Quote von 50 Prozent (17,2 Mio.) das Feld an. Auf den weiteren Plätzen folgen Tageszeitungen (37 Prozent), TV-Sender (22 Prozent) und Radiosender (sechs Prozent).[4]

Rückläufige Zahlen zu den Auflagen meldete allerdings die Informationsgemeinschaft zur Feststellung der Verbreitung von Werbeträgern (IVW).

Die verkaufte Auflage der Publikumszeitschriften lag 2014 im IVW-Quartalsdurchschnitt bei 102,3 Millionen verkauften Exemplaren (Vorjahr: 106,4 Millionen). Im Jahr 2014 erzielten die deutschen Zeitschriftenverlage einen Gesamtumsatz von 15,1 Milliarden Euro. Gegenüber dem Vorjahr (14,85 Milliarden Euro) bedeutet dies eine leichte Steigerung von 1,7 Prozent. Dabei entfallen 9,88 Milliarden auf klassische Print- und Anzeigenerlöse und 5,22 Milliarden auf Digitales und Sonstiges.[5]

Wachstumspotenzial

Wachstumschancen jenseits des klassischen Print-Geschäfts sehen die Zeitschriftenverlage vor allem in der Erweiterung des digitalen Angebots für ausgewählte Zielgruppen und Themen – 78 Prozent erwarten der VDZ-Trend-Umfrage zufolge in diesem Bereich große Umsatzpotenziale. 61 Prozent halten die Entwicklung und Umsetzung plattformübergreifender Kommunikationslösungen für ein zukunftsträchtiges Geschäftsfeld, während der Ausbau des Bewegtbild-Angebotes für die Hälfte eine bedeutende Rolle spielt. 44 Prozent versprechen sich zudem von Branded-Content-Angeboten Wachstum. Die Verlagshäuser investieren nicht nur in

---

1 Quelle: ACTA 2014, AWA 2014.
2 Vgl. Print&More 3/2014, hrsg. vom VDZ, S. 34.
3 VDZ-Hauptgeschäftsführer Stephan Scherzer im Interview mit Redakteur Jürgen Scharrer, HORIZONT, Nr. 50/2014, 11.12.2014, S. 18 f.
4 Vgl. VDZ-Pressemeldung „Zeitschriftenverleger setzen 2015 verstärkt auf Diversifikation, Ausbau der Digitalformate und Investition ins Kerngeschäft", 26.3.2015., abrufbar unter www.vdz.de (letzter Zugriff: 1.4.2015).
5 Quelle: VDZ-Mitgliedererhebung, Hoppenstedt Datenbank.

Diversifikationsprodukte, sondern bauen zugleich ihr Print-Portfolio durch eine Vielzahl neu gegründeter Titel erfolgreich aus. 2014 brachten die Verleger 133 Print-Magazine neu auf den Markt. Über die vergangenen 15 Jahre betrachtet bauten die Verlage ihr Titel-Portfolio um 38 Prozent von 1.144 Titeln in 1999 auf 1.583 in 2014 aus. Allein in den ersten beiden Monaten 2015 wurden 16 Titel gestartet. Ende Februar 2015 erreichte die Anzahl der mindestens quartalsweise erscheinenden Publikumszeitschriften mit 1.595 ein Allzeithoch. Wie die VDZ-Trend-Umfrage ergab, plant die Mehrheit der Verlagshäuser (51 Prozent) in diesem Jahr Print-Neugründungen. 31 Prozent der Befragten werden demnach ein bis vier neue Magazine entwickeln, und 20 Prozent wollen sogar fünf oder mehr neue Titel präsentieren. „Die Investitionen in Print-Neugründungen und Diversifikation zeigen den positiven Geist der Verleger, die Vielfalt des Internets zu adressieren und gleichzeitig erfolgreich auf die Magazinwelt zu übertragen", so VDZ-Hauptgeschäftsführer Stephan Scherzer, auf der Jahrespressekonferenz des VDZ am 26. März 2015 in Berlin. „Im Kern stehen bei den Häusern nach wie vor die redaktionellen Inhalte und Services, mit dem Diktum der Unabhängigkeit und Glaubwürdigkeit."

Scherzer warnt aber auch vor regulatorischen Gefahren: „Die Zeitschriftenverleger gestalten den medialen Wandel ausgesprochen unternehmerisch und sind dabei erfolgreich", kommentierte Scherzer. „Die Branche steht für Vielfalt, Innovationskraft und Wettbewerbsfähigkeit. Sorgen macht den 450 Mitgliedsverlagen nicht der Wettbewerb mit anderen Gattungen, sondern ganz besonders die regulatorischen Rahmenbedingungen, die einen Wettbewerb auf Augenhöhe verhindern."

Medienpolitische und regulatorische Rahmenbedingungen

Die Zeitschriftenverlage befinden sich heute mehr denn je in einem durch eine Vielzahl wirtschaftlicher und regulatorischer Rahmenbedingungen gekennzeichneten Wettbewerbsumfeld – von zunehmenden Werbebeschränkungen über die Schwächung des Urheberrechts und den Missbrauch von Monopolpositionen bis hin zum Steuernachteil digitaler Produkte. Wie die VDZ-Trend-Umfrage zeigt, fühlen sich mehr als drei Viertel der Verlagshäuser (79 Prozent) dadurch in ihrer Leistungsfähigkeit und Produktvielfalt sowie in ihren Wachstumschancen erheblich beeinträchtigt. Zwölf Prozent sehen sogar eine existenzgefährdende Beeinträchtigung.

Wir sind absolut kämpferisch beim Thema Werbebeschränkungen. Hier können wir auf gar keinen Fall weitere Restriktionen hinnehmen.[6]

VDZ-Hauptgeschäftsführer Stephan Scherzer

Die deutsche Zeitschriftenlandschaft ist in ihrer Vielfalt und Qualität weltweit vorbildlich. „Um diesen Grundstein einer freien pluralistischen Gesellschaft für die Zukunft zu erhalten, ist es essenziell, dass die politisch Verantwortlichen in Berlin und Brüssel verlässlich Rahmenbedingungen gewährleisten, die den zumeist inhabergeführten, mittelständischen Verlagen Investitionssicherheit und fairen Wettbewerb ermöglichen", erklärte Scherzer.

An erster Stelle muss in diesem Zusammenhang die EU-Datenschutzgrundverordnung angeführt werden, die 2015 fertig gestellt werden soll. Im Frühjahr 2015 gibt

---

6 HORIZONT, Nr. 50/2014, 11.12.2014, S. 18 f.

es im Entwurf noch keine gesicherte datenschutzrechtliche Grundlage beispielsweise für die adressierte Abonnement-Werbung, die digitalen Geschäftsmodelle oder die journalistische Datenverarbeitung. „Eine Verordnung, die Verlage und europäische Unternehmen wirtschaftlich benachteiligt und die redaktionelle Pressefreiheit schwächt, ist das komplette Gegenteil zukunftsfähiger Regulierung", so Scherzer.

„Ohne einen effektiven urheberrechtlichen Schutz ist eine wirtschaftlich tragfähige private Presse im digitalen Zeitalter nicht denkbar. Wenn die EU-Kommission nun das EU-Urheberrecht überarbeitet, muss sie dieser Realität Rechnung tragen. Das geltende EU-Recht schützt Rundfunkunternehmen, Musik- und Filmproduzenten, nicht aber Presseverlage. Das ist angesichts der fortschreitenden Digitalisierung nicht mehr zeitgemäß und muss geändert werden", führte der VDZ-Hauptgeschäftsführer weiter aus.

Dazu zählt auch die überfällige Anpassung des Mehrwertsteuersatzes für digitale Medienangebote der Presse. Die Große Koalition sollte deshalb auf einen einstimmigen Beschluss aller EU-Regierungen zur entsprechenden Änderung des EU-Mehrwertsteuerrechts hinwirken. „Wenn künftig immer mehr Presseprodukte als ePaper oder App in digitaler Form nachgefragt werden, führt das Ungleichgewicht zwischen den mit 19 bzw. sieben Prozent besteuerten Medien zu einer Benachteiligung gerade der innovativen Verlagshäuser", so Scherzer. Die Folgen eines Auseinanderfallens der Mehrwertsteuerumsätze zeigten sich an den „wundersamen Regelungen des BMF", das für kostenlose ePaper-Ergänzungen des Printabonnements nicht nur in Zukunft, sondern auch für die Vergangenheit eine Nachsteuerung mit 19 Prozent verlangt. Die Verlage sollen für digitale Null-Umsätze in zweistelliger Millionenhöhe Umsatzsteuer nachzahlen. Erfreulicherweise haben die Zeitschriftenverleger im Frühjahr 2015 im Bundeswirtschaftsministerium Unterstützung gefunden.

Die Entscheidung der EU-Kommission, wettbewerbsrechtlich gegen Google vorzugehen ist ein gutes Signal für die Medienfreiheit in Europa. Der VDZ hält es für überfällig, dem Quasimonopolisten Google die Bevorzugung eigener Angebote zu untersagen. Die Kommission hat – ausgelöst von der im Jahre 2009 von den Verlegern initiierten Beschwerde – das Marktverhalten von Google in den zurückliegenden Jahren so genau geprüft wie bisher bei kaum einem anderen Fall. So kann es nach dem nun laufenden Präzedenzfall im weiteren Verfahren zu der erforderlichen Anpassung des Geschäftsmodells Beschwerde wegen Missbrauchs einer marktbeherrschenden Stellung von Google kommen. Auf diese Weise macht Europa bei der dringend notwendigen Sicherung von Suchmaschinenneutralität einen großen Schritt voran. Denn derzeit bestimmt Google in weiten Teilen, wie Informationen im Internet genutzt werden und stellt die Ergebnisse nicht neutral dar. Die Entscheidung der Kommission trägt dazu bei, dass freie Verbraucherwahl, fairer Wettbewerb und Pluralität im Internet gewahrt bleiben.

Presse- und Meinungsfreiheit

Ein Schlüsselbegriff des Jahres ist der der Pressefreiheit. Was lange garantiert schien, ist nun auch bis nach Europa hinein unter Druck geraten. Aus diesem Grund engagiert sich der VDZ bereits seit einiger Zeit – seit Anfang 2015 mit einer zusätzlich gestarteten Kampagne – für Pressefreiheit. Die Anzeigenkampagne des VDZ wurde von Verlagen so gut angenommen, dass die beiden Motive Ende Januar / Anfang Februar 2015 die am meisten geschalteten Print-Motive waren.

Weitere Bestandteile der Kampagne waren eine Fahrt für die Pressefreiheit mit rollenden Plakat-Mobilen, mit einer intensiven Positionierung in Zeitungen, Zeitschriften und im TV sowie eine Zusammenarbeit mit BDZV, DJV, dju in ver.di und Reporter ohne Grenzen unter anderem bei der Podiumsdiskussion zur Pressefreiheit am 29. April 2015.

In der Trend-Umfrage fragte der VDZ seine Mitglieder auch danach, ob sich die Bevölkerung des Wertes der Presse- und Meinungsfreiheit für die Gesellschaft und den einzelnen Bürger bewusst ist. 61 Prozent der Verlagshäuser sind der Meinung, dass dieses Bewusstsein weniger ausgeprägt ist. Ein Drittel dagegen schätzt das Bewusstsein für den Wert der Presse- und Meinungsfreiheit als stark ausgeprägt ein. Die Themen Presse- und Meinungsfreiheit standen Anfang Januar nach dem Anschlag auf die französische Satire-Zeitung Charlie Hebdo im Fokus der öffentlichen Debatte. Dass dieser Diskurs einen anhaltenden Effekt in der Bevölkerung haben wird, glauben aber lediglich 22 Prozent der befragten Verlage. 78 Prozent dagegen sind der Meinung, der Austausch über die Presse- und Meinungsfreiheit habe nur kurzfristig das Interesse der Menschen geweckt. Der VDZ wird sich auch 2015 deutlich zu diesem Themenfeld positionieren und zu Wort melden: neben dem Tag der Pressefreiheit auch im Rahmen des Publishers' Summit.[7]

Ads of the Year-Awards 2014

Der Verband Deutscher Zeitschriftenverleger hat zum zweiten Mal die besten Print-Anzeigenmotive mit dem Award „Ads Of The Year" ausgezeichnet. Der in Kooperation mit dem Ad Impact Monitor e.V. (AIM) und dem finnischen Unternehmen UPM ausgerichtete Award basiert auf der größten Werbewirkungsstudie Europas. Dabei wird empirisch ermittelt, an welche Anzeigenmotive sich die Verbraucher am besten erinnern (Recognition), welche Marken sie am besten erkennen (Branding), welche Motive ihnen am besten gefallen (Appeal) und welche Anzeigen die meisten Reaktionen auslösen (Aktivierung). Die Preise wurden den siegreichen Unternehmen im Rahmen des Publishers' Summit in Berlin überreicht.

Die erfolgreichsten drei Motive aus jeder Kategorie hat der VDZ in der Broschüre „Ads of the Year 2014" veröffentlicht. Die jeweils aktuellen Top-Motive aus dem AIM Anzeigentracking sind monatlich unter printwirkt.de zu finden.[8]

Preisträger
Ads of the Year 2014

Die Erdal-Rex GmbH konnte beim Award 2014 drei Podestplätze erobern. Mit einem Anzeigenmotiv zu den Zitronen-Reinigern der Marke „Frosch" landete das Unternehmen aus Mainz in den Bereichen Appeal und Aktivierung auf dem ersten Platz und erreichte zudem in der Kategorie Branding den dritten Rang.

Die Kategorie Recognition entschied die Beiersdorf AG mit einer Gewinnspiel-Anzeige zur Pflegeserie „Nivea Men" für sich und schaffte es mit dem gleichen Motiv bei der Aktivierung auf Platz zwei. In der Wettbewerbskategorie Branding ging die Hugo Boss AG als Sieger aus der empirischen Untersuchung der Werbewirkung hervor.

---

[7] Vgl. VDZ-Pressemeldung „Zeitschriftenverleger setzen 2015 verstärkt auf Diversifikation, Ausbau der Digitalformate und Investition ins Kerngeschäft", 26.3.2015, abrufbar unter www.vdz.de (letzter Zugriff: 1.4.2015).

[8] Vgl. VDZ-Pressemeldung „VDZ zeichnet die besten Print-Anzeigenmotive 2014 mit ‚Ads oft he year'-Awards aus", 6.11.2014, abrufbar unter www.vdz.de (letzter Zugriff: 1.4.2015).

Auf den weiteren zweiten und dritten Plätzen landeten Lifta (Treppenlift), Intel (Ultrabook), SCA Hygiene Products (Zewa), Wortmann Schuh-Holding (Tamaris), LG Electronics (Ultra HDTV) sowie die Bundeszentrale für gesundheitliche Aufklärung (Welt-Aids-Tag).

VDZ-Gütesiegel PrimeSite 2014/15 zeichnet Top-Online-Werbeträger aus

Der VDZ hat erneut Top-Online-Werbeträgern das Gütesiegel PrimeSite verliehen. Von 61 Bewerbungen um das PrimeSite-Siegel 2014/15, tragen 57 Top-Online-Werbeträger das Qualitätssiegel für ein besonders hochwertiges Werbeumfeld. „Die erneut große Resonanz auf das Gütesiegel zeigt, wie wichtig orientierungsstiftende Maßnahmen für mehr Leistungstransparenz im Online-Werbemarkt sind", sagt Alexander von Reibnitz, Geschäftsführer Print und Digitale Medien im VDZ. „Mit 57 ausgezeichneten Werbeträgern liegen wir nahezu auf Vorjahresniveau. In der Periode 13/14 konnten in zwei Messdurchgängen insgesamt 60 Siegel vergeben werden."

Das PrimeSite-Siegel wird zudem ab jetzt in einen größeren Gattungsmarketing-Zusammenhang gestellt. Dazu wurden im Auftrag des VDZ empirische Studien zum Image und Imagetransfer von Online-Werbung durchgeführt und eine Unterteilung der Vielzahl von Sites und Werbeumfeldern im Internet in drei Kernsegmente vorgenommen: Social Media (Sites mit einer Spezialisierung auf den Austausch und die Vernetzung ihrer Nutzer), Functional Media (Sites mit einer Kernkompetenz in den Bereichen Suche, Web-Navigation, Shopping, etc.) und Editorial Media. Letzteres Segment umfasst Sites, die eigene, journalistische Inhalte erstellen (egal ob mit Text, Bildern oder Bewegtbild).

Die Ergebnisse der Studie zeigen, dass Editorial Media Sites in allen 13 erhobenen Image-Bereichen von glaubwürdig über sympathisch bis hin zu kompetent deutlich besser abschneiden als Sites aus den anderen Bereichen. Darüber hinaus sind insbesondere für PrimeSites als Teil der Editorial Sites die Studienergebnisse erfreulich. Denn auf PrimeSites beworbene Produkte werden von den Nutzern als höherpreisiger eingeschätzt. Im Schnitt liegen die Preisschätzungen für die erhobenen Produkte neun Prozent über dem Niveau der erhobenen Non-PrimeSites. Das macht den festgestellten positiven Imagetransfer zu einem geldwerten Vorteil. Das PrimeSite-Siegel macht diesen Vorteil für Werbekunden sichtbar, es zeichnet die Elite der Editorial Media Sites aus.

Um dem Anspruch gerecht zu werden, immer aktuelle und relevante Kriterien im Prüfprozess anzuwenden, hat eine Arbeitsgruppe von Experten die Kriterien auf Basis der Rückmeldungen von Marktteilnehmern aktualisiert. Die in 2014 gültigen Kriterien bilden neben dem Qualitätsniveau des Werbeumfeldes den Vermarktungsservice, das Angebot hochwertiger Werbeprodukte, die Loyalität und das Vertrauen der Nutzer gegenüber der Site und damit der Zielgruppe des Werbekunden ab.

Die nächste Bewerbungsphase für das Qualitätssiegel startet im Juni 2015, die Ausweisung erfolgt Anfang Juli. Die Zertifizierungen gelten jeweils für ein Jahr. Weitere Informationen sowie die Bewerbungsunterlagen sind unter www.vdz.de/primesite zusammengefasst.[9]

| Stand: April 2015

---

9 Vgl. VDZ-Pressemeldung „Gütesiegel PrimeSite: 57 Websites als Top-Online-Werbeträger 2014/15 ausgezeichnet", 7.7.2014, abrufbar unter www.vdz.de (letzter Zugriff: 1.4.2015).

PRESSEFREIHEIT VIELFALT TOLERANZ
PRESSEFREIHEIT
GEDANKENFREIHEIT RELIGIONSFREIHEIT
TOLERANZ PLURALITÄT VIELFALT
RELIGIONSFREIHEIT MEINUNGSFREIHEIT
KUNSTFREIHEIT PRESSEFREIHEIT TOLERANZ
GEDANKENFREIHEIT
VIELFALT RELIGIONSFREIHEIT VIELFALT
MEINUNGSFREIHEIT
RELIGIONSFREIHEIT KUNSTFREIHEIT GEDANKENFREIHEIT
TOLERANZ PLURALITÄT
KUNSTFREIHEIT PRESSEFREIHEIT
PRESSEFREIHEIT
PLURALITÄT MEINUNGSFREIHEIT
RELIGIONSFREIHEIT KUNSTFREIHEIT
PLURALITÄT
TOLERANZ **JE SUIS CHARLIE** TOLERANZ
KUNSTFREIHEIT
GEDANKENFREIHEIT VIELFALT
PLURALITÄT
MEINUNGSFREIHEIT
GEDANKENFREIHEIT PLURALITÄT
RELIGIONSFREIHEIT VIELFALT
MEINUNGSFREIHEIT VIELFALT
KUNSTFREIHEIT GEDANKENFREIHEIT
GEDANKENFREIHEIT
RELIGIONSFREIHEIT TOLERANZ
GEDANKENFREIHEIT PLURALITÄT
VIELFALT KUNSTFREIHEIT
PLURALITÄT PRESSEFREIHEIT

Zeitschriftenverleger gemeinsam für Pressefreiheit.

VDZ Verband Deutscher Zeitschriftenverleger

Radiowerbung

Die Nettowerbeeinnahmen der Radiosender in Deutschland lagen 2014 bei 737,7 Mio. Euro, ein Minus von 1,1 Prozent. Der Audiovermarkter RMS Radio Marketing Service erreichte 409,7 Mio. Euro (-5,2 Prozent), die weiteren privaten Sender 83,9 Mio. Euro (+2,7 Prozent) und ARD-Werbung SALES & SERVICES erzielte 244,1 Mio. Euro an Werbeeinahmen (+5,1 Prozent).

Radiowerbung in Deutschland: Imageverbesserung durch die Kampagne „Radio. Geht ins Ohr. Bleibt im Kopf."

Werbung im Radio…

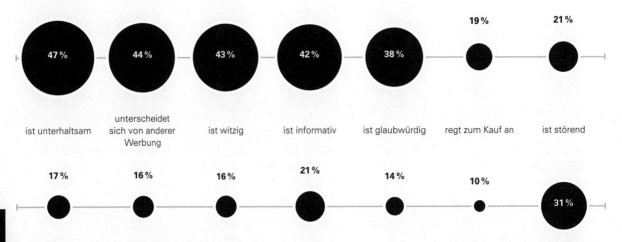

Basis: Gesamt n=817

Quelle: TNS Infratest (Studie im Auftrag der Forschungsmarke Audioeffekt)

12,8 Jahre verbringen Deutsche im Durchschnitt **mit Radio hören.**

Quelle: Radiozentrale GmbH

Radionutzung in Deutschland:
Gerätepräferenzen bei 12- bis 19jährigen Jugendlichen

Gerät	2014	2013
über ein stationäres Radio	75,0 %	73,0 %
über ein Handy/Smartphone	18,0 %	16,0 %
über das Internet am PC	9,0 %	10,0 %
über ein mobiles Radio	9,0 %	5,0 %
über einen MP3-Player	3,0 %	5,0 %
über ein digitales Radiogerät (DAB+)	3,0 %	2,0 %
über einen Fernseher	2,0 %	4,0 %
über einen Tablet-PC	1,0 %	2,0 %
über ein spez. Internet-Radiogerät	1,0 %	1,0 %
über einen Computer (TV-/Radiokarte)	0,0 %	0,0 %

■ 2014 (n = 993)   ■ 2013 (n = 1.043)
Innerhalb der letzten 14 Tage.
Basis: Befragte, die mindestens alle 14 Tage Radio hören

Quelle: JIM 2014, JIM 2013

Radiowerbung in Deutschland 2014:
Top 5 der werbungtreibenden Unternehmen nach Werbeinvestitionen

Media-Saturn-Holding	34,1 Mio. Euro	▼ -21,7 % zu 2013
Toto-Lotto-Gesellschaften	28,8 Mio. Euro	▼ -3,0 % zu 2013
McDonald's	28,2 Mio. Euro	▼ -2,9 % zu 2013
IKEA Deutschland	28,2 Mio. Euro	▲ 14,2 % zu 2013
Lidl Dienstleistung	24,6 Mio. Euro	▲ 1,8 % zu 2013

Quelle: Nielsen bereinigter Werbetrend 2014;
Datenstand: Monatsabschluss Februar 2015

Radiowerbung in Deutschland 2014:
Top 25 Wirtschaftsbereiche nach Werbeinvestitionen

Wirtschaftsbereiche	2014 in Mio. Euro	zu 2013 in %	2013 in Mio. Euro
PKW	156,6	2,8	152,4
Möbel und Einrichtung	156,3	6,5	146,8
Lebensmittel-einzelhandel	107,3	5,5	101,7
Radio-Werbung	75,2	4,2	72,2
Kfz-Markt – Imagewerbung	74,0	29,2	57,3
Kaufhäuser	58,3	-18,1	71,2
Hotels und Gastronomie	53,1	-8,2	57,9
Rubriken-Werbung	51,0	10,1	46,3
Sonstiger Handel	46,7	11,0	42,1
Marketing und Werbung	42,4	13,0	37,5
Bier	37,2	23,3	30,2
Baustoffe und -zubehör	34,3	-28,4	47,8
Bekleidung	30,7	27,6	24,1
Fahrzeugzubehör	27,1	25,4	21,7
Lotterien / Lotto und Toto	26,8	-7,2	28,9
E-Commerce	24,7	-4,3	25,8
Versicherungen	24,4	-8,1	26,6
Alkoholfreie Getränke	22,9	-7,5	24,7
Sonstige Medien / Verlage	22,7	6,1	21,4
Nutzfahrzeuge	21,5	15,4	18,6
Fremdenverkehr	20,8	10,4	18,9
Reise-Gesellschaften	19,8	-19,7	24,7
Mobilnetz	19,2	-11,4	21,7
Zeitungs-Werbung	19,0	-18,7	23,4
Fluglinien und Touristik	18,0	-0,2	18,0
Gesamt	**1.190,0**	**2,4**	**1.161,7**

Quelle: Nielsen bereinigter Werbetrend 2014;
Datenstand: Monatsabschluss Februar 2015

Radiowerbung

Radio ist nach wie vor eines der meistgenutzten Medien in Deutschland laut der Untersuchung ma 2015 Radio I der Arbeitsgemeinschaft Media-Analyse (agma). Der Weiteste Hörerkreis (in den letzten zwei Wochen Radio gehört)[1] liegt aktuell bei 92,7 Prozent (s. ma 2015 Radio I, veröffentlicht am 4. März 2015) und damit minimal niedriger als im Vorjahr (93,5 Prozent). Täglich schalten im Schnitt 78,3 Prozent aller deutschsprachigen Menschen (Tagesreichweite Montag bis Freitag) das Radio ein. Die durchschnittliche Verweildauer liegt bei gut vier Stunden pro Tag (242 Minuten Verweildauer Montag bis Freitag) in der Gesamtbevölkerung. Auch in der Gruppe der jungen Hörer (10 bis 29 Jahre) wird noch täglich drei Stunden Radio gehört (180 Minuten) und die Tagesreichweite liegt bei 70,0 Prozent.

Vor allem Berufstätige hören gerne Radio, denn 82,7 Prozent werden täglich mit Radioprogrammen erreicht. Die durchschnittliche werktägliche Verweildauer beträgt in dieser Gruppe 269 Minuten. Die Tagesreichweite bei Männern ist mit 78,8 Prozent leicht höher als bei Frauen (77,9 Prozent). Auch die durchschnittliche Verweildauer ist mit 256 Minuten pro Tag eine knappe halbe Stunde länger als die der Frauen mit 230 Minuten.[2]

Radionutzung nach Zielgruppen

Unter den täglich 57,562 Millionen Radionutzern in Deutschland hören insgesamt 38,668 Millionen öffentlich-rechtliche und insgesamt 31,983 private Sender. Die werbetragenden Angebote der privaten Radiosender erreichen bundesweit 11,166 Millionen Hörer pro durchschnittlicher Werbestunde

---

[1] Zum weitesten Hörerkreis eines Senders zählen alle Personen, die angeben, diesen Sender innerhalb der letzten 14 Tage (vor dem Zeitpunkt der Befragung) gehört zu haben.

[2] Datenbasis: Radio gesamt, deutschsprachige Personen älter als 10 Jahre, Montag bis Freitag, 5 bis 24 Uhr.

Radionutzung in Deutschland:
Entwicklung der Verweildauer im Alltag 2011 bis 2015

Gruppe	2011	2012	2013	2014	2015
Männer	262	259	262	261	256
Frauen	240	241	231	237	230
14 bis 29	219	222	212	220	199
14 bis 49	256	254	251	254	243
30 bis 59	277	275	272	274	268
50+	259	257	253	256	254
Berufstätige	278	277	273	275	269
Gesamt	**251**	**250**	**247**	**249**	**242**

Angaben in Minuten. Basis: Radio Gesamt, Verweildauer, Mo-Fr, 5-24 Uhr

Quelle: ma 2011 Radio I / ma 2012 Radio I / ma 2013 Radio I / ma 2014 Radio I / ma 2015 Radio I

Radionutzung in Deutschland: Angebotsentwicklung und Tagesreichweiten 1994 bis 2015

	Anzahl erhobener Sender/ Programme	Davon gesamt öffentlich-rechtlich (insbs. ARD)	Tagesreichweite in %		
			Öffentlich-rechtlicher Hörfunk	Privater Hörfunk	Gesamt
MA 1994 Radio	237	56	55,9	36,4	81,2
MA 1995 Radio	245	62	54,8	36,9	80,0
MA 1996 Radio	226	55	53,7	37,2	79,8
MA 1997 Radio	241	55	55,0	39,6	82,5
MA 1998 Radio I	246	58	53,9	40,4	81,6
MA 1998 Radio II	248	60	52,8	40,5	81,6
MA 1999 Radio	246	58	52,5	41,9	82,2
MA 2000 Radio	261	61	49,7	45,6	79,0
MA 2001 Radio I	262	61	50,4	45,6	79,2
MA 2001 Radio II	263	60	50,6	44,7	79,3
ma 2002 Radio I	282	60	50,6	44,7	79,3
ma 2002 Radio II	297	61	51,1	44,9	79,5
ma 2003 Radio I	304	61	51,4	44,2	79,4
ma 2003 Radio II	323	63	51,7	43,4	79,0
ma 2004 Radio I	331	62	51,6	43,3	78,8
ma 2004 Radio II	331	62	52,3	43,4	79,2
ma 2005 Radio I	327	59	52,7	43,8	79,7
ma 2005 Radio II	326	59	52,7	43,4	79,3
ma 2006 Radio I	340	59	51,2	42,8	77,9
ma 2006 Radio II	341	58	50,7	42,3	77,1
ma 2007 Radio I	344	58	50,4	42,3	77,1
ma 2007 Radio II	341	59	50,1	42,9	77,1
ma 2008 Radio I	352	59	50,1	42,5	76,8
ma 2008 Radio II	344	59	48,9	41,4	75,6
ma 2009 Radio I	346	58	50,2	41,1	76,2
ma 2009 Radio II	350	58	50,6	40,9	76,4
ma 2010 Radio I	354	58	50,2	41,7	76,3
ma 2010 Radio II	355	58	51,1	41,6	76,7
ma 2011 Radio I	360	58	51,1	41,8	76,9
ma 2011 Radio II	367	58	51,2	42,8	77,0
ma 2012 Radio I	370	62	50,3	43,7	77,4
ma 2012 Radio II	381	63	50,1	43,7	77,8
ma 2013 Radio I	383	63	50,4	43,3	77,5
ma 2013 Radio II	387	62	51,1	42,6	77,3
ma 2014 Radio I	392	63	52,2	42,0	77,9
ma 2014 Radio II	394	63	52,0	41,7	77,4
ma 2015 Radio I	402	63	50,6	41,3	75,9

Basis: Tagesreichweite, Montag bis Sonntag, Gesamtbevölkerung ab 14 Jahren; ab ma 2008 Radio II; Gesamtbevölkerung ab 10 Jahren; ab ma 2010 Radio I deutschsprachige Bevölkerung ab 10 Jahren. Aufgrund der unterschiedlichen Grundgesamtheiten bei Erhebung und Hochrechnung lassen Reichweiten-Veränderungen keine direkten Rückschlüsse auf Hörergewinne oder -verluste zu.

gegenüber 11,346 Millionen Hörern der werbetragenden ARD-Programme.[3] In der werberelevanten Gruppe der 14- bis 49-Jährigen liegen die privaten Sender vorn: Sie erreichen in dieser Zielgruppe 6,883 Millionen Menschen gegenüber 5,069 Millionen Hörern der ARD-Angebote. Ein ähnliches Bild zeigt sich bei den Jüngeren: In der Gruppe der 14- bis 29-Jährigen behaupten sich die Privaten mit 2,223 Millionen Radionutzern vor den werbetragenden ARD-Sendern mit 1,511 Millionen Hörern. Von den 30- bis 49-Jährigen hören 4,661 Millionen die privaten Radiosender, während 3,558 Millionen Hörer die öffentlich-rechtlichen Programme mit Werbung einschalten.[4]

In der Zielgruppe aller Personen zehn Jahre und älter liegen die der AS&S Radio zugeordneten Sender mit 11,657 Millionen Hörern in der Durchschnittsstunde vor dem Angebot von RMS Radio Marketing Service mit 10,354 Millionen Hörern. Die Angebote von STUDIO GONG erreichen 1,691 Millionen Hörer, während die Programme der ENERGY-Gruppe aktuell (s. ma 2015 Radio I, veröffentlicht am 4. März 2015) 242.000 Menschen hören. Bei den 14- bis 49-Jährigen kann der Privatradiovermarkter RMS laut Media-Analyse 2015 Radio I seine Marktführerschaft behaupten. In dieser werberelevanten Zielgruppe ist die nationale RMS SUPER KOMBI mit bundesweit 6,424 Millionen Hörern in der Durchschnittsstunde das reichweitenstärkste Angebot vor der AS&S Radio Deutschland-Kombi, die aktuell 5,276 Millionen Hörer erreicht.

In der Zielgruppe der 14- bis 29-Jährigen erreichen die RMS-Sender 2,062 Millionen Hörer und liegen somit auch in dieser jungen Zielgruppe vor den Angeboten der AS&S mit 1,613 Millionen Hörern. Dem Vermarkter ENERGY zugeordnete Angebote erreichen 97.000 Hörer zwischen 14 und 29 Jahren und die des Vermarkters STUDIO GONG 334.000 Hörer pro Durchschnittsstunde.[5]

Werbewirkungsforschung

Die Radiovermarkter AS&S Radio und RMS haben mit der 2013 gemeinsam ins Leben gerufenen Gattungsinitiative Audioeffekt ihre individuellen Kompetenzen in der Werbewirkungsforschung unter einem gemeinsamen Dach gebündelt. Seither sind mit den beiden Modulen Sales Effekt und Brand Effekt eine Vielzahl von Kampagnen hinsichtlich ihrer Aktivierungsleistung analysiert worden. Entsprechend umfangreich ist inzwischen die Benchmark-Datenbank.

Audioeffekt erfreut sich mittlerweile großer Akzeptanz im Markt, u.a. weil es als einziges Tool den individuellen Wirkungsnachweis für Kunden auf Kampagnenbasis liefert. Somit können Kunden ihre Kampagne „on-the-fly" optimieren. Und es schafft beim Effektivitätsnachweis eine valide Basis, um den Wirkungsbeitrag von Radio mit Blick auf die individuellen Kampagnenziele auch im intermedialen Vergleich zu bewerten. Um der positiven Resonanz und der großen Marktnachfrage gerecht zu werden, wurde die Anzahl der Analysen für 2015 nochmals erhöht.

---

3 Quelle: ma 2015 Radio I, Basis: Bruttokontaktsumme Durchschnittsstunde 6-18 Uhr, deutschsprachige Personen älter als 10 Jahre, Montag bis Freitag.

4 Quelle: ma 2015 Radio I, Basis: Bruttokontaktsumme Durchschnittsstunde 6-18 Uhr, deutschsprachige Personen älter als 10 Jahre, Montag bis Freitag – vgl. www.reichweiten.de, ma-trend.rms.de (letzter Zugriff: 19.3.2015).

---

5 Ebenda.

Das Modul Sales Effekt stellt die individuelle Aktivierungsleistung von Radio dar und zeigt auf, wie hoch der kurzfristige ROI (Return on Investment) war. So können Werbetreibende sehen, wie viel jeder eingesetzte Werbeeuro erwirtschaftet und wie sich der Käuferanteil durch die Radiokampagne verändert hat.

Das Modul Brand Effekt analysiert den individuellen Einfluss von Radio auf die klassischen Werbewirkungsparameter (z.B. Bekanntheit, Image von Marke oder Produkt) und wie effektiv Radio für sich und im intermedialen Vergleich gearbeitet hat. Die Internetseite lautet: www.audioeffekt.de

Online Audio

Der digitale Wandel setzt sich auch im Audiobereich weiter fort. Mittlerweile hören laut ma 2015 Radio I bereits 30,2 Mio. Deutsche Online-Audio-Angebote. Die größte Durchdringung von Online Audio besteht in der Altersgruppe 20-29 Jahre, bei der bereits 71 Prozent der Personen solche Dienste nutzen.

Für die genaue tägliche Nutzungsdauer gibt es bisher keine belastbaren Daten. Die seit Anfang 2014 veröffentlichte ma IP Audio weist allerdings nach, dass ein durchschnittlicher Online-Audio-Hörvorgang 1:07 Stunden dauert (ma IP Audio 2015 I).

Die reichweitenstärksten Angebote in der ma IP Audio sind die Simulcasts, also die UKW-Programme die parallel im Netz verbreitet werden. Dennoch erzielen auch immer mehr Online-Only-Angebote eine relevante Reichweite. Die Messung von Online-Audio-Reichweiten wird von der Arbeitsgemeinschaft Media Analyse (agma) weiter intensiv vorangetrieben. Ziel ist die Audio-Konvergenzwährung, die bereits Ende 2015 erscheinen soll. Auf Basis dieser ma Audio sind dann UKW und Online Audio für Werbetreibende übergreifend planbar. Damit ist Audio die erste Gattung, der die Zusammenführung des analogen und des digitalen Übertragungsweges in einer Währung gelingt. Bis es soweit ist, arbeiten die Vermarkter RMS (Webradio Ratings) und Audimark (Webradiotest) noch mit eigenen Erhebungen weiter.

Bei der Reichweitenentwicklung von Audio spielt das Smartphone eine immer größere Rolle. Einzelne Webradio-Angebote wie auch die Aggregatoren erzielen bereits heute über 50 Prozent ihrer Reichweite über den mobilen Ausspielweg. Das zeigt sich auch im Straßenbild: Immer mehr Deutsche sind mit Kopfhörern unterwegs, treiben damit Sport oder tragen sie im Büro. Diese Generation Kopfhörer verbindet die aktuellen Megatrends Mobilität und Individualität, u. a. indem sie sich zu jeder Zeit über ihre Kopfhörer mittels Audio-Inhalten unterhalten und informieren lässt. Aufgrund ihres Interesses für Innovationen, ihres hohen Einkommens und ihrer enormen Multiplikatoren-Funktion über soziale Netzwerke ist die Generation Kopfhörer für die Werbewirtschaft eine höchstattraktive Zielgruppe, die optimal über mobile Audio-Angebote angesprochen werden kann.

Doch nicht nur unterwegs, auch in den eigenen vier Wänden haben sich die Ansprüche durch das veränderte Mediennutzungsverhalten massiv gewandelt. Alles ist miteinander verbunden, kommuniziert miteinander (Connected Home): So entwickelt sich z.B. der Abverkauf von WLAN-gestützten Musikanlagen für Zuhause höchst dynamisch.

Diese neue Konnektivität stellt auch an die PKW-Branche neue Anforderungen: Vom Kleinwagen bis zur Luxus-Limousine sind immer mehr Neufahrzeuge mit dem Internet verbunden. Diese

Connected-Car-Technologie ermöglicht auch den Abruf von Audiodiensten, die über das UKW-Angebot hinausgehen.

Unabhängig vom Empfangsgerät sind die Werbeformen im Audiobereich weitgehend standardisiert. Neben reinen Audiospots, die als Pre- oder In-Stream platziert werden können, gibt es bei vielen Angeboten auch die Möglichkeit der zeitgleichen visuellen Unterstützung des Audiospots durch Displaybanner. Dies erhöht nicht nur die Aufmerksamkeit der Nutzer, sondern aktiviert auch zum Klick, der sie auf die Webseite oder die App des werbetreibenden Unternehmens bringt.

All diese Vorteile überzeugen auch den Werbemarkt, so dass die Umsätze im Online-Audio-Bereich weiter dynamisch wachsen. Für 2015 gehen die Experten von einem Zuwachs von etwa 50 Prozent aus (Webradiomonitor 2014). Werbetreibende können dabei auf die bekannten Vermarkter RMS und AS&S Radio oder die Nischenanbieter Audimark oder SpotCom zurückgreifen.

Die Gattungsarbeit der Radiozentrale

Seit 2005 führt die Radiozentrale übergreifende Gattungsaktionen durch. Ihr Ziel: die Profilierung bzw. Stärkung des (Werbe-)Mediums Radio. Auf der Plattform www.radiozentrale.de stellt die Gattungsinitiative daher zahlreiche Tools, Daten, Studien, Senderprofile, Argumente, Präsentationen sowie News rund ums Radio zur Verfügung.

Radio. Geht ins Ohr. Bleibt im Kopf.

Die vielfach ausgezeichnete Kampagne „Radio. Geht ins Ohr. Bleibt im Kopf." hat längst Kultstatus erreicht. Mit ihren Unterfacetten, wie zuletzt die Serie der Mundart-Motive zur Kommunikation der regionalen Aussteuerbarkeit von Radio, begeistert die 2007 gestartete Kampagne gänzlich ohne Wearout-Effekt: Als Vorzeigekampagne ist sie Teil von Agenturpräsentationen beim Werbekunden und wird sogar in Schulbüchern abgedruckt. Inspiriert von den mittlerweile über 80 Spotmotiven, gestaltete ein Künstler auf Eigeninitiative gar ein ganzes Buch mit Illustrationen. Und: Fans schicken unaufgefordert Spottexte und -stories ein – einige davon sind so gut, dass sie 2015 als Hörerspots on air gehen.

Diese hohe Involviertheit trägt Früchte. Der unter dem Dach der Forschungsmarke „Audioeffekt" Ende 2014 durchgeführte Wirkungstest zeigt: Neben der hohen Bekanntheit und Zustimmung für Slogan und Kampagne ist es dank der Imagekampagne gelungen, die Einstellung zu Radiowerbung im Allgemeinen deutlich nach vorne zu bringen. Im Klartext: Die Imagewerte konnten nahezu verdreifacht werden.

Neben dieser erfolgreichen Profilierung des (Werbe-)Mediums (re)präsentiert die Radiozentrale Radio auf zahlreichen Kongressen und Workshops und prämiert zudem national die erfolgreichsten Leistungen in Programm und Werbung. Ob als deutscher Hauptpartner der Radiodays Europe, der größten europäischen Radiokonferenz, oder als gleichberechtigter Partner des Deutschen Radiopreises. Sie verleiht zudem in 2015 erstmals den neuen nationalen Kreativpreis Radio Advertising Award im Rahmen des Radio Advertising Summit.

Radio Advertising Summit und Radio Advertising Award

Nach dem erfolgreichen Auftakt in 2014 gibt der Radio Advertising Summit am 18. Juni 2015 erneut den Top-Entscheidern aus Werbung, Media und

Radiowirtschaft eine Plattform für Dialog und Information. Unter dem Motto „Der Faktor Konvergenz: Massenkommunikation plus One-to-One" diskutieren Branchenexperten die neuen Verbindungen und Potenziale des Mediums in Zeiten der fortschreitenden Digitalisierung und Medienkonvergenz – und das in punkto Mediaeinsatz, Kreation und Touchpoint-Management bzw. Belegbarkeit. Denn: Radio bietet ab Herbst 2015 die erste konvergente Währung für UKW- und Webradio und setzt sich damit an die Spitze der Marktentwicklung.

Abgerundet wird das Kongress-Programm mit der Verleihung des ersten Radio Advertising Awards, dem neuen Kreativpreis der Branche. AS&S Radio und RMS verzichten zugunsten des zentralen Preises für Hörfunkwerbung auf die Fortführung ihrer etablierten Wettbewerbe RADIOSTARS und RAMSES und begleiten stattdessen den neuen Award wie auch den Summit als Sponsoren. Der Radio Advertising Award wird in fünf Kategorien vergeben – inklusive einem Audience Award. Die Preisträger bestimmt eine namhafte Jury unter dem Vorsitz von Ralf Heuel (Partner & Geschäftsführer Kreation, Grabarz & Partner). Der neue Award ist Auftakt einer Kreativitätsoffensive der Gattung Radio unter Federführung der Radiozentrale, um die Bedeutung der Kreation für den Erfolg von Radiokampagnen stärker ins Bewusstsein zu rücken.

| Stand: März 2015

Radionutzung in Deutschland: Tagesreichweiten 2008 bis 2015

	Personen ab 14 Jahren seit 2010: Personen ab 10 Jahren*		Personen 14 bis 49 Jahre	
	Öffentlich-rechtlicher Hörfunk	Privater Hörfunk	Öffentlich-rechtlicher Hörfunk	Privater Hörfunk
ma 2008 Radio II	35.691	30.287	16.156	20.624
ma 2009 Radio I	36.609	29.903	16.548	20.216
ma 2009 Radio II	36.625	29.971	16.117	19.956
ma 2010 Radio I	38.071	32.332	17.249	21.552
ma 2010 Radio II	38.716	32.260	17.454	21.390
ma 2011 Radio I	38.968	32.335	17.724	21.344
ma 2011 Radio II	38.923	32.944	17.936	21.288
ma 2012 Radio I	38.281	33.637	17.403	21.732
ma 2012 Radio II	38.238	33.527	17.154	21.492
ma 2013 Radio I	38.357	33.015	17.334	21.145
ma 2013 Radio II	38.940	32.482	17.314	20.337
ma 2014 Radio I	39.654	32.277	17.776	20.091
ma 2014 Radio II	39.708	32.234	17.706	19.912
ma 2015 Radio I	38.668	31.983	17.465	19.624

Angaben in Mio. Hörer.
Basis: ma 2008 Radio II Update bis ma 2014 Radio I, Tagesreichweite, Montag bis Freitag.
*Aufgrund der unterschiedlichen Grundgesamtheiten bei Erhebung und Hochrechnung lassen Reichweiten-Veränderungen keine direkten Rückschlüsse auf Hörergewinne oder -verluste zu.

Quelle: ma 2008 Radio II bis ma 2015 Radio I

Spielwaren

Nach geringen Zuwächsen im Vorjahr konnte die deutsche Spielwarenindustrie 2014 ihre Umsätze um 5,8 Prozent auf rund 2,8 Mrd. Euro steigern – die deutlichste Zunahme innerhalb der fünf größten europäischen Spielzeugmärkte. Deutschland, Frankreich, Großbritannien, Italien und Spanien sind im Gesamtdurchschnitt um 4 Prozent auf 11,9 Mrd. Euro gewachsen.[1]

Kaufkriterien bei Spielzeug in Europa nach Ländern 2014
Welche Kriterien sind für Sie bei der Auswahl von Spielwaren besonders wichtig?

	Pädagogisch wertvoll	Traditionell	Umweltfreundlich	Innovativ	Trendy
Belgien	45	18	15	10	12
Dänemark	37	21	9	9	25
Deutschland	37	21	9	9	25
Finnland	39	12	18	25	7
Frankreich	70	6	6	10	8
Griechenland	54	22	7	15	2
Italien	64	13	4	12	6
Luxemburg	56	13	7	18	5
Niederlande	47	20	10	9	15
Polen	65	11	4	10	9
Portugal	75	4	8	9	5
Russland	58	10	4	19	9
Schweiz	26	27	11	19	17
Spanien	49	16	6	13	16
Europa insgesamt	**52**	**15**	**8**	**14**	**11**
Südafrika	58	12	15	12	3

Angaben in %; Erhebungszeitraum: Oktober 2014; Region: Europa, Südafrika; Anzahl der Befragten: 17.326; Altersgruppe: 18-65 Jahre

Quelle: Deloitte

Weihnachts- und Ostergeschäft
Anteil am Jahresumsatz

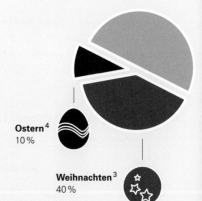

Ostern[4] 10 %

Weihnachten[3] 40 %

Interessante Zahlen[5]

670 Unternehmen der Spielwarenindustrie in Deutschland

ca. **11.000** Beschäftigte in der Spielwarenindustrie in Deutschland

30 %

Anteil „Loom Bands" an der Umsatz-Zunahme in den fünf größten europäischen Spielzeugmärkten in 2014

Megatrend „Loom Bands"
„Loom Bands" sind bunte Gummi-Knüpfbänder zum Basteln von Armreifen, die sich nach den USA „auch in Deutschland zu einem Schulhoftrend" entwickelten.[2]

1 BRANCHENBRIEF INTERNATIONAL – Spielzeugbranche aktuell vom 12.3.2015.
2 BRANCHENBRIEF INTERNATIONAL – Spielzeugbranche aktuell vom 4.12.2014.
3 http://www.dvsi.de/verband/zahlen (letzter Zugriff: 13.4.2015).
4 DVSI Pressemitteilung vom 2.4.2015.
5 http://www.dvsi.de/verband/zahlen (letzter Zugriff: 13.4.2015).

Werbung Spielwaren (Spiele, Spielcomputer, Spielzeug) in Deutschland 2014: Investitionen nach Werbeträgern

Umsätze und Anteile der Werbeträger 2014

- **Fachzeitschriften** | 0,9 Mio. Euro = 0,3 %
- **Kino** | 2,8 Mio. Euro = 0,9 %
- **Online** | 22,6 Mio. Euro = 7,6 %
- **Out of Home** | 2,5 Mio. Euro = 0,8 %
- **Publikumszeitschriften** | 12,9 Mio. Euro = 4,4 %
- **Radio** | 2,2 Mio. Euro = 0,7 %
- **Zeitungen** | 0,7 Mio. Euro = 0,2 %
- **Fernsehen** | 252,7 Mio. Euro = 85,0 %

Gesamt-Bruttowerbemarkt

297,3 Mio. Euro = 100 %

Veränderung zu 2013 (absoluter Wert aus 2013 in Klammern)

- **Zeitungen** | ▲ 1,7 % (0,7 Mio. Euro)
- **Radio** | ▲ 2,6 % (2,1 Mio. Euro)
- **Publikumszeitschriften** | ▼ -5,0 % (13,6 Mio. Euro)
- **Out of Home** | ▼ -53,4 % (5,4 Mio. Euro)
- **Online** | ▼ -36,0 % (35,3 Mio. Euro)
- **Kino** | ▼ -22,6 % (3,6 Mio. Euro)
- **Fernsehen** | ▼ -1,4 % (256,2 Mio. Euro)
- **Fachzeitschriften** | ▼ -7,2 % (1,0 Mio. Euro)

Veränderung zu 2013

▼ **-6,5 %**
(317,8 Mio. Euro)

Quelle: Nielsen bereinigter Werbetrend 2014; Datenstand: Monatsabschluss Februar 2015

Werbung Spielwaren (Spiele, Spielcomputer, Spielzeug) in Deutschland 2014: Top 5 Spielwaren nach Werbeinvestitionen

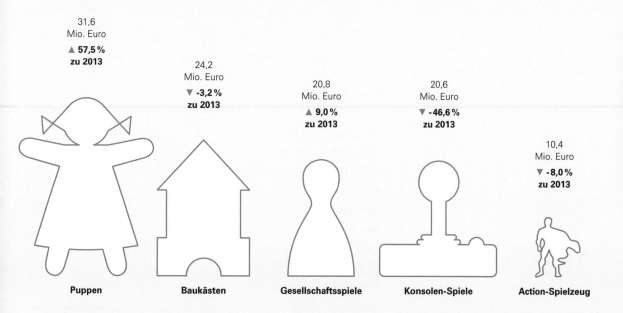

- **Puppen** — 31,6 Mio. Euro | ▲ 57,5 % zu 2013
- **Baukästen** — 24,2 Mio. Euro | ▼ -3,2 % zu 2013
- **Gesellschaftsspiele** — 20,8 Mio. Euro | ▲ 9,0 % zu 2013
- **Konsolen-Spiele** — 20,6 Mio. Euro | ▼ -46,6 % zu 2013
- **Action-Spielzeug** — 10,4 Mio. Euro | ▼ -8,0 % zu 2013

Quelle: Nielsen bereinigter Werbetrend 2014; Datenstand: Monatsabschluss Februar 2015

Spirituosen-Industrie

Der Branchenumsatz in Deutschland wird auf 4,6 Mrd. Euro pro Jahr geschätzt. Rund 90 Prozent des Marktumsatzes der hier ansässigen Spirituosen-Hersteller und -Importeure werden durch den Branchenverband BSI vertreten. Im Mittelpunkt stehen dabei der Grundsatz freier Vermarktung und der verantwortungsvolle Umgang mit alkoholhaltigen Getränken auf Vertriebs- und Verbraucherseite.

Werbung der Spirituosen-Industrie in Deutschland:
Umfrage zu Markenbewusstsein vs. Preisbewusstsein bei Spirituosen 2011 bis 2014
Achten Sie beim Kauf von Spirituosen eher auf die Marke oder eher auf den Preis?

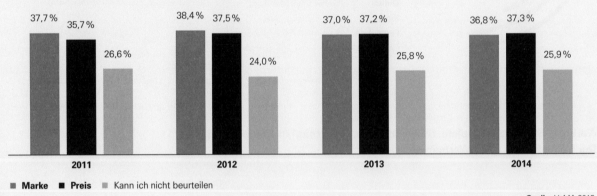

	2011	2012	2013	2014
Marke	37,7 %	38,4 %	37,0 %	36,8 %
Preis	35,7 %	37,5 %	37,2 %	37,3 %
Kann ich nicht beurteilen	26,6 %	24,0 %	25,8 %	25,9 %

Quelle: VuMA 2015

Umfrage zu den beliebtesten Cocktails im Sommer
Welches alkoholische Kaltgetränk trinken Sie an einem heißen Sommertag gerne?

Margarita | 6,0 %
Tequila Sunrise | 7,0 %
Cuba Libre | 9,0 %
Mojito | 9,0 %
Gin Tonic | 10,0 %
Sex on the Beach | 11,0 %
Pina Colada | 12,0 %
Aperol Spritz | 14,0 %
Caipirinha | 15,0 %
Hugo | 21,0 %

Quelle: YouGov, Erhebungszeitraum: 23. bis 25.07.2014

Werbung der Spirituosen-Industrie in Deutschland 2014: Investitionen nach Werbeträgern

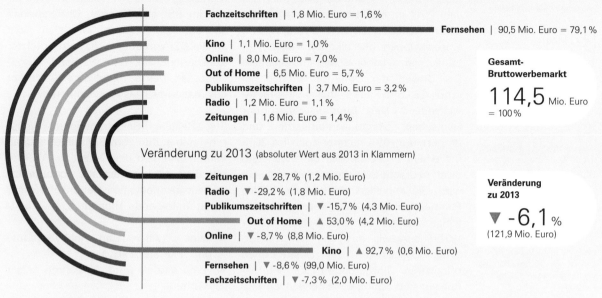

Umsätze und Anteile der Werbeträger 2014

- Fachzeitschriften | 1,8 Mio. Euro = 1,6 %
- Fernsehen | 90,5 Mio. Euro = 79,1 %
- Kino | 1,1 Mio. Euro = 1,0 %
- Online | 8,0 Mio. Euro = 7,0 %
- Out of Home | 6,5 Mio. Euro = 5,7 %
- Publikumszeitschriften | 3,7 Mio. Euro = 3,2 %
- Radio | 1,2 Mio. Euro = 1,1 %
- Zeitungen | 1,6 Mio. Euro = 1,4 %

Gesamt-Bruttowerbemarkt
114,5 Mio. Euro = 100 %

Veränderung zu 2013 (absoluter Wert aus 2013 in Klammern)

- Zeitungen | ▲ 28,7 % (1,2 Mio. Euro)
- Radio | ▼ -29,2 % (1,8 Mio. Euro)
- Publikumszeitschriften | ▼ -15,7 % (4,3 Mio. Euro)
- Out of Home | ▲ 53,0 % (4,2 Mio. Euro)
- Online | ▼ -8,7 % (8,8 Mio. Euro)
- Kino | ▲ 92,7 % (0,6 Mio. Euro)
- Fernsehen | ▼ -8,6 % (99,0 Mio. Euro)
- Fachzeitschriften | ▼ -7,3 % (2,0 Mio. Euro)

Veränderung zu 2013
▼ -6,1 %
(121,9 Mio. Euro)

Quelle: Nielsen bereinigter Werbetrend 2014; Datenstand: Monatsabschluss Februar 2015

Werbung der Spirituosen-Industrie in Deutschland 2014: Top 5 der Süßwaren-Gruppen nach Werbeinvestitionen

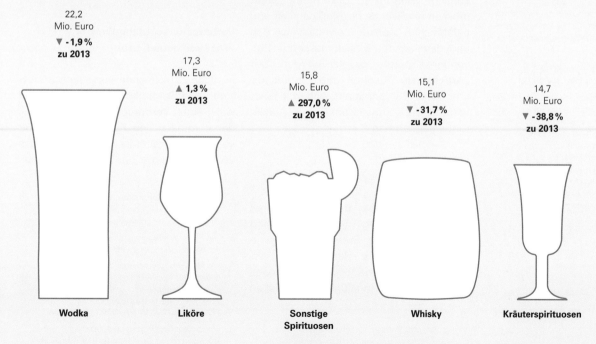

Wodka	Liköre	Sonstige Spirituosen	Whisky	Kräuterspirituosen
22,2 Mio. Euro ▼ -1,9 % zu 2013	17,3 Mio. Euro ▲ 1,3 % zu 2013	15,8 Mio. Euro ▲ 297,0 % zu 2013	15,1 Mio. Euro ▼ -31,7 % zu 2013	14,7 Mio. Euro ▼ -38,8 % zu 2013

Quelle: Nielsen bereinigter Werbetrend 2014; Datenstand: Monatsabschluss Februar 2015

Spirituosen-Industrie

BSI unterstützt Aufklärung und Schulung zum verantwortungsvollen Genuss:

84%

der BSI-Mitglieder nutzen laut einer aktuellen Umfrage eine sogenannte Responsible Drinking Message (RDM) in der kommerziellen Kommunikation. Besonders verbreitet ist der Verbraucherschutzhinweis „Maßvoll genießen!" mit dem hinterlegten Internetauftritt www.massvoll-geniessen.de.

6.150

Teilnehmer beteiligten sich bis Ende 2014 an bundesweit 221 Workshops der Elternpräventionsinitiative „Klartext reden!".

144.000

Nutzer haben sich bei „SchuJu-Web based training" registriert, den „SchuJu"-Test erfolgreich absolviert und ein Zertifikat erlangt. Eine Evaluierung 2013 mit Kontrollvergleich 2014 stellte positive Verhaltensänderungen fest.[8]

2,4 Mio.

Broschüren wurden seit dem Start der Präventionsinitiative „Verantwortung von Anfang an!" bis Ende 2014 an schwangere Frauen verteilt und zusätzlich rund 24.500 Informations-Pakete (mit Plakaten und Broschüren) in gynäkologischen Praxen ausgelegt.

Die Hersteller und Importeure der Spirituosen-Branche konnten sich auch im Jahr 2014 im Markt behaupten – sie gehören weiterhin zu den umsatzstarken Warengruppen der alkoholhaltigen Getränke im Lebensmittel-Einzelhandel. Der Umsatz der Unternehmen lag bei rund 4,6 Mrd. Euro inklusive Branntweinsteuer. Der Bundesverband der Deutschen Spirituosen-Industrie und -Importeure (BSI) rechnet auch für 2015 mit einem Ergebnis, das die mittelständisch geprägte Branche zufrieden stellen wird. Sie appelliert aber an die Politik, Rahmenbedingungen zu setzen, die sich gleichermaßen an den Interessen der Verbraucher als auch an den Umsetzungsmöglichkeiten der Unternehmen orientieren. Forderungen auf internationaler und nationaler Ebene nach Einschränkungen der Verfügbarkeit von alkoholhaltigen Getränken, weiteren Werbeverboten,[1] verpflichtenden Warnhinweisen und Preiserhöhungen sind aus Sicht des BSI keine effektiven Maßnahmen, um missbräuchlichen Alkoholkonsum wirksam zu bekämpfen. Dafür müssen die Gründe für Maßlosigkeit und gefährlichen Konsum ermittelt werden und dagegen tatsächlich passende Präventionskonzepte gesetzt werden. Der „Arbeitskreis Alkohol und Verantwortung" des BSI engagiert sich mit einer Vielzahl von Präventions- und Aufklärungsmaßnahmen.

Verantwortungsbewusstes Marketing

Im Grundsatzpapier des BSI „Alkohol und Verantwortung" (4. Auflage) sind die Standards der Branche für verantwortungsbewusstes Handeln bei Vermarktung und Vertrieb von Spirituosen sowie spirituosenhaltigen Getränken zusammengefasst. Diese gehen über die rechtlichen Vorgaben hinaus und sind für alle im BSI organisierten Unternehmen ausnahmslos bindend. Wer sich nicht an die BSI-Vorgaben hält, wird in letzter Konsequenz aus dem Verband ausgeschlossen, dessen Mitglieder 90 Prozent des Marktumsatzes repräsentieren.[2]

Zur effektiven Selbstregulierung gehören – neben den vom BSI mitgetragenen Verhaltensregeln des Deutschen Werberats über die kommerzielle Kommunikation für alkoholhaltige Getränke[3] – unter anderem folgende Themen:

- keine „All-you-can-drink"-Angebote und „Flatrate"-Partys,
- keine Models unter 25 Jahren in der Werbung,
- keine kinderaffinen Produktnamen und Verpackungen,
- 70/30-Regelung bei der Werbeschaltung,[4]
- Jugendschutzstandard im Online-Handel mit Altersprüfung.[5]

Verbraucherschutzhinweis «Maßvoll genießen!»

Im Jahr 2014 nutzten insgesamt 84 Prozent der BSI-Mitgliedsunternehmen freiwillig einen Verbraucherschutzhinweis in der kommerziellen Kommunikation. Besonders verbreitet ist der Slogan „Massvoll-geniessen.de". In 2014, im sechsten

---

1 Vgl. Abschn. Werbepolitische Entwicklungen in Deutschland und der EU, Kap. Alkoholhaltige Getränke.

2 Das Papier ist abrufbar unter www.massvoll-geniessen.de/_files/cms/files/BSI-Grundsatzpapier.pdf (letzter Zugriff: 22.3.2015).

3 Die Verhaltensregeln sind abrufbar unter www.werberat.de/verhaltensregeln.

4 Die Mitgliedsunternehmen des BSI verpflichten sich danach, kommerzielle Kommunikation nur in solchen Printmedien oder Radio- und Fernsehprogrammen zu schalten, die sich zu mindestens 70 Prozent an Erwachsene über 18 Jahre oder älter richten.

5 Diese Regelung wurde gemeinsam mit dem Bundesverband Onlinehandel e. V. (BVOH) im November 2014 ins Leben gerufen.

Jahr nach Start der Kampagne, nutzten etwa zwei Drittel der BSI-Mitglieder das Logo der Initiative in ihrer Werbung. Durch attraktive Gestaltung, Benutzerfreundlichkeit und aktuelle Themen hatte die gleichnamige Internetseite[6] in 2014 erstmals 200.000 Online-Nutzer, eine Steigerung von 13 Prozent gegenüber dem Vorjahr.

"Arbeitskreis Alkohol und Verantwortung" des BSI

Mit einer Vielzahl von Präventionsinitiativen engagiert sich die Branche für einen verantwortungsvollen Umgang mit alkoholhaltigen Getränken. Alle Mitgliedsunternehmen des BSI unterstützen den „Arbeitskreis Alkohol und Verantwortung", dessen Arbeit von Wissenschaftlern neutral begleitet wird. Mediziner, Psychologen und Pädagogen prüfen und gestalten völlig unabhängig die Inhalte der Initiativen. Kinder- und Jugendschutz sowie die Aufklärung über Gefahren von Alkohol in der Schwangerschaft stehen im Fokus der Projekte:

- Die Elternpräventionsinitiative „Klartext reden!" wurde 2005 in Kooperation mit dem BundesElternRat ins Leben gerufen, um die Alkoholprävention in Familien zu unterstützen – mit Eltern-Workshops, einer Broschüre und einer Internetseite mit Videofilmen.[7]
- Die „Schulungsinitiative Jugendschutz" („Schuju") trainiert und motiviert Beschäftigte in Tankstellen, im Handel und in der Gastronomie für den praktischen Jugendschutz.[8]
- Die Präventionsinitiative für den Verzicht auf alkoholhaltige Getränke in der Schwangerschaft und Stillzeit „Verantwortung von Anfang an!" wurde 2008 mit wissenschaftlicher Unterstützung entwickelt. Die Schirmherrschaft hat die Drogenbeauftragte der Bundesregierung Marlene Mortler übernommen.[9]
- Der BSI gibt seit 2009 die Präventionsbroschüre „Hinsehen, Zuhören, Ansprechen! – Alkohol am Arbeitsplatz – Ein Leitfaden für die kollegiale Hilfe" zusammen mit der Berufsgenossenschaft Nahrungsmittel und Gastgewerbe (BGN) heraus.
- Gemeinsam mit den anderen Spitzenverbänden der Alkoholwirtschaft[10] unterstützt der BSI die Verkehrssicherheitsinitiative „DON'T DRINK AND DRIVE".[11] Die Alkoholbranche bekennt sich damit eindeutig zum Verzicht auf ihre Produkte im Zusammenhang mit dem Führen von Fahrzeugen. Vorrangiges Ziel der Initiative ist die Reduzierung der Alkohol-Unfälle. Daher richten sich Maßnahmen, wie die im Frühjahr 2014 eingeführte „DDAD Academy", besonders an die Risikogruppe der jungen Fahrerinnen und Fahrer zwischen 18 und 24 Jahren. Die „DDAD Academy" besucht jedes Jahr schwerpunktmäßig Berufsschulen, wo KFZ-affine junge Menschen von der Botschaft „Wer fährt, bleibt nüchtern!" überzeugt werden.

| Stand: April 2015

---

6 Vgl. www.massvoll-genießen.de (letzter Zugriff: 22.3.2015).

7 Vgl. www.klartext-reden.de (letzter Zugriff: 22.3.2015).

8 Vgl. www.schu-ju.de (letzter Zugriff: 22.3.2015).

9 Vgl. www.verantwortung-von-anfang-an.de (letzter Zugriff: 22.3.2015).

10 Deutscher Brauer-Bund, Deutsche Weinakademie, Verband Deutscher Sektkellereien, Private Brauereien Deutschland.

11 Die Initiative besteht seit 1993 und ist eine der ältesten fortlaufenden Verkehrssicherheitsinitiativen Deutschlands.

12 Presseinformation des BSI (grüne Serie) Nr. 13/2014 vom 25.11.2014.

Massvoll-geniessen.de

Zur gemeinsamen Empfehlung des BSI und des Bundesverbands Onlinehandel (BVOH) für einen Jugendschutzstandard im Online-Handel mit Spirituosen und spirituosenhaltigen Getränken:

„Dieser Standard geht in die richtige Richtung, denn er setzt auch im Bereich des stets wachsenden Online-Handels das Jugendschutzgesetz sinngemäß um."[12]

Marlene Mortler
Drogenbeauftragte
der Bundesregierung

Sponsoring

Sponsoring bleibt auch im Jahr 2014 eines der vielfältigsten und entwicklungsfähigsten Marketinginstrumente. Neue und innovative Wege sind erforderlich, um insbesondere junge Zielgruppen zu erreichen. Der Kanal Social Media ist dabei nur ein wichtiger Faktor. Gleichzeitig bleiben gerade im Sportsponsoring bewährte Werbeträger wie Banden und Trikots weiter unverzichtbar.

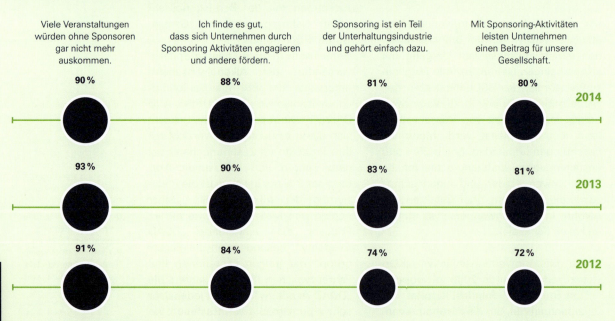

Sponsoring in Deutschland: Wahrnehmung von Sponsoring 2012 bis 2014

	Viele Veranstaltungen würden ohne Sponsoren gar nicht mehr auskommen.	Ich finde es gut, dass sich Unternehmen durch Sponsoring Aktivitäten engagieren und andere fördern.	Sponsoring ist ein Teil der Unterhaltungsindustrie und gehört einfach dazu.	Mit Sponsoring-Aktivitäten leisten Unternehmen einen Beitrag für unsere Gesellschaft.
2014	90 %	88 %	81 %	80 %
2013	93 %	90 %	83 %	81 %
2012	91 %	84 %	74 %	72 %

Basis: Alle Befragten im Hauptteil (n = 5.146): Top 3 auf einer Skala von 1 = stimme voll und ganz zu bis 6 = stimme überhaupt nicht zu.

Quelle: Deutscher Sponsoring-Index 2014

80 %

der Entscheidungsträger im Sponsoring sind der Ansicht, dass Sponsoring im digitalen Zeitalter künftig neue innovative Wege gehen muss, um die junge marketingrelevante Zielgruppe zu erreichen.

Quelle: Sponsor-Trend 2015, Repucom

Sponsoring in Deutschland: Prognose zum Investitionsvolumen 2014

- 0,4 Mrd. Euro Kultur-Sponsoring
- 0,6 Mrd. Euro Public-Sponsoring
- 0,9 Mrd. Euro Medien-Sponsoring
- 3,0 Mrd. Euro Sport-Sponsoring
- 4,8 Mrd. Euro

Quelle: pilot, Sponsor Visions 2012

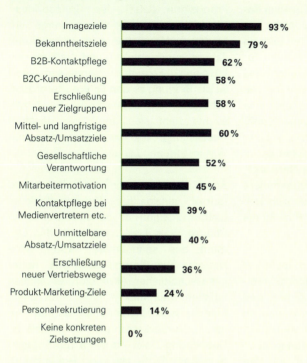

Sponsoring in Deutschland 2014: Ziele von Sponsoring-Maßnahmen

- Imageziele — 93 %
- Bekanntheitsziele — 79 %
- B2B-Kontaktpflege — 62 %
- B2C-Kundenbindung — 58 %
- Erschließung neuer Zielgruppen — 58 %
- Mittel- und langfristige Absatz-/Umsatzziele — 60 %
- Gesellschaftliche Verantwortung — 52 %
- Mitarbeitermotivation — 45 %
- Kontaktpflege bei Medienvertretern etc. — 39 %
- Unmittelbare Absatz-/Umsatzziele — 40 %
- Erschließung neuer Vertriebswege — 36 %
- Produkt-Marketing-Ziele — 24 %
- Personalrekrutierung — 14 %
- Keine konkreten Zielsetzungen — 0 %

Basis: 189 Entscheidungsträger im Sponsoring; Mehrfachnennungen möglich

Quelle: Sponsor-Trend 2015, Repucom

Sponsoring in Deutschland 2014: Vernetzung von Sponsorships im DACH-Raum

- Social Media — 81 %
- Events (B2B & B2C) — 71 %
- Hospitality (B2B) — 67 %
- Promotionsaktionen im Eventumfeld — 62 %
- Print — 60 %
- Neue Vertriebskanäle über den Sponsoringpartner* — 52 %
- TV — 48 %
- Auf allgemeinen Seiten im Internet — 43 %

*z.B. Homepage; Basis: 189 Entscheidungsträger im Sponsoring; Meistgenannte

Quelle: Sponsor-Trend 2015, Repucom

Sport-Sponsoring in Deutschland 2014: Top 5-Sportarten im Sportsponsoring

- Fußball — 77 %
- Handball — 35 %
- Golf — 22 %
- Eishockey — 20 %
- Motorsport ohne Formel 1 — 20 %

Quelle: Sponsor-Trend 2015, Repucom

Sponsoring

Sponsoring-Aktivitäten finden in allen Bereichen der Gesellschaft statt: Nicht nur im Sport, sondern auch in Kultur, Bildung und Wissenschaft. Die Perspektiven für das Sponsoring sind gut; neue technische Entwicklungen ermöglichen viele Innovationen bei dessen Umsetzung und eine zielgruppengenaue Aktivierung. Sponsoring-Maßnahmen werden nach einer Studie im Auftrag von Serviceplan Sponsoring & Live und Sky Media Network4[1] positiv wahrgenommen. Insbesondere das Sportsponsoring entwickelt sich vielversprechend und ist mit 52,1 Prozent die beliebteste Sponsoring-Form.

Sport begeistert die Menschen nicht nur bei Veranstaltungen vor Ort oder Großereignissen wie Weltmeisterschaften und Olympischen Spielen, sondern auch im alltäglichen Leben und im Breitensport. So können Sponsoring-Aktivitäten auch gesellschaftliches Engagement und Verantwortung transportieren.

Für die Refinanzierung des Profi- und insbesondere des Breitensports und der Nachwuchsförderung ist das Sponsoring unabdingbar. Im Fußball helfen Sponsorings den Spielbetrieb in den unteren Ligen aufrechtzuerhalten. Unternehmen können mit solch einem Engagement Imagepflege betreiben und zum Beispiel regionale Zielgruppen erschließen.

Andreas Jung
Präsident der VSA – Vereinigung Sportsponsoring-Anbieter e.V.

---

44 Prozent der Entscheider sehen die Emotionalisierung als Unique Selling Proposition (USP) des Sponsorings.[2] Die Relevanz des Sponsorings im Marketing-Mix hat in den vergangenen Jahren zugenommen und beläuft sich 2014 auf 20 Prozent.[3] Besonders im Sport ist die Bindung zu den Fans außerordentlich hoch. Die Begeisterung für Sportevents zieht sich durch die gesamte Gesellschaft – und das nicht nur bei einer WM im eigenen Land.

Sport ist eine sehr dynamische, geradezu einzigartige Kommunikationsplattform, denn er bietet neben dem Charakter als Live-Event auch das Element des spannenden, fairen Wettkampfs. Die Kombination aus hoher gesellschaftlicher Akzeptanz, attraktiven Inhalten und starken Emotionen bietet Marken bzw. Markenunternehmen optimale Voraussetzungen für klassische Sponsoring-Ziele – sowohl bei Engagements im Profi- als auch Breitensport. Zu den wichtigsten Zielen der Unternehmen gehören Imageverbesserung (93 Prozent), Erhöhung des Bekanntheitsgrads (79 Prozent), Kontaktpflege zu Geschäftskunden (62 Prozent) und Motivation der Mitarbeiter (45 Prozent).[4] Bei Engagements im Breitensport steht die gesellschaftliche Verantwortung im Vordergrund: 73 Prozent der Entscheider geben dies als Sponsoring-Ziel an.[5]

Unternehmen können Sponsoring – das oft als Katalysator fungiert – strategisch in ihre Markenkommunikation integrieren. Die Palette der Nutzungsmöglichkeiten ist vielfältig: So können Sponsoren nicht nur klassisch ihr Logo auf der Bande präsentieren, sondern beispielsweise auch einen Ausrüstervertrag

---

90 %
der Deutschen gehen laut dem Deutschen Sponsoring Index 2014 davon aus, dass viele Veranstaltungen ohne Sponsoring nicht mehr auskommen.

---

[1] Sogenannter Deutscher Sponsoring Index 2014 auf Basis einer Verbraucherbefragung des Marktforschungsinstituts Facit Research.

[2] Studie Sponsor-Trend 2014, Grundlagenstudie von Repucom und der Vereinigung Sportsponsoring-Anbieter (VSA), November 2014.

[3] Deutscher Sponsoring-Index 2014.

[4] Studie Sponsor-Trend 2014, November 2014.

[5] Studie Sponsor-Trend 2014, November 2014.

abschließen, Sachleistungen erbringen oder eine Loge im Stadion kaufen und nach ihrem Corporate Design gestalten. Ein Sponsoring-Engagement ist ein vielseitiges Tool, welches sich ohne Weiteres mit anderen Marketing-Instrumenten kombinieren lässt.

Größter Pluspunkt vieler Sportarten sind die sehr breiten und großen Zielgruppen, die sie ansprechen und begeistern. Es können unabhängig von sozialem Status, Geschlecht und Bildung rund 80 Prozent der Bevölkerung direkt erreicht werden; bei Mega-Events sogar nahezu 100 Prozent. Zudem ermöglicht eine strategische Auswahl von Sportart und -event die unmittelbare Ansprache der Zielgruppe. Das Fernsehen ist mit 35 Prozent immer noch die wichtigste Wahrnehmungsquelle von Sponsorships, gefolgt von Zeitungen (14 Prozent), Internet (13 Prozent) und Plakaten (13 Prozent).[6]

Um die Wirkungspotenziale des Sportsponsorings komplett auszunutzen, spielen der Einsatz im Kommunikationsmix und die Vernetzung eine immer wichtigere Rolle. Vor allem Social Media-Plattformen dienen als Verlängerung der Sponsorships, werden von den Unternehmen bereits intensiv genutzt und sind aus integrierten Sponsoring-Maßnahmen nicht mehr wegzudenken.[7] Die Qualität und Intensität der Übermittlung von Sponsoring-Botschaften sowie die Reichweite insgesamt werden mithilfe der sozialen Medien erhöht.

„Das Sponsoring muss im digitalen Zeitalter neue innovative Wege gehen, um die junge, marketingrelevante Zielgruppe zu erreichen", sagt Inka Müller-Schmäh, Geschäftsführerin der VSA. Youtube, Twitter, Instagram und Facebook sind die sozialen Netzwerke, denen Branchen-Experten künftig mehr Bedeutung zuschreiben. Auch WhatsApp findet sich unter den Top 5 der relevanten Social Media-Kanäle für die Zukunft.[8]

Entscheidend für den Erfolg sind dabei der direkte Kontakt zu den Konsumenten und die glaubwürdige Kommunikation in einem Markt, in dem sich jeder mit jedem austauschen kann. Sport ist ein hervorragender Content-Lieferant – weit über die Ergebnisse des letzten Wettkampfs und seine Protagonisten hinaus. Unternehmen können mit den spannenden Gesichtern sowie Geschichten des Sports ihr eigenes Storytelling entwickeln und die Kundenbindung an ihre Produkte und Dienstleistungen erhöhen. Die Herausforderung liegt in der kreativen und innovativen Ausgestaltung der Kommunikationsstrategien, um alle vorhandenen Distributionskanäle zu nutzen: für den attraktiven Content wie für die Botschaften im Sponsoring-Kontext.

Die technologischen Entwicklungen schreiten mit einer rasanten Geschwindigkeit voran und wirken sich auf alle Wirtschaftsbereiche aus. „Im Sponsoring eröffnet die Digitalisierung neue Möglichkeiten der Aktivierung und Einbindung, die in der veränderten Mediennutzung sowie den interaktiven Möglichkeiten der Markenkommunikation begründet liegen", berichtet Inka Müller-Schmäh von der VSA. Dieser Fortschritt bedingt eine ständige Optimierung und Weiterentwicklung der Darstellungsformen und Vertriebskanäle – sowohl auf Seiten der Sport-Sponsoren als auch der Sport-Verantwortlichen. Die enge Kooperation der vergangenen zwei Dekaden führt dabei zu einer weiteren Professionalisierung des Sponsorings – zum Vorteil aller Beteiligten.

| Stand: April 2015

---

6 Deutscher Sponsoring-Index 2014.
7 Studie Sponsor-Trend 2014, November 2014.
8 Studie Sponsor-Trend 2014, November 2014.

Süßwaren

Der Umsatz der deutschen Süßwarenindustrie betrug im Jahr 2014 rund 12,9 Mrd. Euro. Damit hat sie einen Anteil am Gesamtumsatz der deutschen Ernährungsindustrie von etwa acht Prozent. 50.000 Beschäftigte arbeiten in der Branche und stellen rund 3,9 Mio. Tonnen Produkte her. Die mittelständisch geprägte Branche hat eine Exportquote (inkl. EU) von 49 Prozent.[1]

Süßwaren in Deutschland 2014: Produktion von Süßwaren gesamt (Schätzung für 2014)

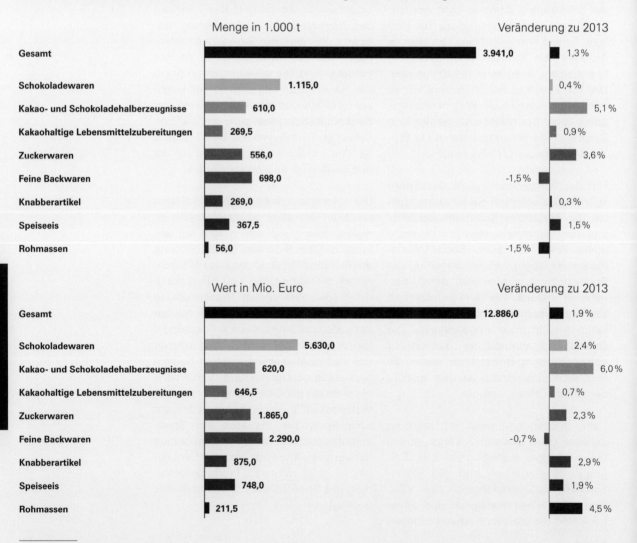

	Menge in 1.000 t	Veränderung zu 2013
Gesamt	3.941,0	1,3 %
Schokoladewaren	1.115,0	0,4 %
Kakao- und Schokoladehalberzeugnisse	610,0	5,1 %
Kakaohaltige Lebensmittelzubereitungen	269,5	0,9 %
Zuckerwaren	556,0	3,6 %
Feine Backwaren	698,0	-1,5 %
Knabberartikel	269,0	0,3 %
Speiseeis	367,5	1,5 %
Rohmassen	56,0	-1,5 %

	Wert in Mio. Euro	Veränderung zu 2013
Gesamt	12.886,0	1,9 %
Schokoladewaren	5.630,0	2,4 %
Kakao- und Schokoladehalberzeugnisse	620,0	6,0 %
Kakaohaltige Lebensmittelzubereitungen	646,5	0,7 %
Zuckerwaren	1.865,0	2,3 %
Feine Backwaren	2.290,0	-0,7 %
Knabberartikel	875,0	2,9 %
Speiseeis	748,0	1,9 %
Rohmassen	211,5	4,5 %

1 Bundesverband der Deutschen Süßwaren-industrie, Pressemitteilung vom 27.1.2015.

Quelle: Bundesverband der Deutschen Süßwarenindustrie e.V.

Werbung für Süßwaren in Deutschland 2014: Investitionen nach Werbeträgern

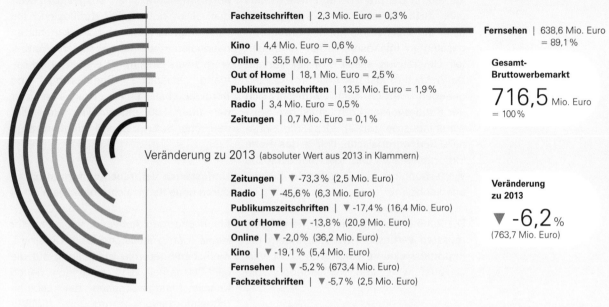

Quelle: Nielsen bereinigter Werbetrend 2014; Datenstand: Monatsabschluss Februar 2015

Werbung für Süßwaren in Deutschland 2014:
Top 5 der Süßwaren-Gruppen nach Werbeinvestitionen

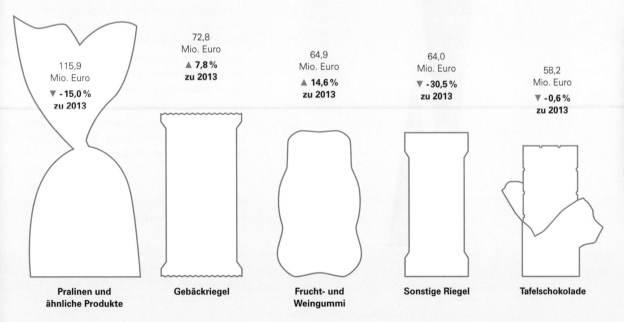

Quelle: Nielsen bereinigter Werbetrend 2014; Datenstand: Monatsabschluss Februar 2015

Süßwaren

Die deutsche Süßwarenindustrie blickt auf ein für die Branche durchwachsenes Jahr 2014 zurück. Das Exportgeschäft blieb der Wachstumsmotor, während im gesättigten Inlandsmarkt nur ein leichtes Umsatzplus erzielt werden konnte. Da Wachstum fast nur noch im Ausland generiert werden kann, wünscht sich der Bundesverband der Deutschen Süßwarenindustrie (BDSI), dass die nationale und europäische Politik das hohe Exportpotenzial und die beträchtliche Wertschöpfung der Branche in Europa anerkennt.

Die Rahmenbedingungen für den Export müssten verbessert werden, indem die Exportabwicklung vereinfacht und verschlankt wird und insbesondere die Ursprungsregelungen in den Präferenzabkommen praxisnah ausgestaltet werden. Die hohen Rohstoffkosten, ein zunehmender Konkurrenzdruck im harten nationalen und internationalen Wettbewerb sowie eine immer weiter fortschreitende staatliche Regulierung und Bürokratie belasten die Ertragslage vieler der über 200 industriellen Hersteller deutscher Süßwaren und Knabberartikel.

Umfassende Verbraucherinformation durch neue Kennzeichnungsregeln

Einen enormen Aufwand, vor allem für kleine und mittelständische Unternehmen, bedeutete die Umstellung auf die seit Dezember 2014 geltenden neuen Kennzeichnungsvorgaben der Lebensmittelinformations-Verordnung (LMIV).[1] Die Süßwarenbranche hat mit hohem finanziellen Aufwand von geschätzt 100 Mio. Euro, aber auch mit großen bürokratischen Anforderungen die Umstellung aller Verpackungen auf die neuen Vorgaben bewältigen müssen. Aus Sicht des BDSI ist zu begrüßen, dass die Verbraucher durch die zahlreichen Informationen nun noch mehr als schon zuvor in die Lage versetzt werden, eigenverantwortlich ihre Kaufentscheidungen zu treffen. In absehbarer Zeit dürfe es nun aber keine Änderungen bei der Verpackungs-Kennzeichnung mehr geben, weil dies die Unternehmen überfordern würde und das gesamte neue Verpackungsmaterial entsorgt werden müsste.

Ernährungsbildung und -kompetenz hat Schlüsselfunktion

Eine wesentliche Aufgabe für die Lebensmittelwirtschaft und auch für den Staat besteht aus Sicht des BDSI darin, die Verbraucher aufzuklären, zu informieren

Einfuhr und Ausfuhr von Süßwaren 2014

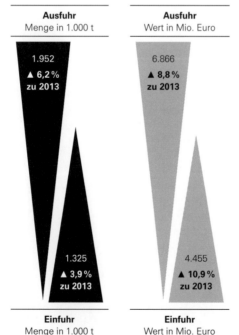

Schätzung für 2014

Quelle: Bundesverband der Deutschen Süßwarenindustrie e.V.

---

1 Vgl. Kap. Lebensmittelwirtschaft.

und ihre Kompetenzen auf dem Feld der Ernährung zu stärken. Das gilt für viele Erwachsene, aber insbesondere für Kinder und Jugendliche. Insofern begrüßt der BDSI mit Blick auf die Entschließung des Deutschen Bundestags „Gesunde Ernährung stärken – Lebensmittel wertschätzen" das Engagement, die Ernährungsbildung zu fördern.[2]

Die Süßwarenindustrie stellt dem Verbraucher eine Fülle unterschiedlicher Informationsquellen (zu den Eigenschaften ihrer Produkte) zur Verfügung. Dazu gehören u.a. die Produktverpackungen, firmeneigene Informationsbroschüren, Internetauftritte und Hotlines von Unternehmen, Apps, aber auch die Werbung. Insgesamt waren die Informationsmöglichkeiten für den Verbraucher noch nie so groß wie heute.

Effektiver Verbraucherschutz setzt neben der Bereitstellung von Informationen aber auch Verbraucheraufklärung und -bildung voraus. Vielen Menschen ist die Ernährungs- und Kochkompetenz als Grundlage für selbstverantwortliches Handeln abhandengekommen. Diese Fehlentwicklung lässt sich aber nicht mit einem Übermaß an Kennzeichnungsauflagen, Werbeverboten, Maßnahmen der Marktsteuerung oder ähnlichen staatlichen Eingriffen ersetzen.

Die Diskussion um die „Quengelkasse"

Im Beschluss „Gesunde Ernährung stärken – Lebensmittel wertschätzen" wird u.a. vorgeschlagen, auf Süßwaren im Kassenbereich zu verzichten. Diesen Ansatz hält der BDSI für ungeeignet, um einen effektiven Beitrag zur gesamtgesellschaftlichen Herausforderung des Übergewichts zu leisten.[3] Es müsse dem Handel überlassen bleiben, wie er seine Kassenzone gestaltet. Durch einen Süßwarenverzicht im Kassenbereich werde niemand schlanker. Als Kompromiss ist aus Sicht des BDSI allenfalls die Einrichtung einzelner Familienkassen denkbar, um „Quengelsituationen" zu entschärfen.

Eindimensionale Lösungsansätze laufen ins Leere

An der Entstehung von Übergewicht – so belegt es die Wissenschaft – sind viele Faktoren beteiligt. Die Prävention und Verminderung von Übergewicht muss daher als eine gesamtgesellschaftliche Aufgabe begriffen werden, die die Vielzahl von Ursachen und deren Vernetzung bei den Lösungsansätzen berücksichtigt. Der BDSI wehrt sich deshalb gegen eindimensionale Schuldzuweisungen an einzelne Lebensmittelgruppen. Sie sind als Lösungsansätze nicht geeignet und führen in eine Sackgasse.

Auch die Nationale Verzehrstudie II der Bundesregierung bestätigt, dass Süßwaren als Energiequelle eine untergeordnete Rolle spielen: Über klassische Süßigkeiten wie Schokoladen- und Zuckerwaren nehmen Frauen durchschnittlich nur vier Prozent und Männer nur gut drei Prozent ihrer Energie auf.

| Stand: April 2015

---

2 BT-Drs. 18/3726 vom 13.1.2015; vgl. Abschn. Werbepolitische Entwicklungen in Deutschland in Deutschland und in der EU, Kap. Lebensmittel.

3 In dem Beschluss wird die Bundesregierung aufgefordert, „gemeinsam mit der Lebensmittelwirtschaft und dem Lebensmittelhandel darauf hinzuwirken, dass quengelfreie (von Süßigkeiten freie) Kassen in Supermärkten angeboten werden".

Systemgastronomie

Die Mitgliedsmarken des Bundesverbands der Systemgastronomie (BdS) erwirtschafteten 2014 zusammen einen Nettoumsatz von rund 5 Mrd. Euro an 3.245 Standorten und mit über 110.000 Mitarbeitern. Im gleichen Jahr wurden mehr als 2.500 junge Menschen in den Berufen Fachmann/-frau für Systemgastronomie und Fachkraft für Gastgewerbe ausgebildet.[1]

Systemgastronomie in Deutschland: Nettoumsatz der BdS-Mitgliedsmarken 2008 bis 2014

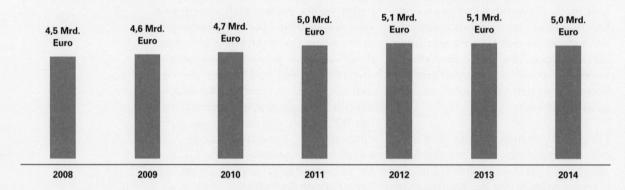

2008	2009	2010	2011	2012	2013	2014
4,5 Mrd. Euro	4,6 Mrd. Euro	4,7 Mrd. Euro	5,0 Mrd. Euro	5,1 Mrd. Euro	5,1 Mrd. Euro	5,0 Mrd. Euro

Quelle: Bundesverband der Systemgastronomie e. V. (BdS)

Systemgastronomie in Deutschland: Top 5 der Systemgastronomie in Deutschland – Nettoumsatz

Konzept/Marke/System	Unternehmen	Nettoumsatz in Mio. Euro		
		2014	2013	2012
Mc Donald's, McCafé	Mc Donald's Deutschland Inc.	3.000*	3.100*	3.200*
Burger King	Burger King GmbH	800*	870*	820*
LSG	LSG Sky Chefs Deutschland GmbH	790*	745*	730*
Nordsee	Nordsee Fisch-Spezialitäten GmbH	298	292	291
Kentucky Fried Chicken, Pizza Hut	Yum! Restaurants International Ltd. & Co. KG	248	233,5	199
Gesamt		**5.136**	**5.241**	**5.240**

*Schätzwert

Quelle: Bundesverband der Systemgastronomie e. V. (BdS)

1 Quelle: Bundesverband der Systemgastronomie (BdS), Jahresbericht Systemgastronomie 2014/2015, S. 78.

Systemgastronomie in Deutschland:
BdS-Mitgliedsmarken 2014

	Konzept/Marke/System	Unternehmen	Nettoumsatz in Mio. Euro	Zahl der Betriebe	Mitarbeiter	Auszubildende
1	McDonald's, McCafé	McDonald's Deutschland Inc.	3.000,0*	1.477	60.000*	1.500*
2	Burger King	Burger King Beteiligungs GmbH	800,0*	688	25.000*	550*
3	Nordsee	Nordsee Fisch-Spezialitäten GmbH	298,0	332	5.300	79
4	Kentucky Fried Chicken	Yum! Restaurants International Ltd. & Co. KG	188,0	115	4.000	77
5	Vapiano	Vapiano SE	175,1	62	4.200	49
6	Joey's	Joey's Pizza Service (Deutschland) GmbH	135,0	208	5.000	128
7	Starbucks	Starbucks Coffee Deutschland GmbH	130,0*	159	1.900	0
8	Autogrill	Autogrill Deutschland GmbH	80,0*	54	1.300	0
9	Allresto	Allresto Flughafen München Hotel und Gaststätten GmbH	60,1	41	670	6
10	Pizza Hut	Yum! Restaurants International Ltd. & Co. KG	60,0	57	2.500	25
11	Maxi Autohöfe	KMS Autohof-Betriebsgesellschaft GmbH	23,5	11	800	17
12	coa	coa holding GmbH	13,2	10	215	8
13	Kruschina	Kruschina Betriebsverpflegungen GmbH	6,5	4	200	0
14	Purino	Purino Vita Mönchengladbach GmbH	6,2	5	222	8
15	Meatery	Meatery GmbH	4,8	2	89	0
16	Ginyuu	Ginyuu GmbH	2,5	2	120	10
17	The Grill**	The Grill – KSH Systemgastronomie GmbH	1,8	1	58	0
18	Burgerlich**	Burgerlich GmbH	1,4	2	70	0
19	Rewe	Rewe Gastro GmbH	k.A.**	10	110	0
20	Yaz**	Yaz GmbH & Co. KG	k.A.**	3	30	0
21	La Place**	La Place GmbH	k.A.**	2	94	0
	Gesamt		**4.986,1**	**3.245**	**111.878**	**2.457**

*Schätzwert
**Start der Konzepte erst im laufenden Jahr 2014

Quelle: Bundesverband der Systemgastronomie e. V. (BdS)

Systemgastronomie

Im Bundesverband der Systemgastronomie e.V. (BdS) sind mehr als 750 Mitglieder aus 22 Marken zusammengeschlossen. Der BdS ist neben der Ausrichtung als sozialpolitischer Spitzenverband gleichzeitig der Ansprechpartner für alle wirtschaftspolitischen Themen der Branche. Ziel des Verbandes ist es, sich gemeinsam mit den Mitgliedern für den Erhalt und den Ausbau optimaler, wirtschaftlicher Rahmenbedingungen einzusetzen. Als direkter Ansprechpartner für die politischen Entscheidungsträger diskutiert der BdS mit Politik, Medien und relevanten Entscheidungsträgern. Dabei werden insbesondere die Auswirkungen von geplanten Vorhaben und mögliche Alternativen aufgezeigt. Der BdS unterstützt mit seiner Mitgliedschaft im ZAW die Anliegen der gesamten Werbebranche und auch die Werbeselbstkontrolleinrichtung Deutscher Werberat.[1]

Verlässlichkeit und Qualität sind der Maßstab für eine auch in Zukunft erfolgreiche Systemgastronomie. Das Bekenntnis zum BdS-Wertesystem – niedergelegt in der Charta der Systemgastronomie – bleibt ein tragender Pfeiler der Verbandsarbeit.

Wolfgang Goebel
Präsident des BdS.

Systemgastronomie und Werberegulierung

Der BdS wehrt sich dagegen, dass die staatliche Bevormundung auch vor sehr persönlichen Angelegenheiten, wie z.B. individuellen Essgewohnheiten nicht haltmacht. Ernährungsthemen sind emotionale Themen für die Verbraucher und oft fast noch mehr für manche Medien. Deren Skandalisierungsversuche verunsichern immer wieder die Verbraucher und schüren bei der Politik den Wunsch nach schnellen Reaktionen. Eingriffe in das Marketing der Systemgastronomie sind in diesem Zusammenhang besonders beliebte Forderungen, gerade auch bei Produktangeboten für Kinder. Doch kommerzielle Kommunikation spielt eine legitime Rolle in einem freien, fairen und lauteren Wettbewerb. Sie verbindet werbende Unternehmen und ihre Kunden und hilft, geordnete Märkte zu schaffen und zu erhalten.[2]

Novellierung des UWG

Im September 2014 hat das Bundesministerium der Justiz und für Verbraucherschutz (BMJV) einen Entwurf für eine erneute Überarbeitung des Gesetzes gegen den unlauteren Wettbewerb (UWG) vorgelegt, der derzeit beraten wird. Der BdS sieht in dieser Novelle die Chance, praxisuntaugliche Regelungen für die Systemgastronomie zu beseitigen und damit für mehr Rechtssicherheit zu sorgen. Aus diesem Grund hat der Verband sich intensiv in das Verfahren eingebracht, um Wettbewerbsnachteile für franchisebetriebene Unternehmen der Systemgastronomie abzuschaffen. Insbesondere muss eine Lösung für die rechtlichen Divergenzen zwischen Wettbewerbsrecht und Kartellrecht gefunden sowie das Kriterium der „Beschränktheit des Kommunikationsmittels" konkreter formuliert werden.[3]

---

1 Vgl. Abschnitt Selbstregulierung der Werbewirtschaft, Kap. Deutscher Werberat.

2 Vgl. ausführlich auch Kap. Lebensmittelwirtschaft und Abschn. Werbepolitische Entwicklungen in Deutschland und der EU, Kap. Lebensmittel.

3 Zur UWG-Novelle vgl. ausführlich Abschn. Werbepolitische Entwicklungen in Deutschland und der EU, Kap. Wettbewerbsrecht.

Keine Smiley-Listen für Lebensmittelbetriebe

Im Eilverfahren stellte das Oberverwaltungsgericht (OVG) Berlin am 28. Mai 2014 fest, dass eine Bewertung von Lebensmittelbetrieben im Internet über sogenannte Smiley-Listen mangels Rechtsgrundlage rechtswidrig ist.[4] Die Listen sollen das Ergebnis von Kontrollen wiedergeben, indem die Verwaltung die festgestellten Mängel als „Minuspunkte" aufführt und zu einer Benotung der Hygiene in dem betreffenden Betrieb zusammenfasst. Dem Internetportal „Das Smiley Projekt im Bezirk Pankow" wurde untersagt, das Ergebnis seiner amtlichen Kontrollen im Bezirk Pankow (Land Berlin) zu veröffentlichen, so der Beschluss. Wie zuvor schon das Verwaltungsgericht, sah auch der Beschwerdesenat des OVG Berlin in den Vorschriften des Verbraucherinformationsgesetzes keine taugliche Rechtsgrundlage für die beabsichtigte Veröffentlichung von Hygieneverstößen in Form der Vergabe von Minuspunkten, Noten, Farben und Smiley-Symbolen.

Das Urteil ist aus Sicht des BdS zu begrüßen, da eine Bewertung von Lebensmittelbetrieben einzig durch die Darstellung über drei Farben für den Verbraucher nur schwer nachvollziehbar ist und die tatsächlichen Verhältnisse im Betrieb bei einer Momentaufnahme verfälscht darstellen kann. Die zahlreichen unterschiedlichen und nicht transparent kommunizierten Bewertungsmaßstäbe auf Landesebene stellen das Bewertungsergebnis für den Verbraucher zudem nicht vergleichbar dar und sind vielfach intransparent.

Umsatzsteuer

Neben sachgerechten Regelungen setzt sich der BdS auch für einen praxisorientierten Vollzug durch die Finanzverwaltung ein. Im Sinne eines einheitlichen Vollzuges konnte erfolgreich durchgesetzt werden, dass bundeseinheitliche Maßstäbe bei Betriebsprüfungen für die umsatzsteuerlichen Bewertung von Außer-Haus-Menüs festgelegt wurden (BMF-Schreiben vom 28. November 2013). Diese neuen Maßstäbe traten am 1. Juli 2014 endgültig in Kraft und bedeuten für die Unternehmen der Systemgastronomie die erforderliche Rechtssicherheit bei der Besteuerung von Außer-Haus-Menüs.

---

4 Vgl. Pressemeldung des OVG Berlin vom 28.5.2014.

| Stand: April 2015

Systemgastronomie in Deutschland: Zahl der Betriebe 2012 bis 2014 der Top 5 Konzepte/Marken/Systeme

Konzept/Marke/System	Unternehmen	Zahl der Betriebe 2014	2013	2012
Mc Donald's, McCafé	Mc Donald's Deutschland Inc.	1.477	1.468	1.440
Burger King	Burger King GmbH	688	685	684
LSG	LSG Sky Chefs Deutschland GmbH	13	15	19
Nordsee	Nordsee Fisch-Spezialitäten GmbH	332	334	336
Kentucky Fried Chicken, Pizza Hut	Yum! Restaurants International Ltd. & Co. KG	172	163	157
Gesamt		**2.682**	**2.665**	**2.636**

Quelle: Bundesverband der Systemgastronomie e. V. (BdS)

Tabakprodukte

Der DZV Deutscher Zigarettenverband und der VdR Verband der deutschen Rauchtabakindustrie vertreten die Interessen ihrer Mitgliedsunternehmen und der rund 20 Millionen Konsumenten von Tabakprodukten in Deutschland. Dazu gehört auch die Förderung eines respektvollen Miteinanders von Rauchern und Nichtrauchern, das von gegenseitiger Rücksichtnahme und Toleranz getragen wird.

Tabakprodukte: Raucherquote in fünf EU-Mitgliedstaaten mit Außenwerbeverbot für Tabakprodukte
Raucherprävalenz in Prozent, in Klammern: Angabe zum Inkrafttreten des Werbeverbots

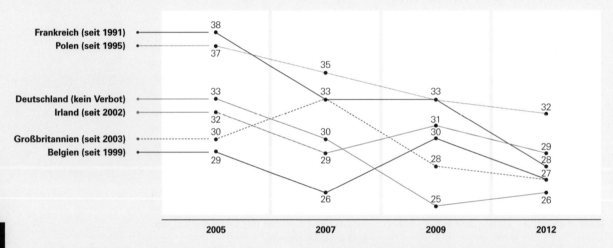

Quelle: EU-Kommission: Eurobarometer-Umfragen, DZV-Zusammenstellung

Tabakprodukte in Deutschland 2014: Netto-Bezug von Steuerzeichen für Tabakerzeugnisse

Tabakerzeugnis	Versteuerte Kleinverkaufswerte in Mio. Euro	Veränderung zu 2013	Versteuerte Mengen	Veränderung zu 2013
Zigaretten	20.461,6	1,6 %	79,5 Milliarden Stück	-0,9 %
Zigarren und Zigarillos	773,3	8,3 %	3,9 Milliarden Stück	8,4 %
Feinschnitt	3.515,6	4,9 %	25.700 Tonnen	-0,1 %
Pfeifentabak	131,3	8,8 %	1.359 Tonnen	13,2 %
Insgesamt	**24.881,7**	**2,3 %**	**-**	**-**
darunter: Steuerwerte	14.342,2	1,6 %	-	-

Quelle: Statistisches Bundesamt

Tabakprodukte in Deutschland: Zusammenstellung der jährlichen Tabakwerbeausgaben 2005 bis 2012

	2005 in Tsd. Euro	2006 in Tsd. Euro	2007 in Tsd. Euro	2008 in Tsd. Euro	2009 in Tsd. Euro	2010 in Tsd. Euro	2011 in Tsd. Euro	2012 in Tsd. Euro
Direkte Werbung	93.647	34.281	53.089	86.296	81.345	69.214	70.270	80.225
Werbung in Printmedien	21.661	8.612	436	504	1.536	719	345	235
Außenwerbung	51.995	20.020	49.190	78.010	70.983	66.798	68.133	75.986
Werbung im Kino	9.694	2.150	2.065	1.512	2	1.216	1.785	3.950
Werbung im Internet	2.891	2.756	295	188	277	1	7	4
Sonstige Werbung	4.980	712	1.103	6.005	8.494	480	0	50
Keine Zuordnung	2.426	31	0	77	53	0	0	0
Promotion	85.996	41.930	72.646	102.792	137.495	127.105	122.887	135.397
Sponsorship	2.686	3.689	3.207	3.681	3.422	2.770	4.517	5.139
Gesamte Werbeausgaben	**182.329**	**79.900**	**128.942**	**192.769**	**222.262**	**199.089**	**200.883**	**220.761**

Quelle: Drogen- und Suchtbericht 2014

Tabakprodukte: Fristenproblematik der neuen Tabakproduktrichtlinie

Quelle: DZV

Tabakprodukte

Im Jahr 2014 wurden laut Statistischem Bundesamt Tabakwaren mit einem Handelsverkaufswert von 24,9 Mrd. Euro versteuert.[1] Dies stellt ein Plus von 550 Mio. Euro (2,3 Prozent) gegenüber dem Vorjahr dar.

Die Tabaksteuereinnahmen von 14,1 Mrd. Euro in 2013 wurden im Berichtsjahr um 0,9 Prozent auf 14,2 Mrd. Euro gesteigert, überwiegend durch Steuererhöhung.[2] Mit 12,2 Mrd. Euro trägt der Absatz von Zigaretten am stärksten zu den Tabaksteuereinnahmen bei, gefolgt von Steuereinnahmen aus dem Verkauf von Feinschnitttabaken mit über 1,8 Mrd. Euro.[3]

Nach Daten des Statistischen Bundesamts wurden in 2014 79,5 Mrd. Zigaretten in Deutschland versteuert; ein Rückgang von 0,9 Prozent. Demgegenüber ging die Menge des versteuerten Feinschnitts gegenüber dem Vorjahr trotz steuerbedingt gestiegener Preise nur leicht um 0,1 Prozent auf rund 25.700 Tonnen (2013: 25.734 Tonnen) zurück. Dagegen stieg in 2014 der Absatz der nicht von der jährlichen Steuererhöhung betroffenen Produkte Zigarren, Zigarillos (+8,4 Prozent) und Pfeifentabak (+13,2 Prozent)[4] an.

Zügige Rechtssicherheit angemahnt

Die im April 2014 verabschiedete neue Tabakproduktrichtlinie enthält zahlreiche Regelungen, die massiv in die Rechte von Unternehmen zur Vermarktung eines legalen Produktes eingreifen. Hierzu zählen neben großen Bild- und Textwarnhinweisen Beschränkungen der Möglichkeiten der Produktbeschreibung sowie weitere restriktive Vorgaben zur Aufmachung der Verpackung und zu dessen Inhalt.[5] Diese Reglementierungen machen aufwändige Produktionsumstellungen erforderlich, mit denen die Hersteller von Tabakprodukten trotz der Unverhältnismäßigkeit unverzüglich beginnen wollen. Die Zeit drängt, denn für die Produktionsumstellung benötigen die Zigarettenhersteller eine Vorlaufzeit von mindestens einem Jahr, bei den Herstellern von Feinschnitt sind es sogar bis zu 18 Monate. Mangels angemessener Übergangsvorschriften in der EU-Richtlinie müssen diese Arbeiten jedoch schon bis Mai 2016 beendet sein; der gleiche Zeitpunkt, zu dem die EU-Vorgaben in nationales Recht umgesetzt sein müssen.

---

1 Vgl. Pressemeldung des Statistischen Bundesamts vom 19.1.2015, abrufbar unter www.destatis.de/DE/PresseService/Presse/Pressemitteilungen/2015/01/PD15_021_799.html (letzter Zugriff: 24.3.2015).

2 Mit dem Fünften Gesetz zur Änderung von Verbrauchssteuergesetzen vom 21.12.2010 (BGBl. I S. 2221) wurde eine fünfstufige Tabaksteuererhöhung bis einschließlich 2015 beschlossen.

3 Vgl. „Absatz von Tabakwaren – Fachserie 14 Reihe 9.1.1 – 2014", Statistisches Bundesamt, erschienen 19.1.2015, abrufbar unter www.destatis.de/DE/Publikationen/Thematisch/FinanzenSteuern/Steuern/Verbrauchsteuer/AbsatzTabakJ.html (letzter Zugriff: 24.3.2015).

4 Nach Angaben des VdR (Verband der deutschen Rauchtabakindustrie e.V.) handelt es sich hierbei ausschließlich um ein Wachstum bei Wasserpfeifentabak. Klassische Pfeifentabake seien – wie in den Jahren zuvor – auch in 2014 rückläufig gewesen. Vgl. Pressemeldung „Stabiler Feinschnittmarkt in 2014" des VdR vom 20.1.2015, abrufbar unter www.verband-rauchtabak.de/wp-content/uploads/2015/01/vdr-pr-januar-2015.pdf (letzter Zugriff: 24.3.2015).

5 Vgl. Abschn. Werbepolitische Entwicklungen in Deutschland und der EU, Kap. Tabakprodukte.

Solange die EU-Kommission jedoch nicht die hierfür notwendigen Durchführungsrechtsakte zur Richtlinie mit den technischen Spezifikationen[6] erlässt, kann der nationale Gesetzgeber keine sinnvolle Umsetzung der EU-Regelung in nationale Bestimmungen vornehmen. Die Bundesregierung ist darum den erforderlichen Gesetzentwurf bislang schuldig geblieben, denn die Spezifikationen der EU-Kommission stehen zu einem Großteil noch aus und werden aller Voraussicht nach nicht vor dem 4. Quartal 2015 feststehen. Um die Produktion an den deutschen Standorten nicht zum Stillstand kommen zu lassen, appelliert die deutsche Tabakindustrie daher an die EU-Kommission und die Bundesregierung, den vorhandenen Umsetzungsstau und die damit verbundene Rechtsunsicherheit schnellstmöglich aufzulösen, damit die Unternehmen die erforderlichen Produktionsumstellungen vornehmen können.

Eintreten gegen Plain Packaging und weitere Werbeverbote

Inhaltlich setzt sich die Branche für eine punktgenaue Umsetzung der Richtlinienvorgaben ein, unter Ausschöpfung der in sehr engen Grenzen für die Mitgliedstaaten eröffneten Handlungsspielräume zur Ausgestaltung von gleichermaßen wirtschafts- und verbraucherfreundlichen Lösungen. Hierzu gehört nach Ansicht der Branche u.a., bei den Vorgaben zur Verpackungsgestaltung nicht über das Maß, das die EU-Richtlinie zwingend vorschreibt, hinauszugehen. Daher kritisieren die Unternehmen der Tabakindustrie die jüngst in Irland und dem Vereinigten Königreich verabschiedeten Regelungen zur Einführung von sogenanntem Plain Packaging für Tabakprodukte als europarechtswidrig. Sie sehen die Gefahr, dass durch unangemessene und sachwidrige Vorschriften in einzelnen Mitgliedstaaten die Grundlage für weitere Harmonisierungsmaßnahmen auf EU-Ebene geschaffen wird, hin zu einem verbindlichen Verbot jeglicher individueller Packungsgestaltung. Ein solches Verbot würde jedoch die Unternehmen der Tabakbranche massiv in ihren Grundrechten (z.B. Eigentums- und Kommunikationsrechten) beschneiden und in ihrer wirtschaftlichen Existenz bedrohen. Durch die Einführung von Einheitsverpackungen für Tabakprodukte würde ein Präzedenzfall für Markenvernichtung geschaffen werden, der zu einem ordnungspolitischen Dammbruch in Europa führen könnte.

Entschieden tritt die Tabakbranche auch den Plänen einzelner Ressorts der Bundesregierung entgegen, auf nationaler Ebene die Außen- und Kinowerbung für Tabakprodukte zu verbieten.[7] Derartige Verbote wären nach der Tabakrahmenkonvention der WHO nicht erforderlich und würden unverhältnismäßig in die verfassungsrechtliche Berufs- und Meinungsfreiheit eingreifen; belastbare Belege zur Wirksamkeit von Werbeverboten hat die Bundesregierung bislang nicht vorgelegt. Im Gegenteil, ein Vergleich der Raucherquote in fünf Mitgliedstaaten mit Außenwerbeverbot belegt, dass ein solches keinen signifikanten Einfluss auf das Rauchverhalten der Menschen hat.[8]

| Stand: März 2015

---

6 Unklar sind bisher z.B. die konkreten Modalitäten der Warnhinweise, wie Format, Layout und Gestaltung unter Berücksichtigung der verschiedenen Packungsformen sowie deren Schriftgröße.

7 Vgl. Abschn. Werbepolitische Entwicklungen in Deutschland und der EU, Kap. Tabakprodukte.

8 Vgl. Grafik „Raucherquote in fünf EU-Mitgliedstaaten mit Außenwerbeverbot für Tabak im Vergleich zu Deutschland" in diesem Kapitel.

Werbeartikelwirtschaft

Mit einem Gesamtumsatz von 3,48 Mrd. Euro in 2014 konnte die Werbeartikelbranche eine Steigerung von 1,25 Prozent zum Vorjahr und zugleich das bisher höchste Umsatzvolumen erzielen. Werbeartikel zählen zu den bedeutendsten Werbeformen, was auf die unverzichtbaren Eigenschaften dieses Werbeformats zurückzuführen ist.

Um den immer neuen rechtlichen und wirtschaftlichen Restriktionen, wie europäischen und internationalen Gesetzen, Verordnungen und Richtlinien sowie den z.T. überzogenen Selbstregulierungen (Compliance) von Branchen und Unternehmen zukünftig wirkungsvoller zu begegnen, wird sich die gesamte Branche über den Gesamtverband der Werbeartikel-Wirtschaft GWW e.V. in 2015 mit deutlich gesteigerter Durchschlagskraft präsentieren. Durch die Zusammenführung aller Einzelverbände und Unternehmen (AKW, bwg, BWL und PSI) entsteht eine große handlungs- und leistungsfähige Verbandsorganisation, die sich gegenüber Gesellschaft, Wirtschaft, Politik und Medien zur Schaffung optimaler Rahmenbedingungen für die Werbeartikelbranche einsetzt.

Die besonderen Vorteile und die hohe Effizienz beim Einsatz des Werbeartikels belegen die seit Jahresanfang vorliegenden Ergebnisse des Werbeartikel-Monitors 2014/15 wieder eindrucksvoll. Der jährlich durchgeführte Werbeartikel-Monitor dokumentiert seit 2004 den Stellenwert des Werbeartikels als Kommunikationsmittel in deutschen Unternehmen. Auf Basis einer repräsentativen Unternehmensstichprobe wird der Werbeartikel-Einsatz valide bestimmt und die Rolle des Werbeartikels im Kontext anderer Kommunikationsmittel verlässlich abgebildet.

| Stand: März 2015

Werbeartikelausgaben in Deutschland: Entwicklung von 2009 bis 2014 und Prognose
Frage: Wie haben sich die Ausgaben für Werbeartikel in Ihrem Unternehmen in den letzten fünf Jahren entwickelt?

Frage: Wie werden sich voraussichtlich Ihre Ausgaben für Werbeartikel in Ihrem Unternehmen in den nächsten fünf Jahren entwickeln?

Gestützt. Basis: N=339

Quelle: Werbeartikel-Monitor 2015, GWW e.V. / DIMA Marktforschung GmbH

**Werbeartikelbranche in Deutschland:
Umsatzentwicklung 2004 bis 2014**

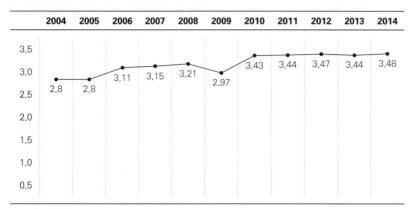

Angaben in Mrd. Euro. Basis: N = 339

**Werbeartikelbranche in Deutschland 2014:
Umsatz nach Unternehmensgröße auf Kundenseite**

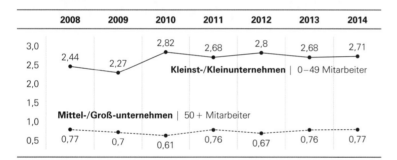

Angaben in Mrd. Euro. Basis: N=339.

**Werbeartikelbranche in Deutschland 2014:
Anteil von Werbeartikeln am Budget für kommerzielle Kommunikation**

	Bis 5 %	6 % bis 20 %	Mehr als 20 %
Kleinstunternehmen	7	26	67
Kleinunternehmen	19	37	44
Mittelunternehmen	26	34	40
Großunternehmen	56	31	13

Angaben in %. Ungestützt. Basis: N=339.

**Werbeartikelbranche in Deutschland 2014:
Einsatz von Werbeartikeln nach Unternehmensgröße**

	Einsatz von Werbeartikeln in %
Kleinstunternehmen	47
Kleinunternehmen	61
Mittelunternehmen	81
Großunternehmen	95
Gesamt	**48**

Angaben in %. Ungestützt. Basis: N=339.

**Werbeartikelbranche in Deutschland 2014:
Gründe für den Einsatz von Werbeartikeln**

Frage: Ich nenne Ihnen nun einige Gründe, weshalb man Werbemittel im Unternehmen einsetzen kann. Bitte sagen Sie mir, welche dieser Gründe auf Ihr Unternehmen zutreffen.

Wir setzen Werbeartikel im Unternehmen ein, weil ...

84 %	... der Kunde den Werbeartikel immer wieder benutzt und der Werbeeffekt sehr nachhaltig ist
74 %	... wir dadurch den Bekanntheitsgrad unseres Unternehmens steigern können
72 %	... sich dies positiv auf unser Unternehmensimage auswirkt
65 %	... sich gute Qualität des Werbeartikels in der Wahrnehmung beim Kunden auch auf unsere Leistung/ Produkte überträgt
62 %	... dadurch unsere Kunden unserem Unternehmen stärker verbunden sind
50 %	... Werbeartikel ein gutes Preis-/ Leistungsverhältnis besitzen
49 %	... der eingesetzte Werbeartikel besonders gut zu unserem Unternehmen/ unseren Produkten passt
47 %	... Kunden dem Werbeartikel viel Aufmerksamkeit schenken
46 %	... sich dadurch bessere Werbeeffekte erzeugen lassen als durch andere Werbemittel
35 %	... wir dadurch neue Kunden gewinnen

Gestützt. Basis: N=339.

Quelle für alle Statistiken: Werbeartikel-Monitor 2015, GWW e.V. / DIMA Marktforschung GmbH

Werbefilmproduktion

Die Produzentenallianz-Sektion Werbung repräsentiert mit über 50 Mitgliedern etwa 90 Prozent des deutschen Werbefilmmarkts, was einem Jahresumsatz von rund 350 Mio. Euro entspricht. Im Jahr 2015 sind erstmals alle Top-30-Produktionsfirmen im Verband vereint. Im Mittelpunkt seiner Arbeit steht die Förderung von Kreativität, Qualität und Wettbewerbsfähigkeit deutscher Werbefilm- und Post-Produktionen.[1]

Werbefilmproduktion in Deutschland 2013: Top 5 Produktionsfirmen nach Umsatz

Firma	Umsatz	Veränderung zu 2012
Markenfilm-Gruppe	54,9 Mio. Euro	▼ -3,5 % zu 2012
Tempomedia	31,2 Mio. Euro	▼ -4,9 % zu 2012
E+P Films	21,1 Mio. Euro	▲ 19,9 % zu 2012
Embassy of Dreams/Gap Films	17,3 Mio. Euro	▲ 0,6 % zu 2012
Bigfish	16,2 Mio. Euro	▲ 32,8 % zu 2012

Quelle: HORIZONT; Diverse Quellen (Produktionsfirmen)

Werbefilmproduktion in Deutschland 2014: Top 19 Ranking der kreativsten Bewegtbildproduzenten für Werbung und Kommunikation

	Preise	Punkte		Preise	Punkte
Bigfish (4)	804	47	Pixomondo (-)	48	2
Who's McQueen (-)	496	33	Nasty Little Girl (-)	44	3
Parasol Island (5)	444	23	Bubbles Film (15)	36	3
Czar Film (4)	344	28	Gate 11 (-)	36	2
Radical Media (5)	220	18	Stink (1)	28	2
Markenfilm-Gruppe* (6)	116	14	Soup Film (-)	28	5
Wanda Germany (7)	64	4	NHB (-)	20	3
Liga01 (8)	60	4	Jo Schmid (7)	16	2
Tempomedia (16)	48	6	Storz & Escherich (-)	16	2
Erste Liebe*	48	6			

Quelle: HORIZONT; Diverse Quellen (Festivalveranstalter)

Vorjahresplatzierung in Klammern, Wertung: Grand Prix 8 Punkte, Gold 6 Punkte, Silber 4 Punkte, Bronze 2 Punkte. Die Punkte werden mit dem jeweiligen Bewertungsfaktor multipliziert: – Cannes Lions (Faktor 8) – ADC, D&AD, LIAA, One Show Awards (Faktor 6) – Eurobest, New York Festivals (Faktor 4) – Deutscher Werbefilmpreis, Die Klappe, Spotlight, Reklamefilmpreis (Faktor 2).
*inkl. Erste Liebe Film und Markenfilm Crossing / Erste Liebe Film ist eine Markenfilm-Tochter.

[1] Rekordzuwachs bei der Produzentenallianz-Sektion Werbung, Pressemitteilung der Allianz Deutscher Produzenten – Film & Fernsehen vom 18.02.2015.

**Werbefilmproduktion in Deutschland 2013:
Top 30 Produktionsfirmen nach Umsatz**

	Umsatz 2013 in Mio. Euro	Umsatz 2012 in Mio. Euro	Veränderung in %	Zahl der gedrehten Filme	Feste Mitarbeiter
Markenfilm-Gruppe	54,9	56,9	-3,5	280	190
Tempomedia	31,2	32,8	-4,9	93	27
E+P Films	21,1	17,6	19,9	135	32
Embassy of Dreams/Gap Films*	17,3	17,2	0,6	87	34
Bigfish	16,2	12,2	32,8	54	18
Twin Film**	15,9	17	-6,5	85	28
Rabbicorn Media***	12,9	8,7	48,3	75	16
Radical Media	12,9	16,2	-20,4	19	9
Tony Petersen Film	11,4	11,7	-2,6	38	14
Soup Film	10,4	9,3	11,8	45	9
Cobblestone	10,3	11,5	-10,4	51	20
Czar Film	10,2	9	13,3	45	15
Sterntag	10,2	5,8	75,9	41	11
Bubbles Film	8,3	9,7	-14,4	53	15
Palladium	8,2	7,1	15,5	23	11
Erste Liebe****	7,1	5,6	26,8	27	8
Five Three Double Ninety	6,5	7,2	-9,7	37	10
BLM Filmproduktion	6,5	7,2	-9,7	36	10
Film Deluxe	5,8	5,9	-1,7	35	14
Element E	5,8	5,3	9,4	31	15
Jo Schmid	5,7	9,4	-39,4	17	10
Trigger Happy Productions	5,3	6,1	-13,1	15	6
GK Film	5	6	-16,7	61	18
Mr. Bob Films	4,6	2,7	70,4	35	11
Made in Munich	4,5	4,4	2,3	18	9
Schokolade Filmproduktion	4	3,2	25	71	22
Berlin Film / Frankfurt Film	3,5	4,8	-27,1	30	7
Wunderfilm	2,8	2,9	-3,4	18	4
Laterna Magica	2,1	3,2	-34,4	16	10
B-Reel	1,8	0	0	5	3

*Kumulierte Ergebnisse aufgrund des Zusammenschlusses im März 2010 / inkl. Nerdfilms in Berlin / Gründung Embassy: 1996; Gründung Gap: 1991. **Internationale Gruppe mit Deutschland-Niederlassungen in Düsseldorf, Hamburg, München. ***Rabbicorn ist Anfang 2014 aus den Produktionsfirmen Bakery Films und Jotz Film entstanden. Bei den Zahlen handelte es sich um die kumulierten Umsätze beider Firmen, die 2013 noch getrennt voneinander operierten / Gründung Bakery: 2004; Gründung Jotz: 2007. ****Erste Liebe ist eine Tochter von Markenfilm.

Quelle: HORIZONT; Diverse Quellen (Produktionsfirmen)

Zeitungen

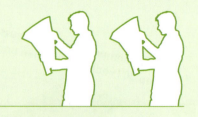

Deutschland ist der größte Zeitungsmarkt Europas und der fünftgrößte der Welt. Täglich erscheinen hier 351 Tageszeitungen mit 1.528 lokalen Ausgaben in einer Druckauflage von 16,8 Millionen Exemplaren. Zudem kommen 21 Wochenzeitungen mit 1,7 Millionen Exemplaren und sieben Sonntagszeitungen mit einer Auflage von 2,9 Millionen heraus.[1] Deutschland ist ein Zeitungsland.

Die Zeitungen

3 von 4

Deutschen über 14 Jahren (63,2 Prozent) lesen regelmäßig eine gedruckte Tageszeitung.

Quelle: http://www.bdzv.de/maerkte-und-daten/wirtschaftliche-lage/zeitungen-in-zahlen-und-daten (letzter Zugriff: 30.4.2015)

Wo es um Relevanz geht, um die Trennung des Wichtigen vom Unwichtigen, sind Zeitungen den elektronischen Angeboten strukturell überlegen.[2]

Bundestagspräsident
Dr. Norbert Lammert

Zur Lage der Zeitungen in Deutschland

Die Rolle der Zeitung als Reichweiten-starkes und verlässliches Medium für vertiefte Information und Reflexion wird durch die anhaltende Ausbreitung digitaler Anbieter immer wichtiger. Im Wettbewerb um Zeit und Aufmerksamkeit von Lesern und Nutzern, also um die „Eyeballs" des Publikums, sind die deutschen Zeitungen ein Kommunikationsgigant. Wohl nie zuvor nutzten so viele Menschen wie heute Zeitungsinhalte: Über alle Kanäle hinweg – gedruckt, online und mobil – erreicht ein Großteil der Titel 80 Prozent der über-14-Jährigen.

Aktuelle Reichweiten auf Seite 254

Quelle: BDZV, Die deutschen Zeitungen in Zahlen und Daten 2015

Fußnoten

1. Vgl. Zeitungen und ihre Leser in Stichworten 2014/2015. www.bdzv.de (letzter Zugriff: 27.4.2015).
2. Rede auf der Tagung „65 Jahre Grundgesetz – Die DNA der Demokratie" von BDZV und Bundeszentrale für politische Bildung am 3. Juni 2014 in Berlin.

Heute

Zeitungen in Deutschland 2014: Reichweiten der Zeitungen in soziodemographischen Zielgruppen

Zielgruppe	Reichweite
Gesamt	67,4 %
Männer	70,8 %
Frauen	64,2 %
14 bis 29 Jahre	45,0 %
30 bis 49 Jahre	64,9 %
50 Jahre und älter	79,0 %
Haushaltsnettoeinkommen bis 1.499 €	61,4 %
1.500 € bis 2.499 €	69,0 %
ab 2.500 €	68,8 %

Leser pro Ausgabe (LpA).
Basis: Deutschsprachige Bevölkerung ab 14 Jahren.

Quelle: Media-Analyse 2014 Pressemedien II

Zeitungswerbung in Deutschland 2014: Top 5 der werbungtreibenden Unternehmen nach Werbeinvestitionen

Unternehmen	Werbeinvestitionen	Veränderung zu 2013
Aldi Süd	174,5 Mio. Euro	▲ 83,8 %
Axel Springer	143,3 Mio. Euro	▲ 10,6 %
Lidl Dienstleistung	127,9 Mio. Euro	▼ -22,5 %
Media-Saturn-Holding	100,6 Mio. Euro	▼ -21,7 %
EDEKA Zentrale	87,6 Mio. Euro	▼ -15,0 %

Quelle: Nielsen bereinigter Werbetrend 2014; Datenstand: Monatsabschluss Februar 2015

Zeitungswerbung in Deutschland 2014: Top 25 Wirtschaftsbereiche nach Werbeinvestitionen

Wirtschaftsbereiche	2014 in Mio. Euro	zu 2013 in %	2013 in Mio. Euro
Zeitungs-Werbung	1.274,3	2,7	1.240,5
Lebensmitteleinzelhandel	732,5	8,4	675,6
PKW	374,4	6,0	353,3
Sonstige Medien / Verlage	281,0	1,8	275,9
Möbel und Einrichtung	249,0	-5,0	262,2
Kaufhäuser	152,5	-17,0	183,6
Publikumszeitschriften-Werbung	104,4	-5,7	110,7
Online-Dienstleistungen	103,5	-0,2	103,8
Caritative Organisationen	73,3	3,1	71,0
Finanzfirmen – Imagewerbung	57,4	-6,9	61,6
Schiffslinien / Touristik	56,1	-10,3	62,6
Körperschaften	53,0	-20,9	67,1
Finanzanlagen	46,6	36,4	34,2
Mobilnetz	41,6	-21,1	52,8
E-Commerce	41,6	38,1	30,1
Baustoffe und -zubehör	40,8	5,8	38,5
FDL Privatkunden	39,0	-20,6	49,1
Messen / Ausstellungen / Seminare	38,2	-4,7	40,0
Radio-Werbung	35,9	0,0	35,9
TV-Werbung	34,1	9,2	31,2
Reise-Gesellschaften	31,7	-11,3	35,8
Sport und Camping	31,7	7,6	29,5
Bekleidung	31,0	-31,4	45,1
Dienstleistungen	28,2	-1,7	28,7
Fluglinien und Touristik	26,6	-43,9	47,5
Gesamt	**3.978,2**	**0,3**	**3.966,3**

Quelle: Nielsen bereinigter Werbetrend 2014; Datenstand: Monatsabschluss Februar 2015

Zeitungen in Deutschland 2014: Aktuelle Reichweiten der Zeitungen

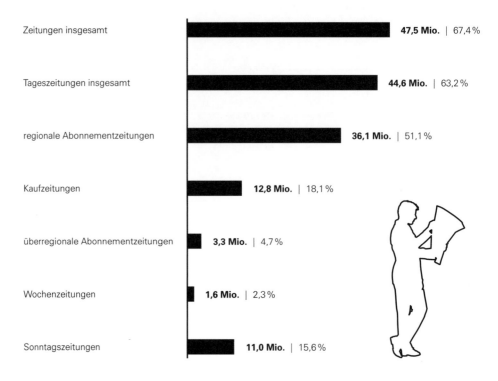

	Leser pro Ausgabe	Anteil
Zeitungen insgesamt	47,5 Mio.	67,4 %
Tageszeitungen insgesamt	44,6 Mio.	63,2 %
regionale Abonnementzeitungen	36,1 Mio.	51,1 %
Kaufzeitungen	12,8 Mio.	18,1 %
überregionale Abonnementzeitungen	3,3 Mio.	4,7 %
Wochenzeitungen	1,6 Mio.	2,3 %
Sonntagszeitungen	11,0 Mio.	15,6 %

Angaben in Leser pro Ausgabe (LpA). | Anteil an der deutschsprachigen Bevölkerung.
Basis: Deutschsprachige Bevölkerung ab 14 Jahren.

Quelle: Media-Analyse 2014 Pressemedien II

Anteile deutscher Zeitungen mit Angeboten für Kinder und Jugendliche: 2006 und 2012 im Vergleich

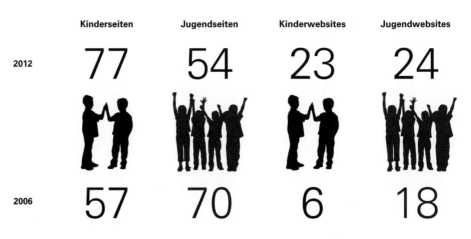

	Kinderseiten	Jugendseiten	Kinderwebsites	Jugendwebsites
2012	77	54	23	24
2006	57	70	6	18

Quelle: Kinder- und Jugendstudie 2012, BDZV / Initiative junge Leser jule

Zeitungen in Deutschland 2014: Lesedauer von Tageszeitungen

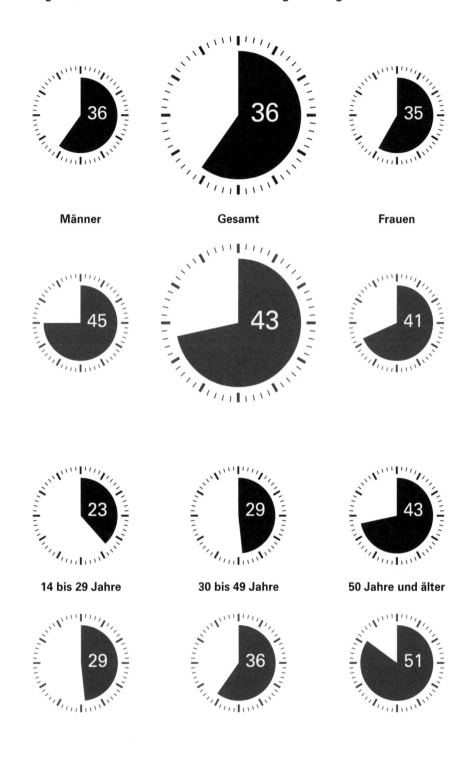

Angaben in Minuten. Basis: Weitester Leserkreis Tageszeitungen (WLK) ab 14 Jahren
- an Wochentagen (Montag bis Freitag)   - am Wochenende

Quelle: ZMG-Bevölkerungsumfrage 2014

Zeitungen in Deutschland 2014: Anteil der Anzeigenbereiche am Gesamtanzeigenumfang (netto)

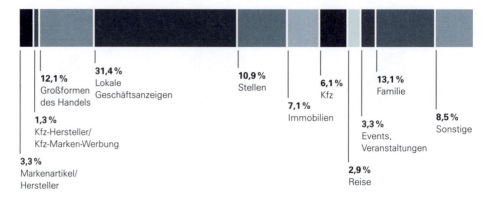

12,1 % Großformen des Handels
31,4 % Lokale Geschäftsanzeigen
10,9 % Stellen
6,1 % Kfz
13,1 % Familie
1,3 % Kfz-Hersteller/Kfz-Marken-Werbung
7,1 % Immobilien
3,3 % Events, Veranstaltungen
8,5 % Sonstige
3,3 % Markenartikel/Hersteller
2,9 % Reise

Basis: 126 Titel für die Daten 2014 vorliegen. Geschäftsanzeigen kumuliert 48,0 %.

Quelle: Anzeigenumfangsstatistik-Jahresstatistik 2014 der ZMG

Zeitungen in Deutschland 2014: Reichweiten Online-Zeitungsangebote in soziodemographischen Zielgruppen

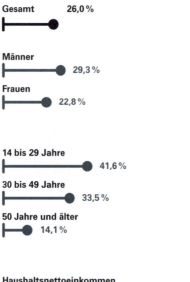

Gesamt 26,0 %

Männer 29,3 %

Frauen 22,8 %

14 bis 29 Jahre 41,6 %

30 bis 49 Jahre 33,5 %

50 Jahre und älter 14,1 %

Haushaltsnettoeinkommen
bis 1.499 € — 21,6 %
1.500 € bis 2.499 € — 23,0 %
ab 2.500 € — 30,9 %

In der durchschnittlichen Woche (Juni–August 2014). Basis: Deutschsprachige Bevölkerung ab 14 Jahren.

Quelle: AGOF internet facts 2014-08

Zeitungen in Deutschland 2014: Reichweiten Mobile-Angebote

Zeitungen Gesamtangebot
6,2 Mio. | 18,3 %

regionale Abonnementzeitungen
2,7 Mio. | 8,0 %

Kaufzeitungen
3,4 Mio. | 10,0 %

überregionale Zeitungen
2,2 Mio. | 6,6 %

APPs und MEW. In der durchschnittlichen Woche (Juni–August 2014). Basis: Mobile Internetnutzer (Deutschsprachige Bevölkerung ab 14 Jahren).

Quelle: AGOF mobile facts 2014-II

Zeitungen in Deutschland 2014: Entwicklung der E-Paper-Auflagen 2005 bis 2014

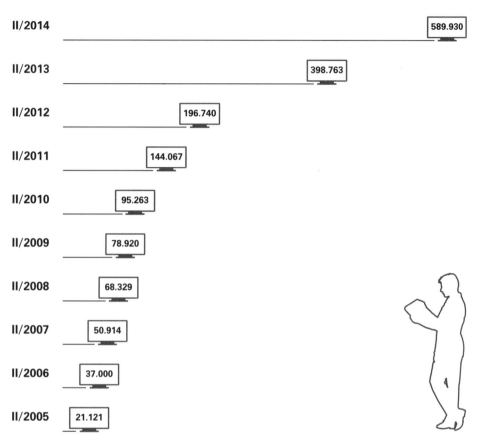

Quartal	Auflage
II/2014	589.930
II/2013	398.763
II/2012	196.740
II/2011	144.067
II/2010	95.263
II/2009	78.920
II/2008	68.329
II/2007	50.914
II/2006	37.000
II/2005	21.121

Verkaufte Auflage. Basis: IVW-Quartalsauflagenlisten

Quelle: Auflagenstatistiken der ZMG

Digitale Zeitungserlöse aus E-Paper, Paid-Content und digitaler Werbung werden in den nächsten drei Jahren ein starkes Wachstum verzeichnen. Die Mehrheit der Zeitungsverlage erwartet ein Wachstum von mindestens 5 % pro Jahr. Die Top 15 % erwarten mehr als 20 % Erlössteigerung pro Jahr.

Quelle: Trends der Zeitungsbranche 2015, BDZV

Zeitungswerbung in Deutschland 2014: Positives Werbeklima

„Werbung ist eigentlich ganz hilfreich für den Verbraucher"
- stimme voll und ganz/weitgehend zu

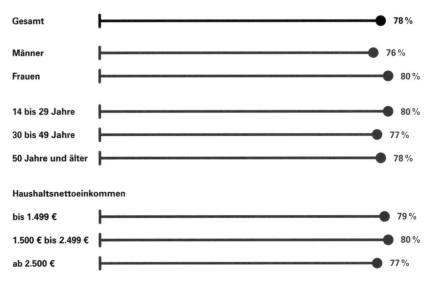

Basis: Deutschsprachige Bevölkerung ab 14 Jahren.

Quelle: ZMG Media Monitor KW 02-45 2014

Zeitungswerbung in Deutschland 2014: Aktive Nutzung von Prospektbeilagen aus der Zeitung

- in letzter Zeit aufgehoben und/oder mit ins Geschäft genommen

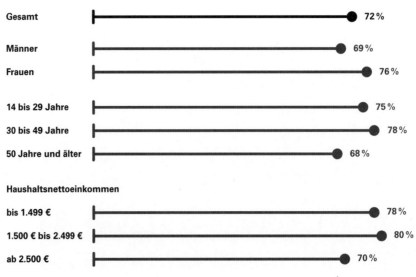

Basis: Weitester Leserkreis Tageszeitungen (WLK) ab 14 Jahren.

Quelle: ZMG-Bevölkerungsumfrage 2014

Zeitungswerbung in Deutschland 2014: Bewertung von Zeitungsanzeigen
- stimme voll und ganz/teilweise zu

Anzeigen in der Zeitung sind glaubwürdig und zuverlässig.

78 %

Anzeigen in der Zeitung helfen, preiswerte Angebote auszuwählen.

77 %

Geschäfte, die mit Anzeigen in der Zeitung werben, sind seriös.

81 %

Basis: Weitester Leserkreis Zeitungen (WLK) ab 14 Jahren.

Quelle: ZMG-Bevölkerungsumfrage 2014

65 %

würden Anzeigen und Prospekte vermissen, wenn es sie nicht mehr gäbe.

Basis: Bevölkerung ab 14 Jahren.
Quelle: ZMG-Bevölkerungsumfrage 2014

Zeitungswerbung in Deutschland 2014: Einstellungen zur Werbung
- stimme voll und ganz /eher zu

Werbung verschafft einen guten Überblick über die Vielzahl der Angebote.

63 %

Ich informiere mich gern über Sonderangebote in Tageszeitungen und Tageszeitungsbeilagen.

57 %

Durch Werbung bin ich schon öfter auf interessante Produkte aufmerksam geworden.

57 %

Wenn ich über neue Anschaffungen nachdenke, achte ich mehr auf die Anzeigen oder Werbung dazu.

55 %

Basis: Deutschsprachige Bevölkerung ab 14 Jahren.

Quelle: Best for Planning 2014 I

Werbeberufe

Werbeberufe: Berufsstände und Studienmöglichkeiten

262 Art Directors Club für Deutschland (ADC) e. V.
265 DWG Deutsche Werbewissenschaftliche Gesellschaft e.V.

Art Directors Club für Deutschland (ADC) e. V.

Der ADC ist die kreative Instanz Deutschlands. Über 640 führende Köpfe der kreativen Kommunikation haben sich in dem traditionsreichen Club zusammengeschlossen. Darunter sind Designer, Journalisten, Architekten, Szenographen, Fotografen, Illustratoren, Regisseure, Komponisten, Produzenten und Werber.

Ziel der Clubmitglieder ist es, die kreative Leistung in Deutschland und den Kreativitätsfaktor in der Wirtschaft zu fördern sowie den Nachwuchs zu unterstützen. Dazu veranstaltet der ADC Wettbewerbe und Kongresse, bietet Weiterbildungen an und gibt diverse Publikationen heraus. Der ADC ist der Maßstab der kreativen Exzellenz und zeichnet herausragende Kommunikation aus.

Zur Verwirklichung seiner Ziele und Projekte benötigt der ADC als Non-Profit-Organisation die Unterstützung von Partnern und Förderern. Gemeinsam setzen sie fokussierte Kooperationen um, die die Ziele der Partner und Förderer, sowie die Aufgabenstellungen des ADC abbilden. Gleichzeitig bietet der ADC mit seinen zahlreichen Aktionen, Veranstaltungen und Seminaren eine hervorragende Networking-Plattform, um mit Top-Kreativen und Nachwuchskräften, sowie Top-Entscheidern aus Marketing und Medien ins Gespräch zu kommen. So werden die Kreativität, die Innovationsfähigkeit und die Qualität in der kommerziellen Kommunikation weiterentwickelt.

ADC Präsidium und Vorstand

Der ADC ist in sechs Sektionen aufgeteilt: Berlin, Düsseldorf, Frankfurt, Hamburg, München und Stuttgart. Jede Sektion wählt einen Sektionsvorstand für eine Amtsperiode von zwei Jahren. Daneben wird überregional jeweils ein Fachvorstand für die Bereiche Design, Digitale Medien, Editorial, Event & Kommunikation im Raum, Forschung & Lehre sowie Werbung gewählt. Somit setzt sich das Präsidium aus zwölf Kreativen zusammen, die sich ehrenamtlich für den Club engagieren.

Der Sprecher wird aus dem Kreis des Präsidiums von allen Mitgliedern auf der Jahreshauptversammlung gewählt. Seit dem 10.11.2012 ist Stephan Vogel ADC Präsidiumssprecher.

ADC Wettbewerb 2015

Über 360 hochkarätige Juroren – alle ADC Mitglieder – in 28 Jurys vergeben folgende Prämierungen:

- **Auszeichnung** – für eine Arbeit, die den ADC Kriterien entspricht.

- **Bronze** – für eine außerordentlich kreative Arbeit in ihrer jeweiligen Kategorie.

- **Silber** – für eine Arbeit, die in ihrer Kategorie Maßstäbe setzt.

- **Gold** – für eine Arbeit, die besonders herausragend ist und ihre jeweilige Kategorie neu definiert.

- **Grand Prix** – für eine bahnbrechende Arbeit, die eine kategorienübergreifende Innovation aus dem Kreise aller Goldnägel ist oder aus dem Kreis der zehn erfolgreichsten Projekte aus dem Wettbewerb.

| Stand: April 2015

Objekt der Begierde

Das Must-have der Kreativbranche: Der ADC-Nagel. Doch wie wurde ein profanes Stück Metall aus dem Baumarkt eine hoch emotionale Trophäe?

Vom Pars pro Toto zum internationalen Star – in den vergangenen 30 Jahren hat der ADC-Nagel eine imposante Karriere hingelegt. Einst lediglich Platzhalter für die ADC-Medaillen, ist der Edelmetallstift heute ein international bekanntes Symbol für deutsche Kreativität und fester Bestandteil der Corporate Identity des Clubs.

Die Idee zu der schlichten Trophäe hatte der deutsche Star-Kreative Hans-Joachim Timm. Das war 1987. Bis dato verlieh der Art Directors Club für Deutschland noch Medaillen. Die aufwendig geprägten Stücke sorgten immer wieder für Diskussion, weil ihr Herstellungsprozess zu viel Zeit benötige und Clubmitglieder sich darüber beschwerten, eine kleine Ewigkeit auf ihren Preis warten zu müssen. Eine Lösung musste her und die unterbreitete Timm auf der Jahresvollversammlung in Düsseldorf: Nägel in Gold, Silber und Bronze sollten überreicht werden als Platzhalter für die noch folgenden Medaillen. Damit könne der Gewinner schon einmal „an der Wand markieren, wo später die ADC-Trophäe aufgehängt werden soll", lautete Timms Argument. Das klang logisch. Vorschlag angenommen – keine Gegenstimme! Der ADC-Nagel war abgesegnet! Der Kreativclub setzte sich gleich an das Design. Nicht zu leicht, nicht zu unscheinbar sollte der ADC-Nagel sein, aber als Auszeichnung gut erkennbar. Das waren die Ansprüche. Das Ergebnis: Mit 50 Gramm ist der ADC-Nagel ein Leichtgewicht unter den Kreativawards, weist mit 18 Zentimetern eine imposante Länge auf und mit seinen 1,3 Zentimetern Durchmesser am Nagelkopf fügt er sich elegant in jede Lücke im Trophäenregal, lässt sich aber auch in großer Menge gut über eine Aftershow-Party tragen. Als Zeichen seiner Originalität sind eine Jahreszahl des aktuellen Wettbewerbs und der Schriftzug „ADC" in den Nagel eingraviert. Das ADC-Logo prangt auf dem Nagelkopf.

Den Prototyp des Ur-Nagels bewahrte Hans-Joachim Timm zeit seines Lebens auf seinem Arbeitstisch auf – als Ansporn zur kreativen Exzellenz, erklärte der 2013 verstorbene Executive Creative Director in einem Interview. Zahlreiche weitere ADC-Nägel folgten. Die wanderten allerdings bei Timm wie auch bei anderen Kreativen in eine Box, Schublade, manche wurden zwischen Pencils, Andys, Effis und Cannes Löwen positioniert oder tatsächlich mal aus stylishen, mal praktischen Gründen in die Wand genagelt. Gelegentliche Verluste weiß der eine oder andere Preisträger nach einer durchzechten Party durchaus auch zu beklagen, den größten allerdings musste der Kreativclub hinnehmen: das mysteriöse Verschwinden eines überdimensionalen Grand-Prix-Nagels, der in den 90er Jahren in Berlin abhanden kam.

Festzuhalten ist: Der ADC-Nagel hat sich als Markenzeichen des Clubs, begehrtes Statement-Objekt und als Stichwortgeber für so manche Diskussion etabliert. Die Frage, wer den größten Strauß an bunten Metallstiften vorweisen kann, stellen sich mittlerweile nicht mehr nur die Profis, sondern auch die Junioren. Seit 2010 prämiert der ADC ihre Ideenfindigkeit ebenfalls mit einem Nagel.

Aus: HORIZONTspezial: 50 Jahre ADC. Das Magazin zum goldenen Geburtstag des Art Directors Clubs

ADC – Kreativranking deutscher Hochschulen in Deutschland 2014

Auswahlkriterien

Berücksichtigt wurden die deutschen Fach- und Hochschulen, die in den Jahren 2012 bis 2014 durch eingereichte Arbeiten ihrer Studenten vertreten waren.

In die Punktwertung fließen alle ausgezeichneten Arbeiten ein: Die Hauptpreise ADC Junior des Jahres, ADC Student des Jahres und ADC Talent des Jahres werden mit je 10 Punkten gewertet, Goldnägel mit je 6 Punkten, Silbernägel mit je 4 Punkten, Bronzenägel mit je 2 Punkten und Auszeichnungen mit je einem Punkt.

Die Punktzahl wird anschließend in das Verhältnis der Anzahl der relevanten Hochschulen des jeweiligen Bundeslandes gesetzt.

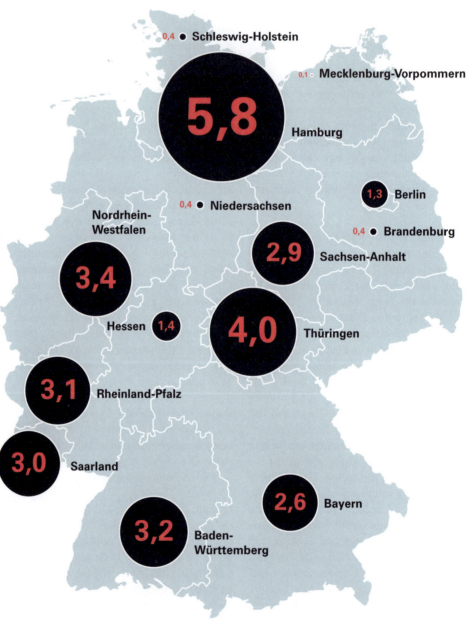

Angegeben sind die jeweiligen Durchschnittswerte kreativer Exzellenz

Quelle: Art Directors Club für Deutschland (ADC) e. V.

DWG Deutsche Werbewissenschaftliche Gesellschaft e.V.

Seit 96 Jahren fördert die Deutsche Werbewissenschaftliche Gesellschaft e.V. mit Sitz in Hamburg den Austausch und den Transfer zwischen Praxis und Forschung im Bereich der Marktkommunikation. Längst hat sich das traditionelle Arbeitsgebiet der DWG erweitert und umfasst heute Markenführung, Werbung, Öffentlichkeitsarbeit, Design, Dialog-Kommunikation, Online-Kommunikation, Events, Sponsoring etc. Die Organisation sieht ihre Aufgabe bei der weiterhin wachsenden Komplexität der Marktkommunikation in einem verstärkten Austausch von Erkenntnissen akademischer Forschung und praktischer Anwendung.

Sie leistet den Erkenntnistransfer durch wissenschaftliche Fachtagungen, Workshops, die Bildung von Projektgruppen sowie durch die Dokumentation und Veröffentlichung von aktuellen Forschungsergebnissen, so dass die Mitglieder der DWG beständig einen breit gefächerten Überblick über aktuelle Entwicklungen auf dem Gesamtgebiet der Markenführung und Marktkommunikation erhalten.

Mitglieder der DWG sind ausgewiesene Forscher und Praktiker der Marktkommunikation. Der regelmäßige Gedankenaustausch mit dem ZAW beinhaltet auch methodische Fragen einer umfassenden Abbildung der kommerziellen Kommunikation. Der DWG-Vorstand hat sich zum Ziel gesetzt, die Gesellschaft sowie die gesamte Kommunikations- und damit auch Werbeforschung sowie ihre praktische Anwendung weiterzuentwickeln. „Wissenschaftsbasierte effiziente Marktkommunikation gehört zu den entscheidenden Faktoren in der heutigen Marktwirtschaft – die DWG trägt zur professionellen Weiterentwicklung dieser Disziplin auch in Zukunft wesentlich bei", betont Prof. Dr. H. Dieter Dahlhoff, seit 2010 gewählter DWG-Präsident.[1]

Der „EFFIZIENZTAG" ist das eigenständige und zentrale Veranstaltungsformat der DWG und fand am 23. April 2015 zum 10. Mal in Folge in Berlin statt.

Mitgliedern, aber auch interessierten Gästen, bietet die DWG:

- einen kontinuierlichen Dialog zwischen Theorie und Praxis auf allen Feldern der Marken- und Kommunikationsforschung;

- Lösungsansätze für die Überwindung von Know-how-Defiziten und Informationslücken;

- ein Netzwerk für alle, die in der Praxis und in der Forschung mit Kommunikation zu tun haben;

- die Quartalszeitschrift „transfer – Zeitschrift für Kommunikation und Markenführung", herausgegeben zusammen mit der Österreichischen Werbewissenschaftlichen Gesellschaft.

Präsidium und Vorstand der DWG

- Univ.-Prof. Dr. H. Dieter Dahlhoff (Präsident)
- Univ.-Prof. Dr. Thorsten Teichert (Vizepräsident und Schatzmeister)
- Univ.-Prof. Dr. Margit Enke
- Prof. Dr. Bernhard Heidel
- Prof. Dr. Jürgen Schulz
- Prof. Hans Georg Stolz (†)

| Stand: April 2015

---

1 Vgl. www.dwg-online.net.

Der ZAW

Der Zentralverband der Deutschen Werbewirtschaft ZAW e.V.

268 Aufgaben und Strukturen des ZAW

270 Präsidium des ZAW

272 Mitgliedsorganisationen des ZAW

318 Assoziierte Mitglieder des ZAW

330 Geschäftsstelle

331 Freiheit für die Werbung e.V.

Aufgaben und Strukturen des ZAW

Am 19. Januar 1949 gründeten in Wiesbaden 16 Verbände den Zentralausschuss der Werbewirtschaft, den ZAW. Auf der ersten Versammlung wurden die Ziele des ZAW einstimmig festgelegt: „Der Zentralausschuss der Werbewirtschaft will eine staatliche Werberegelung und Werbeaufsicht entbehrlich machen. Er bezweckt:

1. alle Bestrebungen zu unterstützen, die der Wirtschaftswerbung eine volle Entfaltung ihrer Anwendungsmöglichkeiten sichern;

2. Hindernisse jedweder Art zu beseitigen, die die Wirtschaftswerbung beeinträchtigen oder ihre Durchführung erschweren;

3. durch Selbstdisziplin in den eigenen Reihen die Voraussetzungen für eine reibungslose Durchführung des Werbegeschäfts zu schaffen;

4. auf eine in Form und Inhalt lautere und vorbildliche Werbung hinzuwirken, um Auswüchse und Missbräuche zu vermeiden;

5. für die volkswirtschaftliche und kulturelle Bedeutung der Wirtschaftswerbung Verständnis zu wecken sowie ihre wissenschaftliche Erforschung zu fördern;

6. die Werbewirtschaft gegenüber den Behörden und Gesetzgebungsorganen zu vertreten;

Die Gründungsverbände des ZAW im Jahr 1949

- Arbeitsgemeinschaft der Anschriftenbuchverlegerverbände Düsseldorf und Frankfurt /M., Düsseldorf
- Arbeitsgemeinschaft Deutscher Werbungsmittler, Frankfurt /M.
- Arbeitsgemeinschaft Werbung e.V., Frankfurt /M.
- Arbeitsgemeinschaft der Zeitungsverleger-Verbände in der US-Zone, Augsburg
- Bund Deutscher Gebrauchsgraphiker, Hamburg
- Bund Deutscher Verkehrverbände e.V., Frankfurt /M.-Rödelheim
- Deutsche Eisenbahn-Reklame GmbH, Kassel
- Deutsche Postreklame GmbH, Bad Salzuflen
- Fachverband Außenwerbung, Düsseldorf-Oberkassel
- Fachverband für Film- und Lichtbildwerbung e.V., Britische Zone, Essen
- Landesverband Bayerischer Zeitschriftenverleger e.V., München
- Markenverband e.V., Wiesbaden
- Nordwestdeutscher Zeitungsverleger-Verein e.V., Bielefeld
- Verband der Unternehmer für Film- und Lichtbildwerbung e.V., Frankfurt /M.
- Verband der Werbungtreibenden, Oberursel / Taunus
- Verein der Deutschen Zeitungsverleger in der Französischen Zone, Freiburg/Breisgau
- Zeitschriftenverleger-Verband Nordwestdeutschlands e.V., Düsseldorf

7. Werbeausstellungen, Werbekongresse, Studienreisen und Besichtigungen zu veranstalten;

8. mit den Werbefachverbänden des Auslands einen Austausch von Erfahrungen, Werbedrucksachen usw. herbeizuführen."

All diese Ziele aus dem Jahr 1949 stellen auch nach mehr als 65 Jahren die zentralen Aufgaben und Herausforderungen des ZAW dar. Zwei Aspekte haben jedoch über die Jahrzehnte herausragende Bedeutung erlangt.

Zum einen ist der ZAW als Runder Tisch der verschiedenen Branchen der Werbewirtschaft wichtiger Kommunikator und Mediator für die gemeinsamen Interessen. Er vertritt diese gegenüber allen Ebenen der Legislative und Exekutive in der Bundesrepublik Deutschland wie der Europäischen Union, gegenüber Behörden, Verbänden und anderen Organisationen, Medien und der allgemeinen Öffentlichkeit. Die Abstimmung der Verbandspolitik als gesamthafte Interessenvertretung erfolgt im Präsidium des ZAW mit seinen 22 gewählten Mitgliedern und in zurzeit 14 Arbeitsgruppen (Alkohol, Arzneimittel, Audiovisuelle Medien, Datenschutz, Energiekennzeichnung, Glücksspiel, Lebensmittel, Online, Sponsoring, Tabak, Telefon, Werbeberufe, Wettbewerbsrecht, Werbestatistik) herausragende Bedeutung.

Zum anderen erfährt das System der Werbeselbstkontrolle eine stetige Weiterentwicklung über den renommierten, vom ZAW getragenen Deutschen Werberat hinaus. Im November 2012 gründeten die Mitgliedsorganisationen des ZAW den Deutschen Datenschutzrat Online-Werbung (DDOW) als freiwillige Selbstkontrolleinrichtung für nutzungsbasierte Online-Werbung.

Gremien des ZAW

Die 43 Mitgliedsorganisationen des ZAW (Stand: April 2015) gliedern sich satzungsgemäß in vier Gruppen:

- Gruppe Werbungtreibende

- Gruppe Werbung Durchführende und Werbemittelhersteller

- Gruppe Werbeagenturen

- Gruppe Werbeberufe und Marktforschung

Die Mitgliedsorganisationen werden nach diesen Gruppen durch den Präsidialrat vertreten. Er hat die Stellung einer Mitgliederversammlung und wählt für die Dauer von drei Jahren aus seiner Mitte die 22 Mitglieder des Präsidiums. Aus diesen wiederum wählt die Präsidialversammlung den Präsidenten als Vorstand und vier Vizepräsidenten.

| Stand: April 2015

Die Präsidenten des ZAW seit 1949

- Hans Dürrmeier
  1949 bis 1953
- Dr. Wilhelm Tigges
  1953 bis 1971
- Dr. Dankwart Rost
  1971 bis 1977
- Paul Wiethoff
  1977 bis 1980
- Kurt Möck
  1980 bis 1983
- Dr. Helmut Sihler
  1983 bis 1986
- Jürgen Schrader
  1986 bis 1994
- Dr. Hans-Dietrich Winkhaus
  1994 bis 1997
- Dr. Manfred Lange
  1997 bis 2001
- Dr. Hans-Henning Wiegmann
  2001 bis 2007
- Dr. Michael Kern
  2007 bis 2013
- Andreas F. Schubert
  Seit 2013

Präsidium des ZAW

Präsident

Andreas F. Schubert	Vorsitzender Geschäftsführung aquaRömer GmbH & Co. KG

Vizepräsidenten

Jürgen Doetz	Stellv. Vorsitzender des Deutschen Werberats Bevollmächtigter des Vorstands Verband Privater Rundfunk und Telemedien e.V. (VPRT)
Gerald Odoj	Leiter Industry Communications Siemens AG
Rolf Wickmann	Rolf Wickmann MedienContor / Rolf Wickmann Consulting

Mitglieder

Jan Bayer	Vorstand WELT-Gruppe und Technik Axel Springer SE
Bernhard Cromm	Vorsitzender der ARD-Werbegesellschaften c/o hr werbung gmbh
Dr. Hans-Georg Eils	Geschäftsführung Technik und Logistik Karlsberg Brauerei GmbH
Wolf Ingomar Faecks	Geschäftsführer und Vice President SapientNitro Continental Europe
Stephan Nießner	Geschäftsführer Ferrero Deutschland GmbH
Wolfgang Poppen	Geschäftsführer Freiburger Druck GmbH & Co. KG
Christian Rose	Leiter Bereich Kommunikation und Wissen Deutscher Sparkassen Verlag GmbH
Florian Ruckert	Vorsitzender der Geschäftsführung RMS Radio Marketing Service GmbH & Co. KG

Thomas Ruhfus	Geschäftsführender Gesellschafter der Ruhfus Aussenwerbung GmbH + Co. KG und der Hellweg-Werbegesellschaft mbH + Co. KG
Stefan Rühling	Vorsitzender der Geschäftsführung Vogel Business Media GmbH & Co. KG
Elisabeth Schick	Senior Vice President Communications & Government Relations BASF SE
Patrick Tapp	Geschäftsführender Gesellschafter DIALOG FRANKFURT Marketingservices & Consulting GmbH
Dr. Michael Trautmann	Gründer und Vorstand thjnk ag
Michael Wiedmann	Senior Vice President und Head of Compliance METRO AG
Dr. Hans-Henning Wiegmann	Vorsitzender Deutscher Werberat
Martina Winicker	Geschäftsführerin IFAK Institut GmbH & Co. Markt- und Sozialforschung

Ehrenmitglieder

Dr. Dankwart Rost

Jürgen Schrader

| Stand: April 2015

Mitgliedsorganisationen des ZAW

274 ADM Arbeitskreis Deutscher Markt- und Sozialforschungsinstitute e.V.

275 Allianz Deutscher Produzenten – Film und Fernsehen e.V.
Sektion Werbung

276 Arbeitsgemeinschaft Abonnentenwerbung e.V. AGA

277 Arbeitsgemeinschaft Media-Analyse e.V. (agma)

278 ARD-Werbung SALES & SERVICES GmbH

279 Art Directors Club für Deutschland (ADC) e.V.

280 Bund für Lebensmittelrecht und Lebensmittelkunde e.V. (BLL)

281 Bundesverband der Arzneimittel-Hersteller e.V. (BAH)

282 Bundesverband der Deutschen Industrie e.V. (BDI)

283 Bundesverband der Deutschen Spirituosen-Industrie und -Importeure e. V. (BSI)

284 Bundesverband der Deutschen Süßwarenindustrie e.V. (BDSI)

285 Bundesverband der Systemgastronomie e.V. (BdS)

286 Bundesverband Deutscher Anzeigenblätter e.V. (BVDA)

287 Bundesverband Deutscher Zeitungsverleger e.V. (BDZV)

288 Bundesverband Digitale Wirtschaft (BVDW) e.V.

289 Bundesverband Druck und Medien e.V. (bvdm)

290 BVM Berufsverband Deutscher Markt- und Sozialforscher e.V.

291 DDV Deutscher Dialogmarketing Verband e.V.

292 DeTeMedien, Deutsche Telekom Medien GmbH

293 Deutscher Brauer-Bund e.V. (DBB)

294 Deutscher Lottoverband e.V.

295 Deutscher Sparkassen- und Giroverband e.V. (DSGV)

296 Deutscher Sportwettenverband e.V. (DSWV)

297 Deutscher Verband der Spielwarenindustrie e.V. (DVSI)

298 DZV Deutscher Zigarettenverband e.V.

299 FAW Fachverband Aussenwerbung e.V.

300 Fachverband für Sponsoring-Agenturen und Dienstleister e.V. (FASPO)

301 FDW Werbung im Kino e.V.

302 Gesamtverband Kommunikationsagenturen GWA e.V.

303 GWW Gesamtverband der Werbeartikel-Wirtschaft e.V.

304 Handelsverband Deutschland – HDE e.V.

305 Markenverband e.V.

306 Messe Frankfurt GmbH

307 OMG e.V. Organisation der Mediaagenturen

308 RMS Radio Marketing Service GmbH und Co. KG

309 [vdav] – Verband Deutscher Auskunfts- und Verzeichnismedien e.V.

310 VdR Verband der deutschen Rauchtabakindustrie e.V.

311 VDZ Verband Deutscher Zeitschriftenverleger e.V.

312 Verband der Deutschen Klassenlotterien e.V. (VDKL)

313 Verband Privater Rundfunk und Telemedien e.V. (VPRT)

314 VSA – Vereinigung Sportsponsoring-Anbieter e.V.

315 Wirtschaftsvereinigung Alkoholfreie Getränke e.V. (wafg)

316 ZDF Werbefernsehen GmbH

ADM Arbeitskreis Deutscher Markt- und Sozialforschungsinstitute e.V.

Der ADM vertritt und berät die privaten Markt- und Sozialforschungsinstitute. Dazu gehören die politische Interessenvertretung und die Selbstregulierung der Branche.

Aktuelles Kernthema in der kommerziellen Kommunikation
Durch die Digitalisierung der Gesellschaft verbreitert sich das Portfolio der Methoden und Techniken der Marktforschung. Das Internet und die Sozialen Medien gewinnen als Gegenstand und Instrument der Forschung an Bedeutung. Damit ist die Aufgabe verbunden, die Anwendungsmöglichkeiten dieses neuen Forschungsinstruments realistisch zu bewerten und die Beachtung der Qualitätskriterien empirischer Forschung sicherzustellen. Es müssen methodische und berufsethische Maßstäbe entwickelt werden, um die digitalen Forschungsinstrumente der Marktforschung dauerhaft zu etablieren.

Größte Herausforderung in der kommerziellen Kommunikation
Die Marktforschungsinstitute werden zunehmend damit konfrontiert, dass ihre Auftraggeber nicht nur anonymisierte Forschungsergebnisse sondern auch personenbezogene Informationen nachfragen. Auf personenbezogenen Daten basierende Dienstleistungen sind keine Forschung. Gleichwohl erfordert der Umgang mit diesen Daten Kenntnisse in den Methoden und Techniken empirischer Forschung. Anonyme Marktforschung und auf personenbezogenen Daten basierende Dienstleistungen müssen voneinander getrennt und die Notwendigkeit dieser Trennung kommuniziert werden.

ADM Arbeitskreis Deutscher Markt- und
Sozialforschungsinstitute e.V.

Langer Weg 18
60489 Frankfurt am Main

Telefon 069 97843136
Telefax 069 97843137

www.adm-ev.de
office@adm-ev.de

Allianz Deutscher Produzenten – Film und Fernsehen e.V.
Sektion Werbung

Die Produzentenallianz-Sektion Werbung ist die maßgebliche Interessenvertretung der kreativen Werbefilm- und Postproduzenten in Deutschland.

Aktuelles Kernthema in der kommerziellen Kommunikation
Die Sektion Werbung konnte 2014 ihre Mitgliederzahl auf über 50 Produktionsfirmen erhöhen und stellt ihre Arbeit damit auf eine noch solidere Basis. Die wachsende Mitgliederzahl zeigt neben dem Erfolg der bisherigen Verbandsarbeit das Interesse, dem Markt mit hoher Professionalität, verlässlichen Strukturen und Transparenz zu begegnen. Die Zusammenarbeit von Produktionen, Agenturen und Kunden soll dadurch weiter verbessert werden.

Größte Herausforderung in der kommerziellen Kommunikation
Die produktive Arbeitsbeziehung zwischen der Sektion Werbung und dem Forum Filmproduktion/GWA konnte 2014 konkrete Ergebnisse liefern: Die Arbeitsgruppen befassten sich mit den Themen Buyouts, Standards bei Pitches, Kalkulationen und Filmherstellungsverträgen. In diesem Jahr soll ein Leitfaden zum Digitalen Workflow erscheinen. Die Sektion wird auch das frühere Standardwerk „Werbefilme produzieren" in einer Neuauflage erscheinen lassen.

Allianz Deutscher Produzenten –
Film und Fernsehen e.V. Sektion Werbung

Hauptgeschäftsstelle Berlin
Kronenstraße 3
10117 Berlin

Telefon 030 20670880
Telefax 030 206708844

www.produzentenallianz.de
info@produzentenallianz.de

Arbeitsgemeinschaft Abonnentenwerbung e.V. AGA

Die AGA vereint Vertriebs-und Dienstleistungsunternehmen, Presseverlage sowie Partnerverbände zur Vertretung und Gestaltung gemeinsamer Interessen im Abonnementgeschäft.

Aktuelles Kernthema in der kommerziellen Kommunikation
Kernthema der AGA in der kommerziellen Kommunikation ist die rechtlich einwandfreie, zugleich aber auch praktikable Kundenansprache beim Vertrieb und bei der Verwaltung von Zeitungs- und Zeitschriftenabonnements, Buchmitgliedschaften, Familienschutz-Versicherungsverträgen und anderen Produkten , die im Abonnement vertrieben werden.

Größte Herausforderung in der kommerziellen Kommunikation
Die größte Herausforderung ist einerseits die Beibehaltung einer qualifizierten und damit nachhaltigen Kundenbeziehung, also die Wahrung von haltbaren Abonnementbeziehungen, angesichts gestiegener rechtlicher Anforderungen hinsichtlich Werbewegen, aber auch Informations-und Hinweispflichten. Andererseits bleibt aufgrund eines sich verschärfenden Wettbewerbs die Herausforderung, die Unternehmen zur Einhaltung nicht nur gesetzlicher, sondern auch eigener Regeln anzuhalten.

Arbeitsgemeinschaft Abonnentenwerbung e.V.
AGA

Beuckestraße 6
14163 Berlin

Telefon 030 80498568
Telefax 030 7001431323

www.aga-verband.de
info@aga-verband.de

Arbeitsgemeinschaft Media-Analyse e.V. (agma)

Die agma ist ein Zusammenschluss von mehr als 230 der bedeutendsten Unternehmen der Werbe- und Medienwirtschaft mit dem Ziel der Erforschung der Massenkommunikation.

Aktuelles Kernthema in der kommerziellen Kommunikation
Im Moment dominiert das Thema ma Intermedia PLuS. Die einzige Intermedia-Studie mit Währungscharakter hat durch die vollständige Ausweisung aller Mediengattungen – Zeitungen, Zeitschriften, Radio, Kino, TV, Plakat und Online – die strategische Planungshoheit erlangt. Die erfolgreiche Veröffentlichung der ersten ma Intermedia PLuS im Oktober 2014 ist ein Meilenstein. Die ma Intermedia PLuS wird sich in den nächsten Jahren durch die Integration der digitalen Angebote kontinuierlich weiterentwickeln.

Größte Herausforderung in der kommerziellen Kommunikation
Die Mediaforschung und mit ihr die agma stehen vor großen Herausforderungen. Die agma ist mit ihrer ma die Hüterin der Mediawährungen in Deutschland und muss es bleiben – ganz gleich, wie und wie schnell sich die Medienlandschaft und die Mediennutzung verändern. Das ist unser Auftrag. Die ma darf nicht zur Blackbox werden, nur weil die Forschungsverfahren aufwendiger und komplexer werden. Der schnelle Wandel der Mediennutzung und die damit verbundene Entwicklung der agma-Forschung erfordern eine noch intensivere Kommunikation, als es früher schon der Fall war.

Arbeitsgemeinschaft Media-Analyse e.V.
(agma)

Am Weingarten 25
60487 Frankfurt am Main

Telefon 069 156805-0
Telefax 069 156805-40

agma@agma-mmc.de
www.agma-mmc.de

ARD-Werbung SALES & SERVICES GmbH

Die ARD-Werbung SALES & SERVICES GmbH vermarktet für die Werbetöchter der ARD das Werberahmenprogramm im Ersten. Die AS&S Radio vermarktet den ARD-Hörfunk und private Radiosender.

Aktuelles Kernthema in der kommerziellen Kommunikation
Neben der unmittelbaren Vermarktungsarbeit ist die AS&S als Gemeinschaftseinrichtung der ARD-Werbetöchter im Gattungsmarketing der reichweitenstarken Medien – TV und Radio – engagiert. So unterstützt die AS&S über die Mitgliedschaften in AG.MA, AGF, EG.TA, TV Wirkungstag und als kooptiertes Mitglied bei TV.Wirkstoff die Gattungsarbeit der Branche. Im Radiomarkt geschieht dies neben der Arbeit innerhalb der EG.TA im Wesentlichen über die Gattungsinitiativen Audioeffekt und über das Sponsoring des Radio Advertising Summit.

Größte Herausforderung in der kommerziellen Kommunikation
Die AS&S verfügt mit TV und Radio über zwei starke Mediengattungen, die in ihrer DNA auch optimal für die digitale Zukunft gerüstet sind. Daher gilt es neben der Stärkung des klassischen Kerngeschäfts Hörfunk und Fernsehen dem Werbemarkt verlässliche und transparente Währungen zu bieten. Darüber hinaus wird die AS&S ihr medienpolitisches Engagement im Bereich der TV- und Radiovermarktung weiterverfolgen.

ARD-Werbung SALES & SERVICES GmbH

Bertramstraße 8/D-Bau
60320 Frankfurt/Main

Telefon 069 154240
Telefax 069 15424299

www.ard-werbung.de
info@ard-werbung.de

Art Directors Club für Deutschland (ADC) e.V.

Im ADC haben sich die führenden Köpfe der kreativen Kommunikation zusammengeschlossen. Der Club ist ein Verbund von Idealisten, für die Ideen und Innovationen der wertvollste Rohstoff einer Gesellschaft sind.

Aktuelles Kernthema in der kommerziellen Kommunikation
Mehr als 600 renommierte Designer, Journalisten, Architekten, Szenographen, Fotografen, Illustratoren, Regisseure, Komponisten, Produzenten und Werber sind Mitglieder des ADC. Einmal im Jahr veranstaltet der Club das ADC Festival, das mit über 13.000 Besuchern größte Treffen der Kreativbranche im deutschsprachigen Raum.

Größte Herausforderung in der kommerziellen Kommunikation
Ziel des ADC ist es, Maßstäbe für kreative kommunikative Exzellenz zu setzen und Unternehmen und Industrie zu bestärken, auf innovative Kommunikationslösungen zu setzen. Eines seiner Hauptanliegen ist außerdem die Förderung des kreativen Nachwuchses. Um diese Ziele zu erreichen, veranstaltet der ADC fortlaufend Kongresse, Seminare, Vorträge, B2B-Veranstaltungen und gibt diverse Publikationen heraus. Der ADC Wettbewerb und der ADC Nachwuchswettbewerb sind die wichtigsten und größten Kreativwettbewerbe im deutschsprachigen Raum.

Art Directors Club für Deutschland (ADC) e.V.

Franklinstraße 15
10587 Berlin

Telefon 030 59003100
Telefax 030 590031011

www.adc.de
adc@adc.de

Bund für Lebensmittelrecht und Lebensmittelkunde e.V. (BLL)

Der BLL repräsentiert als Spitzenverband die gesamte Lebensmittelkette von der Landwirtschaft über die Verarbeitung bis hin zu Handel und Gastronomie.

Aktuelles Kernthema in der kommerziellen Kommunikation
Die Europäische Kommission erarbeitet zurzeit einen „Action Plan on Childhood Obesity", um die steigende Übergewichtsprävalenz bei Kindern zu stoppen. Im Zuge dessen werden zahlreiche Maßnahmen vorgeschlagen, die unter anderem weitreichende Marketing- und Werbebeschränkungen für vermeintlich ungesunde Lebensmittel vorsehen. Der BLL betrachtet diese Entwicklung mit großer Sorge. Die Diskriminierung bestimmter Lebensmittel ist weder zielführend noch geeignet, das Übergewichtsproblem zu lösen.

Größte Herausforderung in der kommerziellen Kommunikation
Die größte Herausforderung wird für die Lebensmittelwirtschaft auch im kommenden Jahr der Bereich der gesundheitsbezogenen Werbung sein. Nachdem gut 230 Angaben zugelassen sind, bleibt die Formulierung zulässiger, zugleich origineller und bestenfalls auch noch attraktiver Gesundheitsbotschaften eine große Herausforderung. Das beweist die umfangreiche Rechtsprechung, die es hierzu schon gibt. Schwierig ist die Prognose zu den noch nicht bewerteten gesundheitsbezogenen Angaben zu Pflanzen und Pflanzeninhaltsstoffen (Botanicals), bei denen wohl auch in den kommenden 12 Monaten noch nicht entschieden werden wird, ob sie zulässig bleiben der nicht.

Bund für Lebensmittelrecht und
Lebensmittelkunde e.V. (BLL)

Claire-Waldoff-Str. 7
10117 Berlin

Telefon 030 2061430
Telefax 030 206143190

www.bll.de
bll@bll.de

Bundesverband der Arzneimittel-Hersteller e.V. (BAH)

Der BAH ist der mitgliederstärkste Branchenverband im deutschen Arzneimittelmarkt und als solcher ein kompetenter Ansprechpartner.

Aktuelles Kernthema in der kommerziellen Kommunikation
Der BAH hat im Berichtszeitraum 2014 eine Reihe von Gesetzesinitiativen mit Stellungnahmen begleitet. Den Fokus im Bereich der kommerziellen Kommunikation bildete u.a. die 3. Verordnung zur Änderung des LFGB. Der BAH verfolgt auch weiterhin die Auswirkungen der HWG-Novellierung, auch wenn sie bereits seit 2012 bzw. 2013 Bestand hat. Die gerichtlichen Auseinandersetzungen zu Fragen der Auslegung der novellierten HWG-Bereiche zeigen, dass hier stetig Rechtsfortbildung betrieben und notwendig sein wird.

Größte Herausforderung in der kommerziellen Kommunikation
Zur Identifizierung und Unterscheidung eines Arzneimittels von anderen Arzneimitteln und Produkten ist der Name unerlässlich. Dachmarkenstrategien und ihre Rechtmäßigkeit stehen nach wie vor im Fokus. Es verwundert daher nicht, dass Dachmarken und die jeweiligen Produkte im vergangenen Jahr 2014 häufig Gegenstand von Gerichtsverfahren waren. Der BAH macht auch weiterhin darauf aufmerksam, dass es bei der Beurteilung einer Irreführung den konkreten Einzelfall zu begutachten gilt.

Bundesverband der Arzneimittel-Hersteller e.V. (BAH)

Ubierstraße 71–73
53173 Bonn

Telefon 0228 957450
Telefax 0228 9574590

www.bah-bonn.de
bah@bah-bonn.de

Bundesverband der Deutschen Industrie e.V. (BDI)

Der BDI ist die Spitzenorganisation der deutschen Industrie und industrienahen Dienstleister. Er spricht für 36 Branchenverbände und mehr als 100.000 Unternehmen.

Aktuelles Kernthema in der Verbraucherpolitik
Wettbewerb um die besten Produkte sichert Eigenverantwortung, Fortschritt und Nachhaltigkeit. Permanenter Wettbewerb um die Gunst des Verbrauchers zwingt die Unternehmen, Produkte ständig zu überprüfen sowie Forschungsaktivitäten, Produktentwicklung und Preisgestaltung an den Wünschen der Verbraucher auszurichten. Dies ist der beste Verbraucherschutz. Der BDI setzt sich gegen Dirigismus ein – und für Rahmenbedingungen, die neue Absatzmärkte öffnen, Wachstum ermöglichen und nachhaltiges Wirtschaften durch Wettbewerb fördern.

Größte Herausforderung in der Verbraucherpolitik
Brüsseler Vorgaben sollten eins zu eins in nationales Recht übertragen und nicht als Mindestregeln gesehen werden, die es national zu übertreffen gilt. Die Umsetzung europäischer Vorgaben darf grundsätzlich nicht im Widerspruch zu nationalen Interessen stehen. Mehr Bürokratie und höhere Kosten für die Unternehmen wären ein erheblicher Wettbewerbsnachteil für deutsche Hersteller auf dem globalen Markt. Es ist der falsche Weg, vermeintlich ungesunde oder aus ethischen Gründen bedenkliche, legale Produkte anzuprangern oder zu verbieten. Grundlagen für Eigenverantwortung sind Aufklärung und Bildung. Verantwortungsbewusste Verbraucherpolitik muss hier ansetzen.

Bundesverband der Deutschen Industrie e.V. (BDI)

Breite Straße 29
10178 Berlin

Telefon 030 20280
Telefax 030 20282450

www.bdi.eu
info@bdi.eu

Bundesverband der Deutschen Spirituosen-Industrie
und -Importeure e. V. (BSI)

Der BSI vertritt die Interessen der in Deutschland ansässigen Spirituosen-Hersteller und -Importeure. Unsere Mitglieder repräsentieren rund 90 Prozent des Marktumsatzes.

Aktuelles Kernthema in der kommerziellen Kommunikation
Fairer Leistungswettbewerb, weniger Regulierung, weniger Bürokratie und mehr Freiraum für Unternehmer sowie Eigenverantwortung sind die zentralen Themen des BSI – in Bonn und Berlin sowie in Brüssel. Denn diese Themen durchziehen alle Bereiche unserer in erster Linie mittelständisch geprägten Branche: Berufsausbildung, Exportförderung, Technik, Forschung, Logistik, Umweltrecht, Lebensmittelrecht und Lebensmittelkennzeichnung, Steuerrecht, Marktanalysen, Wettbewerbsrecht sowie Gesundheitspolitik.

Größte Herausforderung in der kommerziellen Kommunikation
Der BSI wird sich weiter im gesellschaftlichen Dialog über den verantwortungsvollen Umgang mit alkoholhaltigen Getränken stark engagieren. Er hat dazu bereits 2005 den „Arbeitskreis Alkohol und Verantwortung (AAuV)" gegründet. Das Gremium entwickelt relevante und nachhaltige Präventions- und Selbstregulierungsmaßnahmen zum verantwortungsvollen Umgang mit alkoholhaltigen Getränken. Die Projekte werden von unabhängigen wissenschaftlichen Experten neutral begleitet. Die Branchenverantwortung steht auf drei Säulen: Präventionsmaßnahmen, Selbstregulierungen und Verbraucherinformationen.

Bundesverband der Deutschen Spirituosen-Industrie
und -Importeure e.V. (BSI)

Urstadtstraße 2
53129 Bonn

Telefon 0228 539940
Telefax 0228 5399420

www.bsi-bonn.de
info@bsi-bonn.de

Bundesverband der Deutschen Süßwarenindustrie e.V. (BDSI)

Der BDSI vertritt als Wirtschafts- und Arbeitgeberverband die Interessen der überwiegend mittelständischen Unternehmen der deutschen Süßwarenindustrie.

Aktuelles Kernthema in der kommerziellen Kommunikation
In der Politik sind vermehrt Tendenzen vorhanden, vom Leitbild des informierten, aufmerksamen und zur eigenen Entscheidung befähigten Verbrauchers abzurücken. Jedenfalls im Lebensmittelbereich besteht dafür kein Anlass, auch wenn im Koalitionsvertrag ein „differenziertes Verbraucherleitbild" vereinbart ist. Die Süßwarenbranche geht davon aus, dass der Verbraucher nach den Vorgaben der Lebensmittelinformations-Verordnung so umfassend informiert ist, dass er ohne weitere regulatorische Bevormundung seine Kaufentscheidung eigenständig treffen kann.

Größte Herausforderung in der kommerziellen Kommunikation
Eine Steuerung des Ess- oder Kaufverhaltens durch ein „wohlgemeintes" gesetzliches oder politisches Diktat – sei es bei der Produktplatzierung im Handel oder der Gestaltung von ansprechenden Produktverpackungen – ist aus Sicht des BDSI nicht zielführend und ist nicht Aufgabe der nationalen oder europäischen Politik. Der BDSI begrüßt es daher sehr, dass sich Bundesernährungsminister Schmidt klar gegen eine Bevormundung des Verbrauchers durch den Gesetzgeber ausgesprochen hat. Es bleibt zu hoffen, dass diese Aussage in der Praxis Bestand hat.

Bundesverband der Deutschen Süßwarenindustrie e.V. (BDSI)

Schumannstraße 4–6
53113 Bonn

Telefon 0228 260070
Telefax 0228 2600789

www.bdsi.de
bdsi@bdsi.de

Bundesverband der Systemgastronomie e.V. (BdS)

Der BdS ist als Arbeitgeber- und Wirtschaftsverband die umfassende Branchenvertretung der Systemgastronomie Deutschlands.

Aktuelles Kernthema in der kommerziellen Kommunikation
Gegenwärtig bewegen den BdS die politische Debatte um Hygiene-Ampeln für Gastronomiebetriebe sowie zahlreiche öffentliche Diskussionen, über Lebensmittel, deren Zusammensetzung und Herstellung. Hier engagiert sich der BdS für einen sachlichen und ausgewogenen Dialog.

Größte Herausforderung in der kommerziellen Kommunikation
Im Interesse eines effektiven Verbraucherschutzes müssen werbepolitische Überregulierungen auf deutscher und europäischer Ebene vermieden werden. Daher setzt sich der BdS auch 2014 dafür ein, dass im Focus aller gesetzlichen Überlegungen stets das Leitbild des mündigen Verbrauchers steht. Weitere Schwerpunkte bilden der Dialog innerhalb und entlang der gesamten Lebensmittelkette sowie die Attraktivität der Systemgastronomie als Arbeitgeber.

Bundesverband der Systemgastronomie e.V.
(BdS)

Wilhelm-Wagenfeld-Straße 18
80807 München

Telefon 089 30658790
Telefax 089 306587910

www.bundesverband-systemgastronomie.de
info@bundesverband-systemgastronomie.de

Bundesverband Deutscher Anzeigenblätter e.V. (BVDA)

Der BVDA vertritt die Interessen der Anzeigenblattverlage in Deutschland und ist Ansprechpartner für alle Fragen zur Gattung Anzeigenblatt.

Aktuelles Kernthema in der kommerziellen Kommunikation
Der BVDA präsentiert die Stärken der Gattung Anzeigenblatt aktiv in der allgemeinen Öffentlichkeit und in Fachmedien. Anzeigenblätter erzielen hohe Leserreichweiten und werden nahezu flächendeckend kostenlos an die Haushalte in Deutschland verteilt. Damit sind Anzeigenblätter höchst attraktive Werbeträger. Durch verschiedene Studien belegt der BVDA die Vorzüge der Gattung. Mit dem Planungstool „Advertizor" bietet der Verband zudem eine Lösung für effiziente, maßgeschneiderte Mediapläne.

Größte Herausforderung in der kommerziellen Kommunikation
Im zunehmend fragmentierten Werbemarkt besteht die Herausforderung für den BVDA darin, die Vorzüge der Gattung Anzeigenblatt gegenüber anderen Optionen wie z. B. Shopping-Apps oder lokalen Werbeformen im Rundfunk hervorzuheben. Werbung in Anzeigenblättern zeichnet sich durch sublokale Planbarkeit und geringe Streuverluste aus. Anzeigenblätter bieten durch die kostenlose Verteilung ein konstantes, niedrigschwelliges Angebot an die Verbraucher und sind damit für Werbekunden besonders attraktiv.

Bundesverband Deutscher Anzeigenblätter e.V. (BVDA)

Haus der Presse
Markgrafenstraße 15
10969 Berlin

Telefon 030 7262982818
Telefax 030 7262982800

www.bvda.de
info@bvda.de

Bundesverband Deutscher Zeitungsverleger e.V. (BDZV)

Als Spitzenorganisation der Zeitungsunternehmen in Deutschland steht der BDZV für die wirtschaftliche und politische Unabhängigkeit der Zeitungen und einen angemessenen Wettbewerb.

Aktuelles Kernthema in der kommerziellen Kommunikation
Unser aktuell wichtigstes werbewirtschaftliches Thema ist die Gesamtnettoreichweite. Zeitungen sind crossmediale Marken, die kanalübergreifend verstanden und bewertet werden müssen. Nur mit der Markenreichweite können Werbungtreibende und Agenturen einzelne Werbeträger und Mediengattungen angemessen vergleichen.

Größte Herausforderung in der kommerziellen Kommunikation
Die größte werberelevante Herausforderung in den nächsten zwölf Monaten ist die adäquate Bewertung der digitalen Werbung. Wir müssen die digitalen Kanäle und die Werbung darin noch besser verstehen und wirksamer nutzen. Etablierte Währungen wie die IVW-Zahlen oder die ag.ma-Reichweiten müssen zur Bewertung als Grundlage akzeptiert bleiben, um Werbeträgerdaten online und offline vergleichbar zu machen.

Bundesverband Deutscher Zeitungsverleger e.V. (BDZV)

Haus der Presse
Markgrafenstraße 15
10969 Berlin

Telefon 030 7262980
Telefax 030 726298299

www.bdzv.de
bdzv@bdzv.de

Bundesverband Digitale Wirtschaft (BVDW) e.V.

Der BVDW ist die zentrale Interessenvertretung für Unternehmen, die digitale Geschäftsmodelle betreiben und im Bereich der digitalen Wertschöpfung tätig sind.

Aktuelles Kernthema in der kommerziellen Kommunikation
Digitale Werbung und ihre zentralen Mehrwerte im intermedialen Wettbewerb sind maßgeblich daten- und technologiegetrieben. Insofern sind der Zugang zu sowie die Verfügbarkeit und die sinnvolle Nutzung von hochwertigen Daten aktuell das wichtigste Thema in der kommerziellen digitalen Kommunikation. Hier fordert und setzt sich der BVDW für eine ausgewogene Datenpolitik ein, die Datennutzung gezielt gefördert und zugleich wirksam mit einem hohen Datenschutzniveau für den Konsumenten harmonisiert.

Größte Herausforderung in der kommerziellen Kommunikation
Für den BVDW ist die größte Herausforderung in der kommerziellen Kommunikation die Erfassung, Abbildung, Sicherung und Optimierung endgeräte- und screenübergreifender Kontaktqualität digitaler Werbung im Hinblick auf Daten, Technologien, Inventar und Nutzerakzeptanz. Für jeden einzelnen dieser Schlüsselfaktoren gilt es, im Interessenausgleich zwischen Anbieter- und Nachfrageseite umfassende Transparenz zu schaffen und Standards für Leistungsnachweise festzulegen. OVK und FOMA arbeiten hierfür unter dem Dach des BVDW in zahlreichen Initiativen eng zusammen.

Bundesverband Digitale Wirtschaft (BVDW) e.V.

Berliner Allee 57
40212 Düsseldorf

Telefon 0211 6004560
Telefax 0211 60045633

www.bvdw.org
info@bvdw.org

Bundesverband Druck und Medien e.V. (bvdm)

bvdm.

Der Bundesverband Druck und Medien (bvdm) vertritt die Positionen der Druckindustrie gegenüber Politik, Verwaltung, Gewerkschaften und Forschungsinstituten.

Aktuelles Kernthema in der kommerziellen Kommunikation
Der bvdm macht sich für die Interessen der deutschen Druckindustrie stark. Zur Unterstützung insbesondere kleiner und mittelständischer Betriebe arbeitet er daran, wirtschaftsrelevante Rahmenbedingungen unternehmensfreundlicher zu gestalten. Allein durch die Energiepreise entstehen aktuell deutlich zu hohe Belastungen. Weiterhin begleitet der bvdm aktiv – sowohl auf EU- als auch auf Bundesebene – Gesetzgebungsverfahren, um z.B. die Werbefreiheit und die Möglichkeiten der individualisierten Verbraucherinformation zu erhalten.

Größte Herausforderung in der kommerziellen Kommunikation
Unsere Informationsgesellschaft ist im Wandel – die Druckindustrie stellt sich darauf ein. Auch wenn die Online-Kommunikation einige Märkte verändert – ablösen wird sie Print nicht. Ähnlich wie Elektrorasierer nicht die Nassrasur und Fernseher nicht das Kino versenkt haben. Qualitätszeitungen, Bücher und Zeitschriften haben ihren Markt. Und neben Papier werden auch Verpackungen, Folien, Metalle, Plastik, Tapeten Textilien etc. weiterhin bedruckt. Dem unbegründeten Abgesang auf die Druckindustrie – insbesondere durch manche Medien und Werber – entgegenzuwirken, ist also unsere Aufgabe Nummer 1.

Bundesverband Druck und Medien e.V.
(bvdm)

Friedrichstraße 194–199
40212 Düsseldorf

Telefon 0211 6004560
Telefax 0211 60045633

www.bvdw.org
info@bvdw.org

BVM Berufsverband Deutscher Markt- und Sozialforscher e.V.

Der BVM ist die wichtigste Interessenvertretung der Markt- und Sozialforscher in Deutschland: Er bietet zahlreiche Services, sichert Qualität und fördert Qualifikation.

Aktuelles Kernthema in der kommerziellen Kommunikation
Vernetzung und Digitalisierung haben das menschliche Verhalten drastisch verändert: Soziale Medien sind heute zentraler Bestandteil privater, öffentlicher und kommerzieller Kommunikation. Diesem Gesellschaftsphänomen begegnet der BVM, indem er sich dafür stark macht, dass die aktuellen „Hype"-Themen der Branche – Social Media-Analysen, mobile Marktforschung, Datenfusion/intelligente Datenverknüpfung „Big" Data – praxisgerecht und methodisch sauber im Alltag der Markt- und Sozialforschung eingesetzt werden.

Größte Herausforderung in der kommerziellen Kommunikation
Folge der Vernetzung ist eine permanent wachsende Flut von Konsumentendaten. Diese gilt es fundiert zu analysieren, um relevante Insights für eine erfolgreiche kommerzielle Kommunikation zu erhalten. Eine Herausforderung stellt dabei die Diskussion um die Anwendungsgebiete und ethischen Grenzen der „Vermessung" des Menschen durch Verhaltensdatensammlung dar, die weiter auf intensivem Niveau gepflegt werden muss. Hierbei gilt es, praxisgerechte und ethisch sinnvolle Regelungen für die Branche zu finden und umzusetzen.

BVM Berufsverband Deutscher Markt-
und Sozialforscher e.V.

Bundesgeschäftsstelle
Friedrichstraße 187
10117 Berlin

Telefon 030 49907420
Telefax 030 49907421

www.bvm.org
info@bvm.org

DDV Deutscher Dialogmarketing Verband e.V.

Der DDV ist einer der größten nationalen Zusammenschlüsse von Dialogmarketing-Unternehmen. Er vertritt Auftraggeber wie Dienstleister gleichermaßen.

Aktuelles Kernthema in der kommerziellen Kommunikation

Als Interessenvertretung von Adress- und Informationsdienstleistern, Unternehmen aus den Bereichen E-Mail, Direct-Mail, Call-Center-Services, Dialogmarketing- und Online-Agenturen sowie Werbungtreibenden ist die Reform des europäischen Datenschutzes eines der wichtigen Themen. In seiner politischen Arbeit will der Verband Politik und Wirtschaft dafür sensibilisieren, dass die geplanten Restriktionen die Existenz von Unternehmen und damit Arbeitsplätze gefährden. Weitere Themen sind Wettbewerbsrecht und Mindestlohn.

Größte Herausforderung in der kommerziellen Kommunikation

Größte Herausforderung ist, die Akzeptanz des Dialogmarketings als innovative, gesellschaftlich anerkannte und wirtschaftliche Form der Kommunikation zu stärken. Dabei setzt der DDV auf den kontinuierlichen Meinungsaustausch mit den Medien und politischen und administrativen Instanzen. Ziel ist es, die Instrumente des Dialogmarketings auch weiterhin in ihrer Vielfalt gestalten und einsetzen zu können, denn in diesen sieht der DDV den entscheidenden.
Wettbewerbsfaktor zur Individualisierung der Kommunikationsbeziehung.

DDV Deutscher Dialogmarketing Verband e.V.

Hasengartenstraße 14
65189 Wiesbaden

Telefon 0611 977930
Telefax 0611 9779399

www.ddv.de
info@ddv.de

DeTeMedien DeTeMedien, Deutsche Telekom Medien GmbH

DeTeMedien bietet Unternehmen als Mitherausgeber und -verleger von Das Telefonbuch, Gelbe Seiten und Das Örtliche zusammen mit seinen Partnern reichweitenstarke Werbemedien.

Aktuelles Kernthema in der kommerziellen Kommunikation
Heute sind wir stolz auf eine Gesamtreichweite von durchschnittlich über 65 Mio. Visits/Monat (IVW), über 12 Mio. App-Downloads und die bundesweite Präsenz unserer gedruckten Verzeichnisse. Unsere Medien sind für die lokale Wirtschaft unerlässlich, um sich ihren Kunden lokal vor Ort zu präsentieren. Gemeinsam mit unseren über 100 Partnerfachverlagen steht die konsequente Weiterentwicklung unserer Verzeichnisse als Multi-Channel Werbemedium zur Kundenakquise im Fokus.

Größte Herausforderung in der kommerziellen Kommunikation
Gemeinsam mit unseren Partnerfachverlagen werden wir unsere bestehenden Angebote sukzessive weiter ausbauen und besonders auf die Bedürfnisse der lokal werbetreibenden Unternehmen zuschneiden. Wir wollen dabei noch stärker alle medialen Anwendungen miteinander vernetzen. Die persönliche und kompetente Beratung von kleinen und mittelständischen Unternehmen durch unsere Partnerfachverlage vor Ort, aber auch deren direkter Draht zu bundesweit tätigen Unternehmen mit regionaler vertrieblicher Ausprägung, ist die Stärke unserer Partnerschaft.

DeTeMedien, Deutsche Telekom Medien GmbH

Wiesenhüttenstraße 18
60329 Frankfurt

Telefon 069 26820
Telefax 069 26821101

www.detemedien.de
info@detemedien.de

Deutscher Brauer-Bund e.V. (DBB)

Die deutschen Brauer
Deutscher Brauer-Bund e.V.

Der DBB, gegründet 1871, fördert als Spitzenverband der deutschen Brauwirtschaft den wirtschaftlichen, rechtlichen und technischen Erfahrungsaustausch.

Aktuelles Kernthema in der kommerziellen Kommunikation
Verantwortungsvolles Marketing ist dem Brauer-Bund in allen Medienbereichen ein großes Anliegen – von Print bis Online. Auch Aktivitäten in Sozialen Medien sind in den Verhaltensregeln des Deutschen Werberates eingeschlossen. Der DBB setzt sich für eine konsequente Umsetzung der Regeln ein, um die Freiheiten aller Formen kommerzieller Kommunikation in ihren klaren gesetzlichen wie freiwilligen Grenzen zu erhalten. Forderungen nach Einschränkungen begegnet der DBB im Rahmen eines sachlich geführten Dialogs, in dem das Bekenntnis zu gesellschaftlicher Verantwortung an erster Stelle steht.

Größte Herausforderung in der kommerziellen Kommunikation
Mit Besorgnis beobachtet der DBB die Diskussion über eine neue „Alkoholstrategie" der EU-Kommission. Sowohl von Seiten einiger Mitgliedsstaaten, als auch von Seiten des Europaparlamentes wurden Initiativen vorgestellt, die auf eine stärkere Regulierung abzielen, etwa durch Warnhinweise, Preiserhöhungen oder Verkaufsbeschränkungen. Dass es nicht nur in Deutschland bei der Bekämpfung des Alkoholmissbrauchs erfreulicherweise Erfolge gibt, wird in der Debatte leider häufig ausgeblendet.

Die deutschen Brauer
Deutscher Brauer-Bund e.V. (DBB)

Neustädtische Kirchstraße 7A
10117 Berlin

Telefon 030 2091670
Telefax 030 20916799

www.brauer-bund.de
info@brauer-bund.de

 Deutscher Lottoverband e.V.

Der Deutsche Lottoverband (DLV) vertritt seit 2006 die Interessen der führenden privaten deutschen Lotterievermittler und großen staatlichen Lotterieeinnehmer.

Aktuelles Kernthema in der kommerziellen Kommunikation
Die seit Februar 2013 gültige Werberichtlinie zum Glücksspielstaatsvertrag behindert eine verantwortungsvolle und angemessene Werbung. Sie stellt unverhältnismäßige Werbeverbote auf, sieht einen unzulässigen Zensurvorbehalt vor, verbietet die für Online-Vermittler essentiellen Online-Werbewege wie E-Mail-Kommunikation, belastet private Lotterievermittler mit überzogenen Hinweispflichten und errichtet für die private Vermittlung Vertrieb staatlicher Lotterieprodukte unzumutbare Hürden.

Größte Herausforderung in der kommerziellen Kommunikation
Der DLV setzt sich weiterhin dafür ein, das deutsche Glücksspielrecht europarechtskonform zu gestalten. So wird die EU-Kommission in 2014 ihre Empfehlungen zur Werbung für Online-Glücksspiel veröffentlichen. Diese werden Leitlinien für die Auslegung des bestehenden nationalen Rechts geben sowie Hinweise, ob die Regelungen des Glücksspieländerungsstaatsvertrags gegen vorrangiges EU-Recht verstoßen und angepasst werden müssen. Der DLV hat bereits gemeinsam mit anderen Organisationen bei der Kommission Beschwerden darüber eingereicht, dass das deutsche Glücksspielrecht das Gemeinschaftsrecht nicht beachtet.

Deutscher Lottoverband e.V.

Winterstraße 4–8
22765 Hamburg

Telefon 040 89003969
Telefax 040 87881411

www.deutscherlottoverband.de
info@deutscherlottoverband.de

Deutscher Sparkassen- und Giroverband e.V. (DSGV)

■ Finanzgruppe
Deutscher Sparkassen-
und Giroverband

Der DSGV vertritt als Dachverband die Interessen der Sparkassen-Finanzgruppe, organisiert die Willensbildung innerhalb der Gruppe und legt ihre strategische Ausrichtung fest.

Aktuelles Kernthema in der kommerziellen Kommunikation
In einem wettbewerbsintensiven Umfeld wird ein klares Markenprofil immer wichtiger. Der Deutsche Sparkassen- und Giroverband hat deshalb 2013 ein Markenprojekt angestoßen, das das Bild der Marke Sparkasse weiter schärfen soll. Die Positionierungen wurden in einer umfassenden Analyse und in einem intensiven Dialog mit den Sparkassen erarbeitet. Die neue Markenkampagne, eine Kombination von Image- und Produktflights über alle Kanäle, ist seit dem 3. Tertial 2014 on air.
Wir sagen selbstbewusst, wer wir sind und für was wir stehen. Wir machen den Unterschied zu unseren Wettbewerbern deutlich. Der Unterschied liegt in unserer Philosophie und in unseren Werten. Mit der Markenkampagne gehen wir einen ersten Schritt weg von der reinen Produkt-kommunikation hin zu mehr Menschlichkeit.

Größte Herausforderung in der kommerziellen Kommunikation
- Verknüpfung von Marketingkommunikation und PR
- Formulierung grundlegender Botschaften für das Content-Marketing und die
- Verlängerung in die sozialen Netzwerke

Deutscher Sparkassen- und Giroverband e.V.
(DSGV)

Charlottenstraße 47
10117 Berlin

Telefon 030 202250
Telefax 030 202255106

www.dsgv.de
info@dsgv.de

Deutscher Sportwettenverband e.V. (DSWV)

Der DSWV fordert eine wettbewerbsorientierte Regulierung von Sportwetten in Deutschland mit Rechtssicherheit für Anbieter und Verbraucher.

Aktuelles Kernthema in der kommerziellen Kommunikation
Der DSWV unterstützt die Verhaltensregeln des Deutschen Werberats, eine funktionierende Selbstverpflichtung der Wirtschaft. Der DSWV spricht sich gegen ein rechtlich fragwürdiges und praktisch kaum umsetzbares System der Sonderregulierung von Glücksspielwerbung durch eine Werberichtlinie aus. Auch deshalb setzen wir uns für eine Reform des derzeitigen Glücksspielstaatsvertrags ein.

Größte Herausforderung in der kommerziellen Kommunikation
Wichtigstes Anliegen des DSWV ist die Schaffung einer rechtssicheren Sportwetten-Regulierung in Deutschland. Bundesweit rechtswirksame Sportwetten-Lizenzen wurden noch nicht erteilt. Sie sind notwendige Voraussetzung, um Werbelizenzen zu beantragen, die letztlich dem Sport zu Sponsoring- und Werbeerträgen verhelfen. Der DSWV wird weiterhin auf den unhaltbaren Zustand der Glücksspielgesetzgebung hinweisen und den Gesetzgeber zur Bekämpfung von Schwarzmarkt und Spielmanipulation auffordern.

Deutscher Sportwettenverband e.V. (DSWV)

Haus der Bundespresssekonferenz
Schiffbauerdamm 40
10117 Berlin

Telefon 030 403 680 160
Telefax 030 403 680 170

www.dswv.de
kontakt@dswv.de

Deutscher Verband der Spielwarenindustrie e.V. (DVSI)

Der DVSI vertritt die Interessen von über 230 Herstellern, Händlern und Verlagen der Spielwarenindustrie in Deutschland und steht für mehr als 80 Prozent aller Unternehmen.

Aktuelles Kernthema in der kommerziellen Kommunikation
Die Diskussionen um die Werbung für Spielwaren, die an Kinder gerichtet ist, nehmen zu. Sie reichen von weiteren Einschränkungen der Werbung an Kinder generell, über Forderungen nach mehr „geschlechtsneutralem Spielzeug" bis zu Debatten über die Zunahme der Kommerzialisierung der kindlichen Welt. Um hier entgegenzuwirken, fokussiert der DVSI seine Kommunikation auf den Wert des Spielens und dessen große pädagogische Bedeutung für die Entwicklung der Kinder. Dazu gehört auch seine seit Jahren engagierte Unterstützung des Projekts „Spielen macht Schule".

Größte Herausforderung in der kommerziellen Kommunikation
Es werden zurzeit gesetzliche Vorlagen und Einschnitte in drei Feldern diskutiert: die Einschränkung der an Kinder gerichteten Werbung in TV & Internet in zeitlicher und inhaltlicher Hinsicht, Einschränkungen der personalisierten Werbung im Internet und die Beschränkung der geschlechterspezifischen Werbung/ Produkte für Kinder. Der DVSI wird sich weiter dafür einsetzen, dass die Spielwarenhersteller als verantwortungsvolle Unternehmen wahrgenommen werden, die die Selbstregulation durchsetzen und keine zusätzlichen gesetzlichen Vorschriften bei der Vermarktung ihrer Produkte benötigen.

Deutscher Verband der Spielwarenindustrie e.V. (DVSI)

Heinestraße 169
70597 Stuttgart

Telefon 0711 976580
Telefax 0711 9765830

www.toy.de
info@toy.de

DZV Deutscher Zigarettenverband e.V.

Der Deutsche Zigarettenverband versteht sich als zentraler Ansprechpartner für Politik, Wirtschaft und Medien rund um das Thema Rauchen und Zigarette.

Aktuelles Kernthema in der kommerziellen Kommunikation
Die Mitgliedsfirmen des DZV treten einig und im Bewusstsein ihrer Verantwortung für die Interessen der Zigarettenindustrie in Deutschland ein. Der DZV versteht sich auch als Interessenvertreter für die rund 20 Millionen Konsumenten von Tabakprodukten in Deutschland. Wir wollen ein respektvolles Miteinander von Rauchern und Nichtrauchern fördern. Wir glauben, dass mit gegenseitiger Rücksichtnahme und Toleranz viel erreicht werden kann.

Größte Herausforderung in der kommerziellen Kommunikation
Bis zum 20. Mai 2016 ist die neue EU-Tabakproduktrichtlinie, die u.a. verschärfte Regelungen zur Kennzeichnung und Gestaltung der Verkaufspackung vorsieht, in deutsches Recht umzusetzen. Ab diesem Zeitpunkt dürfen die Hersteller nur noch nach den neuen Bestimmungen produzieren und müssen ihre komplette Produktion umgestellt haben. Da die Hersteller dafür angemessene Vorlaufzeiten benötigen, fordert der DZV von der Politik frühzeitige Planungs- und Rechtssicherheit ein. Zu den Voraussetzungen gehört auch, dass von Seiten der EU-Kommission die fehlenden Durchführungsrechtsakte zu noch offenen Umsetzungsfragen schnellstmöglich erlassen werden.

DZV Deutscher Zigarettenverband e.V.

Unter den Linden 42
10117 Berlin

Telefon 030 8866360
Telefax 030 886636111

www.zigarettenverband.de
info@zigarettenverband.de

FAW Fachverband Aussenwerbung e.V.

Ziel des Fachverbands Aussenwerbung ist es, die Aussenwerbung zügig als modernes, wettbewerbsfähiges und intermedial vergleichbares Basismedium zu positionieren.

Aktuelles Kernthema in der kommerziellen Kommunikation
„AUSSENWERBUNG TRIFFT. JEDEN." Unter dieser Headline positioniert der Fachverband Aussenwerbung das einzigartige Leistungsprofil der Kommunikation im öffentlichen Raum und stärkt ihre Marktposition im intermedialen Wettbewerb. Die Gattungskampagne macht die Stärken von Out of Home-Medien in Verbindung mit der begleitenden Microsite unmittelbar erlebbar. Reichweiten- und Kontaktstärke, Planbarkeit, Vielfalt der Werbeformen, Nähe zum Verbraucher und vor allem Werbewirkung.

Größte Herausforderung in der kommerziellen Kommunikation
Die größte werberelevante Herausforderung des Fachverbands Aussenwerbung ist es, die Werbewirkung der Out of Home-Medien darzulegen und damit ihren Beitrag an Kommunikationsmaßnahmen werbungtreibender Unternehmen zu verdeutlichen. Darüber hinaus gilt es, die vielen positiven Ansätze und Erkenntnisse rund um die Aussenwerbung aufzubereiten und dem Werbemarkt anschaulich zur Verfügung zu stellen.

FAW Fachverband Aussenwerbung e.V.

Franklinstraße 62
60486 Frankfurt am Main

Telefon 069 7191670
Telefax 069 71916760

www.faw-ev.de
info@faw-ev.de

Fachverband für Sponsoring-Agenturen und Dienstleister e.V. (FASPO)

Der FASPO ist die die zentrale Interessenvertretung der Agenturen und Dienstleister im deutschsprachigen Sponsoring-Markt.

Aktuelles Kernthema in der kommerziellen Kommunikation
Der Sponsoring-Markt in Deutschland hat ein Volumen von mehr als 4,5 Mrd. Euro. Jedoch gibt es noch keine verbindlichen und von allen Marktteilnehmern anerkannten Regeln und Standards zu Bewertung von Sponsoring-Rechten. Nun gilt es einheitliche Standards in der Messbarkeit von Sponsoring-Maßnahmen zu schaffen und Akzeptanz bei externen Marktteilnehmern wie den Media-Agenturen zu finden. Wenn Sponsoring in Mediaplanungstools großer Agenturen auftaucht, wird Sponsoring den nächsten großen Entwicklungssprung machen.

Größte Herausforderung in der kommerziellen Kommunikation
Compliance verstehen und anwendbar machen – so lautet die zentrale Herausforderung für den FASPO und seine Arbeitsgruppe in den kommenden zwölf Monaten. Rechtsunsicherheit und komplexe Zusammenhänge reduzieren die Mehrwerte für Sponsoren und machen somit auch die Sponsoren-Akquise immer schwieriger. Internationale Organisationen wie die United Nations haben dies erkannt und versuchen globale Guidelines aufzusetzen. Solche Guidelines anwendbar zu machen, ist die große Herausforderung.

Fachverband für Sponsoring-Agenturen
und Dienstleister e.V. (FASPO)

Mittelweg 22
20148 Hamburg

Telefon 040 609 508 33

www.faspo.de
info@faspo.de

FDW Werbung im Kino e.V.

Seit 1950 ist der FDW Werbung im Kino e.V. die Branchenvertretung und der Fachverband seiner Mitgliedsunternehmen der Werbeverwaltungen und Spezialmittler für Kinowerbung.

Aktuelles Kernthema in der kommerziellen Kommunikation
Die Kinowerbung sieht sich in Deutschland aktuell mit sowohl werbepolitischen als auch technischen Herausforderungen konfrontiert. Beabsichtigte Werbeverbote auf nationaler und europäischer Ebene haben in den vergangenen Jahren zu Beschneidungen von Werbeetats und Werbeverzichten in den betroffenen Branchen geführt. Die technischen Entwicklungen der Vorführsysteme in Filmtheatern und die Abspielbarkeit digitaler und 3D-Formate erfordern die Pflege branchenvereinheitlichender Standards um die Einschaltungen bundesweit sicherzustellen.

Größte Herausforderung in der kommerziellen Kommunikation
Die wissenschaftlich belegte hohe Werbewirkung und Akzeptanz ist eine Kernkompetenz der Kinowerbung in Deutschland. Es gilt diesem Alleinstellungsmerkmal des Mediums Kinowerbung im Medienmix erneut mehr Geltung zu verschaffen. Daneben hat die Einführung des punktgenauen Buchungs- und Abrechnungssystems „Cinema Reloaded" das Medium Kinowerbung erfolgreich auf eine neue Grundlage gestellt. Es gilt diese Systeme auch an zukünftige Möglichkeiten der Vernetzung digitaler Vorführung laufend anzupassen und junge Werbeformate zu integrieren.

FDW Werbung im Kino e.V.

Taubenstraße 22
40479 Düsseldorf

Telefon 0211 1640733
Telefax 0211 1640833

www.fdw.de
info@fdw.de

Gesamtverband Kommunikationsagenturen GWA e.V.

Der Gesamtverband Kommunikationsagenturen GWA e.V. spricht für die Agenturbranche gegenüber Wirtschaft, Politik und Öffentlichkeit.

Aktuelles Kernthema in der kommerziellen Kommunikation
Die Agenturbranche befindet sich inmitten eines gravierenden Transformationsprozesses. Die Digitalisierung der Marketingkommunikation verändert die Geschäftsmodelle und die Wettbewerbssituation der Agenturen. Das betrifft Nutzenversprechen, Wertschöpfungsarchitektur und Ertragsmodelle gleichermaßen. Der Nachweis des Erfolgsbeitrages von Marketingkommunikation wird zunehmend wichtiger. Mit der wachsenden Bedeutung digitaler Kommunikation nimmt auch der Bedarf an ausgebildetem Nachwuchs zu. Hier mangelt es an entsprechenden Ausbildungsstätten.

Größte Herausforderung in der kommerziellen Kommunikation
Eine wesentliche Herausforderung besteht in der Kommunikation des Wertbeitrages der Agenturleistung gegenüber Werbungtreibenden, Nachwuchskräften, Mitarbeitern in Agenturen, aktuellen und zukünftigen Mitgliedern sowie der Politik. Marketingkommunikation wird in diesem Zusammenhang als strategische Aufgabe gesehen. Der GWA Effie leistet bei diesem Thema bereits einen wesentlichen Beitrag.

Gesamtverband Kommunikationsagenturen
GWA e.V.

Neue Mainzer Straße 22
60311 Frankfurt

Telefon 069 2560080
Telefax 069 236883

www.gwa.de
info@gwa.de

GWW Gesamtverband der Werbeartikel-Wirtschaft e.V.

Der GWW e.V. engagiert sich gegenüber Gesellschaft, Wirtschaft, Politik und Medien für optimale Rahmenbedingungen für die Werbeartikel-Branche und die Interessen seiner Mitglieder.

Aktuelles Kernthema in der kommerziellen Kommunikation
Als große, leistungsfähige Verbandsorganisation setzt sich der GWW dafür ein, die steuerlichen Diskriminierungen von Werbeartikeln zu beseitigen. Im Zentrum steht die Anerkennung vom Werbeartikel-Einsatz als Betriebsausgabe und damit die Gleichbehandlung mit anderen Werbeformen.

Größte Herausforderung in der kommerziellen Kommunikation
Das Schritthalten mit den gravierenden und permanenten Veränderungen der Rahmenbedingungen in unserer Branche durch immer neue rechtliche Verordnungen auf Landes-, Bundes- und europäischer Ebene. Pro-aktive Initiativen, wie fundierte Marktanalysen und Werbewirkungsstudien sowie die Sicherung und Weitergabe valider Ergebnisse über die Leistungsfähigkeit der von uns vertretenen Werbeform sollen die Bedeutung im Kommunikationsmix weiter verbessern.

GWW Gesamtverband der
Werbeartikel-Wirtschaft e.V

Wilhelminenstraße 47
64283 Darmstadt

Telefon 06151 6609984
Telefax 06151 6600178

www.gww.de
info@gww.de

Handelsverband Deutschland – HDE e.V.

Der HDE ist die Spitzenorganisation des deutschen Einzelhandels und vertritt die Interessen der Branche gegenüber Politik und Öffentlichkeit.

Aktuelles Kernthema in der kommerziellen Kommunikation
Der Einzelhandel steckt mitten in einem tiefgehenden Strukturwandel. Der E-Commerce boomt. Die Umsätze im deutschen Online-Handel wachsen Jahr für Jahr zweistellig. In einem ansonsten stagnierenden Markt machte der Online-Handel zwischen 2010 und 2015 ein Umsatzplus von 82 Prozent. Das Zukunftsmodell für die Branche heißt Multichannel-Handel. Dieser kanalübergreifende Ansatz – also die Verknüpfung von On- und Offline – trifft auch den Bereich Werbung.

Größte Herausforderung in der kommerziellen Kommunikation
Steuern, Abgaben und der flächendeckende, einheitliche Mindestlohn sind Risiken für die Händler und den Konsum in Deutschland. Die Verbraucher werden insbesondere durch die ungerechte kalte Progression belastet. Für die Unternehmen gehen im aktuellen Strukturwandel der Branche die Hinzurechnungen bei der Gewerbesteuer oft an die Substanz. Die Politik muss wieder wachstumsfreundlicher werden. Die Digitalisierung hat einen der größten Umbrüche in der Geschichte des Einzelhandels ausgelöst, jetzt braucht es die richtigen Rahmenbedingungen.

Handelsverband Deutschland – HDE e.V.

Am Weidendamm 1A
10117 Berlin

Telefon 030 7262500
Telefax 030 72625099

www.einzelhandel.de
hde@einzelhandel.de

Markenverband e.V.

Seit 1903 ist der Markenverband die Stimme der Markenwirtschaft in Deutschland und vertritt eine klare ordnungspolitische Linie gegenüber der Politik in Berlin und Brüssel.

Aktuelles Kernthema in der kommerziellen Kommunikation
Der Markenverband setzt sich dafür ein, dass Kommunikation von Unternehmen und Marken alle Bevölkerungsgruppen erreichen kann, auch und besonders über den öffentlich rechtlichen Rundfunk. Hier darf es keine Werbe- und Sponsoringverbote geben. Auch dürfen Verbraucher, die neue Kommunikationskanäle wie das Internet nutzen, nicht diskriminiert und durch einen überschießenden Datenschutz von Unternehmensinformationen abgeschnitten werden.

Größte Herausforderung in der kommerziellen Kommunikation
Die freie und eigenverantwortliche Entscheidung des Bürgers wird als Element des freien Wettbewerbs immer weniger akzeptiert und respektiert. Zur Förderung dieses Leitbildes setzt sich der Markenverband dafür ein, dass qualifizierte Verbraucherinformation vorangetrieben wird. Regulatorische Maßnahmen, die in ihrer Auswirkung die Orientierung der Verbraucher negativ beeinflussen und den Wettbewerb zerstören, haben zu unterbleiben. Der Markenverband wendet sich gegen weitere Kommunikationsrestriktionen für alle Arten von Produkten, lehnt übertriebene Eingriffe in die Produktgestaltung und ausufernde Informationspflichten ab.

Markenverband e.V.

Unter den Linden 42
10117 Berlin

Telefon 030 2061680
Telefax 030 206168777

www.markenverband.de
info@markenverband.de

messe frankfurt Messe Frankfurt GmbH

Die Messe Frankfurt ist das erfolgreichste und profitabelste Messeunternehmen in Deutschland und der weltweit größte Messeveranstalter mit eigenem Gelände.

Aktuelles Kernthema in der kommerziellen Kommunikation
Die Messe Frankfurt zählt mit ihren Online-Angeboten zu den führenden Unternehmen der Branche. Unter der Marke Dexperty bündelt sie ein vielfältiges Entwicklungs- und Leistungsportfolio für Messen, Kongresse und Veranstaltungen aller Art und führt so mit maßgeschneiderten Networking-Plattformen Angebot und Nachfrage ihrer Kunden rund um die Uhr und weltweit zusammen. Als erste Messegesellschaft ist das Unternehmen seit 2013 zertifizierter AdWords Premium KMU Partner von Google™ in Deutschland.

Größte Herausforderung in der kommerziellen Kommunikation
Die Messe Frankfurt hat sich 2014 strategisch und finanziell weiterentwickelt und ihre Marktposition in der Spitzengruppe des weltweiten Wettbewerbs ausgebaut. Die Weiterentwicklung bestehender Geschäfts- und Kompetenz- felder, weiteres Wachstum im In- und Ausland sowie der Ausbau des Portfolios stehen im Mittelpunkt der strategischen Ausrichtung. Neben der Fortsetzung seiner Service- und Dienstleistungsoffensive wird das Unternehmen weiter in den Standort Frankfurt investieren.

Messe Frankfurt GmbH

Ludwig-Erhard-Anlage 1
60327 Frankfurt am Main

Telefon 069 75750
Telefax 069 75756433

www.messefrankfurt.com
info@messefrankfurt.com

OMG e.V. Organisation der Mediaagenturen

Der OMG betont die allumfassende Rolle der Mediaagenturen in Deutschland als Architekt und Lotse in der sich ständig wandelnden analogen wie digitalen Werbe- und Kommunikationslandschaft.

Aktuelles Kernthema in der kommerziellen Kommunikation
Die medial-strukturelle Konvergenz der Medien und Werbeträger hat zu einer Vielzahl neuer Werbeformen geführt, die das Spektrum kommerzieller Kommunikation insbesondere in der digitalen Welt erheblich erweitert hat. Diese Entwicklung nicht nur zu begleiten sondern auch mitzugestalten erfordert ein hohes Maß an strategischen Fähigkeiten, technologischer Expertise und unternehmerischem Gestaltungs- und Investitionswillen. Die Mediaagenturen haben sich diesem Kernthema konsequent verschrieben und ihr Dienstleistungsangebot mit technischen und kreativ-inhaltlichen Kompetenzen entsprechend erweitert.

Größte Herausforderung in der kommerziellen Kommunikation
Nicht nur das Schritthalten mit der neuen datentechnischen Entwicklung („big data") gestaltet sich als Herausforderung, sondern diese mit eigenen Innovationen weiter nach vorne zu treiben. Fundierte Analysen und Consumer Insights aus gigantischen Datensätzen verbunden mit Realtime-Advertsing-Maßnahmen stellen eine große Herausforderung dar und erfordern zur Sicherung valider Ergebnisse interdisziplinäres fachspezifisches Know-how auf verschiedensten Ebenen. Deshalb engagiert sich der OMG mit seinen Experten proaktiv in den dafür vorgesehenen Gremien und Arbeitsgruppen.

OMG e.V. Organisation der Mediaagenturen

Am Bonifatiusbrunnen 109
60438 Frankfurt am Main

Telefon 069 68099742
Telefax 069 68099741

www.omg-mediaagenturen.de
info@omg-mediaagenturen.de

RMS Radio Marketing Service GmbH und Co. KG

Als führender Audiovermarkter hat RMS das größte nationale Angebot aus 156 privaten Radiosendern sowie führenden Webradios und mobilen Apps.

Aktuelles Kernthema in der kommerziellen Kommunikation
Das Thema Konvergenz steht für die Gattung klar im Fokus. Audio wird in diesem Jahr als erste Gattung mit einer Konvergenzwährung in den Markt gehen. Damit können wir die Reichweiten aus UKW und Online Audio in Summe planerisch darstellen. Auf dieser Basis können Werbekunden und Agenturen das Potential konvergenter Audiokampagnen für ihre Kommunikation verlässlich bewerten. Das verschafft der Gattung einen klaren Vorsprung im intermedialen Vergleich.

Größte Herausforderung in der kommerziellen Kommunikation
„Mobile is the new normal" – diese Entwicklung und die Frage, wie mobile Zielgruppen zu erreichen sind, gewinnen an Relevanz für Kunden und Agenturen. Denn die konsumstarke „Generation Kopfhörer" wächst dynamisch: Laut VuMA 2015 nutzen 14,3 Mio. Menschen Medienangebote über ihr Smartphone – das sind knapp 40% mehr zum Vorjahr, Tendenz steigend. Mit Audiokampagnen erreicht man diese Zielgruppe am effektivsten, da Audiospots – anders als visuelle Werbemittel – auch wahrgenommen werden, wenn das Smartphone in der Tasche steckt.

RMS Radio Marketing Service GmbH und Co. KG

Moorfuhrtweg 17
22301 Hamburg

Telefon 040 23890600
Telefax 040 23890690

www.rms.de
service@rms.de

[vdav] – Verband Deutscher Auskunfts- und Verzeichnismedien e.V.   [*vdav*]

Über 150 meist mittelständische Medienunternehmen bilden den [vdav], den Wirtschaftsverband für lokale Suche, Marktkommunikation und -information in Deutschland.

Aktuelles Kernthema in der kommerziellen Kommunikation
Viele rechtliche Rahmenbedingungen für Verzeichnismedien stammen in Deutschland aus einer Zeit, in der die Kommunikation allein über das Festnetz abgewickelt wurde. Mobile- und Online-Medien, neue Angebote wie WhatsApp, Skype oder Facebook haben die Kommunikation vollkommen verändert. Die gesetzlichen Rahmenbedingungen sind jedoch unverändert. Gleiche, zukunftsfähige Bedingungen für alle Marktteilnehmer und eine offene Kommunikationslandschaft sind für eine zukunftsfähige, offene und zuverlässige Informationsgesellschaft heute wichtiger denn je.

Größte Herausforderung in der kommerziellen Kommunikation
Die Anpassung der Medienangebote an das multimediale und zunehmend mobilere Nutzungsverhalten aller Ziel- und Nutzergruppen. Relevante Informationen und Daten weit über die Telefonnummer hinaus erfordern heute eine intensive Recherche, um dem steigenden Informationsbedürfnis der Nutzer gerecht zu werden. Moderne mediengerechte Präsentationsmöglichkeiten müssen erfolgreich umgesetzt werden und dem Werbetreibenden in einem hoch kompetitiven Umfeld jederzeit einen nachvollziehbaren ROI für sein Investment bieten.

[vdav] – Verband Deutscher Auskunfts-
und Verzeichnismedien e.V.

Heerdter Sandberg 30
40549 Düsseldorf

Telefon 0211 5779950
Telefax 0211 57799544

www.vdav.de
info@vdav.org

VdR Verband der deutschen Rauchtabakindustrie e.V.

Der VdR vertritt Hersteller und Distributeure von Feinschnitt, Pfeifentabak, Kau- und Schnupftabak sowie Importeure von Zigarren/Zigarillos gegenüber Politik, Behörden und Medien.

Aktuelles Kernthema in der kommerziellen Kommunikation
Der VdR spricht sich dafür aus, dass für legale Produkte auch in angemessener Weise geworben werden darf. Da es sich bei Feinschnitt, Pfeifentabaken und Zigarren/Zigarillos um beratungsintensive Produkte für erwachsene Konsumenten handelt, dienen Medienberichte über Tabakerzeugnisse, insbesondere in Fachzeitschriften, dem Informationsanspruch der Konsumenten. Diese sollten auch in Zukunft zulässig sein. Daneben ist die Produktwerbung am Point of Sale sowie der Markenbezug von großer Bedeutung.

Größte Herausforderung in der kommerziellen Kommunikation
Als größte aktuelle Herausforderung sehen wir die Umsetzung der EU-Tabakproduktrichtlinie. Mit Bildwarnhinweisen von 65 Prozent der Vorder- und Rückseite sowie weiteren Warnhinweisen auf den Innenseiten bei Feinschnittpackungen werden Markenrechte deutlich beeinträchtigt und die für Produktinformation und Werbung relevante Fläche auf den Verpackungen massiv eingeschränkt. Besonders einschneidend ist das Verbot von Produktbeschreibungen bei Pfeifentabaken und von Produktnamen, die einen „gesellschaftlichen Nutzen" suggerieren könnten.

VdR Verband deutscher Rauchtabakindustrie e.V.

Rheinallee 25b
53173 Bonn

Telefon 0228 934460
Telefax 0228 9344620

www.verband-rauchtabak.de
info@verband-rauchtabak.de

VDZ Verband Deutscher Zeitschriftenverleger e.V.

Der VDZ ist die Interessenvertretung von über 450 meist mittelständischen Verlagen. Zudem ist er moderne Knowhow-Plattform zur Unterstützung der Branche im Medienwandel.

Aktuelles Kernthema in der kommerziellen Kommunikation
Wir kämpfen gegen weitere Werbebeschränkungen, wir kämpfen gegen den Trend, die Menschen immer mehr vor sich selbst schützen zu wollen. Ein weiteres zentrales Thema ist die EU-Datenschutznovelle. Wir werden alles dafür tun, dass die Geschäftsmodelle der Verlage nicht ruiniert und die freie Berichterstattung nicht eingeschränkt wird. Schließlich ist das Thema technologieneutrale Presse wichtig. Die digitale Presse muss genauso behandelt werden wie Print. Und deshalb muss auch die Mehrwertsteuer plattformunabhängig sieben Prozent betragen.

Größte Herausforderung in der kommerziellen Kommunikation
Wir sind uns des Wertes der freien Presse unter dramatischen Umständen bewusst geworden. Sie ist aber nicht nur durch Diktaturen und Fanatiker bedroht, sondern auch durch Entwicklungen zu Monopolen. Die digitale Ökonomie begünstigt mit ihren Netzwerkeffekten Plattformmonopole. Hier muss wenigstens das Verbot des Missbrauchs solcher Monopole effektiv sein. Es muss dem Monopolisten verboten sein, eigene Angebote gegenüber Drittangeboten zu bevorzugen oder Drittangebote zu benachteiligen. Die EU-Kommission sollte das Kartellverfahren nun rasch zu Ende zu bringen, und auch Deutschland kann gegen den Missbrauch von Marktmacht eigene Regeln vorsehen.

VDZ Verband Deutscher Zeitschriftenverleger e.V.

Haus der Presse
Markgrafenstraße 15
10969 Berlin

Telefon 030 726298101
Telefax 030 726298103

www.vdz.de
info@vdz.de

Verband der Deutschen Klassenlotterien e.V. (VDKL)

Der Verban der Deutschen Klassenlotterien e.V. vertritt die Interessen der Staatlichen Lotterie-Einnehmer der Gemeinsamen Klassenlotterie (GKL) mit knapp 100 Mitgliedern im Mittelstand.

Aktuelles Kernthema in der kommerziellen Kommunikation
Das vornehmliche Ziel des VDKL ist die Interessenvertretung des Berufsstandes, insbesondere die Stärkung der Klassenlotterien in Deutschland. Seit Installierung des Glücksspielstaatsvertrages stehen weitere Interessen an:
- die Stabilisierung eines modernen und regulierten Glücksspiels in Deutschland,
- die Schaffung einer angemessen Kanalisierung des Glücksspiels,
- die Gestaltung effektiver Maßnahmen zum Spielerschutz,
- die Optimierung des Verbraucherschutzes,
- die Verbesserung der Lotteriesteuer-Einnahmen für die Bundesländer,
- die Pflege des politischen Interessenaustausches.

Größte Herausforderung in der kommerziellen Kommunikation
Die Werberichtlinie zum Glücksspielstaatsvertrag beeinträchtigt die Tätigkeit und Erträge der Klassenlotterien im Verhältnis zum geringen Suchtpotenzial derer Produkte unangemessen stark und beschädigt die Branche daher unverhältnismäßig. Der VDKL setzt sich für eine maßvolle Regulierung des Marktes ein, indem die Werbebeschränkungen und ordnungsrechtlichen Pflichten erheblich gelockert werden. Ferner steht der VDKL für ein europarechtskonformes Glücksspiel.

Verband der Deutschen Klassenlotterien e.V. (VDKL)

Bismarckstraße 63
12169 Berlin

Telefon 030 85771050
Telefax 030 85771011

www.vdkl.org
info@vdkl.org

Verband Privater Rundfunk und Telemedien e.V. (VPRT)

Der VPRT vertritt die Interessen der privaten Rundfunk- und Telemedienunternehmen und ihrer TV-, Radio- und Multimediaangebote.

Aktuelles Kernthema in der kommerziellen Kommunikation
Das zentrale werbewirtschaftliche Anliegen im ZAW ist die Schaffung fairer und freiheitlicher Wettbewerbsbedingungen im Werbemarkt. Dazu gehören neben der Anpassung der Regulierung an die veränderten Erfordernisse in einer konvergenten Medien- und Werbewelt auch die Förderung von Selbstregulierungsmodellen und die Vermeidung von Werberestriktionen. Ein besonders aktuelles Anliegen ist dabei die Erreichung eines maßvollen Ausgleichs in der Debatte um Datenschutz und Onlinewerbung, um Wertschöpfung im digitalen Umfeld ermöglichen.

Größte Herausforderung in der kommerziellen Kommunikation
Eine der großen Herausforderungen besteht darin, gegenüber der Politik ein besseres Verständnis für die komplexen Sachverhalte zu schaffen, mit denen sich die Werbewirtschaft zu beschäftigen hat – etwa in den Bereichen konvergente Medienordnung, Datenschutz oder Werbung auf illegalen Plattformen im Internet – und damit die Einsatzbereitschaft der politischen Entscheidungsträger für die werbewirtschaftlichen Anliegen zu fördern. Dabei gilt es, sich für ein Bild des mündigen Verbrauchers einzusetzen und vorschnellen politischen Aktionismus in Werbefragen zu vermeiden.

Verband Privater Rundfunk und Telemedien e.V.
(VPRT)

Stromstraße 1
10555 Berlin

Telefon 030 398800
Telefax 030 39880148

www.vprt.de
info@vprt.de

VSA – Vereinigung Sportsponsoring-Anbieter e.V.

Unser Antrieb: Das Sportsponsoring weiter zu professionalisieren und Transparenz zu fördern.

Aktuelles Kernthema in der kommerziellen Kommunikation
Die Entwicklung der digitalen Medien unterstreicht das Potential und die Wirkungsvielfalt des Sportsponsorings. Der Sport liefert emotionsgeladenen Content, über den durch vernetzte Kommunikationsmaßnahmen die Zielgruppen direkt in allen Kanälen und wirkungsvoll erreicht werden. Die professionelle Entwicklung innovativer und ideenreicher Kommunikationsformate ist eine ebenso spannende Herausforderung wie die rechtliche Bewertung und Einordnung der damit einhergehenden Fragen und deren politische Diskussion.

Größte Herausforderung in der kommerziellen Kommunikation
Zur Stärkung des Sportsponsorings als Kommunikationselement setzen wir uns intensiv mit dem Feld der Wirkungsforschung auseinander. Neben dem Sponsoring unterstützen Einnahmen aus dem Glücksspiel den Profi- und Breitensport, wobei Potentiale dieses Segments aktuell nicht ausgeschöpft werden können. Die Diskussionen um den Glücksspielstaatsvertrag und die langwierigen Prozesse der Entscheidungsfindung bei der Vergabe der Glücksspiellizenzen wirken einer positiven Entwicklung zum Wohle des Sports entgegen.

VSA – Vereinigung Sportsponsoring-
Anbieter e.V.

Behrenstraße 24
10117 Berlin

Telefon 030 206787590
Telefax 030 206787599

www.vsa-ev.de
info@vsa-ev.de

Wirtschaftsvereinigung Alkoholfreie Getränke e.V. (wafg)

Die wafg vertritt seit über 130 Jahren konstruktiv die Interessen der Unternehmen der Erfrischungs-getränke-Industrie in Deutschland.

Aktuelles Kernthema in der kommerziellen Kommunikation
Über den EU-Dachverband UNESDA gibt es für wichtige werbetreibende Unternehmen der Branche klare „Commitments" zur verantwortlichen Gestaltung von Werbung und Marketing. Ein konkretes Beispiel betrifft die Vermarktung von Energydrinks. Ebenso sind Grenzen für die Ansprache von Kindern auf dieser Basis klar definiert. Die unter dem Dach des ZAW erstellten Spielregeln für verantwortungsvolle Werbung bei Lebensmitteln sind ebenfalls ein wichtiger Baustein. Dagegen wendet sich die wafg strikt gegen Werbeverbote.

Größte Herausforderung in der kommerziellen Kommunikation
Die bestehenden UNESDA-Commitments sollen auch auf der nationalen Ebene noch stärker im Bewusstsein der gesellschaftlich relevanten Akteure als funktionierende „Leitplanken" für die Umsetzung verankert werden. Zudem gilt es weiterhin mit allem Nachdruck für den Erhalt der Werbefreiheit einzustehen, damit nicht – wie in aktuellen Plänen auf EU-Ebene – die unverzichtbare Kommunikation zwischen Unternehmen und Kunden durch überzogene Regularien und auf mehr als fragwürdiger Grundlage unmöglich gemacht wird.

Wirtschaftsvereinigung
Alkoholfreie Getränke e.V. (wafg)

Monbijouplatz 11
10178 Berlin

Telefon 030 2592580
Telefax 030 25925820

www.wafg.de
mail@wafg.de

ZDF Werbefernsehen GmbH

Die ZDF Werbefernsehen GmbH ist eine 100%ige Tochter des ZDF und für dessen Vermarktung von Werbezeiten und Sponsoring zuständig.

Aktuelles Kernthema in der kommerziellen Kommunikation
Das ZDF Werbefernsehen hat mit seiner Kampagne „Die neue Primetime" eine große Resonanz im Markt erzielen können. Grundlage hierfür sind die Investitionen des ZDF in sein Vorabendprogramm, die zu konstant hohen Leistungswerten geführt haben. 2015 wird das ZDF Werbefernsehen seine Kommunikationsoffensive fortsetzen.

Größte Herausforderung in der kommerziellen Kommunikation
Dem ZDF Werbefernsehen ist es in den vergangenen beiden Jahren gelungen, seine durch den Rundfunkstaatsvertrag beschränkten Werbeplätze vollständig zu verkaufen. Dies bedeutet eine signifikante Entlastung des Etats des ZDF und ist ein wichtiger Beitrag zur Stabilität des öffentlich-rechtlichen Rundfunkbeitrags. Eine solche Vollauslastung auch 2015 zu erzielen, wird für das ZDF Werbefernsehen angesichts fehlender Sportgroßereignisse eine große Herausforderung darstellen.

ZDF Werbefernsehen GmbH

Erich-Dombrowski-Straße 1
55127 Mainz

Telefon 06131 7014022
Telefax 06131 7014395

www.zdf-werbung.de
info@zdf-werbung.de

Assoziierte Mitglieder des ZAW

320 Anheuser-Busch InBev Germany Holding GmbH

320 Axel Springer SE

320 Bacardi GmbH

320 Badischer Verlag GmbH & Co. KG

320 Bitburger Braugruppe GmbH

321 Brauerei C. & A. Veltins GmbH & Co. KG

321 bwin e.K.

321 Campari Deutschland GmbH

321 Carlsberg Deutschland Markengesellschaft mbH

321 CinemaxX Holdings GmbH

322 Coca-Cola GmbH

322 Deutsche Werbewissenschaftliche Gesellschaft e.V.

322 Deutscher Weinbauverband e.V.

322 dfv Mediengruppe

322 Diageo Germany GmbH

323 DIVERSA Spezialitäten GmbH

323 DPW Deutsche Plakat-Werbung GmbH & Co. KG

323 Egmont Ehapa Media GmbH

323 Grabarz & Partner Werbeagentur GmbH

323 Gruner + Jahr GmbH & Co. KG

324 Henkell & Co. Sektkellerei KG

324	Hubert Burda Media Holding KG
324	Institut der deutschen Wirtschaft Köln Medien GmbH
324	Krombacher Brauerei Bernhard Schadeberg GmbH & Co. KG
324	LAND BRANDENBURG LOTTO GmbH
325	Lotterie-Treuhandgesellschaft mbH Hessen LOTTO Hessen
325	Mast-Jägermeister SE
325	Moët Hennessy Deutschland GmbH
325	Pernod Ricard Deutschland GmbH
325	Private Brauereien Deutschland e.V.
326	Radeberger Gruppe KG
326	Reader's Digest Deutschland: Verlag Das Beste GmbH
326	Schlütersche Verlagsgesellschaft mbH & Co. KG
326	Siemens AG
326	Toto-Lotto Niedersachsen GmbH
327	Unilever Deutschland GmbH
327	Verband der Automobilindustrie e.V. (VDA)
327	Verband Deutscher Sektkellereien e.V.
327	Verlag Nürnberger Presse Druckhaus Nürnberg GmbH & Co. KG
327	Wall Aktiengesellschaft
328	Warsteiner Brauerei Haus Cramer KG
328	Zentrale zur Bekämpfung unlauteren Wettbewerbs Frankfurt am Main e.V.

Anheuser-Busch InBev Germany Holding GmbH

Am Deich 18/19
28199 Bremen

www.ab-inbev.de
service-inbev-deutschland@inbev.com

Telefon 0421 50940
Telefax 0421 5094667

Axel Springer SE

Axel-Springer-Straße 65
10888 Berlin

www.axelspringer.de
information@axelspringer.de

Telefon 030 25910

Bacardi GmbH

Hindenburgstraße 49
22297 Hamburg

www.bacardi-deutschland.de
info-deutschland@bacardi.com

Telefon 040 339500
Telefax 040 33950214

Badischer Verlag GmbH & Co. KG

Basler Straße 88
79115 Freiburg

www.badische-zeitung.de

Telefon 0761 4960
Telefax 0761 4964709

Bitburger Braugruppe GmbH

Römermauer 3
54634 Bitburg

www.bitburger-braugruppe.de
info@bitburger-braugruppe.de

Telefon 06561 140
Telefax 06561 142289

Brauerei C. & A. Veltins GmbH & Co. KG

An der Streue
59872 Meschede

www.veltins.de
veltinsinfo@veltins.de

Telefon 02934 9590
Telefax 02934 959493

---

bwin e.K.

Rudolf-Breitscheid-Straße 20
02727 Neugersdorf

www.bwin.de
office@bwin.com

Telefon 03586 77170
Telefax 03568 771888

Campari Deutschland GmbH

Bajuwarenring 1
82041 Oberhaching

www.campari-deutschland.de
info.de@campari.com

Telefon 089 210370
Telefax 089 297532

Carlsberg Deutschland Markengesellschaft mbH

Holstenstraße 224
22765 Hamburg

www.carlsberg.de
verbraucherservice@carlsberg.de

Telefon 040 381010

CinemaxX Holdings GmbH

Valentinskamp 18–20
20354 Hamburg

www.cinemaxx.de

Telefon 040 450680
Telefax 040 45068201

Coca-Cola GmbH

Stralauer Allee 4
10245 Berlin

Telefon 030 226069800
Telefax 030 226069510

www.coca-cola-deutschland.de
info@coca-cola.de

Deutsche Werbewissenschaftliche Gesellschaft e.V.

c/o UHH, AB Marketing & Innovation,
R. 3076
Von-Melle-Park 5
20146 Hamburg

Telefon 040 428384643
Telefax 040 428385250

www.dwg-online.net
info@dwg-online.net

Deutscher Weinbauverband e.V.

Heussallee 26
53113 Bonn

Telefon 0228 9493250
Telefax 0228 94932523

www.dwv-online.de
info@dwv-online.de

dfv Mediengruppe

Mainzer Landstraße 251
60326 Frankfurt

Telefon 069 759501
Telefax 069 75952999

www.dfv.de
info@dfv.de

DIAGEO

Diageo Germany GmbH

Reeperbahn 1
20359 Hamburg

Telefon 040 2364860
Telefax 040 236486442

www.diageo.de
pr.germany@diageo.com

DIVERSA Spezialitäten GmbH

Hubert-Underberg-Allee 1
47493 Rheinberg

www.diversa-spez.de
kontakt@diversa-spez.de

Telefon 02843 9200
Telefax 02843 920287

DPW Deutsche Plakat-Werbung GmbH & Co. KG

August-Horch-Straße 10a
56070 Koblenz

www.awk.de
dpw@awk.de

Telefon 0261 8092312
Telefax 0261 8092310

Egmont Ehapa Media GmbH

Wallstraße 59
10179 Berlin

www.ehapa.de
info@ehapa-service.de

Telefon 030 240080
Telefax 030 24008599

EGMONT
Ehapa Media

Grabarz & Partner Werbeagentur GmbH

Schaartor 1
20459 Hamburg

www.grabarzundpartner.de
info@grabarzundpartner.de

Telefon 040 376410
Telefax 040 37641400

GRABARZ & PARTNER

Gruner + Jahr GmbH & Co. KG

Am Baumwall 11
20444 Hamburg

www.guj.de
unternehmenskommunikation@guj.de

Telefon 040 37030
Telefax 040 37036000

Henkell & Co. Sektkellerei KG

Biebricher Allee 142
65187 Wiesbaden

www.henkell-sektkellerei.de
Presse@Henkell-Gruppe.de

Telefon 0611 630
Telefax 0611 63351

Hubert Burda Media Holding KG

Hauptstraße 130
77652 Offenburg

www.hubert-burda-media.de
info@hubert-burda-media.com

Telefon 0781 8401

Institut der deutschen Wirtschaft Köln Medien GmbH

Konrad-Adenauer-Ufer 21
50668 Köln

www.iwmedien.de
iwmedien@iwkoeln.de

Telefon 0221 4981263
Telefax 0221 498199263

Krombacher Brauerei Bernhard Schadeberg GmbH & Co. KG

Hagener Straße 261
57223 Kreuztal

www.krombacher.de
service@krombacher.de

Telefon 02732 8800
Telefax 02732 880254

LAND BRANDENBURG LOTTO GmbH

Steinstraße 104-106
14480 Potsdam

www.lotto-brandenburg.de
zentrale@lotto-brandenburg.de

Telefon 0331 64560
Telefax 0331 6456456

Lotterie-Treuhandgesellschaft mbH Hessen LOTTO Hessen

Rosenstraße 5–9
65189 Wiesbaden

www.lotto-hessen.de
support@lotto-hessen.de

Telefon 0611 36120
Telefax 0611 3612377

Mast-Jägermeister SE

Jägermeisterstraße 7–15
38296 Wolfenbüttel

www.jaegermeister.de
team@jaegermeister.de

Telefon 05331 810
Telefax 05331 81456

Moët Hennessy Deutschland GmbH

Seidlstraße 23
80335 München

www.moet.com
info-wsg@moet-hennessy.de

Telefon 089 994210
Telefax 089 99421190

Pernod Ricard Deutschland GmbH

Habsburgerring 2
50674 Köln

www.pernod-ricard.de
info@pernod-ricard-deutschland.com

Telefon 0221 4309090
Telefax 0221 43090943

Private Brauereien Deutschland e.V.

Rheinstraße 11
65549 Limburg

www.private-brauereien.de
info@private-brauereien-deutschland.de

Telefon 06431 52048
Telefax 06431 53612

Radeberger Gruppe KG

Darmstädter Landstraße 185
60598 Frankfurt am Main

www.radeberger-gruppe.de
info@radeberger-gruppe.de

Telefon   069 60650
Telefax   069 6065209

Reader's Digest Deutschland: Verlag Das Beste GmbH

Vordernbergstraße 6
70191 Stuttgart

www.readersdigest.de
presse@readersdigest.de

Telefon   0711 66020
Telefax   0711 6602160

Schlütersche Verlagsgesellschaft mbH & Co. KG

Hans-Böckler-Allee 7
30173 Hannover

www.schluetersche.de
info@schluetersche.de

Telefon   0511 85500
Telefax   0511 85501100

SIEMENS

Siemens AG

Wittelsbacher Platz 2
80333 München

www.siemens.com
contact@siemens.com

Telefon   089 63600
Telefax   089 63634242

Toto-Lotto Niedersachsen GmbH

Am TÜV 2+4
30519 Hannover

www.lotto-niedersachsen.de
info@lotto-niedersachsen.de

Telefon   0511 84020
Telefax   0511 8402341

Unilever Deutschland GmbH

Strandkai 1
20457 Hamburg

www.unilever.de
unilever.service@unilever.com

Telefon 040 34930
Telefax 040 34933520

Verband der Automobilindustrie e.V. (VDA)

Behrenstraße 35
10117 Berlin

www.vda.de
info@vda.de

Telefon 030 8978420
Telefax 030 897842600

Verband Deutscher Sektkellereien e.V.

Sonnenberger Straße 46
65193 Wiesbaden

www.deutscher-sektverband.de
info@deutscher-sektverband.de

Telefon 0611 521033
Telefax 0611 599775

Verlag Nürnberger Presse Druckhaus Nürnberg GmbH & Co. KG

Marienstraße 9–11
90402 Nürnberg

www.nordbayern.de
info@pressenetz.de

Telefon 0911 2160
Telefax 0911 2162432

Wall Aktiengesellschaft

Unternehmenszentrale
Friedrichstraße 118
10117 Berlin

Telefon 030 338990
Telefax 030 33899295

www.wall.de
info@wall.de

Warsteiner Brauerei Haus Cramer KG

Domring 4–10
59581 Warstein

www.warsteiner.de
info@warsteiner.com

Telefon   02902 880
Telefax   02902 881299

Wettbewerbszentrale

Zentrale zur Bekämpfung unlauteren Wettbewerbs
Frankfurt am Main e.V.

Landgrafenstraße 24B
61348 Bad Homburg

www.wettbewerbszentrale.de
mail@wettbewerbszentrale.de

Telefon   06172 12150
Telefax   06172 84422

Deutscher Werberat

seit **1972**

getragen von den ZAW-Mitgliedsorganisationen | **www.werberat.de**

Geschäftsstelle

Geschäftsführung ZAW und IVW

Manfred Parteina	Rechtsanwalt Hauptgeschäftsführer
Dr. Bernd Nauen	Rechtsanwalt Geschäftsführer ZAW
Michael Schallmeyer	Geschäftsführer IVW
Julia Busse	Rechtsanwältin, Justiziarin Geschäftsführerin Deutscher Werberat
Dr. Kai Kuhlmann	Rechtsanwalt Stellvertretender Geschäftsführer IVW
Maik Luckow	Leiter Kommunikation, Pressesprecher ZAW
Anne-Marie Grote	Stellvertretende Pressesprecherin ZAW
Katja Heintschel von Heinegg M.E.S.	Rechtsanwältin Leiterin Europaangelegenheiten ZAW
Ines Nitsche	Rechtsanwältin
Hans-Günther Rüsch	
Dr. Jeannette Viniol, LL.M.	Rechtsanwältin
Helmut Weber	

Am Weidendamm 1A
10117 Berlin

Telefon +49 30 59 00 99-700
Telefax +49 30 59 00 99-722

www.zaw.de
zaw@zaw.de

| Stand: April 2015

Freiheit für die Werbung e.V.

Vorstand

Andreas F. Schubert	Vorsitzender Geschäftsführung aquaRömer GmbH & Co. KG
Markus Gotta	Geschäftsführer dfv Mediengruppe
Stephan Nießner	Geschäftsführer Ferrero Deutschland GmbH
Gerald Odoj	Leiter Industry Communications Siemens AG
Jürgen Stöhr	Geschäftsführender Gesellschafter stöhr, MarkenKommunikation GmbH

Am Weidendamm 1A
10117 Berlin

Telefon +49 30 59 00 99-700
Telefax +49 30 59 00 99-722

Mitgliedsorganisationen des ZAW und interessierte Unternehmen gründeten 1971 die ZAW-Vereinigung für Öffentlichkeitsarbeit e.V. (VfÖ). 1992 wurde sie umbenannt in Freiheit für die Werbung e.V. – ZAW-Gemeinschaftswerk Öffentlichkeitsarbeit für die Werbewirtschaft. Dem Verein gehören werbende Unternehmen, Kommunikationsagenturen und Unternehmen der Medienwirtschaft an. Die zwei zentralen Funktionen des Vereins sind satzungsgemäß: die Aufgabe und den Nutzen der Werbung im System der Marktwirtschaft verständlich zu machen und durch Aufklärungsmaßnahmen innerhalb der Werbewirtschaft für die Grundsätze der Lauterbarkeit in der Werbung einzutreten.

Die Öffentlichkeitsarbeit für die Werbewirtschaft erfolgt über sämtliche Kommunikationsplattformen. Sie reicht von Veranstaltungen und Publikationen für diverse Zielgruppen bis zu tagesaktuellen Nachrichten über relevante Entwicklungen, Positionen und Themen der Branche. Auch die Arbeit des Deutschen Werberats und die Bedeutung des Werbeselbstkontrollsystems sind Gegenstand der Kommunikationsarbeit. Durch Historie und gemeinsame Ziele sind die Vereine ZAW und Freiheit für die Werbung inhaltlich und organisatorisch eng verbunden.

| Stand: April 2015

Die Informationsgemeinschaft zur Feststellung der Verbreitung von Werbeträgern e.V. (IVW)

334   Aufgaben und Strukturen der IVW

336   IVW-Verwaltungsrat

Aufgaben und Strukturen der IVW

Im Medienbereich besteht mit der Informationsgemeinschaft zur Feststellung der Verbreitung von Werbeträgern e.V. (IVW) seit 1949 ein effektives System der Selbstkontrolle. Die IVW wird von den Medien, den werbenden Unternehmen und den Werbeagenturen getragen und verfolgt mit ihrer Prüf- und Kontrolltätigkeit zwei Ziele:

- Werbe- und Mediaplanern objektiv ermittelte Verbreitungsdaten der Werbeträger als Entscheidungsgrundlage zur Verfügung zu stellen und

- einen fairen Wettbewerb der Medien untereinander zu sichern.

Dazu erhebt, prüft und publiziert die IVW Auflagen- und Verbreitungsdaten von periodischen Druckerzeugnissen, Nutzungsdaten von Online-Medien und weiteren digitalen Medienangeboten. Zudem kontrolliert sie die Besucherzahlen im Kino und die ordnungsgemäße Ausstrahlung von Hörfunk- und Fernsehspots.

Im IVW-Verwaltungsrat haben 16 der im Zentralverband der deutschen Werbewirtschaft ZAW vertretenen Verbände der werbenden Unternehmen, der Medien und der Werbeagenturen Sitz und Stimme. Sie repräsentieren dort nach dem Delegiertenprinzip die verschiedenen Gruppen der einzelnen ZAW-Mitglieder. Damit ist sichergestellt, dass sich alle am Werbegeschehen beteiligten Gruppen im Hinblick auf die Kontrolle von Werbeträgern für ihre Interessen einsetzen und ihre Anliegen vorbringen können.

Im Frühjahr 2015 hatte die IVW 2.025 Einzelmitglieder (Stand: 31. März 2015):

- 1.149 Verlage

- 787 Anbieter von Digital-Medien

- 30 Hörfunk- und TV-Veranstalter oder deren Werbegesellschaften

- 29 Werbeagenturen

- 8 werbende Unternehmen

- 22 sonstige Mitglieder

Das System der Auflagenkontrolle

Es ist ebenso einfach wie effizient: Die Mitgliedsverlage verpflichten sich durch ihren IVW-Beitritt, regelmäßig nach Abschluss eines Quartals ihre Auflagenzahlen der IVW zu melden, die in den vierteljährlich erscheinenden „IVW-Auflagenlisten" auf der Website www.ivw.de veröffentlicht werden.

Kontrolliert werden die gemeldeten Auflagen von zehn hauptberuflichen IVW-Prüfern regelmäßig vor Ort. Folgende Bestandteile unterliegen dabei dem Prüfverfahren: detaillierte Druck- und Vertriebsunterlagen zum Nachweis der Herstellung und der Verbreitung, darüber hinaus Buchhaltungsunterlagen und die Vertriebserlöse für den Beleg der verkauften Auflage. Über Prüfungskorrekturen und sonstige Aktualisierungen von Auflagenzahlen informiert die IVW auf ihrer Website.

Zusätzlich wird alle zwei Jahre eine Verbreitungsanalyse für Tageszeitungen durchgeführt, die die verkaufte Auflage jedes Titels nach Kreisen, kreisfreien Städten und Gemeinden aufschlüsselt. Seit 1999 bietet die IVW für Fachzeitschriften ein Verfahren zur Meldung und

Prüfung von Empfängerstrukturen an: die „EDA Empfängerdatei-Analysen Fachzeitschriften". Hier wird die verbreitete Auflage eines Jahres nach geografischen Kriterien, Branchen, Betriebsgrößen, Position und Funktion der Empfänger im Betrieb analysiert.

Das System der Messung von Online-Werbeträgern

Für die Leistungskontrolle von Online-Werbeträgern wird seit 2002 das Skalierbare Zentrale Messsystem (SZM) verwendet, das im Auftrag der IVW-Mitglieder von der INFOnline GmbH, Bonn, eingesetzt wird. Das SZM arbeitet mit einem Zählpixel, das auf jeder Seite des gemessenen Angebots eingefügt ist. Darüber wird die Anzahl der so genannten Visits (zusammenhängende Nutzungsvorgänge) und Page Impressions (von den Nutzern abgerufene Einzelseiten) gemessen. Die Daten der einzelnen Angebote werden zu Monatszahlen zusammengefasst und von der IVW am sechsten Werktag des Folgemonats auf ihrer Website veröffentlicht.

Ab 2014 lassen sich diese Daten nach verschiedenen Merkmalen und Kriterien auswerten auf Basis eines überarbeiteten und erweiterten Kategoriensystems. Darüber hinaus werden seit 2013 neben dem stationären Internet die Leistungskennziffern spezieller Angebotsformen von Werbeträgern für das mobile Internet (Apps, Mobile Enabled Websites) und für die Nutzung von Apps und Internet-Angeboten über Connected-TV (Smart TV) getrennt erfasst und ausgewiesen. Zudem werden in einem eigenständigen Meldeverfahren für Paid Content auch Verkaufszahlen von Zugangsrechten zu kostenpflichtigen Digital-Angeboten verfügbar gemacht.

Damit werden dem Markt zu allen digitalen Werbeträgern unabhängig von Format, inhaltlicher Ausrichtung und Endgerät sehr differenzierte Informationen zur Beurteilung der Werbeträgerleistung bereitgestellt.

Weitere Systeme der Leistungskontrolle

Das IVW-Verfahren zur Erfassung und Prüfung der Außenwerbung ruht zurzeit, da sich Leistungskennziffern und Werbeträgerleistung in einer grundsätzlichen Überarbeitung befinden.

Zur jährlichen Erhebung der Besucherzahlen deutscher Kinos melden die Kinobetreiber der IVW die Jahresbesucherzahlen ihrer Abspielstätten – auf Basis der gegenüber der Filmförderungsanstalt (FFA), eine Bundesanstalt öffentlichen Rechts, abgerechneten Eintrittskarten. Eine Aufnahme in das IVW-Verzeichnis „Die Besucherfrequenz der Filmtheater" erfolgt auf der Grundlage der detaillierten Kinobestände der Werbeverwaltungen. Zur Prüfung fordert die IVW die Kontoauszüge der FFA mit den Angaben der abgerechneten Eintrittskarten unmittelbar von den Kinobetreibern an.

Die ordnungsgemäße Ausstrahlung von Hörfunk- und Fernsehspots kontrolliert die IVW seit 1994. Bei Sendeausfällen und technischen Störungen sowie bei zeitlichen Abweichungen zwischen der vereinbarten und der tatsächlichen Ausstrahlung von Spots und Trailern prüft die IVW, ob die Werbekunden informiert worden sind. Sie nimmt zu diesem Zweck an von ihr ausgewählten Sendetagen Einsicht in alle entsprechenden Unterlagen der Rundfunkveranstalter, wie Störmeldungen, Sendeablaufpläne, Sendeprotokolle und Sendeaufzeichnungen.

| Stand: März 2015

IVW-Verwaltungsrat

Vorsitzender und Vorstand der IVW

Präsident
Andreas F. Schubert　　　　　　　　　　　　aquaRömer GmbH & Co. KG, Göppingen

Delegierte Gruppe Werbungtreibende

Bundesverband der Deutschen Industrie e.V.

Handelsverband Deutschland – HDE e.V.

Kai Falk　　　　　　　　　　　　Handelsverband Deutschland – HDE e.V., Berlin

Rolf Pangels　　　　　　　　　　　　GALERIA Kaufhof GmbH, Köln

Markenverband e.V.

Hans Kilander　　　　　　　　　　　　Mondelez Deutschland Services GmbH & Co. KG, Bremen

Arne Kirchem　　　　　　　　　　　　Unilever Deutschland Holding GmbH, Hamburg

Matthias Losack　　　　　　　　　　　　Ferrero MSC GmbH & Co. KG, Frankfurt

Andreas Neef　　　　　　　　　　　　L'OREAL Deutschland GmbH, Düsseldorf

Joachim Schütz　　　　　　　　　　　　Markenverband e.V., Berlin

Delegierte Gruppe Werbungdurchführende und Werbemittelhersteller

Arbeitsgemeinschaft der ARD-Werbegesellschaften

Klaus Wilhelm Baumeister　　　　　　　　　　　　RBB Media GmbH, Berlin

Anke Fischer-Appelt　　　　　　　　　　　　WDR mediagroup GmbH, Köln

Börsenverein des Deutschen Buchhandels e.V. AGZV

Wolfgang Burkart	Verlag Sachon GmbH + Co. KG, Mindelheim
Thomas Gottlöber	Handelsblatt Fachmedien GmbH, Düsseldorf
Ulrich Toholt	Landwirtschaftsverlag GmbH, Münster

Bundesverband Deutscher Zeitungsverleger e.V.

Michael Fischer	Sales Impact GmbH & Co. KG, Hamburg
Uwe Gilles	Bonner Zeitungsdruckerei und Verlagsanstalt H. Neusser GmbH, Bonn
Mario Lauer	Süddeutsche Zeitung GmbH, München
Thomas Marx	Volksfreund-Druckerei Nikolaus Koch GmbH, Trier
Frank Schmidt	Frankfurter Allgemeine Zeitung, Frankfurt
Harald Wahls	BZV Medienhaus GmbH, Braunschweig
Paul Wehberg	A. Beig Druckerei und Verlag GmbH & Co. KG, Pinneberg

Bundesverband Digitale Wirtschaft (BVDW) e.V.

Katharina Brandt	Bundesverband Digitale Wirtschaft (BVDW) e.V., Düsseldorf
Thomas Schauf	Bundesverband Digitale Wirtschaft (BVDW) e.V., Düsseldorf

FDW Werbung im Kino e.V.

Stephan Birkenholz	Heinefilm Kinowerbung GmbH & Co. KG, Köln

Forum Corporate Publishing e.V.

Volker Zanetti	kindai:project, Berlin

HDF KINO e.V.

Dr. Andreas Kramer	HDF KINO e.V., Berlin

Verband Deutscher Auskunfts- und Verzeichnismedien e.V.

Stephan Otto	Dumrath & Fassnacht KG (GmbH & Co.), Hamburg

Verband Deutscher Zeitschriftenverleger e.V.

Heino Dührkop	DPV Deutscher Pressevertrieb GmbH, Hamburg
Dr.-Ing. Klaus Krammer	Krammer Verlag Düsseldorf AG, Düsseldorf
Tobias Mai	Hubert Burda Media, München
Alexander von Reibnitz	Verband Deutscher Zeitschriftenverleger e.V., Berlin
Karl Wegener	Bonifatius GmbH, Paderborn

Verband Privater Rundfunk und Telemedien (VPRT) e.V.

Frank Giersberg	Verband Privater Rundfunk und Telemedien (VPRT) e.V., Berlin
Jutta Gottschalk	RMS Radio Marketing Service GmbH & Co. KG, Hamburg
Hans-Dieter Hillmoth	Radio/Tele FFH GmbH + Co. Betriebs KG, Bad Vilbel
Thomas Wagner	SevenOne Media GmbH, Unterföhring

Zweites Deutsches Fernsehen

Hans-Joachim Strauch	ZDF Werbefernsehen GmbH, Mainz

Delegierte Gruppe Werbeagenturen

Gesamtverband Kommunikationsagenturen GWA e.V.

OMG e.V. Organisation der Mediaagenturen

Hans Schneider	die media GmbH, Viernheim

| Stand: April 2015

Informationsgemeinschaft zur Feststellung der Verbreitung von Werbeträgern e. V.

Datenangebot auf www.ivw.de

> 4 x jährlich (20 Kalendertage nach Quartalsende):
> Quartalsauflagen zu Zeitungen, Zeitschriften und weiteren Presseerzeugnissen

> jeden Dienstag, 16:00 Uhr:
> Heftauflagen von Zeitschriften

> monatlich am 6. Werktag um 10:00 Uhr:
> Nutzungsdaten zu digitalen Werbeträgern (Online und Mobile)

> am 15. des Monats (ggf. Folgewerktag) um 10:00 Uhr:
> Anzahl der tagesdurchschnittlichen Nutzungsrechte für paid-content-Angebote

> Daten zur geografischen Verbreitung der Tageszeitungen, zu Empfängern von Fachzeitschriften, Kinobesuchszahlen, Übersichten zur vertragsgemäßen Aufführung und Ausstrahlung von Werbung in Kinos, Fernsehen und Radio

WISSEN, WAS ZÄHLT

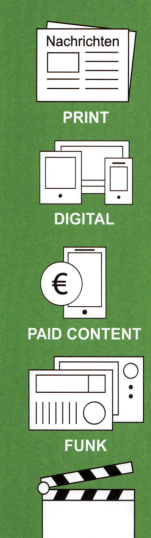

IVW e.V., Am Weidendamm 1a, 10117 Berlin, Telefon 030/ 590099700, Mail ivw@ivw.de

Verzeichnisse

Verzeichnisse

342 Diagramm- / Grafik- / Tabellenverzeichnis

349 Personenverzeichnis

352 Stichwortverzeichnis

Diagramm- / Grafik- / Tabellenverzeichnis

Werbewirtschaft in Zahlen

Investitionen in Werbung in
Deutschland 2010 bis 2014 6

Bruttoinlandsprodukt und
Investitionen in Werbung in
Deutschland 2010 bis 2014 7

Stimmung in der Werbebranche
in Deutschland 2007 bis 2015 8

Nettowerbeeinnahmen erfassbarer
Werbeträger in Deutschland
2011 bis 2014 9

Entwicklung der Nettowerbeeinnahmen 2010 bis 2014. 10

Werbeumsätze der Medien 2004
bis 2014: Prozentuale Veränderung
zum Vorjahr 11

Anteile der Werbeträger am
Gesamtnettoumsatz in
Deutschland 2010 bis 2014 12

Weitere Formen kommerzieller
Kommunikation 2013 und 2014 13

Bruttowerbemarkt
in Deutschland 2014. 15

Arbeitsplätze in der kommerziellen
Kommunikation 2014 16

Stellenangebote für Werbeberufe
2013 und 2014 17

Stellenangebote der Werbebranche 2004 bis 2014 18

Arbeitslosenzahlen absolut
„Werbung und Marketing"
2012 bis 2014 18

Stellenanbieter nach Gruppen
der Werbewirtschaft 2014 19

Ausbildungswege 2009 und 2014. . . 19

Werbeträger-Umsätze 2013 in
ausgewählten Ländern weltweit . . . 20

Top 10 der wachstumsstärksten
Werbemärkte 2013 weltweit
(Warc-Auswahl) 20

Werbeträger-Umsätze 2013 in
ausgewählten Ländern Europas . . . 21

**Werbepolitische Entwicklungen in
Deutschland und der EU**

EU Energie-Label. 49

Tabakproduktrichtlinie: EU-Regeln
für Zigarettenverpackungen
ab Mai 2016 65

Crowdinvestoren setzen
ihr Kapital risikobewusst ein 74

Selbstregulierung der Werbewirtschaft

Beschwerden beim Werberat
nach Werbemaßnahmen 2014. 81

Durchsetzungsquote
des Werberats 2014 82

Beschwerden beim Werberat
nach inhaltlichen Gründen 2014 . . . 83

Beschwerden beim Werberat
nach Branchen 2014 84

Beschwerden beim Werberat
nach Werbemitteln 2014. 85

Unterstützung der OBA-Selbstregulierung durch EU-Unter-
nehmen 2014 90

Beschwerdestatistik 2014 90

Branchen der Werbewirtschaft

Abonnentenwerbung in Deutschland 1. Halbjahr 2014: Anteil der
Gesamt- und Neuabonnements 96

Abonnentenwerbung 2014:
Fakten-Übersicht zum Gesamtbestand und zur Neuwerbung
der BMD-Mitgliedsfirmen 97

Entwicklung des Pro-Kopf-
Verbrauchs von Alkoholfreien
Getränken nach Getränkearten
2012 bis 2014 98

Werbung für alkoholfreie Getränke in Deutschland 2014: Investitionen nach Werbeträgern 99

Werbung für alkoholfreie Getränke in Deutschland 2014: Top 5 Getränkesorten nach Werbeinvestitionen 99

Anzeigenblätter in Deutschland 2014: Hohe Beachtung von Anzeigenblättern 102

Anzeigenblätter in Deutschland 2014: Beachtliche Leseintensität . . .102

Anzeigenblätter in Deutschland: Entwicklung der Auflage 1985 bis 2015 103

Anzeigenblätter in Deutschland 2014: Reichweite und weitester Lesekreis (WLK) nach Nielsen-Gebieten 103

Fast vollständige Abdeckung mit Anzeigenblättern 105

Werbung für Arzneimittel in Deutschland 2014: Marke-/ Preisbeachtung 110

Werbung für Arzneimittel in Deutschland 2014: Informationen zu Arzneimitteln 110

Werbung für Arzneimittel in Deutschland 2014: Investitionen nach Werbeträgern 111

Werbung für Arzneimittel in Deutschland 2014: Top 5 Arzneimittelgruppen (OTC) nach Werbeinvestitionen 111

Brutto-Werbeausgaben Public Media gesamt für OTC-Arzneimittel 2012 bis 2014 112

Nutzung von Verzeichnismedien in Deutschland 2014: insgesamt und soziodemographisch 114

Nutzung von Verzeichnismedien in Deutschland 2014: Komplementär-Nutzung der Online vs. Nutzer 115

Verzeichnismedien in Deutschland 2014: Regionale Unterschiede nach Nielsen-Gebieten 115

Verzeichnismedien in Deutschland 2014: Anmutungsqualität 115

Außenwerbung in Deutschland 2014: Anzahl Werbeflächen 118

Außenwerbung in Deutschland 2014: Nettoumsätze nach Art des Werbeträgers 118

Außenwerbung in Deutschland 2014: Außenwerbung / Out of Home aktiviert Kunden 119

Außenwerbung in Deutschland 2014: Top 20 werbungtreibende Unternehmen nach Brutto-Werbeinvestitionen 119

Außenwerbung in Deutschland 2014: Top 25 Wirtschaftsbereiche nach Brutto Werbeinvestitionen 119

Kfz-Werbung in Deutschland 2014: Die 15 werbestärksten Autobauer . .128

Automobilproduktion deutscher Hersteller: PKW-Inlandsproduktion 2013 und 2014 128

Kfz-Werbung in Deutschland 2014: Investitionen nach Werbeträgern . . .129

Kfz-Werbung in Deutschland 2014: Top 5 der Fahrzeugklassen nach Werbeinvestitionen 129

Brauwirtschaft in Deutschland 2006 bis 2014 in Zahlen 130

Werbung der Brauwirtschaft in Deutschland 2014: Investitionen nach Werbeträgern 131

Werbung der Brauwirtschaft in Deutschland 2014: Top 5 Brausorten nach Werbeinvestitionen 131

343

Dialogmarketing in Deutschland: Anteil der einzelnen Medien an den Gesamtaufwendungen in 2013 und 2012 134

Dialogmarketing in Deutschland: Inhaltliche Angebote von Unternehmenswebsites in 2013 und 2012 . . 134

Unternehmen mit eigener Website . . 134

Dialogmarketing in Deutschland: Einsatz von Dialogmarketing-Medien in Wirtschaftsbereichen 2013 und 2012 135

Online-Werbung in Deutschland 2014: Internetzugänge von Online-Nutzern nach Geräten und demografischen Daten 138

Online-Werbung in Deutschland: Mobile Internetnutzung in Deutschland 2009 bis 2014 138

Online-Werbung in Deutschland: Top 30 Unternehmen in Deutschland 2014 nach Mediawert der Onlinewerbeinvestitionen 139

Online-Werbung in Deutschland 2014: Top 25 Wirtschaftsbereiche nach Werbeinvestitionen 139

Dauer Mediennutzung an einem Wochentag in Minuten 140

Media-Meshing am Wochentag 141

Relevanz von Internet-Tätigkeiten . . . 142

Deutsche Druckindustrie 2014: Print hilft! Fakten zu Kunden, Käufern und Konsumenten. 144

Deutsche Druckindustrie 2014: Produktionswerte nach Erzeugnissen und Dienstleistungen 145

Einzelhandelswerbung in Deutschland 2014: Online- und Offline-Werbemaßnahmen von Online-Händlern 146

E-Commerce in Deutschland: Umsatzentwicklung 2005 bis 2015 . . 146

Einzelhandelswerbung in Deutschland 2014: Investitionen nach Werbeträgern 147

E-Commerce-Werbung in Deutschland 2014: Investitionen nach Werbeträgern 147

Einzelhandel in Deutschland: Umsatzentwicklung 2000 bis 2015 . . 149

Fachzeitschriften 2014: Regelmäßige B2B-Informationsquellen der Entscheider 150

Fachzeitschriften 2014: Nutzung von B2B-Informationsquellen durch Professionelle Entscheider . . . 151

Fachzeitschriftenwerbung in Deutschland 2014: Top 5 der werbungtreibenden Unternehmen nach Werbeinvestitionen 151

Fachzeitschriftenwerbung in Deutschland 2014: Top 25 Wirtschaftsbereiche nach Werbeinvestitionen 151

Fachzeitschriftenwerbung in Deutschland: Werbeaufkommen nach Fachzeitschriftensegmenten 2014 153

Fernsehwerbung in Deutschland: Fakten zu Werbespots 2008 bis 2014 . 154

Fernsehwerbung in Deutschland 2014: Entwicklung des TV-Tausend-Kontakt-Preises 155

Fernsehwerbung in Deutschland 2014: Top 5 der werbungtreibenden Unternehmen nach Werbeinvestitionen 155

Fernsehwerbung in Deutschland 2014: Top 25 Wirtschaftsbereiche nach Werbeinvestitionen 155

TV-Konsum in Deutschland: Durchschnittliche Sehdauer pro Tag in Minuten. 159

TV-Marktanteile Deutsche und EU-Bürger 160

Finanzdienstleistungen: Vertrauen in die Bankenbranche in Deutschland, Westeuropa und weltweit 2014 . 164

Finanzdienstleistungen: Umfrage zum Vertrauen in Geldinstitute aus Kundensicht 2014 164

Finanzwerbung in Deutschland 2014: Investitionen nach Werbeträgern 165

Finanzwerbung in Deutschland 2014: Top 5 der Banken und Geldinstitute nach Werbeinvestitionen 165

Finanzwerbung in Deutschland 2014:Top 5 der Versicherungen nach Werbeinvestitionen 165

Glücksspielmarkt in Deutschland 2012: Brutto-Spielerträge 166

Lotto- und Toto-Werbung in Deutschland 2014: Investitionen nach Werbeträgern 167

Lotto- und Toto-Werbung in Deutschland 2014: Investitionen 2005 bis 2014 167

Kinowerbung in Deutschland 2014: Knapp die Hälfte der Kinobesucher hat bereits einen Spot in 3D gesehen. 170

Kinowerbung in Deutschland 2014 Umfrage zu den Gründen für einen Kinobesuch. 170

Kinowerbung in Deutschland 2014: Hohe Akzeptanz für Kinowerbung. 170

Kinowerbung in Deutschland 2014: Umfrage zur Erinnerung an Kinowerbung 171

Kinowerbung in Deutschland 2014: Top 5 der werbungtreibenden Unternehmen nach Werbeinvestitionen . . . 171

Kinowerbung in Deutschland 2014: Top 25 Wirtschaftsbereiche nach Werbeinvestitionen 171

GWA Agenturen: Zusammengefasste Personalentwicklung für festangestellte und freie Mitarbeiter in 2015. 172

GWA Agenturen: Arbeitsbereiche mit dem größten Wachstum. 172

GWA Agenturen: Relevanz von Trends in 2015 173

GWA-Agenturen: Top 5-Wirtschaftsbereiche nach Umsatz 173

GWA Agenturen: Jährliche Umsatzentwicklung 2001 bis 2014 und die Prognose 2015 174

GWA Agenturen: Umsatzentwicklung 2014 im Vergleich zu 2015 (Prognose). 175

GWA Agenturen: Einstiegswege in die Kommunikationsbranche . . . 177

GWA Agenturen: Akademische Abschlüsse der Mitarbeiter 177

Lebensmittelwirtschaft in Deutschland 2013: Betriebe und Umsätze 184

Ernährungsindustrie in Deutschland 2014: Konjunkturdaten 184

Lebensmittel-Werbung in Deutschland 2014: Investitionen nach Werbeträgern 185

Lebensmittel-Werbung in Deutschland 2014: Top 5 nach Werbeinvestitionen 185

Werbungtreibende Unternehmen in Deutschland 2014: Top 25 nach Werbeinvestitionen 190

Werbungtreibende Unternehmen in Deutschland 2014: Top 45 nach Werbeinvestitionen 197

Markt- und Medienforschung: Anteil der Umfragemethoden bei den ADM-Mitgliedsinstituten 1990, 2000, 2010 und 2014 198

Markt- und Medienforschung: Umsatz der ADM-Mitgliedsinstitute nach Untersuchungsarten in 1992, 2000, 2008 und 2014 198

Markt- und Medienforschung: Bewertung der gegenwärtigen Auftragslage durch die ADM-Mitgliedsinstitute 2010 bis 2014. . . . 199

Markt- und Medienforschung: Bewertung der zukünftigen Auftragslage durch die ADM-Mitgliedsinstitute 2010 bis 2014. . . . 199

Markt- und Medienforschung: Umsatz der ADM-Mitgliedsinstitute nach Auftraggeber-Branchen in 2001, 2007 und 2014. 199

Keyfacts zur ma Intermedia PLuS . . . 199

Mediaagenturen: Ranking der größten Agenturen in Deutschland 2014 206

Mediaagenturen: Kommunikationsziele 2015 der Agentur-Kunden 206

Mediaagenturen: Entwicklung als Kommunikationsdienstleister . . 207

Mediaagenturen: Einschätzung der Umsatzentwicklung für 2015 . . 207

Mediaagenturen: Einschätzung des Kundenverhaltens in 2014 und 2015 207

Mediaagenturen: Einschätzung der Nettowerbeaufwendungen für 2015 im Vergleich zu 2014 208

Mediaagenturen: Nutzungsverhalten der Bevölkerung nach Mediengattungen 208

Mediaagenturen: Einschätzung der Nettowerbeaufwendungen für 2014 im Vergleich zu 2013. 209

Mediaagenturen: Einsatz von Werbe-/Werbemischformen in Mediaplänen 209

Publikumszeitschriften in Deutschland 2014: Diversifikation 210

Publikumszeitschriften in Deutschland 2014: Entwicklung der verkauften ePaper-Auflage und der Digital-Abonnenten 210

Bewusstsein über den Wert der Pressefreiheit 211

Publikumszeitschriften in Deutschland 2014: Wachstumsfelder für Verlagshäuser 211

Publikumszeitschriftenwerbung in Deutschland 2014: Top 5 der werbungtreibenden Unternehmen nach Werbeinvestitionen 211

Publikumszeitschriftenwerbung in Deutschland 2014: Top 25 Wirtschaftsbereiche nach Werbeinvestitionen 211

Radiowerbung in Deutschland: Imageverbesserung durch die Kampagne „Radio. Geht ins Ohr. Bleibt im Kopf." 218

Radionutzung in Deutschland: Gerätepräferenzen bei 12- bis 19jährigen Jugendlichen . . . 219

Radiowerbung in Deutschland 2014: Top 5 der werbungtreibenden Unternehmen nach Werbeinvestitionen 219

Radiowerbung in Deutschland 2014: Top 25 Wirtschaftsbereiche nach Werbeinvestitionen 219

Radionutzung in Deutschland: Entwicklung der Verweildauer im Alltag 2011 bis 2015 220

Radionutzung in Deutschland: Angebotsentwicklung und Tagesreichweiten 1994 bis 2015 . . 221

Radionutzung in Deutschland: Tagesreichweiten 2008 bis 2015 . . 225

Kaufkriterien bei Spielzeug in Europa nach Ländern 2014 226

Weihnachts- und Ostergeschäft . . 226

Werbung Spielwaren (Spiele, Spielcomputer, Spielzeug) in Deutschland 2014: Investitionen nach Werbeträgern . . 227

Werbung Spielwaren (Spiele, Spielcomputer, Spielzeug) in Deutschland 2014: Top 5 Spielwaren nach Werbeinvestitionen . . . 227

Werbung der Spirituosen-Industrie in Deutschland: Umfrage zu Markenbewusstsein vs. Preisbewusstsein bei Spirituosen 2011 bis 2014 228

Umfrage zu den beliebtesten Cocktails im Sommer 228

Werbung der Spirituosen-Industrie in Deutschland 2014: Investitionen nach Werbeträgern 229

Werbung der Spirituosen-Industrie in Deutschland 2014: Top 5 der Süßwaren-Gruppen nach Werbeinvestitionen 229

Sponsoring in Deutschland: Wahrnehmung von Sponsoring 2012 bis 2014 232

Sponsoring in Deutschland: Prognose zum Investitionsvolumen 2014 232

Sponsoring in Deutschland 2014: Ziele von Sponsoring-Maßnahmen 233

Sport-Sponsoring in Deutschland 2014: Top 5-Sportarten im Sportsponsoring 233

Sponsoring in Deutschland 2014: Vernetzung von Sponsorships im DACH-Raum 233

Süßwaren in Deutschland 2014: Produktion von Süßwaren gesamt (Schätzung für 2014) 236

Werbung für Süßwaren in Deutschland 2014: Investitionen nach Werbeträgern 237

Werbung für Süßwaren in Deutschland 2014: Top 5 der Süßwaren-Gruppen nach Werbeinvestitionen 237

Einfuhr und Ausfuhr von Süßwaren 2014 238

Systemgastronomie in Deutschland: Nettoumsatz der BdS-Mitgliedsmarken 2008 bis 2014 . . . 240

Systemgastronomie in Deutschland: Top 5 der Systemgastronomie in Deutschland – Nettoumsatz 240

Systemgastronomie in Deutschland: BdS-Mitgliedsmarken 2014 . . 241

Systemgastronomie in Deutschland: Zahl der Betriebe 2012 bis 2014 der Top 5 Konzepte/Marken/Systeme 243

Tabakprodukte: Raucherquote in fünf EU-Mitgliedstaaten mit Außenwerbeverbot für Tabakprodukte 244

Tabakprodukte in Deutschland 2014: Netto-Bezug von Steuerzeichen für Tabakerzeugnisse 244

Tabakprodukte in Deutschland: Zusammenstellung der jährlichen Tabakwerbeausgaben 2005 bis 2012 . 245

Tabakprodukte: Fristenproblematik der neuen Tabakproduktrichtlinie . . 245

Werbeartikelausgaben in Deutschland: Entwicklung von 2009 bis 2014 und Prognose . . 248

Werbeartikelbranche in Deutschland: Umsatzentwicklung 2004 bis 2014 249

Werbeartikelbranche in Deutschland 2014: Umsatz nach Unternehmensgröße auf Kundenseite . . 249

Werbeartikelbranche in Deutschland 2014: Gründe für den Einsatz von Werbeartikeln 249

Werbeartikelbranche in Deutschland 2014: Anteil von Werbeartikeln am Budget für kommerzielle Kommunikation 249

Werbeartikelbranche in Deutschland 2014: Einsatz von Werbeartikeln nach Unternehmensgröße . 249

Werbefilmproduktion in Deutschland 2013: Top 5 Produktionsfirmen nach Umsatz . . 250

Werbefilmproduktion in Deutschland 2014: Top 19 Ranking der kreativsten Bewegtbildproduzenten für Werbung und Kommunikation . . . 250

Werbefilmproduktion in Deutschland 2013: Top 30 Produktionsfirmen nach Umsatz . . . 251

Zeitungen in Deutschland 2014: Reichweiten der Zeitungen in soziodemographischen Zielgruppen 253

Zeitungswerbung in Deutschland 2014: Top 5 der werbungtreibenden Unternehmen nach Werbeinvestitionen 253

Zeitungswerbung in Deutschland 2014: Top 25 Wirtschaftsbereiche nach Werbeinvestitionen 253

Zeitungen in Deutschland 2014: Aktuelle Reichweiten der Zeitungen 254

Anteile deutscher Zeitungen mit Angeboten für Kinder und Jugendliche: 2006 und 2012 im Vergleich 254

Zeitungen in Deutschland 2014: Lesedauer von Tageszeitungen . . . 255

Zeitungen in Deutschland 2014: Anteil der Anzeigenbereiche am Gesamtanzeigenumfang (netto) . . . 256

Zeitungen in Deutschland 2014: Reichweiten Online-Zeitungsangebote in soziodemographischen Zielgruppen 256

Zeitungen in Deutschland 2014: Reichweiten Mobile-Angebote . . . 256

Zeitungen in Deutschland 2014: Entwicklung der E-Paper-Auflagen 2005 bis 2014 257

Zeitungswerbung in Deutschland 2014: Positives Werbeklima 258

Zeitungswerbung in Deutschland 2014: Aktive Nutzung von Prospektbeilagen aus der Zeitung . . 258

Zeitungswerbung in Deutschland 2014: Bewertung von Zeitungsanzeigen 259

Zeitungswerbung in Deutschland 2014: Einstellungen zur Werbung . . 259

Werbeberufe

ADC – Kreativranking deutscher Hochschulen in Deutschland 2014 . 264

Der ZAW

Die Gründungsverbände des ZAW im Jahr 1949 268

Wert der Werbung

Werbung stärkt das Bruttoinlandsprodukt. U3

Deutschland ist das werbestärkste Land innerhalb Europas. U3

Sponsoring fördert Sport, Kultur und vieles mehr. U3

Medienvielfalt nur mit Werbung. . . . U4

Werbung ist bedeutendster Träger der Kultur- und Kreativwirtschaft. . . . U4

Personenverzeichnis

A

Andriukaitis, Vytenis 52

B

Baumeister, Klaus Wilhelm 336
Bayer, Jan 270
Bewkes, Jeffrey L. 157
Billen, Gerd. 29
Birkenholz, Stephan 337
Brandt, Katharina. 337
Brinkert, Raphael. 180
Buhse, Margret 87
Burkart, Wolfgang 337
Busse, Julia 330

C

Cromm, Bernhard 270

D

Dahlhoff, Univ.-Prof. Dr. H. Dieter . . 265
Dambacher, Jörg. 180; 181
de Maizière, Dr. Thomas. 39
Doetz, Jürgen 86; 270
Dührkop, Heino 338
Dürrmeier, Hans 269

E

Eickhoff, Thomas 180
Eils, Dr. Hans-Georg 86; 270
Enke, Univ.-Prof. Dr. Margit 265
Faecks, Wolf Ingomar . . . 87; 180; 270
Falk, Kai 336
Felten-Geisinger, Petra. 87
Fischer-Appelt, Anke. 336
Fischer, Fabian 180; 181
Fischer, Michael 337
Franke, Edgar 54

G

Genth, Stefan 148
Giersberg, Frank 338
Gilles, Uwe. 337
Gotta, Markus 331
Gottlöber, Thomas 337
Gottschalk, Jutta 338
Gröhe, Hermann 51
Grote, Anne-Marie 330
Güllner, Corinna 87

J

Juncker, Jean-Claude 47

H

Heidel, Prof. Dr. Bernhard 265
Heintschel von Heinegg, Katja. . . 330
Heuel, Ralf 225
Hillmoth, Hans-Dieter 338
Kern, Dr. Michael. 269
Kilander, Hans 336
Kirchem, Arne 336
Kramer, Dr. Andreas 337
Krammer, Dr.-Ing. Klaus 338
Kuhlmann, Dr. Kai 330

L

Lammert, Dr. Norbert 252
Lange, Dr. Manfred 269
Lauer, Mario 337
Litfaß, Ernst 126
Losack, Matthias 336
Lösch, Holger 30
Luckow, Maik 330

M

Maas, Heiko 27
Mai, Tobias. 338

Marx, Thomas 337
Maschke, Michael M. 180; 181
Mayer-Johanssen, Uli 87
Merkel, Dr. Angela 76; 154
Merkel, Frank. 180
Möck, Kurt 269
Mortler, Marlene 59; 64; 231

N

Nassauer, Andreas 205
Nauen, Dr. Bernd. 330
Neef, Andreas 336
Nießner, Stephan. 270; 331
Nitsche, Ines 330

O

Odoj, Gerald 86; 270; 331
Otto, Stephan 338

P

Pachali, Wolfgang 180
Pangels, Rolf 336
Parteina, Manfred 17; 330
Poppen, Wolfgang 270

R

Reinbothe, Dirk 14
Rose, Christian 270
Rosenberger, Michaela 101; 187
Rost, Dr. Dankwart 269; 271
Ruckert, Florian 270
Ruhfus, Thomas 86; 271
Rühling, Stefan 271
Rüsch, Hans-Günther 330

S

Schallmeyer, Michael 330
Schauf, Thomas 337
Scherzer, Stephan 212
Schick, Elisabeth 271
Schmidt, Christian 51
Schmidt, Frank 337
Schneider, Hans 338
Schrader, Jürgen 269; 271
Schubert, Andreas F. 269; 270; 331; 336
Schulz, Prof. Dr. Jürgen 265
Schütz, Joachim 336
Selle, Volker 180
Sihler, Dr. Helmut 269
Sommer, Dr. Renate 57
Stenz, Roger 181
Stöhr, Jürgen 331
Stolz (†), Prof. Hans Georg 265
Storch, Uwe 205
Strauch, Hans-Joachim 338
Strerath, Thomas 180

T

Tapp, Patrick 136; 271
Teichert, Univ.-Prof. Dr. Thorsten . . . 265
Tigges, Dr. Wilhelm 269
Timm, Hans-Joachim 263
Toholt, Ulrich 337
Trautmann, Dr. Michael . . 87; 180; 271

V

Valentin, Mathias 180
Viniol, Dr. Jeannette 330
Vogel, Stephan 262
von Reibnitz, Alexander 216; 338
von Winterfeldt, Julia 180

W

Wächter-Lauppe, Ingrid 87
Wagner, Thomas 338
Wahls, Harald 337
Wall, Daniel 126

Weber, Helmut 330
Wegener, Karl 338
Wehberg, Paul 337
Wickmann, Rolf 86; 270
Wiedmann, Michael 86; 271
Wiegmann, Dr. Hans-Henning . . 82; 86; 269; 271
Wiethoff, Paul 269
Winicker, Martina 87; 271
Winkhaus, Dr. Hans-Dietrich 269

Z

Zanetti, Volker 337

Stichwortverzeichnis

A

Abonnentenwerbung 96
ADC
Siehe Art Directors Club für Deutschland (ADC) e. V.
AdMotion 125
Advertising Association 21; 92
Advertising Information Group (AIG) 21; 92
Advertising Standards Alliance (ASA) 70; 91
AGF/GfK-Fernsehpanel 161
AIG
Siehe Advertising Information Group (AIG)
Aktionsplan Alkohol 55
Aktionsplan gegen Fettleibigkeit bei Kindern 44; 51; 53
Alkoholfreie Getränke 98-101
Alkoholhaltige Getränke 55-60
Alkoholmissbrauch 132
Alkoholstrategie 56
Alkoholwerbung . . . 55; 57; 58; 60; 83
Allergenkennzeichnung 187
Allmedia-Dach 204
Ambient Medien 120
Anonymisierung 38; 40; 91
Anzeigenblätter 102-109
Arbeitsgemeinschaft Abonnentenwerbung e.V. AGA . . . 276
Arbeitsgemeinschaft Fernsehforschung (AGF) 157
   AGF-Panel 161
Arbeitsgemeinschaft Media-Analyse e.V. (agma) . . 6; 204; 277
Arbeitskreis Alkohol und Verantwortung . . . 230; 231; 283
Arbeitskreis Deutscher Markt- und Sozialforschungsinstitute e.V. (ADM) 200; 274
Arbeitsmarkt 5; 16; 164
Arbeitsmarkt Werbewirtschaft . . . 16-18

ARD 156-161
ARD-Werbung Sales & Services GmbH 220; 278
ARD/ZDF-Onlinestudie 2014 138
Art Directors Club für Deutschland (ADC) e. V. . . 6; 250; 261-264; 272; 279
   ADC Nagel 263
   ADC Präsidium und Vorstand . . . 262
   ADC Sektionen 262
   ADC Wettbewerb 262; 279
Arzneimittel 71-72; 110-113
Arzneimittelgesetz (AMG) 71
ASA
Siehe Advertising Standards Alliance (ASA)
AS&S Radio 9; 222; 224; 225
Audioeffekt 218; 222; 224; 278
Audiomatching 158
Audiovisuelle Medien 42-46
Audiovisuelle Mediendienste 42; 53; 58; 61; 93
   Anwendungsbericht AVDM-Richtlinie 42
   AVMD-Richtlinie 42-45; 53; 58; 61; 93
   Deutscher Werberat 43
   HFSS-Lebensmittel 43
   Internet 43
Auskunfts- und Verzeichnismedien 114-117
Außenwerbung / Out of Home 118-125
Automobilindustrie 128

B

B2B-Entscheideranalyse 152
Berufsverband Deutscher Markt- und Sozialforscher e.V. (BVM) 200
Bildungsinitiative Media Smart 33
BIP
Siehe Bruttoinlandsprodukt
Branded-Content-Angebote 211
Brauwirtschaft 130-133
Bruttoinlandsprodukt . 6; 7; 36; 164; U3

Bruttowerbemarkt 5; 14; 15; 99;
111; 129; 131; 147; 165;
167; 185; 227; 229; 237
    Fachzeitschriften 15
    Fernsehwerbung 14
    Kinowerbung 15
    Onlinewerbung 14
    Out-Of-Home-Werbung 14
    Publikumszeitschriften 15
    Radiowerbung 14
    Zeitungen 15

Bundesdatenschutzgesetz
(BDSG) 41

Bundesverband der Deutschen
Spirituosen-Industrie und
-Importeure (BSI). 230; 283

Bundesverband der Deutschen
Süßwarenindustrie (BDSI) . . . 238; 284

Bundesverband der System-
gastronomie e.V. (BdS). . . . 6; 242; 285

Bundesverband Digitale
Wirtschaft (BVDW) e.V.. 140

Bundeszentrale für gesundheitliche
Aufklärung (BZgA) 58; 64

Bund für Lebensmittelrecht und
Lebensmittelkunde (BLL) . . . 186; 280

BVDA. 6; 9; 102-109; 272; 286
    Auflagenkontrolle der
    Anzeigenblätter (ADA) 104
    BVDA Akademie 104; 109
    BVDA-Studie „Lokale Welten". . . 107
    BVDA-Verbandspreise. 108
    Geprüfte Prospektzustellung
    im BVDA – das GPZ-Siegel 106
    GPZ-Siegel 106; 107

C

CNAPA
Siehe EU-Ausschuss für Nationale Alkoholpolitik und -maßnahmen (CNAPA)

Connected-TV 42; 334; 335
Cosmetics Europe 70
Crowdfunding 75

D

Datenschutz 28; 35-41; 91; 137;
180; 269; 305; 313

Datenschutzrecht 28; 41
    Verbandsklagebefugnis. 41

DDOW
Siehe Deutscher Datenschutzrat Onlinewerbung (DDOW)

Deutsche Fachpresse 152

Deutsche Gesellschaft für
Ernährung (DGE). 189

Deutsche Lebensmittelbuch-
Kommission (DLMBK) 189

Deutschen Lebensmittelbuch-
Kommission 189

Deutscher Brauer-Bund
(DBB). 6; 130; 231; 293

Deutscher Datenschutzrat
Onlinewerbung
(DDOW) 36; 43; 88-91; 269

Deutscher Dialogmarketing Preis
(ddp) 137

Deutscher Werberat . . . 54; 55; 80-87;
186; 329

Deutsches Lebensmittelbuch 189

Deutsche Werbewirtschaft im
internationalen Vergleich. 20-21

Dialogmarketing 134-137
Digital Commerce 142
Digitale Agenda der Bundesregierung 75
Digitale Fachmedien 152
Digitale Werbewirtschaft . . . 138-143
Digitalexperten. 16
Digitalisierung 126; 174
    Außenwerbung 126
Direktmarketing 36; 41; 96
Diversifikationsprodukte. . . . 210; 213
Drogen- und Suchtbericht 2014 . 64; 245
Drogen- und Suchtrat der
Bundesregierung. 59
Druck- und Medienwirtschaft 144
DWG Deutsche Werbewissen-
schaftliche Gesellschaft e.V. . . 261; 265

E

EASA 92
E-Commerce 149
Einzelhandel 146-149
Energieeinsparverordnung (EnEV) . . . 50
Energiekennzeichnung 47-50
    Delegierte Rechtsakte 47
    Energieeffizienz 47; 49
    Energieeffizienzklasse 50
    Energie-Label 47; 48; 49
    Energie-Labelling-
    Richtlinie 47; 48; 49
    Gebäude 50
    Immobilienanzeigen 50
    Nationaler Aktionsplan
    Energieeffizienz 49
    Ökodesign-Richtlinie 47; 48
Energiekennzeichnungsverordnung
(EnVKV) 50
EnEV
Siehe Energieeinsparverordnung (EnEV)
EnVKV
Siehe Energiekennzeichnungsverordnung (EnVKV)
Erfrischungsgetränke 98; 100; 101; 315
Ernährung 51
Ernährungsbildung 54; 238; 239
Ernährungspolitik 100; 186
EU-Aktionsplan Alkohol 55
EU-Aktionsplan gegen Fett-
leibigkeit bei Kindern 44; 53
EU-Alkoholstrategie 55-58; 132
EU-Ausschuss für Nationale
Alkoholpolitik und -maßnahmen
(CNAPA) 55; 56; 57
EU-Datenschutzgrundverordnung . . 213
EU-Kosmetikverordnung 69
EU Observatory on the Infringement
of Intellectual Property Rights 70
EU-Richtlinie über audiovisuelle
Mediendienste 53; 93
EU-Richtlinie über Wohn-
immobilienkreditverträge 76
Europäischer Gerichtshof (EuGH) . . 68
European Interactive Digital
Advertising Alliance (EDAA) 89
E-Zigaretten 61

F

Fachkreise (lt. HWG) 72
Fachmedien 152
Fachverband Aussenwerbung e.V.
(FAW) 120
    FAW-Frequenzatlas 124
    Sozialkampagnen 125
Fachverband Werbung und Markt-
kommunikation/ Österreich 21
Fachverlage 19; 152
Fachzeitschriften 150-153
Feinschnitt 244; 246; 310
Fernsehen 156
Fernsehwerbung 154-163
Finanzdienstleistungen . . . 73-77; 164
Freiwillige Selbstkontrolle 80

G

Generation Kopfhörer 223; 308
Gesamtverband Kommunikationsagenturen GWA . . 6; 18; 19; 172; 173;
    174; 175; 177; 178; 302; 338
    GWA adday/adnight 183
    GWA Effie Award 176
    GWA Forum B2B
    Kommunikation 181
    GWA Forum Creative Services . . 181
    GWA Forum Digitale
    Kommunikation 181
    GWA Forum Healthcare
    Kommunikation 181
    GWA Frühjahrsmonitor 2015 . . . 174
    GWA Jahrbuch 179
    GWA Jahrbuch Healthcare
    Kommunikation 179
    GWA Junior Agency 182
    GWA Nachwuchsstudie 177
    GWA Praktikumszertifizierung . . 183
    GWA Profi – Markenpreis
    für B2B-Kommunikation 181
    GWA Suchagent 179

Hochschulmarketing 177
Human Resources Management
Studie 2014 . . . . 18; 19; 177
    Kampagne Kreativbotschafter . . 182
    Lobbying 181
    Unternehmerkreis
    GWA Agenturen. 180
Geschlechterdiskriminierende
Werbung 80; 83
Gesetz gegen den unlauteren
Wettbewerb (UWG) . . . 13; 24; 25; 26;
    29; 60; 68; 69; 70; 242
Gewinnabschöpfung. 25
GfK 112; 146; 155; 158;
    159; 160; 161
Glücksspiel. 66-68; 166-169
    Evaluierung 66; 67
Glücksspielkollegium 66; 168
Glücksspielstaatsvertrag. 294; 312; 314
Green Claims. 26

H

Handel 148
Handelsverband Deutschland
HDE 148; 304
Heilmittelwerbegesetz (HWG) . . 71; 113
Hörfunkwerbung. 12; 225
Humanarzneimittelkodex 72

I

ICC-Werbekodex. 93
Informationsgemeinschaft
zur Feststellung der Verbreitung
von Werbeträgern e.V. (IVW) . . 334; 335
    EDA Empfängerdatei-
    Analysen Fachzeitschriften 335
    IVW-Verwaltungsrat 336
    Prüfverfahren 334
    Skalierbare Zentrale Messsystem
    (SZM) 335
    System der Messung
    von Online-Werbeträgern 335
    Verbreitungsanalyse
    für Tageszeitungen 334

Interessenabwägungsklausel . . 35; 37
International Chamber
of Commerce ICC 92; 93
Internationale Handelskammer
Siehe International Chamber of Commerce ICC
Internationale Werbe-
selbstkontrolle 92-93
Internationalisierung 203
Internet Advertising Bureau
IAB Österreich 140
Internet Advertising Bureau
IAB Schweiz 140; 143
Investitionen in Werbung 6; 7

J

JIM-Studie 2014 158

K

Kampagne „AUSSENWERBUNG
TRIFFT. JEDEN." 121
KEF-Sonderbericht. 46
Kinder . 25; 32; 33; 34; 51; 53; 54; 55;
    58; 59; 83; 89; 132; 133; 159;
    168; 169; 231; 239; 242; 254; 297
Kinowerbung. 170
Kleinanlegerschutzgesetz 27; 73;
    74; 76; 194
Kommunikationsagenturen . . 172-183
Kosmetische Produkte. 69-70
k-Wert 124

L

Lebensmittel. 51-54
Lebensmittelampel 187
Lebensmittelinformations-Verordnung
(LMIV) 100; 187; 238
Lebensmittelwerbung 32; 44; 51;
    53; 54; 83; 93; 188
Lebensmittelwirtschaft 184-189
    Täuschung – gefühlt 187
Litfaßsäule 126
Lotterie. 5; 312

M

ma Intermedia PLuS 205
Marken 192
Markenakademie 192
Markenpiraterie 194
Markenverband 6; 52; 190; 192; 193; 194; 268; 305; 336
Markenwirtschaft 190-196
    Nachhaltigkeit 193
Markt-Media-Studie Best4Planning 123
Markt- und Medienforschung 198-205
    Berufsausbildung 203
    Berufsgrundsätze und Standesregeln 201
    Qualitätsstandards 201
    Selbstregulierung 201; 202
Markt- und Sozialforschung . . 198; 201; 202; 203; 271; 290
Mediaagenturen 206
Media-Meshing 141
Mediaplanungs-Dialog-System (MDS) 123
Media Smart
Siehe Bildungsinitiative Media Smart
Medienkonvergenz 45; 225
Mediennutzung . . 116; 119; 122; 123; 127; 140; 141; 143; 144; 156; 205; 235; 277
Mediennutzungsstudie DACH 141; 143

N

Nährwertprofile 51; 52; 188
Native Advertising 13; 173; 209
Near Field Communication (NFC) . . 121
Nettoumsatzentwicklung der Werbeträger 2014 9-13
Nettowerbeeinnahmen 6; 7; 9; 10; 12; 218
Nielsen Werbestatistik 15
Notfallkontrazeptiva 72
Notfallverhütung 72

O

OBA
Siehe Online Behavioural Advertising (OBA)
Öffentliche Rüge 82
Online-Audio-Angebote 223
Online Behavioural Advertising (OBA) 36; 88; 89; 90; 91
Online-Handel 149
Onlinewerbung . . 13; 14; 26; 33-36; 43; 46; 47; 56; 60; 75; 88; 89; 90; 91; 138; 139; 216; 269; 313
Organisation Werbungtreibende im Markenverband (OWM) 194
Österreichischer Werberat 70
OTC-Arzneimittel 110; 112
Out of Home Media 120

P

Parallele Nutzung von Fernsehen und Internet 157
Pille danach 71; 72
Plain Packaging 63; 247
Plakatwerbung 120
    Buchungszeiträume 124
    Plakatseher pro Stelle (PpS) . . . 123
    Plakatwirkungsstudie 121
Plattformübergreifende Kommunikationslösungen 212
Politische Interessenvertretung . . . 203
Präventions- und Aufklärungskampagnen zum Alkoholkonsum . . 133
Preisangabenverordnung 76; 77
Produktpiraterie 194
Profiling 35; 37; 40
ProSieben 158
Pseudonymisierung 38; 40; 91
Publikumszeitschriften 210

R

Radio Advertising Award 224; 225

Radio Advertising Summit . . . 224; 278
Radionutzung 219; 220; 221; 225
Radiowerbung 218; 220-225
Radiozentrale. 224
REFIT
Siehe Regulatory Fitness and
Performance Programme (REFIT)
Regulatory Fitness and
Performance Programme
(REFIT) 29; 43; 58; 188
Reichweitenstudie ma Intermedia . . 123
Reichweitenstudie ma Plakat 122
Return on Investment (ROI) 122
Return on Marketing Investment
(ROMI) 176
Richtlinie zu unerlaubten Geschäfts-
praktiken (UGP-Richtlinie) 24; 26
RMS Radio Marketing Service
GmbH 6; 9; 222; 270; 308; 338
RTL 157
Rundfunk 42; 43; 46

S

Sat.1 158
Schleswig-Holstein 68
Screenforce – The Magic of TV . . . 161
Selbstmedikation 112
Selbstregulierung 88-91
Smiley-Listen 243
SPD-Verbraucherforum 32
Spielwaren 226
Spirituosen-Industrie 228-231
Sponsoring 232-235
Sportwetten 166; 169; 296
Stadtmöbel 121
Stellenangebote 16; 17; 18
Strafsteuer auf Lebensmittel 101
Süßwaren 236-239
Switch-Verfahren 71
Systemgastronomie 240-243
 Deutscher Werberat 242

T

Tabakprodukte 61-64; 244-247
 Delegierte Rechtsakte 63
 Durchführungsrechtsakte 247
 EU-Tabakproduktrichtlinie . . . 61; 62;
  64; 298; 310
 Tabakrahmenkonvention . . . 63; 247
 Warnhinweise 61; 62; 63; 247
 Werbeverbote 63; 64; 247
 Zigaretten 61; 63; 65; 244; 246
Targeting 127
Telefonauskunft 116
Telefonwerbung 29; 203
TNS Convergence Monitor 157
Transportmedien 120
TV 156

U

Übergewicht . . . 30; 53; 54; 100; 101;
  186; 187; 189; 193; 239
 Ursachen von Übergewicht . . . 189
UGP-Richtlinie
Siehe Richtlinie zu unerlaubten
Geschäftspraktiken (UGP-Richtlinie)
 Leitfaden zur Auslegung
  der UGP-Richtlinie 26
UKlaG
Siehe Unterlassungsklagengesetz (UKlaG)
Unterlassungsklagengesetz
(UKlaG) 28
Unternehmenspreis EDDI –
Erfolg durch Dialogmarketing . . . 137
UWG
Siehe Gesetz gegen den unlauteren Wettbewerb
(UWG)

V

vdav Verband deutscher Auskunfts-
und Verzeichnismedien e.V. . . 116; 309
Verband Deutscher Zeitschriften-
verleger 6; 9; 215; 311; 338
 KidsVA 212
 VDZ-Gütesiegel PrimeSite 216
 VDZ-Trend-Umfrage 212

Verband Privater Rundfunk und
Telemedien (VPRT) . . . 9; 162; 313; 338
Verbraucher . . . 26; 27; 28; 30; 31; 36;
37; 38; 46; 48; 49; 55; 59;
61; 68; 69; 70-75; 77; 88-92;
100; 101; 112; 121; 130; 136;
145; 168; 187; 188; 189; 192;
194; 195; 215; 230; 238; 239;
242; 243; 258; 282; 284; 286;
296; 299; 304; 305
Verbraucherbildung 239
Verbraucherleitbild 27; 284
Verbraucherpolitik 27-29; 32; 41;
77; 193; 282
Verbraucherrechterichtlinie . . . 29; 96
Verbrauchersammelklagen 29
Verbrauchs- und Medienanalyse
VuMA 161; 228; 308
Verhaltensregeln
der Werbewirtschaft 80; 83
Verhaltensregeln des Deutschen
Werberats über die kommerzielle
Kommunikation für alkoholhaltige
Getränke 56; 132; 230
Verhaltensregeln des Deutschen
Werberats über die kommerzielle
Kommunikation für Lebensmittel . . 187
Verhaltensregeln gegen
Herabwürdigung und
Diskriminierung von Personen 85
Verkehrsmedienanalyse (VMA) . . . 125
Verschreibungspflicht 112

W

Wall AG 126; 127
Warc 20
Wearables 143
Web Analytics 36
Weitester Hörerkreis 220
Weltgesundheitsorganisation
WHO 51; 52; 53; 56; 57; 59;
63; 188; 189; 247
Werbeartikelwirtschaft 248
Werbeberufe 6; 8; 16; 17;
260; 261; 269
Werbeblocker 45
Werbefilmproduktion 250
Werbeforschung 265
Werbemittelkontaktchance 123
Werberichtlinie Glücksspiel . . . 66; 68
Werbeselbstregulierung 92; 93
Werbeträgerstatistik
der Vertriebsunion Meynen 153
Werbewirtschaft in
Deutschland 2014 6-8
Werbezwangshinweise . . . 73; 74; 77
Werbung
Irreführende Werbung 26
Wettbewerbsrecht . . 24-26; 32; 34; 68;
69; 137; 242; 269; 283; 291
Wirkstoff.tv 161
Wirtschaftsvereinigung Alkoholfreie
Getränke e.V. (wafg) 6; 100; 315
WKÖ Wirtschaftskammer
Österreich 21

Z

ZAW 16; 21
   Arbeitsgruppen 269
   Aufgaben 268
   Gremien 269
   Gründungsverbände 268
   Internationale Zusammenarbeit . . 21
   Präsidenten 269
   Stellenangebotsanalyse 16
   Vorprüfung von
   Werbemaßnahmen 60
Zentralausschuss
der Werbewirtschaft 268
Zentralverband der deutschen
Werbewirtschaft ZAW e.V. 268
ZAW-Trendumfrage 8
ZDF 156; 157; 316
Zeitungen 252-259